什麼！英國女王是蜥蜴人?!

陰謀論、偽歷史與偽科學為什麼吸引我們，透過人性的希望與恐懼，影響我們的決定和行動

HOPE AND FEAR

Modern Myths, Conspiracy Theories and Pseudo-History

Ronald H. Fritze

羅納德・弗里茨——著　林金源——譯

獻給特懷莉亞（Twylia）

我的愛人、朋友、妻子、冒險家和能與狗溝通的人

如果人們總是能用明確的判斷來管理自己的事情，或者命運總是對他們微笑，那麼他們就不會陷入任何迷信中。但由於人們往往深陷絕境，所以無法做出任何明智的判斷，而且因為他們無比渴望的幸運好事充滿了相當的不確定性，於是他們便在希望與恐懼之間痛苦地擺盪。這正是為什麼大多數人都樂於相信任何事。當人們的心處於懷疑狀態時，一丁點的衝動都能輕易將它引領到任何方向，而當它在希望與恐懼之間徘徊時，就更容易如此，儘管它在其他時候可能是自信、自負和驕傲的。

——斯賓諾莎（Benedict de Spinoza）

《神學政治論》（*Theological-Political Treatise*, 1670）

前言

關於過去的大部分事情，最難理解的是其錯誤和假象。

——約翰．莫里斯．羅伯茲（J. M. Roberts）[1] ❶

當我們對幻象有深刻需求時，可能會投注大量的智慧於無知中。

——索爾．貝婁（Saul Bellow）[2] ❷

人們願意相信怪事。在二十一世紀初期的幾十年間，情況好像明顯是如此。迷思、偽科學和陰謀論似乎以令人困惑的速度在膨脹。或者也許對於經歷過該時期的人來說，情況正是如此。事實上迷思——意指人們信以為真，但其實不然的故事——自從人類歷史的一開始便已存在。諸如網際網路之類的科技，使現代迷思更容易創造，而奇怪的想法也更容易傳播。

英國女王伊莉莎白二世是種種怪異想法和陰謀論的受害者。美國右翼極端分子和陰謀論者林登．拉魯什（Lyndon LaRouche）長期敵視英國，並指控英國金融家透過各種邪惡伎倆和陰謀來操縱

1 編按：1928-2003，英國歷史學家，出版過許多著作。曾任南安普敦大學副校長、牛津大學默頓學院院長，並製作BBC電視劇《西方的勝利》（*The Triumph of the West*）。

2 譯註：1915-2005，美國作家，一九七六年諾貝爾文學獎、普立茲獎得主，代表作為《洪堡的禮物》（*Humboldt's Gift*）。

全球經濟。一九八〇年，他將英國女王加入他的壞蛋陣容中，指控她是世界級的毒販。往後整整十年，這變成拉魯什及其黨羽沒完沒了的控訴內容。拉魯什最終興趣缺缺，但女王的陰謀論麻煩並未結束。❸新時代大師和成長中的陰謀論者大衛・艾克（David Icke）認為伊莉莎白二世是會變形的蜥蜴人。

艾克曾是足球選手、體育主播和綠黨政治人物。一九九四年，他的注意力從環保議題轉移到陰謀論。他最初的想法遵循著標準的新世界秩序（New World Order）陰謀劇本：一個秘密腐敗的精英集團試圖控制全世界。然而幾年後，艾克憑藉他的《最大的秘密》（*The Biggest Secret*, 1999）一書，將他的陰謀論帶到一個新的層次，這本書宣稱，新世界秩序陰謀事實上正被一群他稱之為「執政官」（Archon）[3]的超級精英蜥蜴人掌控著。他們極為適得其所地從天龍座（Draco）星系來到地球，並徹底滲透到人類社會的領導階層中。這些蜥蜴人是變形者，能呈現人類的外表。許多世界級領袖都是蜥蜴人，例如喬治・布希（George H. W. Bush）。當然，這群執政官也包括伊莉莎白二世在內。我們不得不訝異於英國皇室內廷人員的守口如瓶，他們確保了這個驚人的消息始終是秘密。或許他們也是蜥蜴人？❹

一九九七年黛安娜王妃的死亡造成新一波的陰謀論，其中一些牽涉到英國皇室。拉魯什和他的人馬很快便涉入其中。他們指控英國皇室謀殺了戴安娜，以阻止她和多迪・法耶德（Dodi Fayed）[4]結婚，因為他是穆斯林。可想而知，艾克也在他的《最大的秘密》中自行詳細發展出關於戴安娜之死的陰謀論。根據艾克的說法，這個蜥蜴人皇室家族需要定期從合適的血脈中獲取人類ＤＮＡ，以維持他們隱身於地球人之間的能力。就黛安娜王妃的案例而言，她的斯賓塞（Spencers）家族是梅羅文加王朝（Merovingian dynasty）的後裔，這個王朝因為《聖血與聖杯》（*The Holy Blood and the Holy*

Grail）和《達文西密碼》（*The Da Vinci Code*）這兩本書而在流行文化中成名。這個皇家血統使黛安娜王妃成為查爾斯親王的良配。黛安娜發現自己嫁進一個蜥蜴人家族，而她唯一的用處是作為英國皇室的母種馬。此外，她的婚姻是一場騙局。等到生下兩位小王子後，黛安娜王妃就變得多餘。一旦她開始製造問題，就必須被消滅。種種情況導致她的死亡，此事本身也是一種儀式性的獻祭。[5]

這些陰謀論假定有販毒的君王和隱密的蜥蜴人精英集團，在大多數人看來顯然是荒謬的。然而這種假想的難以置信和荒唐並未阻止人們去相信。拉魯什有追隨者，而艾克的追隨者更加眾多且更國際化。一開始以新時代智者樣貌示人的艾克接著將新世界秩序版的陰謀論融入其中，並用噁心的蜥蜴人精英來加油添醋。這種組合使艾克得以吸引一般的左派新時代人，以及一般為右翼的陰謀論者。右翼陰謀論者艾力克斯・瓊斯（Alex Jones）起初貶抑艾克的蜥蜴人理論，但最終還是欣然接受。艾克成為瓊斯的廣播節目 InfoWars 裡受歡迎的來賓。[6] 幾年之後，艾克的蜥蜴人概念有所改變，他們變成比較接近以精神形式存在的跨次元生物，而非具有實體的星際旅行者。這些以精神形式存在的蜥蜴人也比惡毒的實體蜥蜴人和善。[7]

英國女王是蜥蜴人？歐巴馬不是在美國出生？

英國女王伊莉莎白二世不是唯一被捲入陰謀論的國家元首。美國第四十四任總統歐巴馬就遭遇

3 譯註：古代雅典的九名統治者之一。
4 譯註：埃及富豪、電影製片人，黛安娜王妃的男友。

好幾個質疑其真實身分的陰謀論。其中一個版本聲稱歐巴馬是敵基督（Antichrist）[5]，而另一個版本說他是穆斯林密探。還有一個版本聲稱歐巴馬並非在美國出生，因此不能合法擔任總統。第二和第三個陰謀論完美契合，彼此強化。相信第二個陰謀論的狂熱者稱歐巴馬為「穆斯林」，而相信第三個陰謀論的狂熱者稱他為「肯亞人」。❽

質疑歐巴馬出生地的理論——聲稱歐巴馬並非在美國出生——從未消退，不像敵基督或穆斯林理論。事情要追溯到二〇〇四年，當時的邊緣陰謀論者安迪・馬丁（Andy Martin）開始質疑這位快速崛起的年輕政治人物的出身。然而，馬丁一開始的焦點是歐巴馬是秘密信奉伊斯蘭教的穆斯林。一直到二〇〇八年三月一日，某個自稱FARS的人在自由共和國網路論壇（Webforum Free Republic）上貼文，聲稱歐巴馬曾用可蘭經宣誓就任參議員。除此之外，這篇貼文還說歐巴馬不是在美國出生，是她的母親帶他飛往夏威夷並在那裡登記出生。這些說法並未提供證據，卻在證據可有可無、而且實際上更不喜歡講證據的網路上散播。FARS的說法很快就獲得注意和越來越多的擁護者。當時的共和黨領導階層比較負責任，他們擔心這些可笑的說法可能對他們的政黨產生反效果。主流、保守的《線上國家評論》（*National Review Online*）反映這種憂慮，於二〇〇八年六月九日刊載了詹姆士・傑拉蒂（James Geraghty）所寫的專欄，探討歐巴馬的出生地問題。專欄標題名為〈歐巴馬可以藉由公布他的出生證明來破除一些謠言〉。傑拉蒂不相信這種歐巴馬出生地質疑主義（birtherism），他的專欄指出這些說法難以置信且容易解決，並力促歐巴馬陣營公布歐巴馬的出生證明來戳破謠言。隔天出現第二篇文章，指出出生證明上的訊息無法傷及歐巴馬的總統選情。做為回應，歐巴馬陣營公布了他的簡略版出生證明，傑拉蒂隨即宣布這有效地證明歐巴馬是在夏威夷出生的。❾

遺憾的是，《線上國家評論》的闢謠反而大幅提高出生地質疑主義的曝光度，甚至讓找理由討厭和懷疑歐巴馬的人覺得此事有一定程度的合理性。希拉蕊·克林頓（Hillary Clinton）的某些支持者則使事態越演越烈，他們擅自寄發匿名郵件，聲明歐巴馬出生於肯亞，然後被帶到夏威夷，由她的母親在那裡登記出生。討厭歐巴馬的邊緣分子接著使原本相當明確的事情變得模糊，他們多次輕率地提起訴訟，要求尋找歐巴馬在外國出生的證明，偽造所謂歐巴馬的肯亞出生證明，或質疑他的夏威夷出生證明的真實性。由於情況變得十分荒謬，法官開始對提起這些惱人訟訴的人處以罰金或威脅要處以罰金。到了二〇〇九年，主流的共和黨員開始駁斥出生地質疑主義，邁克爾·梅德韋德（Michael Medved）是第一個公開與之撇清關係的保守派評論員。梅德韋德並非完全對陰謀論的誘惑免疫，他推測出生地質疑主義可能是一個陰謀，目的是想讓保守派顯得荒唐。[10]

歐巴馬出生地質疑主義平息了一段時間，但從未消失。二〇一一年歐巴馬第一個總統任期將要結束、二〇一二年的總統大選即將到來時，它又被提起。二〇一一年二月間，以電視實境秀明星和浮誇的保守派商人身分聞名的唐納·川普（Donald Trump），在保守派政治行動大會（Conservative Political Action Conference）的集會中發表演說，並提出歐巴馬出生地的議題。對於大多數都討厭歐巴馬的聽眾群而言，這是一個好話題。當川普帶著他的歐巴馬出生地質疑理論去上福斯新聞（Fox News）的保守派評論員比爾·歐萊利（Bill O'Reilly）的節目時，歐萊利對川普的想法嗤之以鼻。在討厭歐巴馬的人之中，福斯新聞的觀眾也是占極高比例的一個群體，他們樂見川普宣傳歐巴馬出生地質疑主義。福斯新聞的其他節目主持人接著邀請川普現身宣傳該主義。某節目甚至讓川普成為每

5 編按：這個詞通常有兩種含義。一是宗教意義上的假冒基督之名宣揚假教義的人，常見於一些新興邪教。二是更通俗意義上的含義，指迫害信徒或違背道德、破壞世界和平的邪惡之人或團體。

週的固定來賓。當時，川普正設法獲得共和黨總統候選人的提名。然而對川普來說，時機尚未成熟。他沒有機會獲得提名，於是退出以便能利用他的電視實境節目《誰是接班人》（*The Apprentice*）繼續賺錢。然而，出生地質疑主義確實讓川普斬獲了更多追隨者。⓫

川普使出生地質疑主義再度流行起來。如同查克・陶德（Chuck Todd）[6]所言：「說到使假議題躍居有線電視新聞的回聲室（echo chamber）[7]，沒有任何人做得比川普還要多。」川普和他的人馬以及其他人，例如亞利桑那州馬里科帕郡（Maricopa County）的警長喬・阿爾帕約（Joe Arpaio），還有作家傑羅姆・科西（Jerome Corsi），繼續拋出許多關於歐巴馬出身的可疑消息。⓬儘管他們的說法一次又一次被徹底拆穿，卻無濟於事。結果歐巴馬出生地質疑主義變成主流，大多數看似理性的共和黨員也開始相信這些質疑者的說法。陶德嘲笑人們的愚蠢和容易受騙，竟然會相信歐巴馬是被安排用來讓外國穆斯林入主白宮的植入體。他說：「如果這個嬰兒名叫『喬治・林肯・華盛頓』，整個『植入』理論或許能吸引更多人相信。」儘管如此，川普證明自己是「我只是提出問題」的修辭策略大師。這也是陰謀論者、偽歷史學家和現代迷思捏造者，在挑戰既有主流知識時偏好使用的策略。他們質疑不容置疑的事，一再設法削弱長久以來得到證明的事實和理論的可信度。川普自從二〇一一年以歐巴馬出生地質疑者的姿態初次登場後，他在宣傳該質疑主義與表示不再相信之間來回擺盪。那麼，川普真正的想法是什麼？這取決於當天是什麼日子。他的傳記作者邁克爾・德安東尼奧（Michael D'Antonio）指出，川普認為他的歐巴馬出生地質疑主義沒有不利之處，這讓他獲得忠實聽眾和堅定的支持者。在參議員賀錦麗（Kamala Harris）做為民主黨二〇二〇年副總統候選人參選之前，出現了新版的出生地質疑主義，宣稱賀錦麗不是在美國出生的。如同質疑歐巴馬出生地的理論，質疑賀錦麗的理論純屬虛構，已經徹底被揭穿。然而就像質疑歐巴馬出生地的理論，它並沒有消失。[13]

「突襲五十一區」事件與新冠疫情陰謀論

在陰謀論和偽歷史的編年史中比較濃彩重墨的一筆是，二〇一九年我們見證了「突襲五十一區」（Storm Area 51）事件。在幽浮運動神話中，五十一區是貯存和研究在羅斯威爾和其他地方墜毀的飛碟，以及飛碟上或死或生的外星機組成員的秘密基地。畢竟，一九九六年的電影《ＩＤ４星際終結者》（*Independence Day*）不就是這麼說的嗎？但那部電影是科幻電影。關於五十一區的流行傳說卷帙浩繁，其中多半是造假或虛構的，或者極具重複性，但這個題材依舊十分迷人。

二〇一九年六月二十日，麥特・羅伯茲（Matty Roberts）觀看了播客節目《喬・羅根的經歷》（*Joe Rogan Experience*）訪問資深五十一區陰謀論者鮑伯・拉札（Bob Lazar）的影片。羅伯茲所看到的內容給了他開個小玩笑的靈感。他在二〇一九年六月二十七日設立了一個臉書專頁，宣布邀請大家於九月二十日在五十一區相聚並前往基地，要求探望和釋放被囚禁的外星人。羅伯茲從未打算或想像這樣的事真的會發生。讓他大吃一驚並且令美國空軍氣惱的是，這項宣布僅僅三天之後便爆紅。最終有兩百多萬人說他們想要參加，另有一百五十萬人表示他們對此感興趣。這個活動吸引了遠超乎預期的大量媒體關注，瘋狂愚蠢的新聞報導經常會這樣。很快地，有人規劃了兩個音樂節，當地商家

6 譯註：1972-，美國電視新聞記者，全國廣播公司新聞訪談節目《Meet the Press》的主持人。

7 編按：意指人們只聽到一種觀點或類似自己觀點的情況。

開始為即將湧入的訪客做準備。眾人關注的一大重點是有多少人會真的出席參加活動。五十一區位於不適於居住的荒涼沙漠，只有少數的小鎮，其中幾個小鎮的居民人數不足一百。它根本容納不下幾千名訪客，更別提數以萬計的人。五十一區附近只有一百八十四個汽車旅館房間，露營設施也不足且簡陋。更嚴重的問題是，空軍基地不會允許一群搞怪找樂子的平民闖進一個極機密的軍事基地。「突襲五十一區」最終證明比小題大作還要微不足道。音樂節只吸引了大約一千五百人參與，而且只有一百五十人出現在五十一區的基地大門前。大門沒有遭到突襲，也沒有外星人被釋放，五十一區的神秘感依舊保持完整。儘管如此，奧克拉荷馬市動物庇護所（Oklahoma City Animal Shelter）利用該事件鼓勵領養被救援的動物，請求人們「突襲庇護所」，找尋戴著錫箔帽以抵禦外星人的狗狗。貓咪似乎拒絕參與戴錫箔帽的活動。「突襲五十一區」是網路時代流行文化迷思的影響力和局限性的絕佳案例研究。[14]

比較不幸的一筆是，二〇二〇年初新冠疫情的爆發帶來波及全世界的疾病、死亡和經濟崩潰。疫情也證明是強大的陰謀論產生器。儘管多年來流行病學家一直警告，爆發全球規模的疫情是不可避免的事，然而等到事情一發生，有些人的反應卻是否認。不相信的川普總統稱之為騙局和陰謀，認為這場疫情如果是真的，必定是一場規模巨大的全球性陰謀。有人聲稱疫情並非自然發生，而是中國武漢某實驗室意外流出的病毒所造成。另一版本說該病毒是中國的生化武器。還有一個版本斷言病毒肯定是一種生化武器，但中國是刻意將之釋放到這不幸的世界。有些人顯然認為用一個暗中為謀的人類之敵，會比用一個無意識的基因物質片段（即病毒）來解釋一場大災難，更讓人感到安心。[15]

現有的陰謀論也結合或被移植到新冠疫情中。全國或國際新聞的觀眾觀看著電視或網路上播放的影片，這些影片展示人們如何宣傳某種古怪的陰謀論。例如當佛羅里達州疫情變嚴重時，西棕櫚灘郡委員會（West Palm Beach County Commissioners）在二〇二〇年六月二十三日開會決定是否強制規定在公共場所必須戴口罩。會議歷時逾六個小時，當中規劃了讓公眾表達意見的時間。一位女士表示：「我不戴口罩的理由跟我不穿內褲的理由一樣，器官需要呼吸。」顯然，按照她的說法，女性下體是呼吸系統的一部分。不消說，她的意見展現了對於人體解剖學的深刻誤解。此事不免讓人懷疑佛羅里達州西棕櫚灘地區的高中健康教育課程品質，或許她上課時都在打瞌睡。如果你想知道，她身上穿的是似乎比口罩或內褲更透氣的牛仔褲。身穿紅T恤的另一位女士對著委員咆哮，罵他們是瘋子，還威脅他們會被逮捕和得到神的懲罰。會議結束後，同一位女士接受地方電視台記者的採訪。她堅稱疫情是新世界秩序陰謀的一部分，該陰謀論斷定有一個秘密的超級精英集團真正掌控著世界。就這場疫情而言，同謀者的可怕目的是減少百分之九十五的世界人口。如果她是對的，那麼策劃這場陰謀的人必定非常失望，因為COVID-19的死亡率還不夠高。[16]

幾週之後，在七月二十七日，一群自稱美國前線醫師（America's Frontline Doctors）的醫師在華盛頓特區的最高法院旁舉辦記者招待會。他們否認或盡可能忽視COVID-19的存在，而且這場高峰會是由茶黨愛國者（Tea Party Patriots）籌辦。其中一位醫師搶盡風頭。在奈及利亞接受教育的史黛拉・以馬內利（Stella Immanuel）醫師接著宣布，真正的威脅是惡魔精子（大概是參考在夢境中折磨人的中世紀夢淫妖）。她還提到外星人DNA的危險，並警告蜥蜴人陰謀對人類所造成的威脅。記者會影片很快就因為會中所做的嚴重錯誤和具有潛在危險性的聲明而被臉書和推特刪除。社群媒體公司確實需要對明顯錯誤且可能有害的聲明進行更多把關和事實查核，但這個邊緣醫師群體的記者招待會含有夠多的可笑聲明，可能對其目的弊大於利。然而，這個記者招待會吸引了川普總統的青睞，他絕不會讓科學妨礙他所希望的現實存在。這些想法明顯是妄想，它們的爆發告訴了我們什麼？西棕櫚灘反對戴口罩者和惡魔精子醫師的聲明，顯然呼應了艾克和其他陰謀論者的想法。一些威脅公共衛生與安全的不理性想法，正在看似正常的人們之間流傳。[17]

當真實與虛構的界線變得模糊

艾克的理論以及其他陰謀論者、偽科學家和偽歷史學家的理論，都有深刻且扭曲的過去根源。本書試圖追溯其中一些根源，但無意詳盡概述該主題，也無意全面羅列，因為任何一種方式都需要好幾冊的長篇大論。所以本書選擇性地檢視我稱之為垃圾知識的東西：偽歷史、偽科學、陰謀論和現代迷思。第一章探討與垃圾知識有關的概念和術語。第二章〈人們為何相信怪事？〉檢視人們為什麼相信明顯不真實的事物的種種理由，這些理由往往荒唐可笑，有時甚至有害和危險。演化心理學、認知心理學、社會心理學、社會化、文化和宗教全都扮演某種角色，使人們相信難以置信的事。失蹤的以色列十支派是第三章的主題。第三章追溯該迷思在將近三千年以來如何發展。如果人們能從事時間旅行，回到撒馬利亞和以色列北方王國陷落之後的幾個世紀，跟人問起失蹤的以色列十支派，得到的回應將是茫然不解。儘管如此，這個迷思仍持續發展，並且被猶太人和非猶太人用於親猶和反猶的目的。第四章檢視現代陰謀論深刻的歷史根源。艾克的理論主要奠基於捏造的現代元素，這些元素的根源可追溯到法國大革命、聖殿騎士、所羅門聖殿的建造和失落的古埃及智慧。光明會（Illuminati）產生自上述這個背景，而且在陰謀論者的想法中驚人地長壽。考慮到冷酷無情的光明會迄今為止都未能統治世界，如此的長壽尤其引人注意。儘管如此，這些陰謀論繼續存在。

第五章檢視二十世紀上半葉深受許多德國人喜愛，以及被納粹分子欣然接受的神秘學家和超自然信仰。納粹主義做為一種意識形態，不止於其神秘學和超自然的層面。納粹主義的偽歷史、偽科學以及種族主義混合體，所做的事是藉由披上科學和歷史的外衣，使其意識形態看似更加可信和更容易被接受，如此有助於合理化其暴政和種族滅絕的惡行。最後，第六章檢視羅斯威爾迷思，該迷思相信一九四七年七月有來自地球之外的飛碟墜毀在美國新墨西哥州的羅斯威爾。它包含了政府掩蓋、取得和融入外星科技、與外星人簽定秘密政府條約和結盟、外星接觸和綁架的故事，以及一九四七年後幽浮運動的其他相關面向。

說到這裡，我想要描述一下本書的方法論和理念。我的方法論是結合系譜學和演化論方法來研究這些概念的歷史。首先必須找出偽歷史、迷思和陰謀論的起源，哪個事件或哪些事件構成了故事的基礎？接著重建這些故事如何隨著時間成長或發展，揭露讓人質疑其可信度的矛盾和不一致。就失蹤的以色列十支派案例而言，我們發現幾個有問題的事實。第一，亞述人只驅逐了一小部分古代以色列北方王國的居民。以色列十支派大都繼續居住在被征服的北方王國或遷徙到倖存的南方王國猶大。次經（apocryphal book）〈以斯得拉二書〉（2 Esdras）說受壓迫而流亡的十支派在亞撒勒斯（Arzareth）避難，但歷史紀錄卻有不同的說法。在希臘化時代，以色列所有十二支派的代表曾協助將《希伯來聖經》翻譯成希臘文，稱作《七十士譯本》（Septuagint）。聖保羅和其他《新約》著作也記錄了儒略－克勞狄王朝（Julio-Claudian dynasty）諸皇在位期間，所有十二支派都居住在巴勒斯坦。所以說十支派並未失蹤。關於一個新世界秩序的超級陰謀的家譜，據說可追溯到光明會或聖殿騎士，但這是一份有著許多空白點和巨大間隙的家譜。這種紀錄令人無法相信陰謀故事。垃圾知識的理論和臆測普遍缺乏文件和考古證據，這也削弱了此類想法的可信度。宣揚與物理學、化學和其他科學的任何已知事實不相容的論述，也會引發質疑。

在為本書做研究時，我閱讀過、有時還詳細研究過許多稀奇古怪或超現實的理論和信念。想到看似理性的人們竟然真的相信這種事，不禁讓我大吃一驚。儘管如此，這些信念和想法是令人著迷和驚奇的源泉，是因為人們確實認為它們是可信的。這些想法產生、發展和演變的過程是人類豐富想像力的明證，即使它們與科學和歷史事實大相逕庭。許多收看《遠古外星人》（*Ancient Aliens*）電視影集的人只是好奇其創作者接下來會做什麼。除此之外，他們對該系列節目所提出的種種理論並不投入。無數驚悚小說或電影以這類偽歷史或偽科學理論為基礎。詹姆士・羅林斯（James Rollins）的「希格瑪力」（Sigma Force）系列小說奠基於一連串為他的情節提供前提的偽歷史和偽科學理論。讓丹・布朗（Dan Brown）發大財的暢銷書《達文西密碼》（2003）的故事情節以聲稱為非小說的《聖血與聖杯》（*The Holy Blood and the Holy Grail*, 1982）為基礎，該書的作者是邁克爾・拜金特（Michael Baigent）、理查・雷伊（Richard Leigh）和亨利・林肯（Henry Lincoln）。製片人羅蘭・艾默瑞奇（Roland Emmerich）的若干電影的情節，就是以偽歷史和偽科學前題為基礎。《星際之門》（*Stargate*, 1994）以古代太空人理論為基礎；《ＩＤ４星際終結者》將外星人入侵地球連結到在新墨西哥州羅斯威爾墜毀的飛碟，以及被拘留在五十一區的受困外星人。全球暖化造成的災難性氣候變遷是《明天過後》（*The Day After Tomorrow*, 2004）的主題，而《史前一萬年》（*10,000 BC*, 2008）利用某個先進的冰河時期文明的概念，也就是亞特蘭提斯。回到災變論，電影《二〇一二》（*2012*, 2009）結合了查爾斯・哈普古德（Charles H. Hapgood）受到懷疑的地殼位移與極移（pole shift）理論，以及世界終結的馬雅預言而達到良好效果。二十年後，艾默瑞奇用續集《ＩＤ４星際重生》（*Independence Day: Resurgence*, 2016）回歸外星人入侵情節。《星際之門》啟發了電視影集《星際奇兵ＳＧ１》

（*Stargate SG1*, 1997–2007），而這個影集本身又啟發了六個衍生的電視影集和電視電影。

只要你記住它們只是小說、電影或電視節目，一切都會很有趣。然而，並非每個人都能分清楚。受歡迎的電視影集《X檔案》（*The X-Files*, 1993–2002）的主要情節涉及幽浮或其他無解的神秘事件。其創作者編劇克里斯・卡特（Chris Carter）總是說《X檔案》是虛構的，但無法阻止某些觀眾視之為以真實事件為基礎的某種紀錄式劇情片。這就是所謂的事實／虛構反轉。

當人們開始相信不真實的事物和想法，就可能對任何社會造成問題。納粹德國是很好的例子，當時有太多人民相信偽科學的說法，認為日耳曼種族優越至上，而猶太人、斯拉夫人和吉普賽人墮落且惡毒。毀滅性的侵略戰爭和種族滅絕隨之發生。二〇二〇年，第二次世界大戰結束七十五年後，網路世界使得大屠殺從未發生、根本是場騙局的謊言更容易散播。人們因為在網路上看見和讀到的假象而變得更激進。孤狼恐怖分子迪倫・魯夫（Dylann S. Roof）就是在網路上看見白人至上主義者的宣傳而變得激進，結果於二〇一五年六月十七日在南卡羅萊納州的查爾斯頓（Charleston）槍殺了在以馬內利非裔衛理公會教堂（Emanuel African Methodist Episcopal Church）裡研讀聖經的九名黑人。他並非悲劇性的例外。美國和其他國家的人們也曾因為白人至上主義者和陰謀論者的網路叫囂而有類似的激進行為。網路也是激進的聖戰伊斯蘭主義者偏愛的工具，用以招募新成員加入他們的恐怖活動行列。[18]

面對如此多的迷思、偽歷史論述、偽科學理論和陰謀論，我們需要重申常識和「知識的誠篤」（intellectual integrity）的重要性。在這個相對主義的年代，有些宗教和文化研究的學者告訴我們，對人們的信仰進行道德判斷不是好的學術做法，這對社會中流傳的大多數信仰和看法來說是適合的。但這是否意味著用人類或兒童獻祭沒有關係，只要那是某人宗教信仰的一部分？數以千計的人聲稱曾被外星人綁架，而且其中有些人對此相當執迷。這是否意味著我們應該禮貌地避免評斷這些完全難以置信的說法？某種程度上，這已經跨越人性尊嚴、荒謬或純粹愚蠢的界限。某些陰謀論已經協助削弱大眾對政府的信任，達到不健康甚至使之失能的程度。民主共和國的適當運作仰賴一定程度的信任，太多的不信任會造成人們脫離民主程序。民主社會裡，人民與政府的互動必須在信任與懷疑之間保持平衡。而社會對於當代社會中流傳的種種垃圾知識的回應，也應該保持平衡。迪士尼樂園版的亞特蘭提斯迷思相對無害，但一九三〇年代相信優等種族（Herrenvolk）曾居住在失落的亞特蘭提斯，而自己是其後裔的德國人則是全然不同且有害的故事。所以我贊同威廉·杜波依斯（W.E.B. Du Bois）[8]，他批評種族主義的唐寧學派（Dunning School），他們在一九二〇和三〇年代獨攬美國重建時期史學[9]，掌控南方歷史的書寫。他的批評也適用於垃圾知識的概念。杜波依斯在一九三五年說道：「如果歷史要合乎科學，如果人類行為要被準確忠實地詳細記錄下來，使之能用作國家未來的測量桿和路標，那麼我們必須具備一些研究和詮釋歷史的倫理標準。」[19]

我的邊緣信念研究讓我得出結論：許多垃圾知識對社會不健康，而且有些垃圾知識對公民社會具有潛在的危險。事實上，它們已經是危險的。如果我有時看似不贊成和批判某些邊緣想法和信念，我確實是的。關於這個問題，我以前曾引述過馬克·吐溫（Mark Twain）的話，我願意滿心贊同地再次引用：「我可能被認為懷有偏見。我或許是如此。倘若不是，我會感到慚愧。」[20]

最後，讀者可能已經注意到本書一開始的斯賓諾莎引言。斯賓諾莎將迷信的原因歸之於希望與恐懼。如你所見，斯賓諾莎是敏銳的觀察者。關於本書中所探討的每種垃圾知識，希望與恐懼都扮演了重大的角色。

8 譯註：1968-1983，美國社會學家、歷史學家、民權運動者、作家和編輯。

9 譯註：對美國重建時期（一八六五至一八七七年）歷史研究和解釋的學術方法和觀點。

目次

前言 007
英國女王是蜥蜴人？歐巴馬不是在美國出生？／「突襲五十一區」事件與新冠疫情陰謀論／當真實與虛構的界線變得模糊

01 想一想偽科學、偽歷史、現代迷思和陰謀論 025
如何定義和辨識陰謀論／偽學術研究和垃圾知識供應者的策略／真科學和偽科學的分界

02 人們為何相信怪事？ 049
信念第一，解釋在後——確認偏誤的起點／讓人接受不理性想法的心理機制和人格特質／讓人願意相信陰謀論的三種欲望／如何降低垃圾知識和陰謀論帶來的衝擊

03 失蹤的以色列十支派迷思 067
故事的開始／十支派迷思的形成過程和存在意義／失蹤十支派的下落和特使們／基督教徒眼中的以

色列十支派／美洲原住民是失蹤的以色列十支派後裔？／末日期望與彌賽亞主義扮演的角色／學者們對美洲原住民起源的各種想法／神秘的彌賽亞沙巴泰和十支派使命的改變／失蹤的十支派回歸北美／在非洲和亞洲荒野中尋找失蹤的十支派／所有人都想成為上帝的選民

04
聖殿騎士、秘密社團與陰謀論……127
秘密社團和陰謀論的本質與背景／秘密社團與神秘學的關係／玫瑰十字會的起源與興衰／共濟會是怎麼來的？／聖殿主義如何滲入共濟會？／共濟會是否引發了法國大革命？／散播共濟會陰謀論的經典著作／反猶太主義與《錫安長老議定書》／新世界秩序陰謀論的興起與代表人物

05
萬劫不復之路：德國人、納粹分子與超自然文化……179
德國人與超自然事物和神秘學的關係／雅利安主義與民族主義／雅利安秘學的發展與影響／納粹起源與雅利安秘學等神秘信仰的關係／早期的希特勒與神秘或邊緣知識／元首與邊緣知識的愛恨關係／處於邊緣的納粹高層們／歷史學家對納粹與邊緣知識關聯的研究

06
羅斯威爾迷思與幽浮運動……225
走訪幽浮運動的聖地——羅斯威爾／羅斯威爾事件：歷史版本／幽浮運動的發展史——從目擊、接觸、被綁架到古代外星訪客／羅斯威爾迷思的起源／媒體的推波助瀾效果／變化多端的羅斯威爾迷思／經驗主義者的反擊：破除羅斯威爾迷思／不斷被戳破的目擊者證詞／不可靠的幽浮學家／羅斯威爾還沒完呢，老兄！／羅斯威爾迷思和幽浮運動真的無害嗎？

結語……284
致謝……295
參考文獻……297
參考書目選錄……334

1

想一想偽科學、偽歷史、現代迷思和陰謀論

一連串該死的東西。
我說的該死是指被排除在外的東西。
我們將得到一系列被科學排除的資料。
……
對所有這些東西說它們該死的力量是教條科學。

——查爾斯·福特（Charles Fort）[1] ❶

人類天生好奇。雖然有些人不願意學習，或甚至對學習興趣缺缺，但大多數人都喜歡學習。正如法蘭西斯·培根爵士（Sir Francis Bacon）於一五八七年曾言簡意賅地表示，我們也體認到「知識就是力量」。《權力遊戲》（*Game of Thrones*）電視影集中的虛構人物提利昂·蘭尼斯特（Tyrion Lannister）所說的「我喝酒而且通曉世事」，也體現了不言而喻的真理，值得當作警句印在T恤上。不同於培根和提利昂，身處現代社會的我們只需在電腦螢幕上按一、兩個鍵，就能輕鬆取得海量的知識。問題是現代社會也因此受到詛咒，因為隨之而來的是甚至更大量的謠傳知識，它們實際上是虛假、錯誤、扭曲、過時、有害的宣傳和（或）斷章取義。有時我們難以區分正確、客觀的知識與不正確、有偏見的知識。網路只是知識的一個來源，對於社會的影響雖然相對較晚近，但卻十分巨大。然而，假知識的存在由來已久，而且一直透過書籍、報紙、雜誌、廣播、電影和電視在傳播。當然還有長久以來的老派傳播方式——謠言、耳語、八卦和荒誕故事。

除了好奇，人類還喜歡好故事。打從很久以前就是這樣：想一想荷馬以及吉爾伽美什（Gilgamesh）[2]和西努赫（Sinuhe）[3]的故事。這些古老的故事雖是虛構，但它們也有一些現實基礎。

人類也喜歡體驗驚奇。我們愛好奇異和神秘的事物，以及秘密和幻想。幻想和虛構往往比真實事物和事實更有趣。當人們無法區分事實和虛構、真相和虛假，或現實和幻想時，就會產生問題。

我們生活在陰謀論激增的世界。指控假新聞是常有的事，但通常是針對說真話的新聞記者。偽科學的胡言亂語有時會對愛滋病與愛滋病毒的治療造成不利的影響、誤導人們去反對疫苗接種，與妨礙控制新冠疫情的成效。[2]稱疫情為騙局尤其有問題。低估情況的人之一英國首相鮑里斯・強森（Boris Johnson）自己也染疫，最終在加護病房裡待了好幾天才康復。後來，否認 COVID-19 存在的巴西總統雅伊爾・波索納洛（Jair Bolsonaro）在駁斥 COVID-19 最不遺餘力的美國總統川普感染病毒的同時，也被驗出陽性。川普雖然低估疫情，卻時常讓自己和他的許多幕僚人員進行病毒檢測，當他生病時，他接受了最先進的治療（絕大多數美國人享受不到的特權）。此後情況並未得到改善，川普還建議人們使用未經批准、未充分測試且有潛在危險的治療方式，例如服用羥氯奎寧來預防病毒感染。顯然有大量的錯誤訊息在流傳，而且許多人無法辨識。不幸的是，這導致了種種錯誤的決定和行動。「垃圾思維」或「垃圾知識」是這種錯誤訊息現象的合適名稱，在二〇〇八年由美國作家蘇珊・雅各比（Susan Jacoby）所創造，[3]也被稱作「邊緣」知識、「反知識」和「胡言亂語」。它們被接受而且繼續以多種形式呈現：迷思、超常事物、超自然事物、神秘學、偽科學、偽歷史和陰謀論。

「迷思」（myth）是一個有許多不同含義的詞語。在日常談話中，根據《新牛津美語詞典》（*New*

---

1 譯註：1874-1932，美國作家，奇異現象學研究者。「福特現象」有時用以指稱各種反常現象。
2 譯註：美索不達米亞文學作品《吉爾伽美什史詩》裡的英雄人物。
3 譯註：《西努赫的故事》一書的主角，是古埃及中王國第十二王朝的官員。

Oxford American Dictionary），一個常用的定義是：「廣泛被相信但錯誤的信念或想法」。《簡明版牛津英語詞典》（*Shorter Oxford English Dictionary*）提供了類似但更詳細的定義：「廣泛被相信（尤其是不真實或可疑但受歡迎）的故事或信念；對事實的誤解或歪曲；誇大或理想化關於人、機構等等的概念；被廣泛理想化或歪曲的人、機構等等。」此外，在流行用語中，「神話、迷思」（myth）和「傳說」（legend）通常被交換使用。然而，學者視神話和傳說為截然不同的概念。對他們而言，神話是虛構的故事，是透過寓言或比喻來解釋某個自然事件或現象，或人類狀況或心理的某個面向。普西芬妮（Persephone）被冥神黑帝斯（Hades）綁架的故事，是用來解釋四季變換的神話。另一方面，傳說是關於過去的故事，具備一些真實歷史事件的基礎，然而該故事往往隨著時間的推移而被扭曲。[4]考古學家海因里希·謝里曼（Heinrich Schliemann）發現特洛伊遺跡，使特洛伊戰爭從荷馬所創造的神話變成傳說。宗教學者羅伯特·塞加爾（Robert Segal）近來檢視神話的概念，將之定義為一種故事，但他用以下的說明來限定他的定義：「神話做為故事，當然能傳達某個堅定的信念，不過合格的神話必須對其追隨者有強大的控制力。然而這個故事可能為真，也可能為假。」塞加爾所說的信念，意思是追隨者強烈相信該神話所提出或意味的東西。[5]本書將探討的迷思類型多半都符合塞加爾的定義，除了這些迷思沒有一個是真的之外。因此，它們也符合《牛津美語詞典》的定義。

超常、超自然事物和神秘學彼此關聯緊密，用於描述超出一般科學理解和自然法則之外的事件或現象。「超常」（paranormal）用在與科學比較有關的場合，例如研究遙視或心靈遙控的現象。相形之下，「超自然」（supernatural）大多傾向於用在不可思議的背景下。「神秘學」（occult）一詞用於描述神秘、神奇的力量和現象，也包含神秘學是一個長年累積的知識與實踐體系的概念。occult 這個單字源自拉丁文的 *occultus*，意思是隱藏或私人的。如同歷史學家艾瑞克·庫蘭德（Eric

Kurlander）所指出，神秘學也有精英主義的意涵。在他看來，神秘學並不涵蓋邊緣知識或偽科學，以及做為納粹主義流行文化一部分的種族神話。[6]

垃圾知識、偽知識或邊緣知識，是由非標準且不被當作主流學術研究的一部分的知識所構成，基本原因在於它們將錯誤的想法視為是嚴肅和站得住腳的。說明這個現象的德語是 Grenzwissenschaft，意思是邊緣知識。現代社會的垃圾知識的兩大成分是偽科學和偽歷史（包括偽考古學的子集）。為了完全了解什麼是偽科學和偽歷史，我們需要了解何為科學和歷史。科學是以觀察和實驗為基礎，透過實證的方式對自然世界進行有系統的研究。歷史（包括考古學）是以倖存的紀錄和文物為基礎，對人類過往進行有系統的研究。這兩個學科都致力於從證據資料中獲得結論。科學家和歷史學家設法保持客觀，並避免刻意挑選資料和證據，以免達成預先確定的結論。此外，科學和歷史中的知識與結論總是暫時的，可能隨著新的研究結果而改變。因此，科學和歷史雖是知識體系，但並非不可更改。

科學和歷史從業者畢竟也只是人。他們可能會犯錯，有些人甚至不道德或不誠實。幸好，科學和歷史也會自我修正並參與同儕審查。學者們會有建設性地批評彼此的工作。有新發現或令人信服地修正現有的詮釋或理論，是學術專業中最戲劇化的成功方式。另一方面，行事草率馬虎會受人嘲笑，而不誠實則可能招致蔑視和失業。學術工作包含做註腳、尾註、圖表、表格和參考書目，全都以研究為基礎。這些學術工具提供了如何完成研究、發現證據以及達成結論的指南。因此，絕大多數科學家和歷史學家之間有某種共識現實（consensus reality）。這種共識現實可能隨著新研究和新方法的出現，而有或大或小的改變。然而，大多數情況下，學者之間有大致相同或形成共識的看法。不消說，某些極端的相對主義者和後現代主義者並不想承認事實和現實的存在，也不想承認不帶偏見和客觀性是部分可實現的。對他們而言，科學和歷史的論文與陳述只是杜撰物，如同偽科學和偽歷史。考慮真實和準確是不相干或無效的事。然而，本書不是一部後現代主義作品，所以讓我們繼續看下去。

如何定義和辨識陰謀論

陰謀論是垃圾知識或想法的另一個成分——而且是一個很大的成分。然而，首先我們需要定義陰謀論。陰謀是兩人或多人欲從事犯罪或其他非法或不道德行為的計畫或協議。暗殺亞伯拉罕·林肯是陰謀，還有一六〇五年火藥陰謀者（Gunpowder Plotters）試圖炸毀英國國會大廈也是。水門案（Watergate scandal）完全是關於總統尼克森（Richard Nixon）及其核心圈子所策劃的陰謀。這一切都涉及到參與暴力或犯罪行動的一小群人。近來也發生了類似的陰謀，例如蒂莫西·麥克維（Timothy McVeigh）炸毀奧克拉荷馬市的默拉聯邦大樓（Murrah Federal Building），或是蓋達組織特工在九一一事件中摧毀紐約的世貿中心（World Trade Center）。這兩起事件也吸引了陰謀論者的注意。麥克維自稱是一位孤狼愛國者（事實上他有幾個共犯），他的目的是報復專制的美國政府在圍攻德州韋科（Waco）的大衛教派（Branch-Davidian）建築群時所犯下的暴行。[4]某些陰謀論者將麥克維這種令人髮指的行為稱為政府的栽贓行動，目的是抹黑反政府民兵運動。儘管賓拉登和蓋達組織表明九一一攻擊是他們所為，而且有確鑿的證據證實他們的聲明，但陰謀論者仍捏造出種種不同的說法。這些說法從以色列情報機構摩薩德（Mossad）是發動攻擊的主謀，目的是為了強化美國人的反伊斯蘭或反阿拉伯情緒，到美國政府策劃了這些攻擊，以合理化入侵阿富汗和伊拉克的行動等。就連比較新近的新冠疫情，也已經產生了一堆陰謀論，如同先前前言所討論的那樣。

這些後來的陰謀論是陰謀主義（conspiracism）的展現。陰謀主義是相信陰謀無所不在，或處處都看得見陰謀的一種信念或傾向，並且建構陰謀論來解釋事情為何如此發生。撰寫陰謀主義相關內容的人往往遵循兩派思想。其中一派採取負面觀點。他們視陰謀主義為透過陰謀論來解釋事件的傾向，即使有更可信的解釋可採用。為此，社會遭受不必要的焦慮和混淆。[7]相反地，另一派對陰謀主義採取正面觀點。他們認為陰謀論往往是真的，所以他們揭露陰謀是有益社會的事。凱瑟琳・奧姆斯特德（Kathryn Olmsted）的《真正的敵人：陰謀論與美國民主，從第一次世界大戰到九一一》（*Real Enemies: Conspiracy Theories and American Democracy, World War I to 9/11*）是這種正面態度的一個好例子。她追蹤美國政府如何密謀讓美國涉入兩次世界大戰，以及參與其他陰謀和騙局，例如水門案和伊朗軍售醜聞等。如同她所指出的，二十世紀期間，美國的陰謀論主要不再是關於外部和（或）內部群體密謀反對美國及其政府，而是美國政府現在正密謀對付自己的人民。自從第一次世界大戰以來，聯邦政府規模的持續成長是造成這種改變的原因。她認為：「陰謀論是提出某個可能為真或假的陰謀，因為它尚未被證明。」也就是說，奧姆斯特德並不認為陰謀主義和陰謀論終究會是有建設性的。[8]

其他陰謀主義和陰謀論學者，將他們的定義限定於不是真的且往往也不可證偽的信念。這種觀點始於哲學家卡爾・波普爾（Karl Popper）在一九三四年出版的書《科學發現的邏輯》（*Logik der*

4 編按：此處指的是發生於一九九三年二月二十八日至四月十九日的「韋科慘案」（Waco seige），美國菸酒槍砲局探員搜查邪教組織「大衛教派」位於韋科的建築群時，教徒以重裝武器殺死多名探員，美國政府於是出動ＦＢＩ包圍建築群，最後造成起火，導致總共八十六人喪命。

Forschung），修訂的英譯本於一九五九年問世。如同政治科學家麥可．巴肯（Michael Barkun）所言：「陰謀論的說法越是廣泛，證據就變得越不重要……因為陰謀論不可證偽。」否定某個陰謀存在的每一件證據，都會被視為巨大陰謀的一部分或產物而遭排除。因此，在這個更嚴格定義下的陰謀論，本質上就不是真的。然而，新聞記者暨陰謀論研究者安娜．梅蘭（Anna Merlan）提醒：「那些說我們總是能輕易分辨虛構與真實陰謀的人，很可能沒有讀過太多歷史。」[9]本書的重點放在巴肯、梅蘭和湯瑪斯．米蘭．孔達（Thomas Milan Konda）所研究的陰謀論類型，因此可以放心地說它們是虛構的，而非事實。畢竟，到目前為止還沒有人捕獲真的蜥蜴人或可證實的光明會特務，何況許多人已經找尋了很久。

陰謀論有何特點？奧姆斯特德表示：「陰謀論是講述複雜故事的簡單方式。」[10]在許多、但非全部的陰謀論中，故事會被簡化成善與惡的爭鬥。如同梅蘭指出的，陰謀故事有時並不簡單，反而是複雜且令人困惑，甚至達到前後不一致、意義含糊且相互矛盾的程度。米爾頓．威廉．庫珀（Milton William Cooper）的地下經典《見有一匹灰色馬》（*Behold a Pale Horse*, 1991），連同他的其他作品和廣播談話中的陰謀論，是思維混亂不清的好例子。梅蘭一針見血地說道：「重點往往是識別敵人，而不是準確概述他們所做的事情。」[11]

我們要如何評估出現在新聞、社群媒體和流行文化中的種種陰謀和陰謀論？第一個原則是運用奧卡姆的剃刀（Occam's Razor）——也稱作簡約法則。意思是在沒有相反證據的情況下，對任何事件或現象進行簡單或比較簡單的解釋，永遠是比較可取的選擇。這是優秀的機械師、修理工人與學者遵循的原則。換句話說，當汽車或電腦故障時，首先要檢查油箱裡是否有汽油，或者電腦的插頭是否插上。

另一個重要原則是清楚區分可能與極可能發生的事。終究一切都有可能。當某人說未來的某個時候，我們會面臨《ＩＤ４星際重生》式的外星人入侵，這確實不能說是不可能。這種事以前從未發生過（抱歉了，《遠古外星人》和《異星訪客》〔*Roswell*〕[5]迷），但這並不意味著不可能。然而，這的確使它極不可能發生。因此，重要的是評估某件事是真或假的可能性，而不只是它在理論上是否可能。

懷疑論者麥可．謝爾默（Michael Shermer）列出了陰謀論的一系列特點，這些特點通常是陰謀論不真實的可靠指標。首先要評估的是，被認為連接起某個陰謀論各部分的點，是否真的有因果關聯，或者只是隨機的巧合。按照奧卡姆的剃刀原則，最簡單的解釋通常是隨機的巧合。陰謀論的另一個常見要素是賦予同謀者近乎無限的力量和能力。然而在現實生活中，人們會犯錯、計畫或陰謀會出錯，同謀者或無情獨裁者的實際力量有其明確的限制。喬治．歐威爾（George Orwell）[6]的「老大哥」或許是無敵的、無所不能和無所不知，但希特勒和史達林不是。光明會顯然也不是，因為他們長達兩個世紀的陰謀至今尚未成功。陰謀論越複雜，就越難以執行，而且越不可能是真的。此外，越多人參與的陰謀，越難以保密。所以，認為一九六九年的登月造假，是一個可笑的想法。一九六九年七月二十日至一九七二年十一月十一日期間，共有六次登月行動。這需要動用數以千計的人，才能完成這樣的騙局。然而在過去五十多年裡，卻沒有一個人洩露這場騙局或者在臨終時坦白。所有人都對這個陰謀或其他任何大規模的陰謀保持沉默，就常識而言實屬不可置信，此事已經

5 編按：美國科幻電視影集，改編自梅林達．梅斯（Melinda Metz）的系列小說《*Roswell High*》。

6 譯註：1903-1950，英國左翼作家，新聞記者和社會評論家。傳世著作包括《動物農莊》和《一九八四》，「老大哥」就是《一九八四》中的一個人物。

過量化分析。結論是如果無人提醒社會某個陰謀的存在，該陰謀存在的時間不會超過四年。而光明會和新世界秩序已經存在了多久呢？[12]

追求史詩級全球規模大膽目標的陰謀論不太可能是真的。一般的同謀者過於務實，不會認為統治世界是一個實際可行的目標。陰謀論不可置信地將自己與重大事件連結在一起，同時卻賦予無害和不重要的事件具有威脅性或惡毒的含義。陰謀論所展現的事實和猜測時常混雜在一起。這個特性使我們難以判定其說法的合理性和可能性。這也是陰謀論不真實的警訊。陰謀論者對於政府機構和私人組織，時常表現出不分青紅皂白、似乎沒有任何事實依據的敵意與不信任。最後，陰謀論者往往堅持宣揚某個陰謀論，而拒絕考慮其他可能的解釋。他們忽略任何不符合其理論的證據，只承認支持他們已經相信的事情的證據。這種行為是錯誤或虛假陰謀論的標誌。[13]

巴肯指出陰謀主義視人類事件為計畫或設計之下的產物，而非巧合或隨機所造成。這種世界觀反映在幾乎於所有陰謀論中都能看見的三個命題：一、任何事情的發生都不是意外；二、任何事情都不是表面上看起來的那樣；以及三、每件事情都彼此關聯。這類理論中的邪惡同謀極為強大，因此非常可怕。樂觀地看，陰謀論使世界變得有意義。善與惡之間的掙扎需要爭鬥一番，也賦予人生一個目的和秩序，而不是處於隨機和混亂的狀態。[14]巴肯也依據個別陰謀的範圍，區分出三種陰謀類型：一、事件陰謀；二、系統性陰謀；以及三、超級陰謀。事件陰謀著重在單一事件或單一系列的相關行為。隱匿歐巴馬據稱在肯亞出生的陰謀，還有聲稱中國從武漢的生化實驗室釋放COVID-19病毒的說法，都屬於事件陰謀論。系統性陰謀論的範圍比較大。這類陰謀試圖控制一個國家、地區甚或全世界。以偽造的《錫安長老議定書》（Protocols of the Elders of Zion）為基礎的陰謀論是說明系統性陰謀論的好例子。根據這些理論，有一個猶太人精英團體正持續密謀接管各個國家，最終接管整個世界。從質與量上來看，超級陰謀論是最可怕的陰謀論。這些理論涉及事件與系統性陰謀的網絡，由一個看不見且不知名的邪惡團體和看似無所不能的陰謀家精心策劃，以達成某個無上的目標。為了創造出混血的外星人－人類種族，外星入侵者與地球上的領導者合作，進行種種陰謀以便接管地球和奴役或消滅人類，這是一個威脅到人類生存的超級陰謀。當陰謀論的發展巨大到有整個政府或某個秘密的全球政府在背後操縱時，它們會吸引左翼和右翼的反政府信徒。這種現象稱作融合妄想（fusion paranoia）。[15]某些超級陰謀論具有明確的宗教焦點。巴肯稱這種關注焦點的轉變為「即興千禧年主義」（improvisational millennialism），他將之定義為引發一場善惡爭鬥的陰謀，那場爭鬥會導致現有世界的毀滅，接著產生一個好人必勝的新世界。即興千禧年主義的宗教層面源自新時代（New Age）信仰體系的多種成分。來自各種信仰——基督教、伊斯蘭教、佛教、神智學和新異教，以及其他許多你想得到的宗教——的片段的融合，創造出不同版本的即興千禧年主義。新時代傳統替持續重組出新版本的即興千禧年主義提供了邪教環境。[16]

陰謀論者聲稱他們的說法有證據和事實做為基礎，使他們的理論真實且正確。精心製作的一系列註腳、圖表、表格和參考書目被當作證據提出來。它們披著典型學術工具的外衣。如同歷史學家理查・霍夫施塔特（Richard Hofstadter）於一九六四年一針見血地指出，陰謀論學者提供了

> 極仔細、認真和看似連貫的細節應用的表象，費力地累積可被視為令人信服的證據，來支撐極荒誕的結論，為從不可否認到難以置信之間的大跳躍精心做準備……他不太期待他的證據能說服一個有敵意的世界。他為累積證據所做的努力帶有防禦行為的性質，這會關閉他的接收裝置，防止他不得不注意到那些不能鞏固其想法的不安考量。[17]

任何煞費苦心提出一大堆高技術含量、但不誠實且相關性可疑的證據，來質疑納粹滅絕營中毒氣室的存在，或解釋世貿中心大樓為何倒塌，或為何歐巴馬出生證明是造假的真正陰謀原因的人，都會看出霍夫施塔特在說什麼。更大的問題是，陰謀論越是巨大和無所不包，越不可能造假。證據於是變得沒有意義。任何抹黑陰謀論的證據，都可以解釋成無所不能的密謀者的謊言。因此，相信這類超級陰謀成為某種信仰行為，而不是透過調查和研究而達成合乎邏輯的結論的結果。反而是相信某個陰謀論在先，然後才試著找尋能強化最初信仰的證據，無論這個證據多麼偏頗、不相干或斷章取義。如果目標群體是真正的信徒，那麼這種陰謀論幾乎不會遭到反駁。[18]

偽學術研究和垃圾知識供應者的策略

在垃圾想法和知識的世界中，偽科學和偽歷史是陰謀論的同路人。巴肯將這些類型的垃圾知識歸類為汙名化的知識。[19]這些類型的知識雖然被大學和其他科學機構的主流學者貼上虛假和錯誤的標籤，但它們的支持者卻認為這些想法是真的。巴肯將汙名化的知識分成五類。第一類是遺忘的知識。那是遠古時代失落的智慧，來自例如亞特蘭提斯等神話之地，或例如赫密士·崔斯莫吉斯堤斯（Hermes Trismegistus）等大多被遺忘的古代聖賢的知識。第二類是被取代的知識，指的是一度被認為有效且真實，但現在被認為不真實且可疑的知識類型。過去有所謂的神秘學科學，例如煉金術、占星術、白魔法和赫密士主義（hermeticism）。從文藝復興時期到十七世紀科學革命開始許久之後，都有受敬重的學者在涉獵神秘學科學。天文學家約翰尼斯·克卜勒（Johannes Kepler）和原始精神科醫生西蒙・福爾曼（Simon Forman）便從替人排星座命盤中獲得部分收入。他們並非唯一從事這類活動的人或特例。神秘學科學曾被廣泛視為科學和受敬重的學術研究形式。被取代的知識包括不可信的科學理論，例如宇宙的地心概念、顱相學和拉馬克演化理論（Lamarckian evolutionary theory）[7]，它們一度被視為真實的知識，但如今不再是。第三類是被忽視的知識，例如可見於像是鄉下孤立的窮人等低社會地位群體當中的民俗醫學療法。

另一大類是被摒棄的知識，包含從出現之初就遭到主流社會摒棄，而且此後持續不被接受的知識主張。巴肯以外星人綁架為例，這種說法一開始就被主流權威摒棄，但仍設法吸引無數信徒，包括許多聲稱自己曾被綁架的人。巴肯還指出「被摒棄的知識」這個用語和概念，最早是由英國學者詹姆士・韋布（James Webb）於一九七四年提出的。韋布將神秘學等同於被摒棄的知識，但他的神秘學概念著重於該詞語的「隱藏」層面，而不是神奇事物。如同韋布的描述：

> 神秘學是被摒棄的知識。它可能是遭權勢集團主動拒絕的知識，或者因為與主流看法不相容而自動失寵的知識……（它是）一種地下知識，其基本一致性是反對當權派。

他的「被摒棄的知識」概念包含了巴肯的五種汙名化知識。20

巴肯的第五類汙名化知識是被壓制的知識。那是當局知道為真、但加以噤聲或掩蓋的知識。壓制這類知識的理由各異。當局可能想要防止大眾恐慌或引爆眾怒。我們知道美國當局曾擔心飛碟狂

7 譯註：由法國生物學家拉馬克（Jean-Baptiste Lamarck）所提出，其理論基礎是「獲得性遺傳」和「用進廢退說」。

熱會引發一九三八年時由奧森・威爾斯（Orson Welles）[8]講述，改編自赫伯特・喬治・威爾斯（H. G. Wells）小說《世界大戰》（*War of the Worlds*）的廣播劇所造成的那種歇斯底里。在其他情況下，壓制的動機可能是自私或惡意的。關於為何世貿中心塔樓在九一一攻擊中倒塌的技術事實被壓制，可能是為了保護幕後的真兇，例如美國中情局或摩薩德。愛滋病或COVID-19起源的相關資訊被壓制，可能是為了隱瞞它們是某人的生化武器。許多人縱或懷疑被壓制的知識存在，但只有特定的少數人了解真正的事實和證據，而他們不打算和別人分享。巴肯指出被壓制的知識包含了其他類型汙名化知識的面向。因此，汙名化知識的擁護者可以聲稱這種汙名化是陰謀的一部分，目的是不讓大眾知道真相。所以被汙名化變成該知識確實為真的跡象，因此不必受到經驗證據的檢驗。[21]

邪教環境是替偽科學、偽歷史和陰謀論提供持續礎基礎的另一個文化現象。邪教環境的概念隨著一篇經典文章——英國社會學家科林・坎貝爾（Colin Campbell）的〈邪教、邪教環境與世俗化〉（The Cult, the Cultic Milieu and Secularization）的發表，在一九七二年引起學術界的關注。[22]如標題所示，坎貝爾試圖解釋邪教的本質，它們往往神秘、組織鬆散、短暫存在，並且遵循一套被主流社會視為異常的信仰體系。他正確地看出邪教是一種也包含偽歷史、偽科學和陰謀主義的不同層面的宗教形式。坎貝爾注意到，邪教會興起，隨後就會衰敗和不復存在。同時，當比較古老的邪教消亡時，新的邪教會出現。正是邪教環境的存在，使得邪教得以存續。邪教環境是一種次文化，由雜誌、小冊子、書籍、演講、廣播節目，以及宣傳種種異常或非正統信仰和想法的集會所構成。自從坎貝爾於一九七二年發表那篇文章後，網際網路和有線電視上的特定網絡，也將邪教環境中的非正統思想和信仰呈現給越來越多的受眾。連鎖書店通常有新時代書架區，偽歷史和偽科學作品在那裡與歷史和科學區的主流書籍爭奪空間。《遠古外星人》和《橡樹島的詛咒》（*The Curse of Oak Island*）、《當鋪之星》（*Pawn Stars*）、《美國破爛王》（*American Pickers*）、《沼澤人》（*Swamp People*）以及類似品質的節目，將傳統的歷史節目擠到「歷史頻道」（History Channel）的邊緣地帶。其他一度前景可期的網絡，例如「探索」（Discovery）、「學習頻道」（Learning Channel）和「藝術與娛樂」（Arts and Entertainment）頻道大多也已放棄他們最初對於科學、歷史和相關領域教育節目的關注。然而，這些頻道確實迎合了坎貝爾所認為的邪教徒的本質——他們是追尋者。他們尋求的是在主流宗教的傳統信仰體系之外，找到精神真理和個人成就感的方法。

邪教環境提供了非正統思想和信仰的巨大儲存庫——容納韋布的被摒棄的知識，以及巴肯的汙名化知識。邪教環境的多樣性及其重組其成分、成為無限種千變萬化的信仰和意識形態的能力，使新的追尋者群體產生以及邪教現象的持續存在變得可能。此外，邪教環境也吸引了坎貝爾所稱的「被動的消費者」的大量支持。

這些被動的消費者對於邪教環境中的異常信仰和想法感到興趣和好奇。這意味著他們願意購買書籍和雜誌、聽廣播、看電視節目、參加演講和會議、點擊網站，以及偶爾利用邪教服務，例如算命和看手相。他們甚至可能舉辦降神會（儘管在許多恐怖電影中，這必將招致災難）。諸如外星人大會（AlienCon）之類的活動是邪教環境的體現。其表面上的焦點可能放在《遠古外星人》影集上，但參與者能在商品區發現《遠古外星人》T恤之外的許多東西。那裡會有芳香療法、草藥療法和其他另類醫療的知識和商品，以及各種新時代產品。在內在傳統（Inner Traditions）出版社的攤位佇足，你會找到探討邪教環境所有層面的各種書籍，例如《喚醒你的水晶》（*Awakening Your Crystals*）、《從

8 譯註：1915-1985，美國電影導演、編劇和演員，最著名的作品是一九四一年的電影《大國民》（*Citizen Kane*）。

靈魂之犬到黑暗艦隊：秘密的納粹太空計畫與爭奪太陽系》（*Soul Dog to Dark Fleet: The Secret Nazi Space Program and the Battle for the Solar System*）和《謀殺摩西》（*The Murder of Moses*）。參加這些活動的人，有許多是追尋者和真正的信徒，但更多人是被動的消費者，他們只是出於好奇而參加，並非衷心投入。

二〇一二年，坎貝爾在萊比錫大學發表一場演說，標題是「重訪邪教環境」（The Cultic Milieu Revisited）。他在演說中探討盛行至一九六〇年代的正統主流，如何自一九七二年起開始崩潰。總體而言，現在的社會更加非正統、多元化和寬容。這個新文化的一部分發展自邪教環境下的新時代主流運動。因此，大部分的邪教環境不再是邪教的，換言之，不再是脫離常軌和被邊緣化的。[23]這個環境依舊存在，但現在是邪教、超自然事物、偽科學、偽歷史和陰謀主義所構成的環境，該環境有別於傳統知識、高等教育和科學的世界。那是存在已久的垃圾知識環境。那是對啟蒙運動、世俗化和現代主義所造成的世界的除魅的一種反應，而這三者如今已是西方文化的一部分。[24]而且如同可怕的納粹主義經驗所證實的，這也不必然是西方文化中的正向部分。邪教環境或垃圾知識對於它視之為主流權威的事物懷有敵意，例如大學裡的學者、知識分子、科學家和政府專家，以及他們所代表的知識。[25]這就是韋布所稱的神秘學，無論地下或當權的。近來的學術研究將這種形式的邪教環境稱為對立次文化（oppositional subculture）。的確，陰謀論者和幽浮學家對於來自政府機構或大學的任何資訊都採取對立的態度（當然，除非這項資訊碰巧贊同他們）。這便是現今的陰謀論、偽科學和偽歷史的基礎。

偽學術研究或垃圾知識與運用合理的方法論，並以經驗為基礎的學術研究之間，有什麼區別和對比？主流學者是將他們的結論奠基於證據和資料。首先進行研究和事實調查，然後得出結論和詮釋。學者也會接受一旦發現新證據，可能迫使他們修改先前看似紮實的結論。要有效地詮釋證據，必須了解產生歷史文件和文物的背景。相反地，偽學者一開始就先得出結論和理論，接著刻意挑選那些看起來能支持他們先入為主的結論的證據。如果證據不合適，他們無論如何還是會將它硬塞到位。這種方法往往不顧及證據的歷史背景。

主流學者會形成一個分享想法和進行辯論的研究社群。他們透過同儕審查來相互評估和批評。主流學術研究有無數次最終被證明是錯誤的。當主流學術研究面臨錯誤和足夠的相反證據時，它會相應地調整其理論或詮釋方式。阿爾弗雷德．韋格納（Alfred Wegener）第一次提出大陸漂移學說時，遭到其他科學家嘲笑，但久而久之越來越多的證據累積證明他基本上是正確的。板塊構造的概念隨後出現，並修正了韋格納最初的概念，將大陸漂移的過程解釋得更好。[26]學術機構在他們的方法和制度中有內建的自我修正機制。這幫助了科學、歷史和類似的學科提升人類的知識。

偽學術研究並不遵循或堅守以經驗為依據的方法和自我修正程序。邊緣學者公開地相互批評，幾乎是從未聽聞的事，儘管他們各自的理論彼此之間的差異，與他們和主流理論及詮釋之間的差異一樣多或更多。批評另一位邊緣學者這種事，從未出現在印刷媒體或正在錄影的電視攝影機前。觀察者偶爾會在外星人大會之類的集會中看見專業競爭和意見分歧，這種情況在小型集會中甚至更常見。[27]但偽學者不會進行同儕審查或自我修正的程序。

一般大眾如何能辨識科學、歷史和其他學科中的偽學術研究和垃圾知識？這是一項艱困的任務。偽學者利用若干技術來增加他們的可信度，或轉移任何可能讓人質疑他們的可信度的問題。他們利用過時和被取代的學術研究和理論，並將之描繪成最新的研究，以支持他們的想法和理論。舉例來說，他們可能引用一八八二年出版的伊格內修斯．唐納里（Ignatius Donnelly）的《亞特蘭提斯：

上古世界》（*Atlantis: The Antediluvian World*），來支持他們對亞特蘭提斯和其他失落的大陸的概念。如今唐納里的書已成為亞特蘭提斯學的經典，但這不表示它是可信的學術研究。在該書出版的時代，其說法不像現在這樣顯得牽強，然而，它們依舊極度處於邊緣。此後，科學的進展已經使其內容全然難以置信。[28]同樣的情況適用於空心的地球、火星上的文明生命，或亞特蘭提斯和古埃及文化的超擴散等理論。

偽學者也花費大量時間詆毀主流學者和科學家。他們指控學者和科學家運用和保護過時或全然錯誤的理論和解釋，而這些理論和解釋構成了正統知識。他們將主流學者描繪成關注無關緊要的瑣事、而非大局和重大真相的人。他們不斷攻擊專家的可靠性和可信度。若說有什麼不同，那便是如今這類對專家和專業知識概念的攻擊，比以往任何時候都更加猛烈和持久，就像令人困惑地否認新冠疫情所表現的那樣。[29]擁有大學學位、學術職位和學術出版品的學術資格證明，現在已成為遭到懷疑的原因，以及拒絕讓主流學者在其專業領域發表任何言論的理由。

然而，如果有機會從主流學者那裡獲得對偽知識的支持，學術資格證明卻又突然變得有效和可信。《西元前的美洲：新世界的古代定居者》（*America BC: Ancient Settlers in the New World*, 1976）以及其後類似書籍的作者巴里·費爾（Barry Fell），是說明這種現象的好例子。費爾聲稱古代凱爾特人、凱爾特伊比利亞人、愛爾蘭人，甚至埃及人都曾定期造訪北美洲，並在西元前五〇〇年至古典文明興起之間的若干世紀開採銅礦。這些造訪活動一直持續到基督教時代初期。為了證明這些接觸而引用的一些證據，包括了新罕布夏州神秘山（Mystery Hill）的石頭構造物。另一項證據是宣稱使用愛爾蘭歐甘（Ogham）字母的銘文，而費爾聲稱他能解讀。許多這類銘文的真實性以及費爾翻譯這些文字的專業能力，從過去到現在一直被絕大多數考古學家所否定。話說回來，費爾曾是哈佛大學的教授，有著耀眼的學術資歷，他的支持者只要有機會就會利用這一點。事實上，費爾是一位極受尊重的——無脊椎動物學教授。當他在某部關於前哥倫布時期來到美洲的訪客的紀錄片中被認出來時，這部分總是被忽略。這種對他的專業知識和資歷準確描述的忽略，必定會讓一個善於思考的人至少覺得是相當不誠實的事。

垃圾知識供應者所運用的另一項策略是使讀者淹沒在細節中，考古學家蓋瑞特．費根（Garrett Fagan）稱之為「廚房水槽」論證模式。[30]科西的《出生證明何在？歐巴馬沒有資格當總統的論點》（*Where's the Birth Certificate? The Case that Barack Obama Is Not Eligible to Be President*, 2011）包含了堆積如山的細節。其結果是讓讀者感到困惑，他們納悶歐巴馬出生地的說法是否真的有道理，因為似乎存在著這麼多證據。這掩蓋了一個事實：歐巴馬在夏威夷州出生的書面紀錄，對於客觀的觀察者來說是無可挑剔的。

偽學者時常高度依賴使用異常事物，做為其論點的證據和證明。異常事物是指奇怪、意料之外、不正常或奇特的事物。換句話說，沒有辦法解釋。幽浮是不明飛行物體，那正是這個簡稱所代表的意思。絕大多數不明飛行物體最終都被解釋為相當正常的東西。然而，幽浮學家毫不猶豫地聲稱，剩下的那些無法解釋的幽浮報告正是外星人來訪的證據。事實上，這些無法解釋的目擊幽浮事件是異常現象。在這些異常的目擊事件中，是否可能看見外星太空船？確實有可能，就像未來外星人入侵也是可能的。不過目前為止，並無可信的證據證明，異常的目擊幽浮事件中看到的是某種飛碟。異常不能當作任何事情的證據或反證，只能說明我們沒有全部的答案。謝爾默指出，有效的信念和理論「不是建立在（異常事物可加以反駁的）單一事實之上，而是基於多種調查方式所匯集的證據」。以經驗為依據，運用匯集的證據和比較法，使社會科學和歷史具有科學性。此外，只因某件事無法用科學解釋，不代表它永遠無法被解釋。多年以來，科學已經解開了許多謎團和看似無法解釋的現象。正確的做法是採取等著看的態度，而不是先預設一個超自然或超常的解釋。[31]

偽學者也運用反轉舉證責任的策略。換句話說，他們拋出一個聳人聽聞的主張，它應該被容許存在，直到主流學者提出反駁為止。事實上，偽學者應該要自己證明他們的論點。如同持懷疑態度的科學家卡爾・薩根（Carl Sagan）[9]所言：「非常的主張需要非常的證據。」這句格言最早並非出自薩根之口。十八世紀中期，哲學家大衛・休謨（David Hume）便寫道：「聰明人……會使他的信念和證據相匹配。」[32]垃圾知識的供應者時常退縮，並聲稱他們只是在問問題。這是事實，但它們是有強烈傾向和引導性的問題，目的是反轉其另類主張的舉證責任。

垃圾知識也進行事實－虛構的反轉。對偽歷史、偽科學和陰謀論的擁護者而言，虛構的事件和概念變成真實歷史的一部分。愛德華・布爾沃－李頓（Edward Bulwer-Lytton）的《即將到來的種族》（*The Coming Race*, 1871）是一部早期的烏托邦科幻小說，內容是關於發現住在空心地球裡的人類社會。其人民已經發展出稱作弗利爾（vril）的不可置信的創造力和毀滅力，他們藉此力量擴張和征服了大部分的地底世界。如果他們出現的話，將不可避免地導致地表人類的滅絕。弗利爾社會的模糊故事自納粹時代以來開始流傳，這要歸功於難民科學家威利・萊（Willy Ley），他在一九四七年發表的一篇文章中，最早提及此事。它引發了關於納粹弗利爾社會，以及第三帝國試圖利用弗利爾做為神奇武器的種種瘋狂猜想。尼古拉斯・古德里克－克拉克（Nicholas Goodrick-Clarke）的研究雖然將弗利爾社會帶到一個比較平凡的觀點，但這種事實－虛構的反轉早已嵌入邪教環境中。[33]

真科學和偽科學的分界

主流學者準確地觀察到垃圾知識不像主流科學、歷史和其他學科，它們不是透過持續的研究而獲得進展，這些研究揭露新的事實和證據，使新的和改善過的理論與詮釋變得可能。事實上，以經驗為依據的學術研究和科學所得到的發現和理論始終是暫時的。當新的研究啟發了思考某個主題的新方法時，詮釋方式和理論也會跟著改變。自從他的《諸神的戰車》（*Chariots of the Gods*）在一九六八年首次出版後，艾利希．馮．丹尼肯（Erich von Däniken）對於古代外星人的想法已經改變了多少？他揭露和發展出什麼新證據和見解？根據他後來的書以及他在《遠古外星人》影集中的現身說法，這五十多年來並沒有什麼重大的新發現。關於哈普古德所說的地殼位移，或南極冰蓋底下存在一個失落的古代超級文明的概念，他的擁護者至今都沒有發現新證據來支持他的理論。主流科學的進展帶來了新的驗證和測量方法，能證明哈普古德的極移假說，如果那真的曾經發生過的話。事實上，它們顯示的情況正好相反。哈普古德是錯的，除非你是不理會科學的真信徒。偽科學的假說未能成為既定理論，這是一個相當大的認識論[10]警訊。

自一九三〇年代以來就一直存在的一個問題，是真科學和偽科學之間的分界線，這條界線可以延伸到劃分以經驗為依據的知識和垃圾知識。哲學家波普爾斷言科學和偽科學的分界線是，偽科學的說法無法透過實驗和觀察來證偽。演化生物學家暨懷疑論者馬西莫．皮柳奇（Massimo Pigliucci）

9 譯註：1934-1996，著名美國天文學家、天體物理學家、宇宙學家、科幻小說及科普作家。

10 編按：認識論（epistemology）研究關於知識的來源、發展過程、認識方法，以及知識與實踐的關係的學說。可分為經驗主義和理性主義。

指出，這條分界線將生物學和地質學，以及心理學、社會科學和歷史的許多領域都置於偽科學領域中。這些學科的從業者未必總是可以或曾經進行實驗，但他們確實像偵探一樣，以法醫取證的方式有系統地收集證據、事實和數據。這個過程讓所有的學者和研究人員能推論他們所研究的東西。他們累積的證據越多，這個推論越堅實。我們要記住，科學的運作方式更多是透過證明某個假設或理論不正確或虛假，而不是證明某個理論是正確或真實。如同先前已經提過的，科學的真理永遠是暫時和非絕對的。同樣的道理適用於運用更比較性和證據性方法的其他學科，例如歷史。考慮到現存的歷史證據，歷史學家設法盡其所能地重建過去的事件。由於某些時代的歷史證據稀少到甚至不存在，但在比較晚近的時代，歷史證據的數量卻可能多到讓人吃不消，因此歷史知識不可能是永久的。歷史學家也詮釋他們在研究中所收集的東西，並賦予背景脈絡和意義。職業倫理規定所有這些事情都應該秉持公平的精神來完成，盡可能設法避免偏見和主觀意見。如果依循嚴格的學術標準和方法去研究歷史和科學，將對揭露迷思、誤解以及偽歷史和偽科學的全然欺詐大有幫助，使我們更容易理解這個世界和過去的事。

那麼主流學術知識和垃圾知識或偽知識之間的分界線何在？垃圾知識有程度之分。有些作品純粹是廢話，但有些作品是混合物，摻雜了不同分量的主流學術知識和垃圾知識。這正是這條分界線變得模糊之處。對學者來說，尤其是那些對於所處理的主題具備直接專業知識的人，他們相當容易就能辨別垃圾知識作品，就像珠寶商可以輕鬆辨別鑽石是否是最高品質、次級品或根本是贗品。對於非專業的一般大眾來說，情況就不是這麼回事了。他們不認識學術文獻，不熟悉歷史文件，不知道正確的方法論，可能也沒學過批判性思考，這些都是辨別本章探討的種種警訊所需的技巧。這正是主流學者、科學家和專家需要迎戰垃圾知識的原因。

下一章我們將看到認知心理學和社會心理學所揭露的一些人性面向，這些面向使垃圾知識變得有吸引力和可信。

2

人們為何相信怪事？

小人厭惡知識的原因不難明白。他討厭知識是因為知識很複雜——因為知識對他貧瘠的理解概念能力造成難以承受的負擔。因此，他總是尋求捷徑。所有的迷信都是捷徑，其目的是讓難以理解的事情變得簡單，甚至顯而易見。

——亨利．路易士．孟肯（H. L. Mencken）1❶

在感到焦慮和不確定的情況下，迷信很可能有出色的表現。這或許被視為退回到嬰兒的態度，或退回到早年習得而後來被壓抑的信念；又或許是在面對可怕的處境時，藉以取得某種虛幻的控制的手段。

——詹姆士．韋布❷

我們要如何回答本章標題所提出的問題？有人可能會說，人們相信怪事是因為他們很笨。在某些情況下，這可能是真的，但許多聰明人顯然也相信某些相當古怪和不合理的想法。還有人說，相信怪事的人沒有受過教育或沒有受過良好的教育，因此，他們無知而且比較容易對錯誤的看法信以為真。有大量證據證明，缺乏科學素養確實使人們對偽科學概念和理論不設防。然而，所有這些理由都無法解釋，為何人們在面對無可爭辨、但明顯與他們所相信的事物相反的事實時，會頑固地堅持站在錯誤的一邊。許多人對這種頑固地堅持錯誤的現象感到困惑，甚至相當不安。我們要問，他們怎麼能持續這麼做？答案顯然是當中有複雜的原因組合，因為這種行為涉及演化生物學、認知心理學、社會心理學、社會化、文化和宗教等層面。

信念第一，解釋在後——確認偏誤的起點

要了解人們為什麼相信怪事，最好的起點是演化生物學以及它對人類認知心理的影響。人類喜歡視自己為理性的生物。人種的科學名稱是 *Homo sapiens*，意思是智人。當然，即使只是膚淺地知曉歷史和時事，都能明白我們身為一個物種，無論群體或個體，時常會做出不明智和甚至自我毀滅的行為。人類喜愛思考，但他們的思維往往不理性、不連貫或不一致。著名的懷疑論者和科學歷史學家謝爾默表示：「信念擺在第一，解釋跟隨其後。我將這個過程稱作依賴信念的現實主義（belief-dependent realism）。」❸獲得一套信念是社會化過程的一部分，每個人在與父母、其他家庭成員、朋友、學校、宗教和一般文化互動時，都會經歷這個過程。社會化過程對人們所相信的事物有著深刻的影響。同時，個人至少會部分地自行形成一些信念。謝爾默表示：「大腦是一具信念引擎。」人類大腦本能地能理解它們接收到的感官訊息並辨識模式。謝爾默所舉的例子是早期人類在地面上覓食的情境。這人會注意附近植叢中傳來的聲響、景象和氣味，這表示大型掠食動物可能正在埋伏，等著撲向毫無戒心的受害者。於是，這個小心翼翼的人類獵物爬到最靠近的樹上的安全所在。如果灌木叢裡真的藏著一頭獅子，那麼這就是一個救命的決定。如果灌木叢裡的窸窣聲只是一陣微風引起的，那麼覓食的中斷並不會造成真正的傷害。做為一種求生機制，人類大腦被編碼成搜尋這類感

1 譯註：1880-1956，美國記者、諷刺作家、文化評論家，以及美式英語學者。

官模式。某些模式是有意義的，並產生準確且有用的評估。然而，大腦往往會辨識出不是真正存在且沒有意義的模式。日常生活中一個常見的例子是，人們會看見雲朵形成的圖像。

人類大腦會努力將這些點連結起來。謝爾默稱這個過程為「模式性」（patternicity）。此外，人類還試圖賦予這些模式重要意義、目的和能動性（agency）[2]。他將這個過程稱為「主體性」（agenticity）。有時模式並不是真的。以最終毫無意義的方式將點連接起來的一個很好的例子是能量線（ley lines）。新時代信徒聲稱，地球上遍布著擁有神秘能量的地方，例如吉薩大金字塔（Great Pyramid of Giza）、巨石陣（Stonehenge）、烏魯魯巨岩（Uluru）[3]，以及許多類似的地方。這些遺跡並非隨機分布。它們實際上形成某種圖案或網格，反映出一些無法解釋或無法偵測的超自然現象，或者某種古代外星地圖，或史前時代連結飛碟著陸基地的能量生成系統。這個想法的問題在於，根據披薩餐廳和教堂的分布，我們也能發現而且已經發現同樣很有說服力的模式。你只需要有耐心和時間在地圖上把直線畫來畫去。❹說到陰謀論，模式性和主體性尤其容易產生假警報和荒唐可笑的陰謀。

每一個人都有自己的依賴信念的現實，這個現實取決於我們的個人經驗、文化環境，以及我們所取得的資訊。二十世紀大部分時間裡，相對堅實的共識現實，為英國、美國、加拿大、西歐和許多拉丁美洲國家奠定了工業化民主國家的社會基礎。每個國家的人們都讀著相同或類似的書籍、雜誌和報紙。他們聽同樣的廣播，看同樣的電影。到了一九五〇年代，電視迅速成為新聞、娛樂和紀錄片的支柱。當時美國只有三大電視網，而在英國，英國廣播公司（ＢＢＣ）擁有一九三二至一九五五年的電視廣播壟斷權。那時，獨立電視網（ＩＴＮ）應運而生。大多數美國和英國觀眾可以選擇三或四個頻道。隨著獨立電視台的出現，紐約和芝加哥等大城市區為美國人提供了多幾個選擇。所有這些頻道都大致相似，而且力求吸引廣大的一般大眾。其他工業化國家也有大約相同數量的選擇。在很大程度上，這些社會的資訊文化同質性相當高。正是這種同質性幫助創造和維持了一種共識現實。這種情況一直保持穩定，直到有線電視和網際網路出現，提供了數以百計的電視頻道和數十億個網站。

所有這些資訊管道也充當守門人，監看提供給大眾的資訊性質和類型。主要目的是吸引大量觀眾，因此小眾群體的品味和興趣沒有獲得太多關注，而且多半得不到滿足。印刷媒體領域的情況就沒那麼單一。特殊興趣的雜誌、報紙和書籍很容易取得，即便讀者相對較少。決定誰能出書或上廣播節目，主要出於經濟考量。該品項是否能賣錢或吸引觀眾並因此獲利？有些決定則基於對道義和公共道德的關切，從而制定出禁止或防止某些主題被出版、拍成電影，或在廣播或電視上播放的標準。守門人也負責阻擋那些被視為不良科學、不良歷史或不良學術的東西，以免傳播給主流讀者或觀眾。一九五〇年，天文學家試圖阻止伊曼紐爾・維里科夫斯基（Immanuel Velikovsky）的《碰撞中的世界》（*Worlds in Collision*）出版未果，這是守門失敗的一個顯著例子。維里科夫斯基的特立獨行和最終站不住腳的想法非常吸引讀者，以至於出版商願意將利潤置於知識分子的風骨之上。[5]大約同一時間，右翼的約翰・伯奇協會（John Birch Society）拚命努力，但未能成為主流運動。問題在於伯奇協會會員的世界觀與主流的共識現實不相容，更別提單純的現實。當時的運動領導者寫了一本書指控一位總統，說受人敬重甚至愛戴的德懷特・艾森豪（Dwight Eisenhower）是共產黨特工，讓

2 編按：指的是個人或群體在特定情境下的主動性、自主性和行動能力。

3 譯註：又稱艾爾斯岩。

絕大多數美國人覺得實在太荒謬，即便是在一九五〇年代那個可怕的時代。

當然，人類社會中一直存在著奇怪的想法。我們與生俱來的模式性和主體性的行為，確保了感知和經驗的點與點連結持續不懈。這也意味著有時這些點會不正確地連結起來，並錯誤地融入某人的依賴信念的現實中。當這類的連結發生時，人類認知的另一個面向就會出現——確認偏誤（confirmation bias）。一旦人們發展並接受了某個信念或觀點，就會馬上著手證明他們的想法是正確和真實的。當人們只專注於尋找支持其信念的證據時，確認偏誤就會產生。相反的事實或證據會被忽略，或只給予最輕微的關注。另一個術語是「動機性推理」（motivated reasoning）。如同新聞記者梅蘭解釋的：「我們傾向於更加重視能證實我們既有觀點的研究、新聞報導，以及任何其他形式的訊息，並找到辦法拒絕那些與我們**感覺**為真的東西不相符的事物。」這種行為的白話文是挑選證據。如此一來會破壞我們為了確定和提供一個有效且依賴科學的信仰體系所做的任何以科學或經驗為根據的努力。❻

謝爾默描述了確認偏誤的各種子集，包括後見之明偏誤（hindsight bias）。後見之明偏誤是一種使過去符合目前所知之事或境況的傾向。在歷史學術領域，這種現象的另一個名稱是輝格黨式的歷史詮釋（Whig interpretation of history）[4]。後見之明偏誤忽略過去事件的偶發性，而認為它們是不可避免的。現狀偏誤（status quo bias）是另一種確認偏誤。基本上，現狀偏誤是說我們向來都是這樣做的，而且一直奏效，那為何要改變呢？研究人員經常要與期望偏誤（expectation bias）搏鬥，意思是觀察者或研究人員更關注能證實他們所期望的結果的證據和數據。期望偏誤與自我實現預言的傾向有密切的關聯，由於想要得到某種結果，因此採取非尋常的措施和操縱來實現此一結果。確認偏誤是普遍的人性特質，因此，如果個人和社會想要活在現實世界而非幻想世界，就必須意識到

這一點並加以防範。❼

讓人接受不理性想法的心理機制和人格特質

當人們成為可疑信念的擁護者時，他們經常會碰上問題，因為現實世界中的事件並不會不斷證實他們的信仰體系，於是他們便苦於認知失調。當某人或某個群體的信念與證據、事實、現實甚或其他信念產生衝突時，就會出現這種情況。這種衝突和矛盾的狀態會帶來信徒的壓力和焦慮，造成不和諧。壓力或不和諧需要被緩解。心理學家利昂・費斯廷格（Leon Festinger）在研究某個幽浮邪教時，提出了認知失調的概念和理論，該教派聲稱外星訪客告訴他們，一場災難性的洪水將迎來世界末日，特別是大芝加哥地區的毀滅，那裡是大多數邪教徒所在之地。當然，爆發洪水的日期來了又去，並未帶來毀滅性的大災難。這個邪教確實經歷了最初的震驚和某種程度的幻滅，導致某些成員叛教。然而，核心群體仍不離不棄，他們解釋說，他們預測洪水的失敗實際上並不算是失敗。之後，外星人隨即通知該教派，多虧了他們的祈禱和信仰，世界已免於毀滅。❽

儘管所有研究都表明吸菸的健康風險，而且有證據顯示吸菸者的身體健康在惡化，然而當人們戒不了菸時，也會利用相同的藉口。費斯廷格的結論是，許多經歷認知失調的人會盡一切努力來減輕壓力，即使這意味著忽視現實與他們信念和行為之間的衝突。就相信幽浮和陰謀論的案例而言，終極的迴避方式是使他們的信念不可證偽。屆時，認知失調就會消失。二〇二〇年開始流行的新冠

4 譯註：從輝格黨（Whig）利益出發的歷史觀。

疫情，讓許多人聲稱這是一場騙局，或者是中國、新世界秩序、比爾．蓋茲或任何壞蛋釋放生物武器的結果。否認疫情的現實或將之歸咎於邪惡人士的陰謀，也能緩解由不會思考、冷漠無情、如幽靈般在人群中隨機傳播的病毒所造成的焦慮。你如何對抗這樣的東西？事實上，答案是以科學為基礎的醫療和藥物，但它們需要耐心、勇氣和克制。這些特質總是供不應求。然而，主要的問題是，在某些國家，有相當多的人拒絕接受科學解決方案背後的專業知識和權威。他們反而依賴魔法思維（magical thinking）、陰謀論和認知失調。先是歸咎於中國人、假新聞或深層政府（Deep State），從而創造出比沒有面目的病毒更容易對付的人類敵人。下一步是稱之為騙局，從而否認現實或問題的存在。這種現象稱作否認主義（denialism），是緩解認知失調的另一種方法。可惜，它是以根本不合理的方式，透過忽視、爭論或拒絕歷史證據和科學發現來達成目的。[9]

為什麼許多人顯然能如此隨意地忽視專業知識，以及支撐這些知識的事實和科學？研究人員發現兩種讓人忽視專家的人格特質——鄧寧－克魯格效應（Dunning-Kruger effect）和自戀。鄧寧－克魯格效應是指能力或知識水平較低的人，一貫地高估自己真正的能力和知識的現象。根據心理學家的說法，鄧寧－克魯格效應源自於缺乏後設認知（metacognition），意思是對於認知的認知。用外行人的話來說，他們不知道或沒有意識到自己才能或知識有限。更直白地說，他們對自己的無知一無所知。就政治事務而言，這意味著許多人認為他們知道的比實際上的多。因此，他們覺得沒有必要進行自我教育和獲得更多資訊。這種情況使他們更容易受到陰謀論和垃圾知識的影響，這些陰謀論和垃圾知識為他們的信念和偏見提供了簡單的解釋和答案。要記住，先有信念，接下來在鄧寧－克魯格效應的幫助下，確認偏誤和動機性推理會完成其餘的工作。這件事情不想要或不需要理性和批判性思考的協助。鄧寧－克魯格效應甚至可以讓低能力的人變得更有自信。它也為一些心理防衛機制提供基礎，使人們能夠緩解或忽略認知失調帶來的不適和壓力。許多人拒絕接受科學家說人類活動正在加速惡化氣候變遷的巨大共識，即是該現象的一個好例子。頻繁被報導的大範圍破紀錄的高溫，以及極地冰蓋融化的證據被無憂無慮地忽視。這麼一來，違背理性和現實的想法就能持續存在。換句話說，一知半解確實可能是一件危險的事。[10]

自戀是陰謀論和其他形式垃圾知識的信徒中常見的另一種人格特質。千萬要記住，如同大多數的人格特質，人人都有一定程度的自戀。每個人也都有一定程度的自尊，程度因人而異。事實上，一定程度的自戀對個人來說是健康的。我們偶爾都會表現出過度的自私。然而自戀者的不協調之處是，他們往往有低自尊。因此，他們便用掩蓋這個缺點的方式行事。自戀者也會不合理地展現自己的重要性。他們渴望和期待受人欽佩，並且有強烈的特權意識。與其他人做比較時，自戀者認為自己是特殊的或更優秀。這種自我形象常常導致他們對別人表現出傲慢的態度。此外，他們對別人的感受或需求缺乏同理心。這也意味著他們會占人便宜和利用別人，卻對周遭的人沒有忠誠感或社會責任感。不消說，自戀的人很難相處。幸好，只有百分之一的人有極高程度的自戀行為，可歸類為患有自戀型人格障礙（ＮＰＤ）。然而不幸的是，這也代表許多人的自戀尚未達到被診斷為自戀型人格障礙的程度，但仍然能令人討厭和破壞社會。[11]

研究顯示自戀者往往會被垃圾知識領域的想法和概念所吸引並且相信它們，尤其是陰謀論。幾項研究發現，相信陰謀論、低自尊和自戀之間有強烈的關聯性。這並不代表所有相信陰謀論的人都是自戀者；也不代表所有自戀者都相信陰謀論。關於陰謀論、低自尊和自戀如何以及為何相互作用，我們尚不清楚，但它們之間肯定存在某種關聯。自戀者時常表現出偏執，因為他們相信相較於周遭的大多數人，他們是特殊的而且更優秀。他們認為別人羨慕和嫉妒他們。因此，他們想當然地認為別人會故意讓他們難堪和密謀反對他們。此外，由於自戀者自以為高人一等，相信陰謀論便使他們知曉周遭凡夫俗子無法得知的秘密。分享陰謀論信念的人屬於一個特殊的精英群體，這使他們有別於社會裡的其他人。這是一種集體自戀，並且透過在特殊的圈內人團體中獲得有價值的成員資格而自我強化。做為一個群體，他們參與對抗各種陰謀集團的集體鬥爭，這些陰謀集團設法要摧毀他們以及他們的權利和特權。考慮到這樣的世界觀，對個別和集體自戀者而言，揭穿任何特定陰謀論的舉動，都會威脅到他們的生存。這也是他們可以輕鬆迴避的一種威脅，只要借助使其陰謀不可證偽的策略，將之架構成一個最強大的系統性陰謀或超級陰謀，或即興的千禧年主義。[12]

控制點（locus of control）概念是用於解釋人們為何接受不理性的想法和信念的另一個心理學理論。控制點是另一種人格特質。如果某人相信他可以透過自己的行為和能力來控制自己的生活，他會表現成內控者。如果某人相信諸如機運、巧合或社會結構等外在力量在控制他的生活，他會表現成外控者。然而，人類並非只是簡單地擁有內控點或外控點。從極端的內控點到極端的外控點之間存在一個連續體，大多數人都處於模糊的中間區域。一個人的控制點會隨著年齡和個人情況而改變。對個人而言，控制點可能因不同的環境和問題而有所不同。隨著年齡的增長，人們往往會發展成更傾向於內控，這是可以理解的，因為大多數人會隨著年齡增長而在經濟上變得更加安全。但對老年人來說，身體的日益虛弱往往會使他更傾向於外控。個人的內控點會遭遇嚴重的打擊，如果他曾經在經濟上安全無虞，後來失去一份收入優渥的工作，又找不到另一個類似的職位。在全球層面上，氣候變遷或疫情所造成的外部威脅，可能會導致某些人的壓力水平和外控點大增。對於心理研究人員而言，以下是一個有趣的問題：疫情期間，反對戴口罩的人以及去擁擠的海灘、酒吧或參與政治集會的人，他們在從內控點到外控點的連續體上的排名是位於何處？[13]

心理學家發現，說到陰謀論者和相信超自然事物或魔法思維的人，他們的外控點排名往往相當高。研究一再證明，外控點與相信陰謀論有強烈的關聯。因此，考慮到人們與生俱來的模式性和主體性特質，當它與某些人的外控者傾向相結合，而他們相信自己受到無法控制的模糊但強大的外部力量所控制時，他們就很容易將點連結起來，以及相信某個陰謀論或其他的千禧年主義願景。[14]

不同的記者和社會批評家都對外控點與陰謀論或神秘學信仰之間的這種關聯發表過評論。法蘭西斯·惠恩（Francis Wheen）[5]說：「新非理性主義是人們絕望的表達，他們感覺無力改善自己的生活，並懷疑自己受到秘密的、非個人的力量擺布，無論這些力量是五角大廈或來自火星的入侵者。」政府認為奇怪的信念可以有效轉移人們對現實的注意力。大衛·阿羅諾維奇（David Aaronovitch）[6]同意「陰謀論時常在政治、社會或經濟變革的受害者中生根」。新聞記者梅蘭指出：「混亂和社會動盪的時代，往往同時造成陰謀論思維的激增。」她接著確認道，社會流動性下降、政治權利被剝奪的感覺、日益混亂以及不安全的社會安全網和醫療保健系統，是焦慮、不滿和無助感的根源。這些都是社會功能日益失調的跡象，因此成為有高度外控點的人們的潛在溫床。[15]

讓人願意相信陰謀論的三種欲望

陰謀論和其他垃圾知識的另一吸引力在於，大多數人偏好簡單的解釋或故事，而不是複雜且差

5 譯註：1957-，英國記者、作家和播音員。
6 譯註：1954-，英國記者、電視節目主持人和作家，他是《泰晤士報》的固定專欄作家。

別細微的解釋或故事。我們已經發現，簡單但錯誤的解釋是鄧寧－克魯格效應天造地設的搭擋。相較於以證據為基礎、比較複雜的科學理論或歷史論述，陰謀論和其他許多偽科學或偽歷史思想相當簡單，並不複雜。不好的事情難免會發生，例如去工業化消滅了曾經收入優渥且安穩的製造業工作。說明這個問題的學術解釋會談到經濟全球化、新技術、工廠遷移到低勞動成本的地區，還有當資本主義的若干面向功能不彰時，保守的政府不願意控管大公司。它們全都是專家們未必總是清楚了解的一系列過程的一部分，但對一般人來說，這些解釋就是無法讓人滿意，看起來亂糟糟的而且令人摸不著頭腦。因此，人們更喜歡單一因果關係的解釋。歸咎於貪婪的猶太銀行家或惡毒的新世界秩序，事情要好辦得多。如此一來，不愉快的處境被簡化成善惡之間的衝突，並給予受害者一個可以對抗、或者至少可以痛恨的敵人。同樣的問題也適用於解釋在太古時代人類與文明的起源。以經驗為依據的解釋會談到人類演化、環境的挑戰、人類的創新、文化傳播、人口遷移、政府與官僚體制的發展，還有宗教所扮演的角色，所有這些因素全都在人類文明史上聯合發揮作用。然而對某些人來說，有一個簡單許多且顯然更有吸引力的解釋：是外星人的手筆！

善惡對抗的故事使陰謀論、偽科學和偽歷史更能吸引它們的擁護者。信徒是好人。他們是自己生活中的英雄，尤其是在他們生活中的幻想世界層面裡，因為他們在對抗深層政府、臥底的蜥蜴人或邪惡的猶太人，以及他們的「泥人」（Mud People）奴僕。在這種世界觀和對苦難的看法中，奇怪信仰的擁護者不只是好人——他們還是上帝的選民或命定之子。這正是自戀者可能嚮往的地位。基督徒身分認同運動聲稱，不列顛群島和北美的白人實際上是失蹤的以色列十支派的後裔，特別是以法蓮（Ephraim）和瑪拿西（Manasseh）支派。現在這是一個令人敬畏的天選血統。至於猶太人，他們就是騙子、撒旦的邪惡子嗣。二十世紀上半葉，許多德國人越來越相信他們是身負天命的特殊民族。他們懷抱著這個信念，體現了阿羅諾維奇提出的反問句：「有誰……不想與有天賦和洞察力的人站在同一邊？」的答案。[16]在例如亞特蘭提斯和許珀耳玻瑞亞（Hyperborea）等失落的大陸的原始時代，古日耳曼人據稱曾擁有超能力和各種技術，但久而久之，他們因為與次等人類雜交而退化。納粹主義的目的就是要恢復日耳曼民族的優等民族天命。那正是納粹和民族主義意識形態所宣揚的身分。這讓德國人感到自己很特別，並給予他們希望，儘管是假希望而且最終釀成大災難。然而，雅利安身分一度非常誘人，就像偽科學和偽歷史常有的情況。

讓人願意相信陰謀論的吸引力可歸結為三個基本欲望。首先，人們渴望確定性和理解這世界。簡單或簡化解釋陰謀很容易滿足這個期望，至少表面上如此。第二，相信陰謀論給予我們控制感和安全感，即使陰謀本身威脅到人類的生存。但只要知道威脅的存在，就意味著潛在的受害者可以抵抗或甚至消除威脅。第三，身為知情者和參與巨大鬥爭的精英分子，提供了正面的自我形象。這種心理上的好處大大地引誘許多人去相信陰謀論，無論它們多麼難以置信。[17]

垃圾知識的奇怪觀念多半是現代主義和大眾社會的產物。印刷機的發明使大量生產資訊成為可能。知識和資訊傳播的其他一切技術創新，無不在強化這個巨大的改變。十九世紀期間，印刷技術的進一步創新使書籍、報紙和雜誌變得更便宜，讓大眾消費得起。一八四〇年代電報的發明，首次使遠距離即時傳送新聞和資訊成為可能。最早的電影出現在十九世紀最後幾年，到了一九二〇年代之初，電影已成為主要的娛樂產業。發明家在一八九〇年代實驗無線電，到了一九二〇年代，無線電成為另一種即時通訊以及即時新聞廣播和娛樂的媒介。隨著二十世紀的推進，電視、電腦和網際網路為即時通訊和資訊傳播提供更多場域。而隨著網路成本的下降和使用的普及，資訊同時走向民主化和大眾市場。資訊可用性的軌跡並未止於主流知識，它也朝向混亂、無政府主義和虛無主義發展。技術的改變讓位居社會邊緣的垃圾知識，比以往任何時候都更可能滲透到主流文化中。《遠古外星人》電視影集的成功是一個佐證。對該影集的許多觀眾來說，那是帶有罪惡感的愉悅或者只是滿足好奇心。然而，對其他人來說，那是他們的宗教以及現實觀和人類歷史觀。那是一個顛倒事實與虛構的地方，一家販售古怪的理論、為其真信徒的精神貨架補貨的超市。那是裝上超光速推進器的邪教環境。然而，正如阿羅諾維奇所言，垃圾知識的主要創造者和消費者都是受過教育的中產階級成員。他們有錢有閒，可以參加外星人大會之類的活動、訂閱怪奇網站或繳納會員費，參加一個或多個專攻古怪事物的社團，例如空心地球理論和幽浮學。[18]

如何降低垃圾知識和陰謀論帶來的衝擊

有些學者認為，學術界中後現代主義和相對主義的興起，使垃圾知識進一步激增。自一九七〇年代文化戰開打以來，至今方興未艾。[19]同時，上電視的極右派人士誇張地告訴大眾，大多數的大學教授都在教導真理並不存在，一切都是相對的，所以任何事情都可能發生。然而你務必要記住，如此堅定的鐵桿後現代主義者在大多數校園裡只占極少數，而且在工程學或自然科學學院裡絕對沒有這種人。人文和社會科學科系中存在著後現代主義者，並且可能產生影響力。其作用是替李奧納德．傑福瑞斯（Leonard Jeffries）、沃德．邱吉爾（Ward Churchill）和馬丁．貝爾納（Martin Bernal）之流的學者創造一個安全區。他們講述著可疑的故事，傳播某些理論，例如沾染天花病毒的毯子曾普遍被當作生化武器，用來對付美洲原住民；皮膚的黑色素越多、智力越高的不科學說法；或者古典學術研究中有偏見的所謂種族主義歷史。極少有學者真的做那種事，但如果他們這樣做了，就會遭受與大多數教師相同的命運：學生不聽課。因此，不會發生任何學習，而在極端後現代主義者看來，這也沒有什麼壞處。儘管如此，過度的後現代主義實際上會造成一些傷害。正如新聞記者阿羅諾維奇的警告：「如果所有敘事都是相對的，我們就會迷失。」極端的相對主義提倡「一切皆有可能」的寬容，這會鈍化批判性思考。記者暨社會評論家惠恩表示：「這是後現代主義使人變衰弱的遺產——理性的癱瘓，拒絕觀察合理的假設與胡說八道之間的任何質性差異。」我們不可能準確評估後現代主義的影響，但它介於微不足道和廣泛的影響之間。[20]的確，右翼專家用後現代主義妖怪當工具，來削弱學者身為其專門領域中的專家的可信度。正因如此，阿羅諾維奇堅決認為學者和研究人員需要「自以為是的堅持」，秉持著知識分子的風骨，以準確、真實的方式描述相關事實和事件。[21]

陰謀論歷史學家奧姆斯特德對這個問題有不同的看法。她表示想要降低陰謀論的激增對現代社會（特別是美國）所造成的衝擊，最好的辦法是讓政府變得更透明。在政府凡事秘而不宣的背景下，這似乎是明智的建議。這也是奧姆斯特德從研究陰謀論中產生的建議。她的研究著力於政府違法犯罪和試圖掩蓋的相關陰謀。這正是為什麼她特別注重政府本身的行為。比較透明的政府有助於減少陰謀論的大量增加。[22]然而，這無法阻止陰謀論的產生。幽浮運動的歷史證明，透明度不必然能緩和與政府有關的懷疑和陰謀論。起初美國政府對其所知關於幽浮的事保密了許多年，當他們採取比較透明的態度時，結果卻失敗了。幽浮學家拒絕相信後來政府公布的關於幽浮的報告。美國政府隱瞞事實的舉動，持續遭到強力的指控，因為就幽浮運動而言，美國政府在這件事情上並不可信。此外，如同先前的討論，如果真的存在某個涉及飛碟的系統性陰謀或超級陰謀，那麼持懷疑態度的幽浮學家會聲稱，政府同謀者總是有權力隱藏或偽造證據。證據或政府透明度無法揭穿不可證偽的陰謀論。

阿羅諾維奇是對的，垃圾知識和伴隨的陰謀論需要用事實和以證據為基礎的反駁來加以對抗。然而，許多學者不願意和垃圾知識交戰。他們認為做這些事是在浪費時間。這可能是一種勢利的精英主義。然而學者應該是教育者，所以他們需要教育大眾，讓他們了解垃圾知識在本質上的謬誤。有些學者認為，與垃圾知識交戰反而會讓這些錯誤的信念和概念得到注意和合法性。修辭學教授珍妮・賴斯（Jenny Rice）最近提出另一個論點，她不贊成對抗垃圾知識傳播者，因為揭穿和反駁無法改變真信徒的想法。她建議不要與他們接觸。㉓說到真信徒，她是對的：事情為時已晚。接受垃圾知識已經刻進他們的身分和骨子裡，任何辯駁都無法改變這一點。他們的核心想法已經被建構成不可證偽，至少對他們來說是如此。沒有人能改變瓊斯的心意。或許他真的相信他說的東西，又或許他不相信。最近洩露出來的影片顯示，瓊斯在公開場合對川普的高度評價，可能並未反映出他私底下的看法。㉔別忘了厄普頓・辛克萊（Upton Sinclair）[7]說過的話：「當某人的薪水取決於他不理解某件事時，你就很難讓他理解這件事。」㉕事實上，人類有所謂「信念固著」（belief perseverance）或「概念保守主義」（conceptual conservatism）的傾向。他們堅信某個想法，即便與該想法相互牴觸的可靠資訊和事實就擺在眼前。更令人困惑的是，在面對真相時，信徒反而更加相信他們被揭穿的信念。這稱作「逆火效應」（backfire effect）。逆火效應發生在該迷思信仰變得更常見、被揭穿太多次以及（或者）當信徒的世界觀受到威脅時。㉖所以關於真正的信徒，賴斯說得沒錯，但她搞錯了重點對象。如同其他懷疑論者所言，參與揭穿、反駁和事實查核，以及學習批判性思考的原理，確實是那些接觸過古怪想法、但尚未深信不疑的人所需要的。他們可以而且應該被教導如何區分真正知識的鑽石和垃圾知識的假寶石。

此外，現今的科技提供了工具，協助廣泛傳播垃圾知識，以及有意創造的假故事和沒有根據的陰謀論，這時學術界已不宜繼續採取不干涉的態度。梅蘭在她的《謊言共和國》（*Republic of Lies*）中指出這個問題，並說社群媒體「將訊息扁平化，使每個來源看起來都相同或看似同樣可信」。[27]社群媒體公司一向拒絕擔任事實查核者和守門人，但這種情況正在改變。即便如此，網路上仍然留有大量傳播假陰謀論和假故事的管道。在動機性推理的世界，如同梅蘭言簡意賅地表示：「偏袒的目的勝過準確性目的。」研究顯示，陰謀論和相關反政府垃圾知識的盛行，讓許多人產生焦慮感和無助感。換句話說，陰謀論正在提升許多人的外控點水平，結果是降低人們的政治、公民和社會參與。儘管存在這些問題，梅蘭仍斷言網路依舊是言論自由和對抗社會和政治弊病的有力工具。[28]心存善意、具備公民意識的人應該負起責任，證明梅蘭和希臘悲劇作家尤里比底斯（Euripides）是對的——「人類最寶貴的特質是明智判斷什麼事情不該相信。」[29]

7 編按：1878-1968，美國著名記者與左翼作家，曾創作超過九十本著作，並獲得普立茲獎的肯定，代表作為《魔鬼的叢林》（*The Jungle*）。

3

失蹤的以色列十支派迷思

何細亞第九年亞述王攻取了撒瑪利亞，將以色列人擄到亞述，把他們安置在哈臘與歌散的哈博河邊，並瑪代人的城邑。

——〈列王紀下〉17:6

要對他們說，主耶和華如此說：我要將以色列人從他們所到的各國收取，又從四圍聚集他們，引導他們歸回本地。

——〈以西結書〉37:21

西元前七二二年，希伯來十支派的以色列北方王國都城撒馬利亞（Samaria）被亞述軍隊攻陷。這是結束以色列王國的最後一擊，亞述人將這個被征服的王國設為帝國的一個行省。亞述人按照一般的征服程序，將政治精英和熟練的工匠發配到帝國各地，以防再生叛亂，並在有需要的地方利用這些匠人。撒瑪利亞的陷落也標誌著失蹤的以色列十支派迷思的開始。迷思在歷史紀錄中通常沒有明確的起點，但這個迷思卻有起點。久而久之，其傳說的細節、地理範圍以及對不同民族的重要性會隨著時間而增加。與失蹤的以色列十支派有關的書籍、論文和文章可以裝滿整座圖書館。失蹤的以色列十支派被認為分布在從北極到南非的任何地方，或者從美洲的幾乎任何地方到東亞和南亞各地。有各式各樣的群體被認定為或聲稱是失蹤的十支派的後裔——吉普賽人、英國人、全部或部分美洲原住民部族、亞特蘭提斯人、阿富汗的帕坦人（Pathans）、可怕的歌革人（Gog）和瑪各人（Magog）、印度西部的以色列之子（Bene Israel），還有非洲南部的霍屯督人（Hottentots），以及其他許多種族。失蹤的十支派迷思曾被無數個不同群體，用於許多種目的。它提供了一個絕佳的例子，說明另類歷史的神話和傳說是如何演變、擴大和不分好壞地被利用。

故事的開始

撒馬利亞陷落和以色列精英被驅逐的細節雖然有些模糊，但其大致的歷史背景卻相當清晰。自西元前七四五年起，古代中東的政治、軍事情勢發生了巨大變化。大約從西元前一〇〇〇年起，青銅時代後期的大帝國衰敗後，各種小王國在現今的以色列、約旦、黎巴嫩和敘利亞等現代國家的所在地蓬勃發展。亞述曾是那些大帝國之一，但它在這場危機中相對無恙地倖存下來。到了西元前八八三年，阿淑爾納西爾帕二世（Ashurnasirpal II，西元前八八三至八五九年在位）統治下的新亞述帝國時代開始。亞述的勢力不停地變大和擴張，但儘管他們侵襲在敘利亞的亞拉米人（Aramaeans）的土地，仍未能實現永久的征服。如果能將一些小王國變成納貢的附庸國，他們便心滿意足。在亞拉米諸國、腓尼基沿海城市和以色列王國形成有效的防守聯盟後，亞述人時常面臨頑強的抵抗。❶

雖然亞述帝國是無比強大的軍事強權，但政治高層常經歷週期性的不穩定。當亞述國王是一個危險的職位，因為造反的兒子和篡位的將軍，在亞述歷史中屢見不鮮。如此不穩定的王權不只是亞述人的問題，在他們動盪的歷史中，包括以色列在內的中東小王國也一再經歷類似的不穩定。在亞述，殘酷無情的政治有時會將優秀的戰士推上王位。提格拉特－帕拉沙爾三世（Tiglath-Pileser III，西元前七四四年至七二七年在位）是最傑出的戰士國王之一。他帶動亞述的崛起，使之成為古代近東地區的第一個世界帝國。在他的治理下，新亞述帝國四處擴張。此外，他不再滿足於僅僅向戰敗國索取貢品，所以他將它們變為他的帝國行省。❷

起初，在敘利亞、黎凡特和巴勒斯坦的許多國家透過權宜之計，逃過了提格拉特－帕拉沙爾的入侵，它們在西元前七三八年同意向亞述進貢。問題是亞述人的貢品要求非常繁重，怨恨和不滿情緒因此蔓延整個地區。參與亞述貢品談判的以色列國王米拿現（Menahem）於西元前七三五年去世，繼任的兒子比加轄（Pekahiah）遭反亞述的比加（Pekah）暗殺。比加一即位便停止納貢。他加入西方王國聯盟領導者大馬士革的頼辛（Rezin of Damascus）的陣營，一起對抗亞述的威脅。提格拉特－帕拉沙爾於西元前七三三和七三二年發動反擊，打敗和殺死頼辛並占領大馬士革。以色列失去最北端的領土，那裡變成一個亞述行省。提格拉特－帕拉沙爾接著驅逐一萬三千五百人，他們來自以色列被征服的地區，此事引發政變，導致比加被罷黜和殺害，並將據稱忠誠的何細亞（Hoshea）推上以色列的王位。[3]

提格拉特－帕拉沙爾死於西元前七二七年，由他的兒子薩爾瑪那薩爾五世（Shalmaneser V，約西元前七二七至七二二年在位）繼位。起初，何細亞繼續納貢，但這對以色列人來說依舊是沉重的負擔，也是他們持續怨恨國王的原因之一，因為他向臣民徵收必要但繁重的稅金以支付納貢費用。國內的不滿迫使何細亞約在西元前七二六年停止納貢，因而引發薩爾瑪那薩爾的入侵，這似乎導致了何細亞被俘。然而，以色列都城撒馬利亞抵擋住攻城的亞述軍隊好幾年，直到西元前七二二年才被攻陷。[4]

關於撒瑪利亞的圍城，我們所知非常有限，不清楚這座城市是被迅速攻占，或是因飢餓而投降。事實上，我們甚至不清楚是誰占領了撒瑪利亞。《聖經》顯示是薩爾瑪那薩爾五世攻占了這座造反的城市，但有些學者認為其實是他的繼任者薩爾貢二世（Sargon II，約西元前七二二或二一至七〇五年在位）擊敗撒瑪利亞。薩爾貢似乎是一位亞述將軍，他推翻了薩爾瑪那薩爾五世並篡奪王位。

同樣地，事件的細節付之闕如。被征服的以色列被設置成另一個亞述行省，薩爾貢二世聲稱驅逐了兩萬七千兩百八十人，然而《聖經》的記載則將驅逐的功勞歸於薩爾瑪那薩爾五世。[5]

亞述帝國存在的三個世紀期間，學者估計他們共驅逐了四百五十萬人。提格拉特－帕拉沙爾和薩爾瑪那薩爾或薩爾貢總共驅逐將近四萬一千人，亦即少於被亞述人驅逐的總人數的百分之一。因此，以色列人絕非唯一的受害者。就失蹤的以色列十支派迷思而言，更重要的是，亞述人沒有奪走以色列的希伯來人口。以色列王國人口的估計數字差異極大。有一個估計以米拿現徵收的貢金做為計算基礎，得出八十萬的人口數。比較可靠的估計以亞述人入侵時代，古以色列定居地調查為基礎，推斷當時的人口數至少有二十二萬兩千五百人，但很可能多達三十五萬人。這意味著被亞述人驅逐的人數不超過總人口的百分之二十，或許只比百分之十多一點點。如果比較可疑的八十萬人口估計是正確的，那麼被驅逐者的比例就會下降到百分之五。考古證據指出留下來的以色列人當中，許多人遷移到南部的希伯來王國猶大。換句話說，無論採用哪種估算，十支派的絕大多數人從未離開大衛和所羅門的故鄉，因此未曾失蹤。[6]

根據《聖經》的記載，十個支派的被驅逐者被擄到亞述，安置在「哈臘與歌散的哈博河邊，並瑪代人的城邑」（〈列王紀下〉17:6，〈列王紀下〉18:9–12重複列出目的地清單）。考古證據顯示，尼尼微（Nineveh）也居住著有希伯來名字的人。當然，《次經》（Apocrypha）中的〈多俾亞傳〉（Book of Tobit）提到被薩爾瑪那薩爾驅逐到尼尼微的以色列流亡者，以及居住在米底亞（Media）的以色列流亡者。話題回到以色列，北方王國已經永遠消失，它的土地被劃分成亞述帝國的行省米吉多（Megiddo）、基列（Gilead）和撒瑪利亞。同時，亞述人將大馬士革北部的哈馬（Hamath）和巴比倫附近的古他（Cuthah）的人們驅逐到撒瑪利亞。他們雖然帶著自己的神，但久而久之與當地原住民融合，成為撒瑪利亞人。

以色列王國的覆滅對以色列人、以及繼續留在南部王國猶大的希伯來人而言，都是一件極痛苦的事。猶大人向亞述俯首稱臣，並在壓迫下納貢。西元前七〇一年，被激怒的猶大王國聯合地中海東岸的其他小國一起叛變，並在亞述國王西拿基立（Sennacherib，西元前七〇四至六八一年在位）出兵圍攻耶路撒冷時倖存下來。最終，猶大人擊敗亞述人，而亞述帝國在西元前六一四至六〇九年期間，突然屈服於巴比倫人和米底人（Medes）。然而他們與美索不達米亞強權的苦戰尚未結束。新巴比倫帝國取代亞述成為世界帝國，最終擊敗埃及，奪得黎凡特土地的控制權。過程中猶大王國被摧毀，耶路撒冷於西元前五九七年和前五八七年被巴比倫王尼布甲尼撒（Nebuchadnezzar）的軍隊攻占。第二次圍攻導致耶路撒冷城毀人亡，剩餘的人口被驅逐到巴比倫。一些猶大人帶著先知耶利米（Jeremiah）逃到埃及，躲避巴比倫人的怒火。因此，那時所有十二支派的部分人口已經被驅逐，或逃往以色列和猶大之外的地方，過著流亡的生活。[7]

失蹤的以色列十支派迷思產生自對末世論、世界末日和彌賽亞的期望，這些期望在巴比倫的猶大流亡者中蓬勃發展，並在他們被允許返回耶路撒冷和猶大後繼續流傳。所以這四萬一千名以色列流亡者成為無數迷思和傳說的主題，而不像四百五十萬亞述流亡者中的其他百分之九十九那樣輕易被遺忘。他們的記憶留存在往往相互矛盾的大量傳說中，這些傳說累積了許多世紀，但沒有《聖經》的記載做為基礎，也沒有任何可信的證據，證明其與十支派後裔的關聯。

西元前七四〇至前五四〇年之間的兩百年，對以色列、猶大和鄰近的小王國來說是一段艱困時期。他們遭受亞述人和巴比倫人的蹂躪，還有埃及人會定期奪取巴勒斯坦和黎凡特的一部分土地據為己有。不同的先知曾警告以色列人和猶大人，他們的罪行將招致上帝的審判和嚴厲的懲罰。毀滅性的入侵和驅逐被視為先知們早就預言過的懲罰。但除了以賽亞（Isaiah）、耶利米、阿摩司（Amos）等先知曾預言過的毀滅，他們也提到上帝的慈悲，其中包括十二支派的統一。以色列和猶大將再次合而為一，並且忠於上帝。他們還斷言他們的神——耶和華，是唯一的神，也是全人類的神，而不只是以色列子民的神。

部分預言很快就實現了。在居魯士二世大帝（Cyrus II the Great，西元前五五九至五三〇年在位）的領導下，米底人和波斯人於西元前五三九年摧毀新巴比倫帝國。居魯士二世是寬容的統治者，他允許第一批流亡的猶太人返回耶路撒冷遺址附近地區。其他流亡群體也將陸續歸來，使猶大和便雅憫（Benjamin）兩支派得以回到家鄉。然而，許多流亡者仍留在巴比倫或其他地方。以色列的十支派是否會在應許之地與他們會合？先知和他們的拉比後繼者給出肯定的答案，但他們對於會合的第二階段將如何發生則語焉不詳。[8]

根據《聖經》的記載，上帝應許亞伯拉罕、以撒、雅各和以色列子民有一個家園，大半位於現代以色列領土的應許之地。那裡會出現一個君主政體，統治著統一的十二支派。在掃羅（Saul）統治下歷經一次失敗的開端之後，偉大的國王大衛鞏固了以色列王國。他的兒子所羅門統治這個強大的王國，並在耶路撒冷建造雄偉的聖殿。然而所羅門娶外邦女性為妻，還容許膜拜外邦神祇。他還對臣民苛以重稅和強迫勞役。北部的十支派越來越感到不滿。因此，當所羅門的兒子羅波安（Rehoboam）登基，並拒絕給予北方支派任何救濟後，他們便群起叛亂，擁立以法蓮（Ephraim）支派的耶羅波安（Jeroboam）為王。就這樣，以色列子民的王國在短暫的輝煌之後分裂。自此，分裂的王國命運儘管偶爾上升，仍一路走下坡。兩個王國與外邦的假神眉來眼去，這讓耶和華十分不高興。最終，在西元前七二二年，以色列先屈服於強大的入侵者，接著是西元前五八七年的猶大，兩個王國都有部分人口被驅逐。在古代大部分近東地區的多神教世界觀中，如此的失敗意味著你所信奉的神明軟弱無能。對古代社會而言，明白此事會令人崩潰，所以亞述人用這件事來嘲笑他們的受害者。

然而，以色列人和猶大人並沒有因絕望而屈服。他們的先知許諾並預言了他們的復興和團聚，以及他們和全人類將得到救贖。正如耶利米代表上帝對流亡者說：「耶和華說：我知道我向你們所懷的意念是賜平安的意念，不是降災禍的意念，要叫你們末後有指望。」（〈耶利米書〉29:11）。以賽亞在預言復興的國度時補充了更多細節：

> 當那日，主必二次伸手救回自己百姓中所餘剩的，就是在亞述、埃及、巴忒羅、古實、以攔、示拿、哈馬，並眾海島所剩下的。他必向列國豎立大旗，招回以色列被趕散的人，又從地的四方聚集分散的猶大人（〈以賽亞書〉11:11–12）。

以西結（Ezekiel）甚至提出了一個詳盡的計畫，要把以色列的土地劃分給十二個支派，並將之普及於全人類，他說：「要拈鬮分這地為業，歸與自己和你們中間寄居的外人，就是在你們中間生養兒女的外人。你們要看他們如同以色列人中所生的一樣；他們在以色列支派中要與你們同得地業。」（〈以西結書〉47:22）。

恢復曾經統治猶大的大衛王朝以及統治重新統一的王國，是流亡巴比倫的猶大人熱切希望的事情之一。起初，他們希望大衛王的後裔所羅巴伯（Zerubbabel）能被波斯人選為猶大行省的總督，成為復辟的國王。當這個期望破滅時，並未澆熄他們對恢復君主政體的渴望。在這種渴望中出現了彌賽亞的概念，意思是「受膏者」。

彌賽亞主義發展出兩個版本。其中一個版本是以征服者姿態出現的彌賽亞。他將領導猶太人並將他們建立成一個獨立而強大的王國。另一個版本在找尋一位以精神力量為主的彌賽亞，他將以超自然的方式和平地帶領猶太人和全人類，進入一個沒有衝突的繁榮時代。最重要的是，這是上帝所樂見。這種和諧有序的時代的願景將是永恆的，使彌賽亞主義帶有末世論的特質。如此一個大衛王國的復興，將標誌出歷史的終結。但彌賽亞主義對末日和歷史終結有不同的看法。其中一個發展成啟示（apocalypse）版。apocalypse的字根意思是「揭露」。啟示所揭露的是關於世界末日的隱密知識。一般而言，世界末日的記載講述著令人毛骨悚然的聳動故事，內容是關於為了恢復上帝的彌賽亞王國，善與惡大軍之間的大規模爭鬥。因為復興的大衛王國將包含全部的以色列，意思是所有十二支派，所以也會帶回以色列的十個支派。十支派於是成為猶太人和後來的基督徒的彌賽亞主義、末世論和世界末日論的一個成分。久而久之，關於十支派的大量非聖經傳說將隨著時間而演變和擴展。這個迷思會被不同的群體用於不同的目的。[9]

十支派迷思的形成過程和存在意義

我們必須明白在第二聖殿時期（約西元前五一五至西元七〇年）之後，與失蹤的十支派相關的經典傳說才真正開始累積。先前已經提過，十支派的大多數成員依舊居住在曾是以色列北部王國的地區，或者逃往猶大王國。請注意，〈路加福音〉提到，當耶穌被帶到希律聖殿（Temple of Herod）時，女先知安娜是亞設（Asher）支派的成員（〈路加福音〉2:36）。在此之前，當托勒密二世（Ptolemy II Philadelphus，西元前二八五至二四六年在位）下令將猶太經典（現在稱作《七十士譯本》〔Septuagint〕）翻譯成希臘語時，大祭司以利亞撒（Eleazar）召集了七十二位翻譯人員，當中十二個支派各派出了六位。後來在西元五九年，聖保羅在希律亞基帕二世（Herod Agrippa II）和貝勒尼基王后（Queen Berenice）面前作見證時，提到他對十二支派的使命（〈使徒行傳〉26:7）。先知們知道十個支派中被驅逐的一部分人的所在位置。〈列王記下〉列出這些地方——「哈臘與歌散的哈博河邊，並瑪代人的城邑。」《次經》的〈多俾亞傳〉（Tobit）講述拿弗他利（Naphtali）支派的多俾亞和他的兒子多拜厄斯（Tobias）的故事。多俾亞曾被薩爾瑪那薩爾五世驅逐到尼尼微。多俾亞失明了，不得不派他的兒子多拜厄斯去索取他留給居住在米底亞厄克巴塔納（Ecbatana）的其他猶太人的錢。根據〈列王記下〉的記載，尼尼微和厄克巴塔納都是以色列流亡者的居住地。別忘了，雖然〈多俾亞傳〉的故事背景設定在第八世紀或第七世紀初期，但它的寫作時間是西元前二二五至一七五年之間。這個訊息顯示，以色列流亡者的居住地並不是什麼秘密或神秘的事。至少在流亡的頭五個世紀裡，他們並沒有被安置錯地方或失蹤。[10]

當失蹤的以色列十支派迷思開始發展時，他們的角色之一是扮演受壓迫猶太人的保護者。當猶太人被過度壓迫時，他們就會出現。然而，第二聖殿時代的猶太人顯然還不認為十支派是守護者。當塞琉古（Seleucid）國王「神顯者」安條克四世（Antiochus IV Epiphanes，西元前一七五至一六四年在位）迫害猶太人時，激發了馬加比家族（Maccabees，西元前一六七至一六〇年）的叛亂。在那場鬥爭中，叛亂者從未期望得到十支派的幫助。同樣的觀察也適用於西元前六四年，羅馬將軍龐培大帝（Pompey the Great）的占領耶路撒冷。他的士兵在聖殿周遭地區屠殺了一萬兩千名猶太人，而且龐培還進入聖殿，褻瀆了殿中的至聖所（Holy of Holies）。沒有人去引來十支派的介入。最後，在西元六六至七三年的猶太起義期間，儘管耶路撒冷的第二聖殿被毀，但無人期待十個支派出手相助。

在耶路撒冷聖殿被毀、結束第二聖殿時代後不久，十支派失蹤的特殊迷思開始發展。《次經》〈以斯得拉二書〉或〈以斯拉四書〉（4 Ezra）記錄了該迷思發展的早期特徵。〈以斯得拉二書〉肯定是在西元七〇年聖殿被毀後撰寫的，時間不晚於西元一〇〇年左右，而根據文本中的某些內部證據，可能早至西元八三年。其匿名作者自稱是以斯得拉或以斯拉，一位流亡巴比倫回到猶太（Judea）的猶大人。因此，它假定的歷史背景大約是西元前五一五年，比該書的撰寫時間要早好幾個世紀。這本書呈現一系列世界末日的景象。在第十三章，上帝告訴以斯得拉，到時候神子將出現在錫安山，萬國將齊聚。神子將譴責交戰的國家並加以摧毀，然後將愛好和平的國家聚集到他身旁。具體地說，上帝表示以色列的十個支派將成為和平的倖存者之一。

> 這些是在何細亞王時代被亞述王薩爾瑪那薩爾擄掠的十個支派。他帶著他們過了河，他們被帶到了另一片土地。但他們為自己制定了這個計畫，他們將離開眾多的國家，前往一個更遙遠的地方，那裡是荒無人煙之處，這樣他們至少可以在那裡保留他們在自己的土地上沒有遵守過的律法。他們從幼發拉底河的狹窄處通過而進到那裡。至高上帝為他們行了奇跡。封鎖了河水直到他們橫穿過去。他們歷經了長途跋涉。用了一年半的時間穿過了那個名叫亞撒勒斯的地區。
>
> 此後他們便一直居住在那裡，直到最後的日子裡。他們將返回家鄉，至高上帝將要再一次封鎖河水好叫他們得以過河。這就是你所看見的那一大群愛好和平之民的意思了。然

而他們也要跟你們那些留下來的以及在我聖土之內的百姓一起得救。當大限來臨的時候。我的兒子要消滅那些從各國集合起來的民眾。同時他將保護他那些留下來的民眾。並為他們行使許多偉大的奇跡。（〈以斯得拉二書〉13:40–50）。

這些章節是猶太人反抗羅馬的起義失敗、第二聖殿被毀，以及隨後許多猶太人流散之後寫下來的。他們不僅未能獲得獨立，也失去了他們受崇敬的宗教中心——耶路撒冷的聖殿。對各地的猶太人來說，這是一件極痛苦的事，包括〈以斯得拉二書〉的作者。他對這個情況的回應，目的是讓他的猶太同胞懷抱希望。同時，他為失蹤的十支派迷思貢獻了兩個特點。第一，被流放的以色列人離開了亞述人安置他們的地方。他們歷經十八個月的跋涉，尋找並發現了一片無人居住過的土地，稱作亞撒勒斯。這名字聽起來似乎很有異國情調，但在希伯來語中，它的意思簡單平凡：「另一片土地」。第二，〈以斯得拉二書〉的記述強調，十支派中的被流放者在找尋遙遠的土地，以便能奉行上帝的律法。他們生活在以色列王國時未能遵循神聖命令，因而導致被征服和流放。現在十支派在遷徙中，沒有人知道他們住在哪裡。同時，他們奉行神聖的律法，再次成為良善的猶太人。最重要的是，當世界撥亂反正時，失蹤的以色列十支派將在上帝對人類的最終審判中起正面作用。大約同一時間，傑出的猶太歷史學家弗拉維奧・約瑟夫斯（Flavius Josephus, 37-100）在他的《猶太古物》（*Antiquities of the Jews*）一書中提到：「十個支派至今仍然在幼發拉底河以外，他們人數眾多，無法用數字估算。」[11]

同時，彌賽亞不再是一個抽象的概念，他會在未來的某一天到來。在羅馬帝國境內，猶太和整個巴勒斯坦地區的人都對現況十分不滿，暗殺和小規模叛亂活動不斷爆發。羅馬人認為大多數叛亂分子只是強盜或篡位者，例如比利亞的西蒙（Simon of Perea）和阿特隆格斯（Athronges）。但偶爾會有叛軍領袖申明宗教動機，甚至聲稱擁有超自然力量。西元三六年，一位撒瑪利亞先知試圖帶領他的追隨者前往基立心山（Mount Gerizim），做為成立獨立王國的前奏。本丟．彼拉多（Pontius Pilate）殘忍地干預，阻止了這場運動。西元四〇年代中期，杜達斯（Theudas）帶領他的追隨者來到約旦河，並聲稱他將分開約旦河的河水。羅馬軍隊將杜達斯斬首，結束他的行動。另一位先知於西元五二至五八年從埃及抵達，並聲稱擁有約書亞般的力量，可以讓耶路撒冷的城牆倒塌。他設法召集一支軍隊進攻耶路撒冷，但羅馬軍隊擊敗這支叛軍，不過這位埃及先知設法逃走了。後來，一位羅馬護民官會問使徒保羅是不是埃及人（〈使徒行傳〉21:38）。猶太戰爭（Jewish War，西元六六至七三年）期間，幾位叛軍領袖試圖奪取以色列的王權。其中一個名叫西蒙．巴爾．吉奧拉（Simon Bar Giora）的人表現出一些宗教行為，這可能暗示他自命為彌賽亞。這些人之中沒有任何一個公開聲稱自己是彌賽亞，而約瑟夫斯在他的歷史著作中也沒有說過他們曾這麼做。身為猶太人，約瑟夫斯會對這種說法保持警覺。〈使徒行傳〉5:36說到「從前丟大起來，自誇為大」。但《使徒行傳》的作者路加的意思是否認為他是假彌賽亞，情況不得而知。事實上，耶穌從未聲稱自己是彌賽亞，是他的追隨者將這個稱號歸給他。儘管一些作家如此聲稱，但彌賽亞並沒有在第二聖殿時期的晚期出現。然而，人們正在思考和談論著彌賽亞的到來。猶太彌賽亞主義即將開始對失蹤的十支派迷思產生極其重大的影響。[12]

西元一三二年，猶太地區爆發了另一場叛亂，因為羅馬統治下的猶太人仍持續感到憤憤不平。特別是哈德良（Hadrian）皇帝打算禁止猶太人的割禮，並在耶路撒冷設置羅馬殖民地，建造羅馬人的朱庇特（Jupiter）[1]神廟，促使猶太人起來反抗。大拉比阿基帕（Akiba）不停造訪羅馬帝國的各個猶太社群，組織他們支持造反。與此同時，有一個人起來領導造反活動：西蒙・巴爾・科西達（Simon Bar Cosida）。阿基帕宣布他就是彌賽亞。有些記述甚至聲稱，阿基帕還給這位叛軍領袖賜名巴爾・科赫巴（Bar Kochba，意思是「星辰之子」）。然而，其他人則堅稱只有基督徒才會用這個名字稱呼他。在大約兩年的時間裡，猶太實際上是科赫巴所統治的一個獨立王國。他發行的錢幣上有一顆星星圖案，並寫著「以色列自由」和「耶路撒冷自由」。科赫巴肯定地聲稱自己是真正的彌賽亞。所以說，如果彌賽亞已經恢復了大衛王國，那麼所有以色列人都應該聚集在猶太。預言說十支派本該在馳援叛軍的路上，但他們並沒有出現。然而，他們的缺席並沒有讓阿基帕拉比懷疑科赫巴的彌賽亞身分。他反而宣布十支派不復存在，已被鄰國併吞。其他例如以利亞撒等大多數拉比並不贊同阿基帕，而且繼續將科赫巴歸類為假彌賽亞。同時，人們已經確信當彌賽亞出現時，十支派會前來幫助他。後來，猶太人將這個信念延伸到每當猶太人遭受壓迫或迫害時，十支派就會現身幫助他們。[13]

薩姆巴提河（River Sambatyon）是進入猶太傳說中的十支派地理的另一個要素。首先，猶太教義文獻中出現關於一條河流的想法，這條河流每週流動六天，第七天變乾涸或平靜。這是一條安息日河。最早提到薩姆巴提河時，只是將它描述成普通的河流。隨後多了一些渲染——比方說它在安息日休息的想法。根據《塔木德》（Talmud）[2]的記載，拉比阿基帕利用薩姆巴提河來證明安息日是上帝規定的休息日。其他資料說，薩姆巴提河在這六天之中水流湍急，讓人幾乎無法渡河。更詳細的描述聲稱，它的水流無比強勁，能捲動岩石和巨礫，渡河不僅極其困難，而且肯定會喪命。最誇張的記載認為那是一條岩石和巨礫之流，而不是水流。約瑟夫斯在他的《猶太戰爭》（*Jewish*

War）中說，羅馬將軍暨日後的皇帝提圖斯（Titus）在攻陷耶路撒冷之後的凱旋之旅，曾在敘利亞西南部看見一條安息日河，這條河流一星期裡有六天乾涸，只在安息日才有水流，與其他記述正好相反。老普林尼（Pliny the Elder）[3]在他的百科全書式作品《自然史》（*Natural History*）中提到一條河流，只簡單地說：「在猶太有一條每逢安息日就乾涸的河流。」[14]古代地理學並不是一門準確的科學。

猶太教義文獻也開始將薩姆巴提河連結到十支派。《約拿單的他爾根》（*Targum Jonathan*）認定薩姆巴提河是〈列王記下〉18:6中提到的歌散河。該文本標誌出十支派中有一部分人在薩姆巴提河之外過著流亡生活的想法的開始。在某些情況下，薩姆巴提河成為十支派唯一的流放地。如此的一個地點與〈以斯得拉二書〉所記述的歷經十八個月的旅程，到達一條河流，穿越迄今為止無人居住的土地完美吻合。上帝允許他們渡過洶湧的河流，然而一到達那裡，如今虔誠的十支派陷入困境。因為在六個工作天中，不可能渡過薩姆巴提河。但當薩姆巴提河休息時，猶太律法卻要求他們也要休息。唯有彌賽亞最終到來時，上帝才會止住薩姆巴提河水，並允許十支派協助重建大衛王國。[15]

羅馬帝國兩次粉碎了以色列重建猶太國家的企圖。除了軍事上的失敗之外，倖存的猶太人也在羅馬帝國內外遭到屠殺或驅散。他們的問題沒有因羅馬的陷落而結束。以君士坦丁堡為中心的拜占庭帝國對猶太人並不是特別友善。在其他地方，自七世紀和八世紀起，統治北非和中東的伊斯蘭哈里發雖然對猶太教寬容，但不會容忍建立獨立猶太國家的任何企圖。然而，在中世紀期間的基督教

1 譯註：相當於希臘人的宙斯。
2 譯註：猶太教的宗教文獻。源自西元前二世紀至五世紀期間，記錄了猶太教的律法、條例和傳統。
3 譯註：23-79，古羅馬作家、博物學家、軍人、政治人物，以《自然史》一書留名後世。

西歐，猶太人面臨到最惡毒的壓迫和反猶太主義。教會希望猶太人改信基督教，以表明他們接受基督為其救世主和彌賽亞。限制猶太人經濟活動的迫害和歧視性的法律，目的是為了使他們改信基督教。同時，教會還宣揚猶太人因為害死基督，所以犯下弒神罪的概念。由於拒絕改宗，猶太人也被視為惡魔之子。因此，人們相信他們密謀對付基督徒，包括在水井中下毒、傳播瘟疫以及獻祭基督徒兒童，以便在崇拜撒旦的儀式中使用他們的血。

猶太人生活在對他們充滿敵意的世界，彌賽亞主義給予他們盼望更美好未來的寄望。生活在某個遙遠之地的十支派隨時待命，準備援助受壓迫的猶太人和協助建立大衛王國。某些版本的彌賽亞主義表示，在彌賽亞出現之前會發生特別激烈的迫害和鬥爭。因此，每當猶太人經歷激烈的反猶太主義爆發時，他們不得不猜想並希望彌賽亞能很快到來，以恢復以色列和重新統一這十二個支派。

中世紀中期和後期，出現了許多局部或區域性的彌賽亞運動。當基督徒決定從穆斯林手中奪回聖地時，為了激發人們對一〇九六年第一次十字軍東征，以及一一四六和一一四七年第二次十字軍東征的支持，往往有某個城市的猶太人會遭到屠殺。中世紀的各君主開始將猶太人逐出他們的王國。一二九〇年，愛德華一世（Edward I）率先逼迫猶太人離開英格蘭。一三〇六年，法國的腓力四世（Philip IV）也跟進，驅逐了法國的猶太人。當黑死病開始肆虐歐洲時，找尋替罪羔羊的結果，直接導致一三四八和一三四九年間更多猶太人被屠殺。

西元七一一年後，由穆斯林掌控的幾個世紀裡，伊比利半島一直是猶太人的避風港。那裡的賽法迪（Sephardic）猶太社區繁榮興旺且極具文化素養。但當基督教十字軍在一二一二年的拉斯納瓦斯．德．托洛薩會戰（Battle of Las Navas de Tolosa）中大勝狂熱的阿爾摩哈德王朝（Almohades）穆斯林軍隊後，基督徒統治伊比利亞半島成為了新的現實。反猶太主義開始在民眾之間增長，並且有各種偏執的神職人員煽風點火。卡斯提亞王國（Reino de Castilla）君主任用猶太人當收稅員，可能讓不滿的情緒更加高漲。要求強制猶太人改宗的呼聲越來越高，有時還付諸執行。最終，在一三九一年，一連串的暴動、屠殺和強迫改宗，導致大約一半的猶太人在死亡的威脅下改信基督教。這個事件造成改信基督教的猶太人大量出現，但教會和他們的鄰居並不相信他們是真心皈依。關於猶太人和猶太改宗者陰謀的陰謀論開始產生，陰險地預示了後來與《錫安長老議定書》（The Protocols of the Elders of Zion）有關的陰謀論。他們繼續留在伊比利半島各地，直到十八世紀。[16]這種針對性的不信任，終究導致邪惡的西班牙宗教裁判所於一四七八年成立。最終，西班牙的猶太人於一四九二年被驅逐，而葡萄牙的猶太人接著在一四九七年被驅逐。這些迫害和驅逐也意味著許多猶太難民移居低地國家、義大利、說德語的中歐國家、東歐的某些地區和鄂圖曼帝國。

這些驅逐行動令猶太人十分痛苦。面對可怕的迫害，彌賽亞主義再次提供他們應對和保持希望的好辦法。一般而言，拉比們告誡和教導說彌賽亞的到來不能被強迫。儘管如此，相信在韃靼大草原、中亞山脈、阿拉伯沙漠深處或遼闊的衣索比亞的某處，有十個以色列支派已經準備好前來救援，還是讓人感到欣慰。傳說中的王國也滿足了另一個目的。試圖使猶太人改宗的中世紀基督教神職人員往往主張，上帝反對猶太人的拒絕改宗，證據是他們在基督教世界裡的悲慘地位。對此，虔信的猶太人可以反駁說，在亞洲或非洲有許多強大的十支派猶太王國，所以神並沒有反對他們。中世紀的猶太人生活在末世希望中，期盼彌賽亞能在十支派的協助下恢復大衛王國。十支派迷思的作用是為基督教歐洲的猶太人提供希望，做為他們潛在的保護者。

失蹤十支派的下落和特使們

儘管總是有人抱持懷疑態度，但猶太人對彌賽亞的期望，使他們當中的許多人熱切接受關於遇見十支派或聲稱是其特使的人的故事。十支派旅途的早期記載出現於西元八八三年。一個自稱但（Dan）支派的伊利達（Eldad）[4]的人來到了位於現今突尼西亞開羅安（Kairouan）的猶太社區。他自稱是但支派的代表，並向他們講述他的旅行經歷。西班牙的猶太人也聽說了他的事。伊利達在他的日記或信件中講述十支派的命運。根據他的說法，他自己的但支派完全避開了以色列王國被亞述征服和驅逐的情況。他們自願離開以色列，因為他們拒絕加入耶羅波安欲推翻羅波安的造反，這場叛亂造成了分裂的君主國。但支派的人前往古實（Cush，意指衣索比亞），為自己征服了一個王國。後來，當西拿基立征服以色列時，他進行了兩次驅逐。第一次驅逐將呂便（Reuben）支派、迦得（Gad）支派和半個瑪拿西支派遷移到哈臘和哈博。第二次驅逐將亞設支派和拿弗他利支派驅逐到亞述。當然，《聖經》沒有提到西拿基立驅逐更多以色列人。然而當西拿基立死後，迦得、拿弗他利和亞設支派逃走，並加入在衣索比亞的但支派行列。他們住在哈腓拉（Havilah）王國，這是一個重要的產金國。在附近，無法渡越的薩姆巴提河中島嶼上住著隱居的部落或摩西的子孫，他們全都由利未人（Levites）組成。伊利達提到造訪住在米底亞和波斯山區的以薩迦（Issachar）、呂便和西布倫（Zebulon）支派。在那裡，他們說希伯來語，並過著奉行猶太經典教義的生活。他還提到以法蓮和半個瑪拿西支派居住在麥加附近的山區。他們是勇猛得令人難以置信的戰士，一個人就可以匹敵一千名阿拉伯人。西緬（Simeon）和另一半的瑪拿西人定居巴比倫，是十支派中人數最多的。

總而言之，伊利達描繪了非洲之角、美索不達米亞和波斯地區十個支派命運的美好景象。[17]

第九世紀地中海世界的猶太人，欣然接納但支派的伊利達，不過他們還是向巴格達的加翁（Gaon of Baghdad，一所重要的猶太學校的校長）查核他的故事。加翁為伊利達和他所說的失蹤的十支派故事做擔保，這些故事在當時和往後的猶太人中流傳。猶太人獲知強大的獨立猶太王國和宗教生活的存在而得到激勵，其中一些王國位於薩姆巴提河畔。學者潘蜜拉．巴馬什（Pamela Barmash）認為，伊利達所說的故事實際上是以下迷思的起源：十支派中至少有一些是優秀的戰士，他們住在薩姆巴提河畔，等候彌賽亞的召喚。[18]

接下來的幾個世紀，伊利達的誠實名聲起起落落。拉比奇斯代（Chisdai，更廣為人知的名字是哈斯德．伊本．沙普魯特〔Hasdai ibn Shaprut〕）是一個替哥多華（Cordoba）的哈里發工作的西班牙猶太人。在他為數約九百六十封的書信中，給予伊利達極高的評價。傑出猶太哲學家摩西．邁蒙尼德（Moses Maimonides）一般而言是謹慎的理性主義者，也認真看待伊利達的說法。然而，其他中世紀學者認為伊利達是個冒牌貨。十九世紀期間，傑出的猶太文獻學家阿道夫．紐鮑爾（Adolf Neubauer）在一八八九年宣布伊利達是騙子時，伊利達的故事的風評跌到最低點。另一方面，埃爾坎．內森．阿德勒（Elkan Nathan Adler）於一九三〇年表示，伊利達和他的故事是真的。最近，大衛．瓦瑟斯坦（David J. Wasserstein）、都鐸．帕菲特（Tudor Parfitt）和茲維．本－多爾．貝尼特（Zvi Ben-Dor Benite）都對伊利達的十支派故事的真實性表示懷疑。但在伊利達的時代和往後很長一段時間，無論故事真假，伊利達都給了猶太人希望。[19]

中世紀的其他猶太旅人，則是遇見或聽說非洲和亞洲有一些失蹤的以色列支派。其中最有名

4 編按：以色列長老的名字。摩西曾召集以色列七十名長老來治理人民，伊利達是其中一人。

的是圖德拉的便雅憫（Benjamin of Tudela）拉比，他曾在一一六五至一一七三年間遊歷亞洲。不同於伊利達，便雅憫拉比自述的身分和旅行全都是真的。他生活在納瓦拉（Navarre）王國，廣闊的旅行範圍從西班牙到羅馬和君士坦丁堡，再到巴勒斯坦、巴格達和波斯。他繼續從那裡前往印度和錫蘭，還可能一路到達中國。返鄉途中，他在亞丁（Aden）停留，然後從紅海西岸穿越整個國家到達尼羅河畔的亞斯文（Aswan）。從那裡他沿著尼羅河北上開羅和亞歷山卓。在抵達納瓦拉的家之前，他返回羅馬。旅途中，他在庫德斯坦（Kurdistan）遇到了自稱是十支派後裔的猶太人，並且和巴格達的拉比有聯繫。一路上，便雅憫拉比聽說了一個名叫大衛．阿爾羅伊（David Alroy）的假彌賽亞，他試圖煽動針對波斯國王和穆斯林哈里發的叛亂。便雅憫拉比還得知，但、西布倫、亞設和拿弗他利支派在內沙布爾（Nishapur）附近山區建立了一個由利未人統治的王國。然而，便雅憫拉比的記述中並未提及薩姆巴提河。做為中世紀猶太人對於十支派的報告，便雅憫拉比對細節的描述相當節制。他極有可能在庫德斯坦及其他地區遇見猶太社群。一四三四年的猶太旅人費拉拉的以利亞（Elijah of Ferrara）和一四八七至九〇年間的俄巴底亞．賈里德．貝爾蒂諾羅（Obadiah Jared a Bertinoro）留下了關於來自衣索比亞、印度和中亞的十支派猶太後裔的類似記載，還提到薩姆巴提河以及河上居住著利未人的島嶼。然而在這兩個案例中，他們都是在重複二手資料，而非講述他們自己在旅途中的親身見聞。他們不是唯一的例子。十五世紀期間走訪巴勒斯坦的義大利猶太人，會定期向國內發送有關十支派做好行軍準備、甚至正在行軍中的報告。這類報導不時燃起猶太人的彌賽亞希望，同時引發包括教宗在內的基督徒的憂慮。正是在這種情況下，使得謎一般的大衛．魯貝尼（David Reuveni）聲稱自己是十支派特使及其大軍指揮官的說法更容易被接受。[20]

一五二四年，魯貝尼從埃及抵達威尼斯，講述了一個驚人的故事。他前往最近創建的猶太區，宣布自己是已故所羅門王的兒子和約瑟夫國王的弟弟。他們在凱巴爾（Kaibar）或哈博的領土是屬於麥加以東山區的一個獨立猶太王國，由呂便、迦得和瑪拿西支派所組成。他是來尋求與教宗和查理五世皇帝結盟，以便將以色列從穆斯林的鄂圖曼帝國統治下解放出來。威尼斯和義大利其他地區的猶太人欣然接受了他的說法，並為魯貝尼提供旅費。他提到十支派正準備出兵，這番話激起了他們的彌賽亞熱情，但這不表示沒有一些懷疑者。他從威尼斯前往羅馬，在那裡，新當選的教宗克萊孟七世（Clement VII）給予他熱情的歡迎和熱烈的聽眾。義大利的猶太人再一次對新教宗的舉動感到欣喜和些許的驚訝。對克萊孟七世來說，他樂見魯貝尼提出的結盟方案。鄂圖曼土耳其人在年輕的蘇丹蘇萊曼大帝（Suleiman the Magnificent）的領導下，向巴爾幹半島和地中海發起進攻，於一五二一年占領貝爾格勒，並於一五二二年占領羅德島。能有機會反擊土耳其人是一個意想不到但令人愉快的驚喜。問題是教宗不想讓查理五世加入聯盟。他於是派魯貝尼去見葡萄牙的約翰三世（João III，一五二一至五七年在位），這時約翰三世已經為了控制印度洋的香料貿易而與鄂圖曼人交戰。魯貝尼要求提供武器和一艘葡萄牙船艦，以協助十支派的軍隊進攻吉達（Jidda）和麥加。有鑑於葡萄牙香料帝國那個極具侵略性的印度總督阿豐索・德・阿爾布開克（Afonso de Albuquerque）曾在一五一三年襲擊紅海和盯上吉達，因此魯貝尼的計畫所帶來的利益讓葡萄牙人很感興趣。當然，魯貝尼也激起了葡萄牙猶太改宗者社群的熱情。其中一位名叫迪亞哥・皮雷斯（Diego Pieres）的猶太人便回歸了猶太信仰，改名為什洛莫・默爾克（Shelomoh Molkho）。

對於魯貝尼來說不幸的是，他在葡萄牙停留太久。越來越多的證據顯示魯貝尼是冒牌貨和江湖騙子。此外，默爾克回歸猶太教是魯貝尼的任務所造成的結果。這麼一來有可能說服更多改宗者仿效默爾克。對葡萄牙政府和教會的官員來說，此事的前景令人擔憂。魯貝尼於一五二六年夏天離開葡萄牙，並於一五三〇或一五三一年在義大利和默爾克重聚。八月，兩人翻越阿爾卑斯山，找機會覲見查理五世，勸說他加入對抗鄂圖曼土耳其人的聯盟。結果查理五世將魯貝尼和默爾克交給宗教裁判所。後來在一五三二年，默爾克在曼圖阿（Mantua）被定罪，燒死在火刑柱上。而魯貝尼則因為煽動葡萄牙的改宗者而入獄。他被監禁的細節沒有保存下來，但他似乎死在宗教裁判所的牢房裡，或者於一五三八年被燒死在列雷納（Llerena）。[21]

從十六世紀至今，猶太人對魯貝尼及其故事真實性的看法各異。魯貝尼旅行敘事的一部分描述了他在抵達開羅之前，前往威尼斯的一段旅程。他聲稱他越過紅海並在厄利垂亞上岸。他從那裡走訪了衣索比亞和蘇丹地區，然後上溯尼羅河前往開羅。根據魯貝尼對行程的描述，他似乎是漫無目的地閒逛。此外，儘管他聲稱在衣索比亞旅行，但他似乎忽略了衣索比亞人是基督徒的事實。根據魯貝尼這些方面的敘述，學者得出結論：魯貝尼從未去過那裡。呂便、迦得和半個瑪拿西支派的沙漠王國的存在，也嚴重遭到質疑。令人難以置信的是，有一個猶太王國竟在伊斯蘭教的中心地帶繁榮了好幾個世紀。話說回來，從但支派的伊利達到十七世紀，阿拉伯沙漠中存在一個猶太王國的想法，已經成為十支派傳說的支柱。事實上，將伊利達的故事與魯貝尼的故事相比對，就能看出一些移花接木的情況。[22]

雖然魯貝尼的可信度有問題，但自一五二四年至今，他的記述一直被某些人認為是真的。另一方面，在魯貝尼前往威尼斯之前，大馬士革和開羅的猶太人已經認定他是騙子。他們更有條件看出魯貝尼故事的薄弱之處。魯貝尼一到達義大利，就設法哄騙和說服猶太人和非猶太人，讓他們相信他的真誠，其中包括教宗克萊孟七世。義大利猶太人和葡萄牙的改宗者已經準備好看到彌賽亞即將到來的跡象，因此提到十支派有利於魯貝尼。這項資產也證明是一個負債。葡萄牙改宗者的熱情使最初表示支持的約翰三世對結盟的承諾變冷淡。同時，對魯貝尼來說致命的是，查理五世皇帝對他既不相信又充滿敵意。[23]

雖然就魯貝尼自稱是十支派王國的王子，加上他旅行的一些細節而言，幾乎可以肯定他是個冒牌貨，但他很可能極真誠地想要使流散的猶太人返回復國的以色列。他希望彌賽亞降臨。猶太學者莫提・賓美利奇（Moti Benmelech）認為魯貝尼是巴勒斯坦的猶太人，受到亞伯拉罕・哈萊維（Abraham Halevi，又名亞伯拉罕・本・埃利澤・哈－勒維〔Avraham ben Eliezer Ha-Levi〕）的彌賽亞教義影響，哈萊維是一四九二年被逐出西班牙的卡巴拉信徒，在一五一四年前往巴勒斯坦。他的教義談到以色列即將獲得救贖和復興，但他也宣揚消極的彌賽亞主義，認為猶太人應耐心等待奇蹟事件的發生。魯貝尼接受了哈萊維教義中即將到來的救贖部分，但增添了積極促進彌賽亞到來所需的要素。他的貢獻是讓葡萄牙人進攻吉達和麥加，並建立一個基督教歐洲的聯盟，來擊敗鄂圖曼人和解放以色列。隨著這些事件的展開，十支派和彌賽亞必定會出現。當此事發生時，他的冒名行騙就不再重要了。但這件事並沒有發生，所以現在我們該轉向中世紀和文藝復興時期的基督教歐洲對十支派的看法。[24]

基督教徒眼中的以色列十支派

在中世紀歐洲，許多基督徒相信以色列的十支派就存在於世界的某個地方。與猶太信仰相反的是，中世紀基督徒的大眾宗教文化對十支派的看法非常負面。情況並非一直如此，教會的正式教義並未無情地描繪十支派。但教會的正式教義對大眾宗教的運作不一定能產生太大影響。這種轉變如何發生，是反猶太主義的歷史和失蹤的十支派迷思中發人深省的一段插曲。

早期的基督徒相信基督復臨和世界末日迫在眉睫，但隨著時間推移，對末日將近的直接期望便逐漸消退。然而，關於基督復臨、千禧年國度、與敵基督的最後一戰，以及基督及其追隨者會贏得勝利的猜測仍在繼續。各種關於末日和最後一戰會是什麼樣子的想法不斷地發展、成長和演變。猶太人和十支派在這個末日事件中也有他們的角色。《聖經》教導說，在末世猶太人將改信基督教，並在基督復臨時加入祂。就基督徒的觀點而言，這是一件好事。基督復臨將結束這個墮落的世界，此後，一切都會好轉。然而，人們對於猶太人和十支派的角色比較惡意的看法，將會隨著時間而演變。[25]

在第二世紀和第三世紀，各種基督教神學家斷言，敵基督將降生為但支派的猶太人。然而，大約同一時間，信奉千禧至福說的基督教詩人科莫迪安（Commodianus）寫下了基督與敵基督之間的最後一戰，其中十支派是被賜福的民族，他們組成了基督的軍隊，而〈啟示錄〉20中的邪惡國家歌革和瑪各將組成敵基督的軍隊。基督教歷史學家保盧斯・奧羅修斯（Paulus Orosius）在他的《反對異教徒的歷史七書》（*Seven Books of History against the Pagans*）中，將傳說中被亞歷山大大帝擊敗並關押在遙遠山區的不潔民族稱作十支派。《偽美多德啟示錄》（*Revelation of Pseudo-Methodius*）是特別具有影響力的文本，於西元五〇〇年以希臘語或敘利亞語（阿拉姆語〔Aramaic〕）寫成，約在七〇〇年被翻譯成拉丁語。它的末日願景著重於敵基督將猶太人聚集到耶路撒冷，在那裡猶太人接受敵基督做為他們的彌賽亞。某些記述說敵基督將降生於巴比倫，但會遷移到巴勒斯坦，並在耶路撒冷替猶太人建造一座新聖殿。他將召集流散的猶太人，他們將成為他忠實的追隨者，並在敵基督和基督的最後一戰中被擊敗和遭受詛咒。第十世紀期間，修道院院長蒙捷昂代爾的阿德索神父（Abbot

Adso of Montier-en-Der）製作了一本有關敵基督傳說的手冊。阿德索補充了一些細節：敵基督的母親會是一名妓女，撒旦將附身於她子宮裡的孩子。結果，猶太敵基督將成為撒旦的化身，而包括十個支派在內的猶太人，將成為撒旦的軍隊。[26]

在希臘化王國和羅馬帝國的異教世界中，猶太人飽受反猶太主義之苦。基督教出現後，猶太教和新的信仰分支之間發展出新的競爭關係和敵意，也形成新型的反猶太主義。基督教成功變成羅馬帝國的唯一合法宗教後，基督教反猶太主義成為唯一在歐洲存留下來的反猶太主義形式。此外，歷史學家發現至少自一二〇〇年到十六世紀，基督教反猶太主義變得越來越激烈。中世紀天主教會對猶太人的政策，一向是而且依舊是使他們改宗，如果做不到，就壓迫他們。消滅猶太人不是教會的目標。各個國王、貴族、大主教和主教實際上都將他們領地裡的猶太人納入保護。然而，這些統治者往往無力拯救猶太人，使他們免於反猶太的低階教士和平民的惡毒暴行。十字軍的時代見證了殘暴的反猶屠殺，一〇九六年第一次十字軍東征和一一四六至四七年的第二次十字軍東征開始時，萊茵蘭（Rhineland）各城市和通往君士坦丁堡的一路上都發生過類似的事件。後來，隨著十字軍開始敗北，以及對《塔木德》內容的了解不斷增加，人們的末日焦慮和對猶太人的厭惡感也隨之加劇。托缽修士到處鼓吹猶太人是敵基督的僕人，而十支派隨時準備攻擊和摧毀基督教世界，藉以煽動反猶太主義。中世紀後期出現了血腥的誹謗，指控猶太人綁架基督徒孩童，將他們當作活人祭品，取他們的血來進行可怕的儀式。[27]

中世紀後期，關於十支派的傳聞成為歐洲人極在意的事。一一四五年，十字軍主教賈巴拉的休（Hugh of Jabala）向羅馬通報，一位名叫祭司王約翰（Prester John），神秘且強大的基督徒統治者，在十字軍國家與伊斯蘭勢力於東地中海地區的苦戰中，似乎扭轉了戰局。一一六五年，據稱出自祭司王約翰的信件，開始送達教宗和歐洲君主的手中。原來，失蹤的十支派的王國是那位偉大的基督教君主的附庸國。對基督教世界來說，這是一個好消息，因為這意味著世界一切安好。即使在奇怪陌生的亞洲土地上，猶太人也臣服於基督徒。另一方面，猶太人依舊認為，十支派的王國是憑自己的力量保持強大和獨立的。

當蒙古人開始威脅到歐洲時，事情變得更糟了。一二三八年，當他們只是肆虐伊斯蘭土地時，情況還算好。到了一二四〇年，蒙古人對基督教歐洲的威脅越來越大。十三世紀的編年史家馬修・帕里斯（Matthew Paris）將蒙古人描述成屬於撒旦一族的畸形人類。他確認他們（儘管有些語焉不詳）是亞歷山大大帝在上帝的幫助下，關押在高加索地區的十支派。這些評論使帕里斯成為第一個提及失蹤的十支派的英國作家。一二四一年，亦即蒙古人重創中歐基督教軍隊的那年，帕里斯說到猶太人與蒙古人的陰謀。據說，神聖羅馬帝國的猶太人認為蒙古人是猶太同胞。猶太領袖召開了一次秘密會議，提出了一項援助蒙古人的計畫：「我們以色列餘下的弟兄們，他們先前被關押，現在已經出來，使全世界臣服於他們和我們。」猶太人告訴基督教當局，他們想送毒酒給蒙古人，卻在酒桶裡裝滿了武器。他們的背叛行為被發現，肇事者遭處決或終身監禁。帕里斯認為，此事「公然揭露了猶太人隱藏的背叛和極大的欺騙，他們寧可選擇幫助這些世人的公敵（蒙古人）……而不是幫助那些允許他們與之共同生活的基督徒」。無論這件事是否真的發生過，都只是枝節，因為整個歐洲都普遍相信這是事實。猶太人透過蒙古人與十支派結盟，目的是為了摧毀基督教世界，此事不言而喻。

後來約翰・曼德維爾爵士（Sir John Mandeville）——據說是一位去過很多地方的英國人，但實際上是虛構的人物——也聲稱聽說過十支派仍被關押在裏海附近的山區。據聞，在敵基督時代，那些猶太人將會出動，對基督徒造成重大傷害。因此，世界各地所有猶太人都會學習說希伯來語，因為他們相信被關押在這些山區的猶太人到達時，透過他們的語言會知道他們是猶太人（因為他們本來就是）。然後他們會帶領他們進入基督教世界來消滅基督徒。因為那些猶太人說，他們透過預言得知，被關押在山中的猶太人將會出來，而基督徒將受到他們的控制，就像他們一直被基督徒統治一樣。

同時，曼德維爾的《遊記》（*Travels*）於一三五六至一三六六年間首次以法語出版，並在中世紀後期廣受歡迎和閱讀。在講德語的基督教世界國度，十支派的軍隊所向披靡，等候著摧毀基督教的信號響起，這樣的傳說相當常見。它們將演變成十四和十五世紀盛行於日耳曼一般信徒的流行文化中、可怕的紅色猶太人迷思。[28]

若干歷史學家已經證明，對末日的期望和反猶太主義在中世紀後期齊頭並進。猶太人相信彌賽亞的到來，以及包括難以捉摸的十支派在內的全以色列王國的復興，與基督徒相信基督復臨，還有祂與敵基督及其邪惡的部眾包括十支派，在世界結束時的一戰互相呼應。猶太啟示錄中的英雄——猶太彌賽亞和十支派——是基督教啟示錄中的壞蛋。在中世紀初期，基督教的末日思想中有為敵基督作戰的十支派和其他猶太人，但隨著敵基督的失敗，他們將改信基督教，而獲得永恆的救贖。到了中世紀後期，十支派和猶太人仍然為敵基督而戰，但他們不會有任何改宗或得到救贖的機會。有時會有人說中世紀的反猶太主義是基於對某些猶太人累積財富的嫉妒，以及猶太人是可恨的放債人。然而，社會、經濟和人口研究往往降低這些動機的重要性。猶太放債人沒有那麼常見。沒收猶太人財富的舉動，比較是反猶太主義的副產品，而非其動機。猶太人之所以受鄙視和讓人害怕，是因為他們與眾不同。猶太人頑固地拒絕改信中世紀基督徒視之為明顯真理的信仰，這是挑釁和挫折的根源，他們也擔心猶太人有可能是對的。中世紀社會將團結和統一視為最大的善。多樣性是可疑的東西。猶太人是一個令人不安的多樣性，他們可能聯合他們的親族、十支派或紅色猶太人一起策劃惡意的陰謀。安德魯・高爾（Andrew Gow）解釋中世紀後期基督教末世思想中的反猶太主義：「其起源是刻意為之的結果，是一種用邪惡的陰謀來解釋猶太彌賽亞主義的敵意動機。」中世紀基督教世界的猶太人和十支派是敵基督的爪牙。例如歌革和瑪各等的十支派是外部敵人，而歐洲猶太人是內部敵人。[29]

這些暴力和反猶的末日思想在十三、十四和十五世紀煽動著中世紀的基督徒，但隨後開始消退。它們為何開始消退？最重要的原因之一是世界末日沒有發生，儘管長久以來人們一直在說基督復臨和千禧年即將到來。人們厭倦了焦急的等待。宗教改革連同其新教的聖經主義（Protestant biblicism），致使人們越來越不相信紅色猶太人和失蹤的以色列十支派是偽裝成猶太彌賽亞的敵基督軍隊。馬丁・路德認為世界末日在即，並且視土耳其人為歌革和瑪各。他也不認為世界末日是一場惡戰。對他來說，世界末日是一個幸福的結局和新天地的開始。這些細節，以及被關押的不潔民族的迷思，甚至沒有出現在《聖經》中。文藝復興人文主義的懷疑論色彩，也促使受過教育的精英摒棄了失蹤的以色列十支派做為敵基督軍隊的迷思。然而隨著十支派迷思其中一個版本的逐漸消失，新的背景和新版本逐漸形成。美洲大陸的發現替十支派提供了新的流放地。[30]

美洲原住民是失蹤的以色列十支派後裔？

歐洲人於一四九二年開始接觸美洲時，他們逐漸了解到新發現的陌生土地和民族的遼闊與繁複。此事震撼了歐洲人的世界觀。美洲原住民或印第安人的存在必須有所解釋，並且和舊世界產生關聯，以維護《聖經》所昭示的全人類一致性。有一個解釋這些迄今未知的人們的理論，聲稱他們是猶太人或希伯來人後裔。然而是哪些猶太人或希伯來人？他們是否來自失蹤的以色列十支派，或者是來自被巴比倫人征服、猶太戰爭、科赫巴造反或其他群體的難民？大多數寫到美洲原住民的猶太起源的昔日作家，似乎都認為十支派是他們的祖先。但是他們往往鮮少提及十支派，而他們的讀者需要特別留意這些零星的指涉。這種情況似乎表明，人們知道其所指涉的猶太人是十支派的猶太人。

根據哥倫布的航海日誌，當他於一四九二年十月十二日在聖薩爾瓦多島登陸時，他和他的手下看見「滿是裸體者的海灘」。他描述他們是「加那利群島人的膚色，既不黑也不白」。由於哥倫布相信他到達了現在稱為印度尼西亞（Indonesia）的群島，但在他的時代稱作印度群島（Indies），所以他稱當地人為印度人（Indians）。儘管哥倫布直到臨終時都堅信他已經找到了一條通往亞洲的西行海路，但大多數歐洲人在幾年後就意識到，一塊新的、未被發現的陸地已經被發現（自從被遺忘的諾斯人〔Norse〕發現美洲以來）。發現了迄今未知的人們居住在那裡，引發了一些嚴肅的宇宙學問題：這些所謂的印度人來自何處？他們如何與現有的古典和《聖經》知識產生關聯？所有人類首先都應該是亞當和夏娃的後裔，其次是諾亞的三個兒子：閃、含或雅弗之一的後裔。那麼美洲原住民在哪一個點上符合這種世界觀？[31]

關於美洲原住民的起源，人們提出了各式各樣的理論。幾乎每個古代民族都曾被認為是他們的祖先。迦太基人、凱爾特人、斯基泰人（Scythians）、希臘人、羅馬人、中國人、日本人和西非人等，都曾被確認為是部分或全部的前哥倫布時期美洲民族的祖先。甚至亞特蘭提斯人在有關印第安祖先的理論中也占有重要地位。不消說，猶太人和失蹤的十支派也曾被認為是最早在全部或至少部分的前哥倫布美洲定居的人。十支派的失蹤和漫遊使他們成為第一批美洲人顯而易見的候選者。

儘管猶太人和十支派在基督教歐洲的文化中備受矚目，但第一批探險家和殖民者並沒有立即採用希伯來或十支派理論，來解釋美洲原住民的起源。他們依賴古典希臘和羅馬的文獻，認為迦太基人或亞特蘭提斯的倖存者是第一批定居者。歷史學家李·埃爾德里奇·赫德勒斯頓（Lee Eldridge Huddleston）廣泛研究關於美洲原住民起源理論的歷史，「無法從著作中找到任何表達這個想法（十支派或希伯來理論）的早期探險家和歷史學家」。已知最早的參考資料可能出現在「殉道者」彼得·安格利亞（Peter Martyr de Angleria）所寫的《新世界的數十年》（*The Decades of the New World*），他在十六世紀初期表示，哥倫布認為伊斯帕尼奧拉島（Hispaniola）是所羅門王礦藏所在的俄斐（Ophir）之地。它的部分居民可能是希伯來訪客的後裔。沒有其他證據證明哥倫布認為他發現了俄斐，而同時代的西班牙人直到十六世紀的最後二十五年，才支持俄斐理論或其他任何版本的希伯來和十支派理論。[32]

第一個明確主張十支派版本希伯來理論的人是低地國的約安尼斯·弗雷德里庫斯·盧姆尼烏斯（Joannes Fredericus Lumnius），見於他在一五六七年出版的《De extremo Dei Iudicio voye》，以及在一五九四年出版的《De vicinitate extremi judicii Dei et consummationis saeculi》[5]中。儘管流傳不廣，但盧姆尼烏斯奠定了失蹤的十支派理論的神學基礎。繼〈以斯得拉二書〉之後，他聲稱十支派逃離亞述人並定居在美洲。同樣在一五六七年，法國學者吉爾伯·熱內布拉（Gilbert Génébrard）繼盧姆尼烏斯之後，出版了他的《計時儀》（*Chronographia*），也支持失蹤的十支派理論。[33]

十六世紀前四分之三的時間裡，西班牙作家主要主張印第安人起源的亞特蘭提斯理論，其次是迦太基理論。比較晚近的許多記述，錯誤地以為巴托勒姆·德·拉斯·卡薩斯（Bartolemé de Las Casas）、迪亞哥·德·蘭達（Diego de Landa）以及後來的胡安·德·托爾克馬達（Juan de Torquemada）主張印第安人是希伯來人後裔的理論，尤其是十支派的後裔。事實上，他們相當懷疑希伯來人與古代美洲有任何的接觸。然而，大約在一五八〇年，另一群研究墨西哥原住民的西班牙學者發現，十支派或希伯來理論提供一個合理的解釋，說明希伯來人與墨西哥本土習俗之間所謂的相似之處。在對墨西哥原住民的詳細研究中，迪亞哥·杜蘭（Diego Durán）、胡安·蘇亞雷斯·德·佩拉爾塔（Juan Suárez de Peralta）和胡安·德·托瓦（Juan de Tovar），在詳細研究墨西哥原住民時，都看到墨西哥原住民文化與古希伯來人文化之間的相似之處。正如杜蘭在他的《新西班牙印度群島史》（*History of the Indies of New Spain*）中所言：

> 所有這一切都證實了我的懷疑，這些當地人確實是以色列國王何細亞時代，被亞述人國王薩爾瑪那薩爾俘虜並帶到亞述的以色列十支派的一部分……在《聖經》中發現的其他證據可引以為證，在〈何西阿書〉第一章、第二章、第二章到第十二章中，據說上帝許諾要使以色列的十個支派繁衍起來，使他們的數量多如海沙。他們已經占領了世界的大部分地區，

5 編按：此二書書名為古荷蘭文，原文並未提供英文譯名。

此一事實清楚地表明了這種增長有多麼巨大。[34]

到了十七世紀初期，西班牙編年史家培德羅・西蒙（Pedro Simón）和安東尼奧・瓦斯奎茲・德・埃斯皮諾薩（Antonio Vázquez de Espinosa）捏造了狹義版的失蹤的十支派理論，聲稱美洲原住民僅是希伯來以薩迦支派的後裔。後來，在一六八一年，耶穌會學者迪亞哥・安德烈斯・羅查（Diego Andrés Rocha）在他的《論秘魯、墨西哥、聖達菲和智利的西印度人起源的獨特之作》（*Tratado único y Single del origen de los indios occidentales de Perú, Mexico, Santa Fé y Chile*）中寫道，美洲原住民的野性表明他們很大程度上是韃靼人和希伯來人的後裔。[35]

其他西班牙學者則強烈反對印第安人是失蹤的以色列十支派或其他猶太人後裔的理論。儘管卡薩斯被誤認為失蹤的十支派理論的擁護者，但他強烈反對這個理論。十七世紀的西班牙人，例如何塞・德・阿科斯塔（José de Acosta）、胡安・德・托爾克馬達（Juan de Torquemada）、培德羅・安東尼奧・德・拉・卡蘭查・伊・貝納維德斯（Pedro Antonio de la Calancha y Benavides）和伯納貝・科博（Bernabé Cobo）都否認美洲原住民是十支派或其他希伯來人後裔的可能性。正如經常持懷疑態度的阿科斯塔明智地問道：

猶太人如此孜孜不倦地保存他們的語言和古老傳統，今天他們在世界上所居住的每個地方，都和其他人不同，怎麼可能唯獨在印度群島，他們就忘記他們的祖先、他們的律法、他們的儀式、他們的彌賽亞，以及最後他們的全部猶太身分？

明智的論點向來阻止不了荒謬理論的傳播，關於美洲人的十支派理論也不例外。事實上，一種新的熱情即將爆發，成為吸引英國、荷蘭共和國和英國新英格蘭殖民地的世界末日期望的一部分。[36]

末日期望與彌賽亞主義扮演的角色

只要有基督徒和猶太人，千禧年主義和彌賽亞主義就永遠不會消退，但大眾的熱情確實會起起伏伏。在十七世紀中期的歐洲，人們的末日期望高漲。各種基督徒的計算法，將基督教千禧年的發生時間定在一六五〇年代或一六六〇年代中期。一六六六年具有明顯的吸引力，因為它帶有所謂的野獸印記（Mark of the Beast）[6]，但它絕非可能的世界末日年中最引人注目的一年。英國先知暨千禧年主義者瑪麗・卡里（Mary Cary）提出千禧年落在一六五五年或一六五六年。劍橋學者約瑟夫・梅德（Joseph Mede）根據一則預言，表示末日約出現在一六六〇年，該預言聲稱末日將在羅馬帝國滅亡（西元四〇〇年）了一千兩百六十年之後發生。但梅德還提到一六五四年，並補充說基督復臨不會晚於一七一六年，以便讓他的預測有轉圜的餘地。猶太學者利用他們神聖的創世紀元年代系統為計算基礎，得出類似的結論。猶太卡巴拉主義者認定一六四八年是彌賽亞降臨的那一年。[37]

十七世紀上半葉見證了許多事件，這些事件的發生往往讓許多人相信世界末日即將來臨。歐洲飽受殘酷戰爭的摧殘。一六一八至一六四八年間的三十年戰爭（Thirty Years War）重創了德國，也

6 編按：此處是指《聖經》〈啟示錄〉13:11-18中所說的：「他又叫眾人、無論大小貧富、自主的為奴的、都在右手上、或是在額上、受一個印記。除了那受印記、有了獸名、或有獸名數目的、都不得作買賣。在這裡有智慧。凡有聰明的、可以算計獸的數目・因為這是人的數目、他的數目是六百六十六。」

將其他國家捲進衝突中。不列顛在一六四〇和五〇年代經歷了一連串嚴重的內戰。這些內戰也造成了社會控制的崩潰，引發貴格會（Quakers）和第五王國派（Fifth Monarchy Men）等激進千禧年教派的躁動。同時在東歐，一六四八至一六五七年哥薩克人（Cossack）反抗波蘭－立陶宛聯邦的赫梅利尼茨基起義（Chmielnicki uprising）造成了大規模的破壞，以及生活在烏克蘭的猶太人遭受可怕的大規模屠殺。迫害和大屠殺總是激發猶太人對彌賽亞的盼望。[38]

不同於中世紀後期的千禧年主義和彌賽亞主義，復臨的基督與敵基督之間，或將到來的彌賽亞與邪惡勢力之間的最後一場大戰，其暴力層面被大幅地淡化，至少在基督教和猶太社會精英和知識分子中是如此。在新教圈子裡，猶太彌賽亞不再被視為敵基督，因為他們認為教宗才是敵基督。十支派如果出現的話，將成為對抗邪惡的盟友，而不是撒旦的突擊部隊。至少對於一些提倡和平的猶太教和基督教學者而言是如此，例如梅納西．本．以色列（Menasseh ben Israel）和彼得．塞里烏斯（Petrus Serrarius）。[39]

一六四一年，一場所謂的奇遇發生在現今哥倫比亞中西部山區的叢林中，為十支派增加了一個新的據點，並促成了十七世紀上半葉期間所累積的千禧年和彌賽亞盼望的發酵。一個名叫安東尼奧．德．蒙特齊諾斯（Antonio de Montezinos，原名亞倫．萊維〔Aaron Levi〕）的改宗者來到新格拉納達的西班牙總督轄區。以迦太基（Cartagena）為基地，蒙特齊諾斯偕同一些印第安人進行貿易考察，其中一個印第安人名叫弗朗西斯科（Francisco）。一行人在山區行進時遭遇猛烈的暴風雨，讓他們擔心起自身的生命安全。然而，弗朗西斯科在談到西班牙人時出言不遜，之後被蒙特齊諾斯訓誡，但弗朗西斯科再次控訴西班牙人對原住民的殘暴行為。他斷言印第安人會報復他們，並且神秘地補充道，是在一個不知名的民族幫助之下。回到迦太基後，宗教裁判所審問並監禁蒙特齊諾斯。在監獄裡，蒙特齊諾斯做了猶太式祈禱來感謝上帝他不是生來就是外邦人，這外邦人包括印第安人。但他突然想到了什麼而生起氣來，並宣告印第安人就是希伯來人。他將這句話重複了兩次。之後他自忖，他重複說了印第安人是希伯來人，這不可能是偶然。[40]

蒙特齊諾斯出獄後，在馬格達萊納河（Magdalena River）畔的亨達鎮（Honda）找到了弗朗西斯科。他邀請弗朗西斯科和他一起去旅行。從亨達鎮出發後，蒙特齊諾斯向弗朗西斯科坦承自己是利未支派的猶太人。至此，弗朗西斯科同意帶他進入荒野，但要求蒙特齊諾斯必須同意聽命行事。兩人走了七天進入荒野，直到遇見一條不知名的河流。弗朗西斯科在那裡發出信號後，出現一些白人，並開始乘船過河。儘管這些謹慎的白人不准蒙特齊諾斯過河進入他們的土地，但他得知他們是呂便支派的希伯來人。弗朗西斯科告訴蒙特齊諾斯，很久以前印第安人和白人一直處於敵對的關係。印第安軍隊曾幾次試圖入侵白人的土地並消滅他們，但每次都消失得無影無蹤。講和之後，這兩群人變得友好，許多印第安人改信猶太教。某天當世界末日來臨時，這些神秘的白人和印第安人將聯手出擊，打敗西班牙人。此後，他們會將歐洲的猶太人從壓迫中解救出來，一起成為世界的統治者。[41]

這是蒙特齊諾斯於一六四四年九月十九日抵達阿姆斯特丹後，向舉足輕重的拉比暨彌賽亞學者梅納西．本．以色列以及阿姆斯特丹猶太社群講述的故事。梅納西也是一位普世主義者，他相信所有好人最終都會得救，無論是猶太人還是基督徒。在起初的些許懷疑之後，阿姆斯特丹猶太社群和梅納西興致高昂地聆聽蒙特齊諾斯的故事。流散各地的猶太人樂於聽到遇見失蹤的十支派的任何消息。如果此事為真，便證明彌賽亞即將到來，或許不用太久。十七世紀上半葉的獨特之處在於，北歐的猶太彌賽亞主義和基督教千禧年主義和諧地結合，一起迎接彌賽亞的到來和基督復臨。梅納西和約翰・杜里（John Dury）以及塞里烏斯等志同道合的基督教千禧年主義者是朋友，他們保持通信並在各種促進基督教大聯合和千禧年主義計畫中攜手合作。

蒙特齊諾斯抵達阿姆斯特丹時，杜里正在海牙擔任牧師。他在那裡得知蒙特齊諾斯在南美洲遭遇呂便支派的經過。杜里向英國其他感興趣的人轉述這個故事，包括托馬斯・托洛古德（Thomas Thorowgood）和愛德華・溫斯洛（Edward Winslow）。溫斯洛是分離主義者（separatist）[7]，先前搭乘了「五月花號」來到北美。英國內戰（English Civil War）爆發後，溫斯洛回到英國，支持英國國會反對查理一世國王的目標。後來他成為克倫威爾（Oliver Cromwell）的支持者。從杜里那裡得到關於蒙特齊諾斯和南美洲十支派的消息後，溫斯洛於一六四八年末或一六四九年初，告知回到新英格蘭的約翰・艾略特（John Eliot）。艾略特以新英格蘭的印第安人使徒而聞名，他於一六四六年開始在美洲原住民中傳教。由於溫斯洛寫到關於蒙特齊諾斯和十支派的來信，艾略特開始思考新英格蘭的美洲原住民或許可能是失蹤的十支派的後裔。托洛古德是英國諾福克郡格里姆斯頓（Grimston）教區牧師，也是長老教會的溫和派。他從一六三〇年代中期開始對美洲原住民是猶太後裔的理論感興趣，當時他閱讀了殉道者彼得（Peter Martyr）、何塞・德・阿科斯塔（José de Acosta）等人有關美洲的書籍。他還與新英格蘭牧師羅傑・威廉斯（Roger Williams）通信，探討這個理論。儘管威廉斯對以色列印第安人的存在抱持懷疑的態度，但托洛古德沒有因此打退堂鼓，他在一六四〇年完成了一份手稿，後來將出版成為《美洲的猶太人》（*Iewes in America*）。但那時他收起了手稿。事實上當時整個大不列顛都陷入了政治和宗教危機，這幾乎肯定讓托洛古德大為分心。後來他於一六四四年向英國國會做了一次齋戒布道。[42]

學者們對美洲原住民起源的各種想法

蒙特齊諾斯的故事引起溫斯洛、艾略特和托洛古德的興趣，或者重新引起人們對於十支派定居美洲、並成為美洲各個原住民族祖先的可能性的興趣。在杜里告訴托洛古德之前，他並未聽說過蒙特齊諾斯或梅納西對於失蹤的十支派的猜測。因此，托洛古德重拾他的《美洲的猶太人》手稿，並於一六四八年與杜里分享。杜里轉而將手稿交給溫斯洛。兩人都鼓勵托洛古德出版這部作品。促使英國國會在新英格蘭成立福音推廣協會（Society for the Promotion of the Gospel）的努力激發了進一步的熱情。溫斯洛於一六四九年出版《新英格蘭印第安人福音的光榮進展》（*The Glorious Progress of the Gospel amongst the Indians in New England*）以示支持，其中包括托馬斯・梅休（Thomas Mayhew）和艾略特的來信，以及杜里所寫的附錄。杜里在附錄中以基督教大聯合的角度推測，千禧年或彌賽亞事件即將在一六五〇年展開，這將導致「要嘛我們基督徒成為混合體，要嘛猶太人他們自己成為基督徒」，他同意溫斯洛的看法，「我十分傾向於推測，在這些地區（美洲）至少存在著零星的亞伯拉罕後裔。」同時，杜里寫信給梅納西，想要了解更多有關蒙特齊諾斯在南美荒野的經歷。杜里得到回覆，其中包括蒙特齊諾斯講述的他的冒險，還有梅納西的一份書面證詞。杜里與托洛古德分享這些訊息，而托洛古德利用這些訊息，連同他從梅納西作品中得知的事，來修訂他的《美洲的猶太人》。因此，當《美洲的猶太人》終於在一六五〇年出版時，經過修訂和增編的文本也包含蒙特齊諾斯講述的故事和杜里所寫的序言，標題為〈約翰・杜里先生與托洛古德先生關於他推測美洲人是

7 譯註：十六和十七世紀時，希望擺脫腐敗的英國國教並組成獨立的地方教會的人。

以色列人後裔的書信對話〉。不同之處在於杜里預期猶太人會在即將到來的千禧年中扮演重要的角色，而托洛古德並不這麼想。他只是認為讓身為失蹤的十支派後裔的美洲原住民皈依基督教，這本身就是一件好事，實現了使異教徒和野蠻民族基督教化和文明化的清教徒目標。《美洲的猶太人》也使托洛古德成為第一個用英語出書、全面辯護猶太印第安人理論的人。[43]

托洛古德的《美洲的猶太人》不只試圖證明美洲原住民是失蹤的十支派的後裔，它也捍衛了英國國教的喀爾文主義和清教徒立場。此外，它在混淆地提到猶太人、而實際上是指以色列人的許多作品中占有一席之地。即使在十七世紀，「猶太人」一詞也是用於指稱後流放時代信奉猶太教的人。在流放前的時代，「以色列人」一詞是指來自分裂的君主國中的以色列北部王國的人，而「猶大人」是來自南部猶大王國的人。失蹤的十支派是以色列人。托洛古德的美洲原住民起源自失蹤的十支派的論點，奠基於對美洲原住民和以色列傳說、國內習俗、宗教信仰和語言所做的比較和類比。儘管對於現代文化和人類學學者來說，這不是一個可接受的方法，但這種比較和類比的方法在近代常常被使用。托洛古德得出的結論是，北美和南美的所有美洲原住民都是失蹤的十支派的後裔，而且這十個支派全都遷徙到美洲，沒有任何人留在亞洲。從他們被亞述人流放，一直到來到美洲定居期間，失蹤的十支派退化成一個多半是異教徒的野蠻國家，僅徒留其宗教和文化的遺跡。

梅納西也在一六五〇年出版了《以色列的希望》（*The Hope of Israel; or, Esperanca de Israel*）。他對於美洲的失蹤的十支派有截然不同的看法。在這本書的一開始，梅納西對讀者說：「關於美洲民族、新大陸和西印度群島第一批居民的起源，許多人有許多不同的看法。」他繼續說到，他發現在各種理論中「沒有任何一種觀點比我們蒙特齊諾斯的觀點更有可能和更合理」。他接著向讀者提供了蒙特齊諾斯的「講述」文本。之後，梅納西開始探討各種不同的起源理論，首先提出警告：「關於新大陸印第安人的起源，在如此眾多且如此不確定的觀點中，很難說有什麼是確定的。」梅納西在他的整本書中持續強調失蹤的十支派並非聚集在一個地區，而是分散在亞洲和非洲各地。在《以色列的希望》第二十六章，他提出了猶太彌賽亞思想中兩個彌賽亞的概念——約瑟的彌賽亞和大衛的彌賽亞。在書的末尾，梅納西總結了他的觀點，特別是失蹤的十支派已經在許多地方定居，其中一些來到了美洲。他們在那裡繼續隱密地信奉他們的宗教和文化，就像蒙特齊諾斯所說的呂便人那樣。另一方面，信奉異教且野蠻的美洲原住民部落則是韃靼人的後裔。梅納西進一步宣稱，有關十支派回歸巴勒斯坦的預言是真的，終有一天會實現。這些支派在返回巴勒斯坦之前，會先在亞述和埃及會合，他們將在那裡建立一個由十二個支派所組成的不可分割的以色列王國。[44]

梅納西的彌賽亞願景，迥異於托洛古德的美洲原住民是失蹤的十支派後裔的理論。梅納西認為十支派中只有一部分生活在美洲，而且行蹤隱密。他們在那裡繼續奉行他們的宗教和文化。根據托洛古德的說法，十個支派全都遷徙到美洲，而且所有的美洲原住民都是他們的後裔，但只殘餘少量的宗教、語言和文化。杜里和溫斯洛認為，梅納西和托洛古德版本的美洲失蹤的十支派，都適用於基督教千禧年世界末日的目的。對梅納西來說，失蹤的十支派虔信、低調地生活在野蠻的美洲原住民之間，其存在為彌賽亞的回歸奠定了基礎。但梅納西也認為，美洲失蹤的十支派的故事，是讓猶太人重新被英國接納、逆轉他們在一二九〇年被愛德華一世驅逐的命運的辦法。梅納西基於兩個原因而希望他們歸來。其一是務實的原因：處於困境的歐洲猶太人總是可以利用像英國這樣的另一個避難所來尋求庇護。另一個原因與彌賽亞有關：梅納西相信，唯有當猶太人遍布全世界時，彌賽亞才會到來。他們的不准進入英國，阻礙了彌賽亞的回歸。某些基督教千禧年主義者也可能這麼認為。梅納西將一六五二年出版的第二版《以色列的希望》獻給英國國會。之後，他在一六五五年出版

「致英格蘭、蘇格蘭和愛爾蘭聯邦護國公殿下」（To His Highness the Lord Protector of the Common-Wealth of England, Scotland and Ireland）的小冊子，並於一六五六年出版「猶太人的復仇」（Vindiciae Judaeorum），進一步主張重新接納猶太人。梅納西於一六五七年去世。他為了使猶太人重新被接納所做的努力，只取得了些許成功，未能讓猶太人真正被核准合法居留在英國。[45]

艾略特在得知蒙特齊諾斯的故事，以及梅納西和托洛古德的作品後，他的反應是重新考慮自己對於美洲原住民起源的想法。儘管有許多關於美洲居民是誰、以及他們分布在何處的理論在歐洲人之中流傳，但到了十七世紀中期，最廣為接受的是韃靼理論。該理論認為美洲曾居住著中亞和西伯利亞的遊牧民族，他們從鄰近亞洲東北部的地區進入北美西北部。在十七世紀時，人們還不知道這個地區的實際地理狀況。人們假設那裡有一條狹窄的海峽，名叫亞泥俺海峽（Strait of Anian）。日後維圖斯・白令（Vitus Bering）將探索這個以他的名字命名的海峽，而證明這個猜測是正確的。

艾略特一直是韃靼理論的擁護者，然而他從溫斯洛那裡獲得的訊息，使他考慮十支派是美洲原住民祖先的可能性。在一六五〇年讀過托洛古德的《美洲的猶太人》後，艾略特開始與托洛古德通信，從一六五〇年十月開始，一直持續到一六五七年十月。艾略特的一些信件後來出現在托洛古德於一六六〇年年出版的《美洲的猶太人》中。艾略特對於托洛古德的失蹤的十支派理論的支持，隨著時間而消退。其中一個棘手的原因是，千禧年並沒有如預言般展開，這引起艾略特的懷疑。另一個原因是艾略特因為傳教工作而與美洲原住民有大量接觸的親身經驗。相較之下，托洛古德從未見過任何美洲原住民。在艾略特第一手觀察的觀點之下，托洛古德的猜想站不住腳。艾略特另外提出了一個理論，他認為美洲原住民不是十支派或韃靼人的後裔，而是約坍（Jokton）的後裔。約坍是希伯（Eber）的小兒子。希伯是挪亞的兒子閃（Shem）的曾孫。希伯有兩個兒子——法勒

（Peleg）和約坍。希伯來人的祖先亞伯拉罕、以撒和雅各正是出自法勒一脈。約坍有許多兒子，包括示巴（Sheba）、哈腓拉和俄斐。這三個名稱也代表位於、或被認為位於阿拉伯半島南部或東非的土地。到了十六世紀，有人認為俄斐（所羅門王的礦區）其實是秘魯。艾略特說當古實的兒子寧錄（Nimrod）違背上帝的意旨，帶頭反叛而興建巴別塔時，希伯站出來反對他。所以當上帝混亂人類語言來阻止寧錄的反叛時，希伯和他的家人必須保留住伊甸園最初的完美語言。希伯的名字因此成為完美語言——希伯來語——的名字。這是希伯的兒子法勒和約坍及其後裔的語言。在語言發生混亂之後，艾略特表示希伯和約坍向東進入遼闊的亞洲或甚至更遠的地方。由於這次遷徙，艾略特聲稱，「人口眾多的印度是希伯來人，以文明著稱（儘管崇拜偶像）的中國民族是希伯來人，日本和這些裸體的美洲人也是希伯來人，對於那些最早在世界上這些地區安身的人而言。」後來，失蹤的十支派中的一部分來到了美洲。由於他們的語言和美洲原住民的語言都源自希伯來語，因此他們能夠更輕易地溝通和融入。所以艾略特認為，美洲原住民的確是約坍人，失蹤的十支派的其中一些零星人口在許久之後才加入他們。艾略特在一六五三或一六五四年間用一封長信與托洛古德分享他的理論。托洛古德沒有被艾略特嚇唬住，他繼續在他新版的《美洲的猶太人》（一六六〇年）中宣揚自己的理論，書中還收錄了艾略特的信。[46]

托洛古德的美洲原住民起源於失蹤的十支派理論，比起艾略特用另一種方式溫和地提出的理論，面臨了更嚴厲和尖刻的批評。《美洲的猶太人》出版後，托洛古德寄了一本給他在諾福克郡的鄰居哈蒙．萊斯特蘭奇（Hamon L'Estrange）。萊斯特蘭奇一家人都是在伊頓公學和劍橋基督學院接受教育，他在英國內戰初期支持查理一世，後來退休到鄉間撰寫歷史和神學文章。萊斯特蘭奇於一六五一年三月三十日撰文稱道，對於托洛古德，「我對他的嚴謹態度和學識深感敬重和佩服。」

但當他讀到《美洲的猶太人》時，他「感覺到我不情願地吞下許多沙石」。這個覺悟促使他寫下予以反駁的文章「美洲人不是猶太人。又名：美洲人屬於這個種族的不可能性」（Americans no Iewes; or, Improbabilties that the Americans are of that race），於一六五二年發表。艾斯特蘭奇所做的第一件事是提出他自己的起源理論。他的某些說法類似於艾略特，但聲稱定居美洲的不是約坍的後裔，而是法勒的後裔。如果他的理論被證明是錯的，萊斯特蘭奇又說：「我發現我被那博學而明智的（愛德華）布雷雷伍德（Brerewood）反駁，他認為美洲人屬於韃靼種族，對此（如果我要放棄我先前的論點和看法，我應該會贊同他的看法）。」從那裡開始，他接著引用各種古代資料中的反例，來駁斥托洛古德所說的關於美洲原住民語言、宗教和習俗的希伯來基礎的證據。雖然萊斯特蘭奇的方法論比起托洛古德也好不到哪裡去，但他所證明的是，不光是以色列人，其他許多古代民族也和美洲原住民一樣，表現出與以色列人的相似之處，這一點可以構成一個同樣有效的論點。不消說，托洛古德對萊斯特蘭奇的論點不感興趣，並斷言他的證據更具說服力。在一六六〇年出版的《美洲的猶太人》中，他更新並強化失蹤的十支派早已定居在美洲的主張，並借用韃靼起源理論，從而確認美洲原住民是十支派的後裔。此外，他還說，他只是聲稱美洲原住民擁有以色列血統是一種可能性，而不是已被證明的事實。隨著一六六〇年代的推進，預期中的千禧年並未到來，對於失蹤的十支派是美洲原住民祖先的理論，人們的熱情和即時感雖然有所消退，但從未完全消失。[47]

神秘的彌賽亞沙巴泰和十支派使命的改變

猶太彌賽亞主義並不局限於梅納西所在的阿姆斯特丹和西歐。事實上，猶太歷史上最大的彌賽亞運動，包括期待失蹤的十支派前來馳援的希望，也正在鄂圖曼帝國同時發生。一六四八年爆發的博赫丹．赫梅利尼茨基（Bohdan Chmielnicki）哥薩克起義期間，整個歐洲和中東的猶太人，都對於烏克蘭的猶太人被屠殺感到無比焦慮。這是赫梅利尼茨基利用東正教徒中盛行且惡毒的反猶太主義，煽動平民百姓所做的不分男女老幼的種族滅絕行動。叛亂分子也憎恨羅馬天主教，因為它是烏克蘭的波蘭宗主國的宗教。實際的受害人數，包括死亡和流離失所者，在當時和之後很長一段時間都被誇大了。話雖如此，在烏克蘭的五萬猶太人口中，仍有超過兩萬人被殺害。其餘的猶太人都逃離烏克蘭。這些苦難往往也導致世界各地的猶太人對彌賽亞懷抱越來越高的期望。[48]

正是在這種充斥大屠殺和彌賽亞主義的環境中，沙巴泰．澤維（Sabbatai Sevi）開始宣稱自己是彌賽亞。然而，沙巴泰從未表現得像一位由神所指定的世俗國王，將透過軍事力量重建以色列王國，並讓十二支派重新結合在他的統治之下。不同的是，沙巴泰聲稱自己是受召而來，要成為而且確實是一位神秘的彌賽亞。他將成為王者，藉由神秘的精神手段而非使用暴力來重建以色列。沙巴泰和他的核心追隨者顯然相信，當最高潮的彌賽亞時刻到來時，土耳其蘇丹及其顧問和軍隊將承認沙巴泰是他們的統治者並且讓位。接下來，所有十二支派的猶太人將和平地聚集在耶路撒冷和巴勒斯坦，一個和平正義的彌賽亞時代將隨後來到。[49]

沙巴泰出生於士麥那（Smyrna，現今的伊茲密爾〔Izmir〕），專心致志地修習《塔木德》和卡巴拉。早期他也表現出喜怒無常的不穩定行為。研究猶太彌賽亞主義的傑出學者格爾肖姆．朔勒姆（Gershom Scholem）認為，沙巴泰可能患有雙極性疾患（manic-depressive psychosis）。沙巴泰確實在許多場合表現出這種精神疾病的症狀。無論他是如何思考出來的，一六四八年，時年二十二歲的沙巴泰得出結論：他就是彌賽亞。他與朋友和同學分享這個洞見，其中有一些人相信他；當地的猶太領袖和拉比則不然。沙巴泰無畏的行為方式引起宗教當局的不滿，例如在公共場合說出上帝的聖名「Tetragrammaton」。士麥那猶太社群於是在一六五一年驅逐了沙巴泰。一六五四年那一整年，他在鄂圖曼帝國四處漫遊，人們敵意的態度迫使這位未來的彌賽亞繼續移動。他走得越遠，遇到的人越多，而遇到的人越多，他的支持者隊伍就越龐大。到了一六五七年，信奉千禧年主義的貴格會傳教士開始來到鄂圖曼帝國。沙巴泰和貴格會傳教士的路徑曾多次交會。我們不清楚沙巴泰和貴格會是否真的相遇過，但早期貴格會的熱忱，顯然曾造成鄂圖曼官員、穆斯林神職人員和猶太拉比某種程度的不安。同時，沙巴泰的名聲越來越響亮，越來越多人接受他的彌賽亞身分。一六六五年四月，年輕但受人敬重的卡巴拉主義者加薩的內森（Nathan of Gaza）在靈視中看出沙巴泰是彌賽亞。同年六月，沙巴泰前往耶路撒冷，途經加薩時兩人見了面，內森替沙巴泰塗膏，授命他為彌賽亞。內森也擔任沙巴泰的預言家和公關人員，引導他的運動往更神秘的方向發展。[50]

這時，失蹤的十支派被牽扯進來，不是真的，而是謠傳。長久以來，猶太人一直相信失蹤的十支派會在彌賽亞時刻出現，幫助彌賽亞對抗邪惡勢力，並將猶太人從苦難和壓迫中解救出來。沙巴泰是另類彌賽亞。他和加薩的內森鼓吹人們，唱讚美詩會帶來救贖，他的追隨者會受到奇蹟般的保護，因為土耳其士兵射向他們的子彈，都會倒轉過來擊中土耳其人自己。在帶著神秘彌賽亞主義色彩的沙巴泰運動中，根本不需要十支派戰無不勝的士兵，甚至沒有他們的用武之地。沙巴泰運動領導者唯一一次提到失蹤的十支派，是加薩的內森在一六六五年末所做的預言。他說沙巴泰成為國王後，將渡過薩姆巴提河，帶回這十個支派。然而，在大眾想像力的激發之下，失蹤的以色列十支派前來馳援的謠言開始出現。

就在加薩的內森看見靈視景象的同時，一六六五年四月，義大利傳出阿拉伯人洗劫麥加的謠言。這種洗劫的故事是可信的，因為貪婪、難以管束的阿拉伯部族過去曾有襲擊麥加的紀錄。然而到了七月，故事演變成洗劫麥加的軍隊是失蹤的十支派，至少荷蘭的小冊子是這樣說的。大約同一時間，麥加被毀的消息也傳到了倫敦的皇家學會。八月時，在義大利，威尼斯的消息來源聲稱有大量猶太人加入阿拉伯人攻擊麥加的行列。一六六五年接近尾聲時，荷蘭的報紙和《倫敦憲報》（*London Gazette*）都報導了麥加遭掠奪和出現沙巴泰運動。在新英格蘭，因克里斯·麥瑟（Increase Mather）告訴他的教區教徒，十支派正前往耶路撒冷。到了一六六六年初，德國的小冊子報告說十支派正在征服麥加，有一些小冊子說沙巴泰是他們的領袖。同時，在鄂圖曼帝國內部並沒有麥加被十支派軍隊夷為平地的報導。關於十支派的謠言是出自西歐而非中東的猶太彌賽亞狂熱分子，以及基督教千禧年主義者的狂想和一廂情願。就像魯貝尼的情況一樣，基督徒將失蹤的十支派視為對抗土耳其人的盟友，而不是中世紀後期基督徒心目中的敵基督爪牙。這種轉變是有道理的，因為土耳其人控制住聖地，在復興以色列之前必須先解放聖地。從魯貝尼時代到沙巴泰時代，宗教改革已然發生，十支派於是有了不同的使命。新教千禧年主義者不僅將十支派視為對抗土耳其人的盟友，也將是他們與教宗鬥爭時的同志。[51]

鄂圖曼官員雖然不必擔心任何想像中的麥加遭洗劫，但他們對沙巴泰所代表的鄂圖曼帝國穩定性受到威脅，越來越感到不安。一六六五年十二月，沙巴泰在士麥那宣告自己為國王和彌賽亞。宗教的歇斯底里在猶太世界炸翻天，而沙巴泰的故事也在西歐基督徒之間流傳。英國海軍官員暨著名日記作家山繆·皮普斯（Samuel Pepys）在二月十九日的日記中記錄了沙巴泰在士麥那的消息，以及倫敦猶太人的彌賽亞歇斯底里事例。隨著彌賽亞的出現，猶太家庭開始拋售房屋，期待他們能奇蹟般地返回耶路撒冷以復興以色列。一六六六年二月，沙巴泰前往伊斯坦堡，一抵達立即被捕入獄。

在沙巴泰被監禁的幾個月中，追隨者的熱情絲毫未減。因此在九月時，蘇丹和他的議會將沙巴泰傳喚到面前。沙巴泰及其追隨者期待蘇丹和鄂圖曼會乾脆地讓位，承認他是他們的統治者。但事與願違，他們給沙巴泰一個艱難的選擇：改信伊斯蘭教或者被處決。那時，在一位變節的猶太醫生建議下，沙巴泰選擇改信伊斯蘭教。震驚、失望和幻滅的情緒席捲猶太世界。以加薩的內森為首的一些頑固的沙巴泰信徒堅稱，沙巴泰的叛教只是彌賽亞必經的考驗之一。這些沙巴泰信徒多年來一直堅持他們的信仰。一個名為「叛教者」（Dönmeh）的團體追隨沙巴泰改信伊斯蘭教，同時暗中相信沙巴泰是彌賽亞並繼續信奉猶太教。他們設法存續到二十世紀。猶太歷史上最後一次廣泛且最真實的彌賽亞運動就此結束。沙巴泰的叛教使得所有未來彌賽亞的主張在拉比的圈子裡顯得更加可疑，儘管在猶太流行文化中，沙巴泰和科赫巴一樣都是英雄。沙巴泰的苦難也並未終結十支派迷思。[52]

失蹤的十支派回歸北美

回到北美，關於美洲原住民是否是失蹤的十支派或其他猶太人的後裔，為此人們仍爭論不休。愛爾蘭地理學家暨宮廷祝典局長約翰・奧格爾比（John Ogilby）於一六七一年出版了《美洲》（*America*）一書。這本書很大程度上是荷蘭人阿諾爾德斯・蒙塔努斯（Arnoldus Montanus）的《新的未知世界》（*De Nieuwe en onbekende Weereld*）的翻譯，並添加了關於英屬北美的材料。書中第二章調查了有關美洲原住民起源的各種理論。失蹤的十支派理論曾被探討，但最終被駁斥和排除。後來提出韃靼起源說，並被認定為正確。這兩個結論都不足為奇，因為大多數歐洲學者始終支持韃靼起源理論。不消說，奧格爾比的結論未能說服失蹤的十支派理論或其他猶太印第安理論的擁護者。

十年後，貴格會商人暨賓州殖民地領主威廉・佩恩（William Penn）想當然耳地認為美洲原住民是失蹤的十支派後裔。一六八二年，當他抵達美國接管新授予的土地時，他說：「我準備好相信他們屬於猶太種族，我的意思是十支派的後裔。」他有好幾個理由這麼認為。首先，上帝引導他們從亞洲東北部來到北美西北部，接著定居下來。其次，他觀察到，「他們有著相似的面孔，他們的孩子也十分相像，以至於當某人看到他們時，會以為自己身處倫敦的杜克家或伯里街。」最後，他還發現猶太人和美洲原住民的習俗和儀式非常相似。幾年之後的一六九八年，加百列・托馬斯（Gabriel Thomas）贊同佩恩的看法：「大多數人都認為原住民或這個國家的第一批居民出自流散的十支派，因為他們的體型和膚色與猶太人十分相像。」和佩恩一樣，他又說，他們的宗教與社會的習俗和儀式也非常相似。

將近一個世紀後，丹尼爾・古金（Daniel Gookin）在一七九二年出版的新英格蘭美洲原住民傳教活動記述中，簡短概述了有關美洲原住民起源的幾種理論。其中包括十支派、韃靼人或斯基泰人，以及黃褐膚色、會航海的西非摩爾人理論，每個都有正反兩面的證據。在探討十支派理論時，古金承認，「認為這些人（美洲原住民）屬於以色列種族的看法並非普遍被接受。」然而，他補充道：「但正如許多學者所想的那樣，這當然不是不可能的，或許不是那麼不可能。」在結束對美洲原住民起源理論的討論時，他感嘆道：「這些概念或任何其他概念，只能算是合理的猜測，因為無法確知他們最初的血統……想要完全確認，必須留待所有秘密和隱藏的事情都顯現出來，以榮耀上帝的那天。」有鑑於當前美洲史前歷史研究的持續混亂，以及克洛維斯文化（Clovis culture）第一理論的崩潰——該理論說美洲的第一批人類在不早於兩萬年前穿越白令陸橋抵達美洲，現代學者對於首批美洲原住民何時以及如何到達美洲，並不比他們的十八世紀前輩更有把握。[53]

事實上，當失蹤的十支派起源理論的真實性正重新被接受時，古金表達了他的不確定。一七七五年，毛皮商人暨美洲原住民實務專家詹姆士・阿代爾（James Adair）出版了《美洲印第安人的歷史》（*The History of the American Indians*）。他除了對北美東南部的部族詳細進行人類學研究之外，還提出他對於以色列人、希伯來人或猶太人是美洲原住民祖先理論的論點。阿代爾並不區分希伯來人、猶太人或以色列人這幾個用語，但在整個文本中，他顯然在很大程度上提倡失蹤的十支派起源理論。他根據長期的縝密觀察，遵循比較社會習俗、儀式、宗教信仰和語言的常規模式，展示出美洲原住民與十支派和其他猶太人的關係。阿代爾不是千禧年主義者，他只是相信美洲原住民和歐洲人具有完整的人性，還有他們也是亞當和夏娃的後裔。在阿代爾的時代，關於人類起源的一元或多元說，存在著一場大辯論。人類是一次或多次被創造出來的？十八世紀哲學家凱姆斯勳爵（Lord Kames）、亨利・霍姆（Henry Home）和他的表弟休謨提出幾個不同的創造主張，成為宣稱某些人比較沒有人性和低等的開端。包括阿代爾在內的其他許多人都反對這個理論。阿代爾基於個人經歷，十分尊重美洲原住民。將他們與古希伯來人和失蹤的十支派連結起來，確保了他們身為正式人類成員的地位。不消說，阿代爾的書有批評者，也有欣賞者。當約翰・亞當斯（John Adams）[8]詢問湯瑪斯・傑佛遜（Thomas Jefferson）[9]對阿代爾的書有何看法時，傑佛遜回答：

> 阿代爾一樣也有他的怪癖……（但）在不涉及他的宗教騎士精神的事情上，他的頭腦和唐吉訶德一樣健全。他的書包含了大量關於該主題的真實指導，只需要讀者時刻留意他的理論中奇妙的曖昧不明之處。

然而，失蹤的十支派或猶太印第安起源理論的其他擁護者，發現阿代爾的學術成果令人信服。千禧年主義者埃利亞斯·布迪諾（Elias Boudinot）、入迷的愛德華·金（Edward King）、金斯伯勒子爵（Viscount Kingsborough）都引用過阿代爾的書。它標誌出失蹤的十支派和猶太印第安理論最後一次重新流行，以及十九世紀迷戀失蹤的十支派的開始。[54]

紐澤西州的布迪諾是美國革命和共和國早期的傑出政治家，他也是原始基本教義派和千禧年主義者。布迪諾和其他志同道合的人一樣，開始將美國革命和法國大革命視為千禧年大事。美洲原住民是失蹤的十支派後裔，此事正好符合這種世界觀。一七七二年的某個時間或不久前，阿代爾造訪了布迪諾，當時他正要前往倫敦安排《美洲印第安人歷史》（*The History of the American Indians*）的出版。布迪諾對阿代爾和他的學識印象深刻。該書出版後，布迪諾得到一本，並廣泛地用於撰寫他自己的《西方之星。又名：發現失蹤已久的以色列十支派，為他們返回心愛的城市耶路撒冷做準備的一次卑微嘗試》（*Star in the West: or, A Humble Attempt to Discover the Long Lost Ten Tribes of Israel, Preparatory to their Return to the Beloved City, Jerusalem,*1816）。布迪諾批評了歐洲移民苛待美洲原住民。他們是十支派殘餘者的身分，無疑引起他的同情。正如他告訴讀者的，確認失蹤的十支派的當前狀況和所在地是一件值得努力的事，特別因為它與「榮耀的神子彌賽亞復臨我們的世界有直接的關聯」。不同於托洛古德，布迪諾認為，除了失蹤的十支派之外，其他民族也有可能穿越白令海峽或從事遠洋航行而到達美洲。事實上，這種可能性有助於解釋為何美洲原住民如此遠離他們的猶太根

8 編按：1735-1826，美國開國元勳，於一七九七至一八〇一年擔任美國第二任總統。

9 編按：1743-1826，第三任美國總統（一八〇一至一八〇九年），也是《美國獨立宣言》主要起草人。跟約翰·亞當斯是宿敵、也是朋友。

源：他們已經與信奉異教的外邦人混居一地。布迪諾在他的陳述中遵循比較信仰、儀式、習俗和語言的老方法。在布迪諾的努力下，有類似的作家也仿傚他，例如伊森・史密斯（Ethan Smith）以及他的《希伯來人的觀點。又稱：美洲的以色列支派》（*View of the Hebrews; or, The Tribes of Israel in America*），在一八二三首次出版，但「改進和增編」的二版很快在一八二五年問世。有些學者已經且持續將這本書視為《摩門經》（*Book of Mormon*）[10]的靈感或來源。然而，正如理查・波普金（Richard H. Popkin）[11]所指出，儘管出現了這類書籍，但猶太印第安人理論正在式微中，即使十九世紀後期在俄亥俄州紐瓦克（Newark）和田納西州蝙蝠溪（Bat Creek），所謂的發現猶太或希伯來文物引發了一些小騷動。一八三七年，傑出的傳教士、失蹤的十支派追尋者約瑟夫・沃爾夫（Joseph Wolff）訪問美國時，有人問他是否認為美洲原住民是失蹤的十支派後裔，他回答說不是。猶太印第安人理論瓦解的例外是《摩門經》中描述的所謂猶太移民，但這並不涉及失蹤的十支派。55

歷史學家暨哲學家波普金提出了猶太印第安起源理論式微的幾個原因。歐洲人，尤其是英國人，對於美國成為千禧年國家的想法若非不感興趣，就是沒有共鳴。文獻學家威廉・瓊斯爵士（Sir William Jones）聲稱失蹤的十支派正生活在阿富汗，由此開啟了一百年在中亞追尋失蹤的十支派的活動。這個說法幫助移轉十支派理論擁護者對美洲的注意力。拿破崙的入侵埃及，使歐洲人進一步關注中東。美國總統傑佛遜的印第安政策將美洲原住民視為未開化的民族，需要融入歐美社會，而不是失蹤的以色列人，需要被基督教化，以協助實現基督復臨和千禧年的到來。「美國學派」民族誌的種族科學家將美洲原住民和黑人描繪成低等生物，是獨立的、多基因創造下的產物。因此，美洲原住民失去了身為失蹤的十支派後裔的特質。波普金沒有提到的猶太印第安理論式微原因之一，是與築丘人（Mound Builders）有關的失蹤的北美白種人迷思。據說美洲原住民的野蠻祖先摧毀了文明的築丘人。因此，他們不值得不停將邊界往西推的歐洲裔美國人的憐憫。這不是一個適合失蹤的十支派後裔的血統。對於十九世紀中葉的十支派追尋者而言，幸好除了北美之外，還有許多未經探索的地方可以找尋他們。[56]

在非洲和亞洲荒野中尋找失蹤的十支派

大約自一八四〇到一九三〇年代，尋找失蹤的十支派的工作轉移到了非洲和亞洲的沙漠、山區和叢林。對於那些錢財多於理智，或者能從其他錢財多於理智的人那裡獲得資助的人來說，這是一種奇怪、有時甚至危險的愛好。沃爾夫是一位孜孜不倦的傳教士和失蹤的十支派追尋者。儘管是拉比的兒子，年輕的沃爾夫卻改信了羅馬天主教，但在羅馬學習期間曾與上級發生爭執。他前往英國，成為英國國教徒，並在劍橋繼續學業。一八二四至一八三六年間，他在埃及、中東大部分地區、中亞、印度和衣索比亞傳教，同時尋找失蹤的十支派或他們的證據。他的旅行日誌充滿關於失蹤的十支派的內容，儘管他從未找到其中任何一人的所在位置。沃爾夫是失蹤的十支派追尋者的典範，冒著生命危險，踏上了唐吉訶德式的旅程。幸好，他的傳教工作至少產生了一些真正的成果。[57]沃爾夫並不孤單，其他追尋失蹤的十支派的人在非洲和亞洲的偏遠地區漫遊，同樣一無所獲。醫療傳教士大衛・李文斯頓（David Livingstone）認為他們的存在令人惱火。他抱怨說，探險途中發燒不適的

10 編按：耶穌基督後期聖徒教會的四部標準經文之一，在一八三〇年三月二十六日首次公開發行。

11 編按：1923-2005，美國哲學家。

旅伴引述經文並對著衣索比亞的河流做手勢，嚷著要找尋失蹤的十支派。一八五八至六三年在尚比西河探險期間，李文斯頓發現被指派來繪製他們正在探索的河流水文圖的海軍軍官，實際上是「來找尋『失蹤的十支派』的」。他們兩人處得不太好，後來李文斯頓用輕蔑的評論嘲諷那人的真正目標：「彷彿全世界所有事物之中，我們獨缺足夠的猶太人。」[58]在非洲和亞洲追尋失蹤的十支派的活動，一直持續到一九三〇年代。愛德加・萊斯・巴勒斯（Edgar Rice Burroughs）在他一九二九年和一九三三年的一些人猿泰山（Tarzan）小說中注意到了這一點。奇怪的是，儘管泰山在非洲冒險的過程中遭遇了各種失落的文明和民族，從亞特蘭提斯殖民者到古羅馬人再到十字軍，但巴勒斯從未讓泰山找到失蹤的十支派的後裔。[59]

持續追尋失蹤的十支派的現象，促使艾倫・霍華德・高比（Allen H. Godbey）寫下了他的巨著《失蹤的十支派迷思：重寫希伯來歷史的建議》（*The Lost Tribes a Myth: Suggestions towards Rewriting Hebrew History*, 1930）。這本多達八百零二頁的書實際上很少談及失蹤的十支派，而是著手摧毀失蹤的十支派迷思和傳說的錯誤基礎。高比指出，大部分的以色列十支派從未被驅逐出境。他接著開始調查被認定在非洲和亞洲的十支派的各個民族的歷史和文化。這些人在宗教上是猶太人，但在生物學上並不是。高比極詳細地說明，即便在古代，猶太人也從來不是一個獨特的種族。中東是一個人口流動混雜的地區，信奉著不斷演變和融合的多種宗教。雖然現代猶太教不是一個傳教的宗教，但在波斯、希臘化和羅馬時期，猶太人曾進行大量的傳教活動，許多不同種族的群體都皈依了猶太教。正如高比在《失蹤的十支派迷思》開頭部分強調的：「以色列人以及後來的猶太人的起源和歷史的概念是，以色列人是『一個奇特的民族』——『照著麥基洗德的等次』——也就是說，沒有祖先或祖先的知識和制度遺產，這個概念構成了對『失蹤的十支派』的所有空想的追尋和熱切想要發現它們的基礎，」對此他補充說道：「這種隔離的『純以色列人』種族的概念，難道不是從一開始就是虛構的嗎？」這些論點正是高比在他的書中竭力且令人信服地記錄的內容。[60]

所有人都想成為上帝的選民

當形形色色的人們在非洲和亞洲的荒野中追尋失蹤的十支派時，其他人已經得出結論：做為天選之民的幸福青鳥，實際上就在他們自家後院。隨著民族主義在英格蘭和後來的大不列顛的早期發展，他們是特殊民族的觀念也隨之發展。一五五八年，約翰·艾爾默主教（Bishop John Aylmer）說出一句名言：「上帝是英國人。」對於英國新教徒來說，這是很容易的一步，他們將自己與天主教偶像崇拜和軍事威脅的鬥爭，視為可媲美古代以色列人反對偶像崇拜和抵禦鄰國入侵的奮鬥。十七世紀中期的世界末日事件見證了一六四九年約翰·薩德勒（John Sadler）的《王國的權利》（*Rights of the Kingdom*）和杰拉德·溫斯坦利（Gerrard Winstanley）的《真正的進階平等主義者標準》（*The True Levellers Standard Advanced*）的問世。這兩本書都斷言英國人和失蹤的十支派之間在精神上的等同，即便不是生物學上的等同。遲早會有人明確宣稱，英國人和失蹤的十支派以色列人之間存在生物學上的關聯。[61]

英國以色列主義（British Israelism 或 Anglo-Israelism）相信不列顛群島上的人——或至少部分的人——還有北美的某些白人是失蹤的以色列十支派的後裔，尤其是以法蓮和瑪拿西的後裔。英國以色列主義的起源並不是非常順利。理查·布羅德斯（Richard Brothers）率先教授和撰寫有關英國人和其他歐洲人是「隱藏的以色列人」的事，他們不知道自己的猶太血統。布羅德斯以軍官候補生的身分加入英國皇家海軍，並於一七八三年晉升為中尉，但幾個月後，隨著美國獨立戰爭的結束，他只能領取半薪。由於手上的錢太少而時間太多，布羅德斯的精神狀態開始惡化。他開始相信上帝對他有一個宏大的目的，並開始做預言。雖然布羅德斯的大部分預言都落空，但他做了一次成功的預測。他預言瑞典的古斯塔夫三世（Gustav III）和法國的路易十六世（Louis XVI）將橫死於臣民之手，這個預言在一七九三年年初應驗。在法國大革命不祥地展開的焦慮背景下，這樣的預言引起相當多人的注意。不久之後，布羅德斯開始自稱為「全能者的侄子」，顯然因為他是耶穌的兄弟或姊妹的後裔。一七九四年，他開始發表預言，聲稱歐洲到處都有隱藏的猶太人，而他是大衛王的後裔。他接著斷言自己是一位希伯來王子，將於一七九五年十一月成為地球的統治者。在一七九八年，他和所有公開或秘密的猶太人將前往耶路撒冷重建聖殿。他的部分預言涉及了喬治三世（George III）會自願讓位給他。這個說法惹怒了喬治三世，在國外法國革命分子和國內共和主義者的圍攻之下，他沒有心情容忍布羅德斯的瘋狂行為。布羅德斯因涉嫌叛國罪，在一七九四至一八〇六年被關在瘋人院。朋友們幫助布羅德斯獲釋，他靠著他們的救濟生活，同時繼續發表預言和出版作品，直到一八二四年去世。儘管布羅德斯的信仰和行為古怪，但仍吸引了一群追隨者，其中甚至包括一名國會議員。他的原英國以色列理論對日後的英國以色列主義運動沒有任何明顯的影響，但確實證明了人們長期以來對於獲得上帝選民地位的渴望。[62]

英國以色列主義的真正起點可在約翰·威爾遜（John Wilson）的著作中找到。他是一名愛爾蘭織布工，對激進政治和偽歷史學術研究有著濃厚的興趣。他在一八四〇年出版了《我們的以色列起源講義》（*Lectures on Our Israelitish Origins*），主張十支派已經移民到歐洲，並建立了盎格魯－撒克遜和日耳曼民族的國家。碰巧的是，以法蓮支派定居在不列顛。這個偶然事件意味著英國會在十九世紀崛起成為全球最強大的帝國，實現《聖經》的預言。在〈創世記〉48:19，族長雅各祝福約瑟的兒子瑪拿西和以法蓮：「他（瑪拿西）也必成為一族，也必昌大。只是他的兄弟（以法蓮）將來比他還大，他兄弟的後裔要成為多族。」不消說，成為上帝指定使其偉大的選民之一，對英國上層和中產階級的某些成員而言是具有吸引力的，對幾乎任何人也是一樣。威爾遜的英國以色列主義也與十九世紀中期盛行的盎格魯－撒克遜主義和條頓主義的普遍假定相當吻合。[63]

一八七〇年統一的德國，成為在政治、軍事和經濟上領先的英國強大的新競爭對手。將德國人視為夥伴和盟友的條頓主義被反德情緒所取代。這個改變影響了英國以色列主義。自稱威爾遜門徒的愛德華・海因（Edward Hine）相應地修改了英國以色列主義的信仰。他將十支派的定居地限制在不列顛群島，而不是整個北歐。唯一的例外是瑪拿西的後裔移居到美國，反映了美國日益強大的實力。同時，德國人被降級為只是流浪和軍國主義的亞述人後代。就英國民族主義偏見的觀點而言，亞述人非常適合做為所謂軍國主義的德國人的祖先。海因教導人們說，當末日到來時，以法蓮人和不列顛群島的其他八個支派將與美國的瑪拿西支派和流散的猶太人聯合起來，組成全以色列，並按照《聖經》的預言重新定居巴勒斯坦。

英國以色列主義不可避免地蔓延到美國和加拿大。來自蘭開夏郡的原始衛理公會巡迴牧師約瑟夫・懷爾德（Joseph Wild）在一八五六年移民後，將英國以色列主義也帶到美國。懷爾德一直在閱讀威爾遜的著作。一八七六年，他開始親自講授英國以色列主義，不久後也接觸了海因的思想。懷爾德在一八七九年出版的《失蹤的十支派》（*The Ten Lost Tribes*）中反映出海因版的英國以色列主義。然而，懷爾德並沒有努力在美國組織英國以色列運動。這項任務落到了查爾斯・阿迪爾・劉易士・托滕（Charles Abdiel Lewis Totten）肩上。

托勝是美國內戰時期聯邦將軍的兒子，一八七三至一八九三年間是一名職業軍人。他離開軍隊去從事聖經研究。他從一八八三年起開始對英國以色列主義感興趣，很快就開始撰寫有關該主題的文章。他的著作引起了海因的注意，海因於一八八四至八八年間來到北美，講授和傳布英國以色列主義。他的其中一部分時間是和托勝在康乃狄克州的紐哈芬（New Haven）度過。從事傳教活動的托勝與海因一起在美國和加拿大推廣英國以色列主義。後來，英國以色列主義及其分支基督徒身分認同（Christian Identity）的支持者，聲稱托勝是耶魯大學的教授，將他譽為該運動最傑出的知識分子之一。然而，他們的說法並不誠實。托勝從來就不是耶魯大學的全職教員。一八八八至一八九二年間，他在軍隊的最後一項任務是擔任大學軍事科學計畫的講師。

大不列顛和北美的英國以色列主義者並不是一個龐大的群體。在最高峰期，英國以色列世界聯盟（British Israel World Federation）只有五千名會員。他們雖然人數少，但通常是富有的社會精英。在第一次世界大戰之前的幾年裡，本已是精英階層的他們，加上相信自己是上帝的選民，更讓他們感到開心。大多數英國以色列主義者都是書呆子，他們之中的許多人也寫過有關英國以色列主義的書，這些書被其他的英國以色列主義者如飢似渴地搜購。這些書有一個問題，那就是它們的重複性相當高。事實上，他們全都在寫同一本書，所以只要你讀了其中一本，就等於讀過全部的書。這種情況有點讓人想起在荷黑・路易斯・波赫士（Jorge Luis Borges）[12]的故事中會發現的事。更大的一個問題是，英國以色列主義者書中提出的觀點，是奠基於錯誤的語言學、對資料來源有偏見的誤讀，以及一廂情願的想法。英國以色列主義者的作品期待在大不列顛和北美的失蹤的十支派後裔的幫助下復興全以色列，這樣的想法讓主流基督徒和猶太人感到困惑和被冒犯。傑出的文獻學家紐鮑爾也是博德利圖書館（Bodleian Library）的大量希伯來語手稿收藏的編目員，他有時會接待前來尋求證實他們理論的英國以色列主義者。一八八〇年之前不久，有一位F・W・菲力普斯（F. W. Phillips）來拜訪紐鮑爾，他花了三十多分鐘的時間向這位文獻學家講述他的理論：「Cymri」（意指威爾斯和威爾斯人的威爾斯單字）是起源於以色列國王暗利（Omri）的名字。當菲力普斯詢問紐鮑爾對他的理論的看法，紐鮑爾直言不諱地回答道：「我相信你比十支派更加迷失。」[64]

英國以色列主義不是一個基督教派。來自不同教派的基督徒都認為他們可以成為英國以色列主義者，而且不會與他們教派的教義產生衝突。然而，大多數英國以色列主義者往往是英國國教徒、聖公會教徒或衛理公會教徒。有些教派甚至在某種程度上正式接受英國以色列主義的思想——五旬宗（Pentecostalism）、上帝的教會（Church of God）和普世上帝的教會（Worldwide Church of God）。英國以色列主義也是親猶主義，但這種親猶主義是基於基督教的假設，亦即當全以色列在巴勒斯坦恢復時，猶太人就會改宗。第一次世界大戰期間，當英國將軍埃德蒙・艾倫比（Edmund Allenby）於一九一七年十二月九日占領耶路撒冷時，英國以色列主義者認為這是《聖經》預言的實現。以法蓮的軍隊從異教徒手中拯救了耶路撒冷，全以色列即將恢復。但猶太人並沒有改宗。大不列顛和北美的英國以色列主義者中的親猶主義因此消退。到了一九二〇年代，在抱持反猶太主義觀點的基督教牧師、俄勒岡州三K黨的活躍成員魯本・索耶（Reuben H. Sawyer）的努力下，反猶太主義和右翼觀點在北美的英國以色列主義中出現。他將阿什肯納茲猶太人（Ashkenazic Jews）[13]是懷有邪惡意圖的假猶太人的觀念引進英國以色列主義中。

12 譯註：1899-1986，阿根廷作家、詩人、翻譯家。其作品涵蓋包括短篇小說、短文、隨筆小品、詩、文學評論、翻譯文學等。

13 譯註：指德國和東歐系猶太人。

英國以色列主義從親猶到反猶的轉變，是在一九三〇年代霍華德．蘭德（Howard Rand）的帶領下完成的。諷刺的是，如果蘭德真的是一個反猶太主義者的話，他也不是一個惡毒的反猶太主義者。他確實將現代猶太人不是猶大的後裔、而是以掃後裔的概念引進英國以色列主義思想中。此外，他在一九三三年成立美國盎格魯－撒克遜聯盟（Anglo-Saxon Federation of America），為美國的英國以色列主義者提供了自己的國家組織。蘭德是一位和平主義者，主要興趣是研究、寫作和推廣傳統的英國以色列主義，但他有一些不好的夥伴。一九三〇年，他在底特律舉辦的一場英國以色列大會中認識威廉．約翰．卡梅倫（William J. Cameron）。卡梅倫是一位狂熱的反猶太主義者。自一九二一至一九二七年間，他負責編輯《迪爾伯恩獨立報》（*Dearborn Independent*），該報的所有者是同樣反猶的亨利．福特（Henry Ford）。卡梅倫密切參與了該報惡名昭彰的「國際猶太人」系列的寫作和發行。卡梅倫為蘭德的盎格魯－撒克遜聯盟帶來了大量的財政資源和新的右翼成員，以及他惡毒的反猶太主義。大約在第二次世界大戰結束時，蘭德對美國盎格魯－撒克遜聯盟失去興趣，沒有他的領導，這個聯盟很快就瓦解了。英國以色列主義在美國的殘餘部分，現在是一個堅定的反猶右翼組織，同時仍然堅稱自己是十支派的成員，特別是以法蓮和瑪拿西的後裔。這種右翼的英國以色列主義將演變成惡毒的基督徒身分認同運動。[65]

一九四五年後，南加州的英國以色列主義者受到傑拉德．史密斯（Gerald L. K. Smith）的影響，他是路易斯安那州前州長休伊．朗（Huey Long）的昔日夥伴，以及第二次世界大戰後美國首要的反猶太主義者。在一九五〇年代和一九六〇年代，他將美國的英國以色列主義的右翼部分轉變為基督徒身分認同運動。和他一起努力的親密夥伴包括衛理公會牧師韋斯利．斯威夫特（Wesley Swift），他成為一九七〇年之前的基督徒身分認同運動領導牧師，還有威廉．波特．蓋爾（William Potter

Gale），他是麥克阿瑟將軍的門生，也是基督徒防禦聯盟（Christian Defense League）和民兵團（Posse Comitatus）的創立者，以及策劃暗殺馬丁．路德．金恩的同謀。基督徒身分認同運動主張西歐和北歐民族的祖先是上帝的選民、失蹤的以色列十支派的後代，屬於亞當族裔。另一方面，猶太人和非白人是次等人種，而且往往天生邪惡。非洲黑人和亞洲人是創世第五天，與動物同時出現的前亞當時期人類的後裔。他們和亞當與夏娃的創造無關，因此智能比較低下而且沒有靈魂，被稱作「泥人」。猶太人更糟糕，因為他們是撒旦的子孫，他們邪惡地宣稱自己是上帝的選民，並試圖摧毀一切偉大、善良和虔敬的事物。基督徒身分認同運動的擁護者相信，末日的最後一場戰鬥將是身分認同的基督徒、白人和上帝及站在正義一方的天使，與另一陣營的撒旦、墮落天使、撒旦猶太人和泥人之間的種族戰爭。期待著這場大戰的身分認同基督徒儲備武器、組成準軍事團體並採取生存主義的生活方式。基督徒身分認同運動在一九八〇年代和一九九〇年代相當活躍，成員們從事銀行搶劫和暗殺活動。這種反社會犯罪和恐怖主義促使聯邦調查局開始調查，並滲透到激進的基督徒身分認同組織中。從那時起，該運動的支持度下降，並從公眾視野中淡出。身分認同基督教雖然已經消退，但並未滅絕，現在仍舊存在。英國以色列主義和基督徒身分認同運動的故事是一個案例研究，顯示失蹤的十支派迷思和傳說如何導致一個古怪但良善的信徒群體的出現，以及後來演變成一個具有顛覆性的組織，其成員相信自己是以法蓮、瑪拿西和其他失蹤的支派的後裔，在這個信仰的加持下從事恐怖主義活動。

基督徒身分認同運動是對失蹤的十支派迷思最離奇的挪用之一，也是基督教兩千年歷史中最令人厭惡的扭曲之一。但他們不是唯一聲稱自己屬於失蹤的十支派的人。緬甸克倫族（Karen）已被確認為十支派的成員，南非的倫巴人（Lemba）也是如此，他們聲稱自己是猶太人，即使不屬於十支派。

儘管耶路撒冷的拉比們不贊同，但DNA檢測往往支持倫巴人的說法。盧安達的圖西族（Tutsis）、紐西蘭的毛利人和日本皇室等也提出類似的說法。聲稱與十支派有生物學上的關聯，這種事已經持續了兩千多年，而且沒有消退的跡象。為什麼？因為成為上帝的選民之一總是件好事。

失蹤的十支派迷思告訴我們，迷思對於不同的人而言可以是強大的動機。迷思可能是良性的，也可能是惡性的，這取決於它們如何被使用。許多世紀以來，失蹤的十支派為猶太人帶來希望。他們在基督徒的千禧年願景中扮演著混合的角色。對反猶太主義者來說，他們是怪物，總是在某處密謀著摧毀基督教社會。在接下來的幾章，我們將見識到其他迷思、邊緣歷史、偽科學和陰謀論如何以同樣的方式運作，混淆我們的社會並以危險的方式使之脫離現實。

4

聖殿騎士、秘密社團
與陰謀論

關於聖殿騎士的書籍數量非常多。唯一的問題是，在百分之九十的情況下（我糾正自己，百分之九十九），它們純粹是幻想。一直以來，沒有其他任何主題能比聖殿騎士激發出更多國家的更多寫手的靈感。

——安伯托．艾可（Umberto Eco）1❶

屆時我們會發現，相信廣泛存在的陰謀並不必然被視為精神失衡的表現，即使這些陰謀對大眾而言完全不可見。

——內斯塔．韋伯斯特（Nesta Webster）2❷

在陰謀論和秘密社團的編年史中，一三一四年三月十八日是個重要的日子。被囚禁的聖殿騎士團大團長雅克．德莫萊（Jacques de Molay），在那天早上必定是滿懷著希望醒來的。對聖殿騎士來說，過去幾年裡多災多難。一三〇七年十月，法國國王腓力四世（Philip IV）逮捕了法國的聖殿騎士，包括德莫萊和其他領導者。他們被指控散播異端邪說和從事其他各種異常活動。此後，德莫萊和其他領導者就一直被監禁。令人震驚的是，一三一〇年五月在巴黎附近，五十四名聖殿騎士被當成故態復萌的異端分子，燒死在火刑柱上。最終在一三一二年，教宗廢除了聖殿騎士團。儘管遭遇一連串的不幸，德莫萊和其他聖殿騎士仍有理由心懷希望。一三〇八年，在希農（Chinon）舉行的某次秘密會議中，教宗的代表赦免了德莫萊和其他聖殿騎士領導者的不當行為。在監獄中痛苦地度過六年多後，他們期盼當天開會的教會委員會釋放他們。結果，希農的秘密赦免被無視。四名聖殿騎士團的領袖因先前的被迫招供而遭判處終身監禁。德莫萊和聖殿騎士團的諾曼第教官若弗魯瓦．德．

夏爾內（Geoffrey de Charney）十分憤怒，強烈抗議並堅稱他們無罪。當他們抗議的消息傳到腓力四世那裡時，腓力四世宣布他們是故態復萌的異端分子，並下令立即予以懲處。兩人被帶到塞納河的沙洲島（Island of Javiaux）活活燒死。一位編年史家描述這兩位聖殿騎士平靜、勇敢地迎接死亡，並確信自己是無辜的。他們死得從容不迫，贏得圍觀群眾的欽佩。❸

德莫萊被處決後，聖殿騎士詛咒的概念隨之出現。碰巧在五週之後的四月二十日，教宗克萊孟五世（Pope Clement V）死於久病纏身。隔年十一月，腓力四世國王在打獵時墜馬身亡。有人斷言詛咒還沒結束。四個半世紀後的一七九三年，隨著法國大革命的爆發，路易十六被送上了斷頭台，而法國羅馬天主教會的權力也被削弱。有人聲稱，德莫萊在面臨即將到來的死亡時，對法國君主的卡佩王朝（Capetian dynasty）和教會都下了詛咒。事實上，沒有任何當代資料記錄下他曾說過任何這類的話。然而，根據法國保守分子夏爾－路易・卡戴・德・加西庫爾（Charles-Louis Cadet de Gassicourt）在他的《雅克・德莫萊之墓》（*Le Tombeau de Jacques Molay*, 1796）中的說法，路易十六死亡時，圍觀者之中有人說：「雅克・德莫萊，你的大仇得報。」加西庫爾認為，法國大革命是聖殿騎士及其繼任者，為了推翻神聖的君主制和教會，而密謀破壞世界的結果。從那時候開始，與摧毀宗教和公民政府的全球陰謀有關的秘密社團和陰謀論，就成為流行文化裡的固定戲碼。事實上，它們似乎正在激增中。❹

1 譯註：1932-2016，義大利小說家、文學評論者、哲學家、符號學家和大學教授。除了嚴肅的學術著作外，著有大量的小說和雜文，最著名的作品為小說《玫瑰的名字》。

2 編按：1876-1960，英國作家，著有《秘密社團與顛覆運動》（*Secret Societies and Subversive Movements*）。她的寫作影響了後來的陰謀論和意識形態，包括美國的反共主義和民兵運動。

秘密社團和陰謀論的本質與背景

神秘學、秘密社團和陰謀論全都是迷人的主題。它們在某些方面是真實的，但在其他方面則是虛構的。小說家經常利用神秘學、秘密社團和陰謀做為驚悚、懸疑和間諜小說的情節基礎。電影和電視影集也利用這些情節。有無數的非小說類書籍、紀錄片、雜誌文章和新聞報導在討論和描述神秘活動、秘密社團和陰謀論。許多一流的學術研究或事實報導，會與更多聳人聽聞的故事和純粹的幻想混合在一起。對邊緣歷史和偽科學理論的任何概述都會揭示，神秘學、秘密社團和陰謀論常常為這類信念提供基礎。

就此而言，定義「神秘學」（occult）、「秘密社團」和「陰謀論」等用語的含義十分重要。「神秘學」常用於指稱只有少數人才真正知曉的超自然和秘密知識。因此，書店裡常有神秘學圖書區，儘管這種公開展示往往會削弱這個定義的秘密成分。事實上，嚴格來說，「occult」意指隱藏的、秘密的，或被掩蓋的東西。它源自拉丁語字根 *occlere*（意思是「加以隱藏」）和 *ocultus*（意思是「已經被隱藏起來」）。有人指出，神秘學被隱藏的層面不必然意味著某人隱瞞了該知識或故意將其保密。神秘學可能只是指尚未被發現或揭示的知識。因此，自然的秘密可視為是神秘學。而研究自然的各層面並得到發現的學者，可以認為自己在從事神秘學活動，同時實踐啟蒙的科學。[5]事實上，較少被使用的「arcane」（「奧秘的」）這個單字，是指刻意被隱藏或保密的東西。它源自拉丁語 *arcanus*（意思是「關閉的」或「閉嘴」）。然而，在流行的用法中，「occult」和「arcane」經常互換使用。此外，現代用法也將「神秘學」與超自然事物或魔法聯繫在一起。在這種情況下，超自然事物是無法用自然法則或科學理解來解釋的某種行為或事件，而魔法是透過超自然力量來利用或影響物質世界的力量。當然，魔法力量的知識出自秘密或隱藏的知識——神秘學。而這些知識通常會被少數人壟斷。

據說，極少數擁有超自然知識和力量的人，通常是某個秘密社團的成員。然而，大多數的秘密社團並不宣稱擁有或相信超自然力量。事實上，大多數秘密社團並不是秘密的存在。共濟會是秘密社團，但他們的存在是全世界都知道的事。大多數秘密社團的真正秘密是新成員入會時所採取的各種步驟中所涉及的知識、傳說和儀式。同樣的觀察也適用於古代世界的神秘宗教或邪教。所謂「神秘」是指那些構成各教派入會儀式的事物，無論是伊洛西斯秘儀（Eleusinian Mysteries）、希栢利（Cybele）和塞拉比斯（Serapis）教派、密特拉教（Mithraism）或伊西絲（Isis）崇拜。以上是古代晚期最著名和最受歡迎的神秘宗教。儘管入會儀式本應保密，但消息最終還是傳開了。阿普列尤斯（Apuleius）寫於西元二世紀中期的小說《金驢》（*The Golden Ass*），對伊西絲教有迷人的描繪，其中包括入會儀式的詳細描述。正如女神伊西絲在小說主角盧修斯（Lucius）的入會儀式開始時對他說的：「那些受到太陽早期神性光芒啟發的人，衣索比亞人、阿里亞人（Arii）和擅長古代傳說的埃及人，全都用他們的祖先儀式來崇拜我，並用我的真名伊西絲女王呼喚我。」隨後的異國儀式包括布滿「埃及人的奇怪象形文字」的膜拜物品。長期以來與埃及有關的神秘事物和魔法，顯然大大強化了伊希絲教對大眾的吸引力。除了提供秘密儀式的細節外，阿普列尤斯的小說還證明了伊希絲教盛行於羅馬帝國社會的地位。在其鼎盛期，伊西絲崇拜凌駕於古代世界的宗教生活之上，直到基督教勝出，決定性且永久地推翻伊西絲教和其他神秘宗教的寶座。僅限男性參加而且信徒大多為士兵的密特拉教，其入會儀式尤其恐怖，涉及按儀式宰殺一頭公牛，並將牛血灑在入會者身上。這些秘密儀式的誘惑甚至讓它們滲入早期基督教的洗禮儀式中。[6]

如同基督教，神秘宗教能吸引皈依者，也能引來迫害。希栢利、塞拉比斯、密特拉和伊西絲崇拜都十分流行，並且傳播到整個羅馬帝國。正如先前所指出，伊西絲特別受歡迎，致使自羅馬共和國晚期開始，官方便定期地試圖禁止該邪教。第一位羅馬皇帝奧古斯都（Augustus）也對伊西絲崇拜的非羅馬本質深感懷疑，諷刺作家詩人尤維納利斯（Juvenal）也是如此。這種態度在第一世紀末和第二世紀羅馬帝國所發展出來的國際化寬容氛圍中逐漸消退。甚至一些皇帝，例如奧托（Otho）、塞提米烏斯．塞維魯斯（Septimius Severus）和卡拉卡拉（Caracalla），也崇拜伊西絲或塞拉比斯。[7]神秘宗教以其秘密儀式、所謂的魔法力量和精神啟蒙的誘惑吸引信徒：這正是現代玫瑰十字會員和共濟會的一些奇怪分支至今仍在尋求的東西。因此，秘密社團並不秘密，儘管它們確實有秘密。如同學者西奧多．齊奧科夫斯基（Theodore Ziolkowski）所言：「享受秘密和被某個特殊群體接納是人類的基本衝動，該群體擁有對特定個人而言重要的特許訊息，無論其主題是關於政府、金融、體育還是宗教。」[8]

更近代以來，秘密社團已經發展出一些共同特徵和性質。它們讓成員對某個群體產生歸屬感，而這個群體是建立在不同於周遭社會的不尋常信仰和目標之上。換言之，成為其中一分子使他們變得特別。成員對於他們的群體有一種休戚與共感，轉而絕對地服從群體的領導者，而領導者往往不為人知。群體內部也存在著一種平等感，這種平等感透過戴面具、穿著特定服裝或制服而得到強化。只有經過挑選的個人才允許加入該群體，而且必須通過入會儀式。這是逐步授以更高真理的一部分過程，從而在一系列的層級上晉升。學者發現大多數的秘密社團都有宗教根源。基本上，入會儀式的目的是透過神秘的或有魔力的過程或儀式，將一個普通人淨化成某種精神上的存在——或至少是更有靈性的人。秘密社團的會員資格提供了非會員所無法獲得的好處。同樣地，這些好處使他們變得特別。並非每個秘密社團都擁有這所有特質，或以相同的強度或程度展現這些特質。對共濟會、金色黎明奧秘會社（Hermetic Order of the Golden Dawn）、納粹黨衛軍或三K黨進行任何比較，都會發現秘密社團是如此具有多樣性。[9]

秘密社團時常與陰謀扯上關係，這是意料之中的事，因為陰謀在本質上就是秘密活動。什麼是陰謀？在法律意義上，陰謀是兩人或兩人以上之間，透過非法行為來犯罪的協議。在秘密社團的世界裡，陰謀通常是針對當權者的政治行動或陰謀，無論當權者是領導者、政府或機構。只要人類聚集成群，陰謀遲早會產生，無論是真實的還是想像中的。如同齊奧科夫斯基所言：「陰謀自古有之。只要有至少由三個人組成的團體，其中一個人認定其他兩個人正在密謀對付他，人們就會相信陰謀。」[10]

陰謀有著漫長且血腥的歷史。三千多年前，西元前一一五五年，拉美西斯三世（Ramesses III）死於針對他的後宮密謀（Harem Plot），儘管該陰謀未能改變皇權的嬗遞。在其所處的時代，北方的以色列王國是反對其國王的陰謀的溫床，如同〈列王記〉和〈歷代志〉大量記載的那樣。古羅馬人的陰謀比比皆是，喀提林（Catiline）的政變陰謀還有尤利烏斯・凱撒（Julius Caesar）被暗殺都是很好的例子。快轉到十六和十七世紀，英格蘭的都鐸（Tudor）和斯圖亞特（Stuart）王朝面臨無數想要推翻他們的陰謀。以覬覦王位者為中心的陰謀，一直困擾著十六世紀上半葉在位的亨利七世（Henry VII）。後來，英國女王伊莉莎白一世幾度被陰謀威脅讓出王位給蘇格蘭女王瑪麗。查理一世（Charles I）國王戰敗被處決後，英格蘭共和國和護國公克倫威爾（Oliver Cromwell）都得應付保皇黨的種種陰謀。保皇黨的陰謀不同於歷史上的大多數陰謀，他們的陰謀確實涉及秘密社團[11]。然而，與大多數秘密社團不同的是，這些保皇派團體的唯一目的是復辟斯圖亞特王朝和恢復坎特伯里大主教威廉・勞德（William Laud）的英格蘭教會。神秘學幾乎沒有發揮作用。許多想要暗殺希特勒的陰謀雖然秘密進行，但不涉及秘密社團。所有這些陰謀的共同點是，它們都是真實的歷史事件，而非想像中的事件。

「陰謀」和「陰謀論」不是可以互換的用語。過度活躍的想像力和想要相信的欲望是陰謀論的基礎，有時還包含欺詐的意圖。陰謀論斷言陰謀的存在，而這些陰謀幾乎總是涉及秘密社團或群體，儘管任何真正的陰謀幾乎都不存在。十七世紀英格蘭的天主教陰謀（Popish Plot）是一個早期的好例子。[12]這種性質的陰謀論是歷史上相對較新的現象。與陰謀論相關的陰謀在本質上往往是全球性的，因此天主教陰謀據說是為了摧毀新教。陰謀論往往聚焦於重大的公共事件，例如甘迺迪總統的遇刺或九一一恐攻。陰謀論的焦點不在於根據確鑿證據的明顯解釋，而是聳人聽聞的事件：林登·詹森（Lyndon Johnson）[3]是甘迺迪案的幕後黑手，或者以色列人是九一一事件的幕後黑手。它只會隨著時間在流行文化領域中變得更加不受控。根據電視影集《X檔案》（一九九三至二〇〇二年）的演繹，是陰險的抽菸的男人（Cigarette Smoking Man）射殺了甘迺迪，目的是為了維持政府與外星入侵者之間的秘密交易。另一個科幻小說系列《黑暗天空》（*Dark Skies*, 1996–7），將甘迺迪遇刺歸咎於被稱作蜂巢（Hives）、會盜屍的外星入侵者。後來還有傑佛瑞·狄恩·摩根（Jeffrey Dean Morgan）在二〇〇九年的電影《守護者》（*Watchmen*）中飾演的喜劇演員，他射殺了甘迺迪。沒有人（我們希望如此，但或許是白費力氣）會相信這些例子中的任何一個是在陳述事實。它們確實構成了陰謀論的邊緣環境，就像九一一陰謀論者一樣，他們將這個攻擊事件歸咎於隱密的政府同謀者，或試圖製造麻煩的以色列特工。接受賓拉登和蓋達組織是公認的肇事者這個顯而易見的事實，不是陰謀論者的選項。

其他陰謀論則關注似乎突然爆發的隱密陰謀。法國大革命是一個好例子。為舊政權辯護的反動分子不關切真實的歷史背景和條件——腐敗和失能的社會和政治秩序，在受壓迫和憤怒的人民起義之下瓦解，甚至一大部分的精英也跟著一起造反——而是捏造一個陰謀論，替失敗的法國精英開脫。他們聲稱法國大革命是共濟會秘密且大規模的陰謀之下的結果，目的是破壞維持歐洲文明好幾個世紀的教會與國家的夥伴關係。此後出現了許多陰謀論，將社會的問題歸咎於共濟會、猶太人，還有最近以秘密社團形式存在的外星人的巨大、普遍和隱密的陰謀。這種全球陰謀論的現象會如何演變，將是本章剩餘部分的主題。

秘密社團與神秘學的關係

神秘的秘密社團是歐洲文藝復興和宗教改革後得以出現的產物。文藝復興期間，古代知識的恢復和復興讓學者們接觸到各種神秘學著作，例如《赫密士文集》（*Corpus hermeticum*）。印刷機的發明使這些知識的傳播變得更廣泛、更快速。同時，宗教改革削弱了羅馬天主教會對知識分子的控制。有些學者在接觸了這種古代神秘知識後心醉神迷。要知道，在近代早期，神秘學著作並沒有被人們本能地視為迷信和胡說八道。神秘學的世界觀與新興科學的世界觀之間的邊界極為模糊。化學和煉金術、天文學和占星術難以區分。神秘學研究被十分認真地看待，而非一件不正經的事。一四六〇年，當《赫密士文集》的手稿抵達佛羅倫斯時，人文主義學者馬爾西利奧·費奇諾（Marsilio Ficino）還在他的梅迪奇（Medici）家族贊助人的要求下，放下手邊柏拉圖作品的拉丁文翻譯工作，

3 譯註：於一九六三至一九六九年擔任第三十六任美國總統。

轉而翻譯《赫密士文集》。[13]

文藝復興時期的學者和受過教育的一般人如此認真看待赫密士主義、新柏拉圖主義和神秘學，此事不足為奇。因為他們不具備唯物主義和實證主義的科學世界觀。然而，他們確實相信超自然和精神事物的存在，並將生命視為一場對今生開悟和來世救贖的追尋。再者，人們相信失落的古代智慧的存在，它們如果被恢復，將引導人們走向開悟和精神救贖。我們要記住，直到十七世紀末，隨著古今之爭的產生，許多學者才開始相信現代社會的知識最終已超越古典希臘和羅馬的知識。長久以來，人們一直認為所有那些難以辨認的埃及象形文字，都保存著各種奇妙但遺失的知識。同時，其他古代手稿也被恢復、抄寫、翻譯、編輯和出版。自十五至十七世紀，歐洲學者日益成為一個學術社群。因此，學者和其他有求知欲的人，會自然而然地在諸如英國皇家學會的組織中聯合起來並通力合作。甚至在此之前，早已有些人開始結合成秘密社團。他們的希望和目標，是運用他們的知識來實現社會改革和打造更好的世界。玫瑰十字會和共濟會是這些秘密社團中，最早成立、最持久和最具影響力的其中兩個。

玫瑰十字會的起源與興衰

玫瑰十字會和共濟會都有自己的次團體，其中一些聲稱他們的社團可以追溯到人類歷史朦朧不明的開端。然而，可靠的歷史研究將這兩個秘密社團的起源時間定在十七世紀初。玫瑰十字會的起源可以被確定出幾個明確而且有紀錄的日期。可以確知的是，所謂的玫瑰十字會宣言，即《兄弟會傳說》（*Fama fraternitatis*）和《兄弟會懺悔錄》（*Confessio fraternitatis*），分別是在一六一四年和一六一五年出版的。早在出版之前，這些宣言已於一六一〇年以手稿的形式流傳。[14]《克里斯蒂安．羅森克魯茲的化學婚禮》（*The Chemical Wedding of Christian Rosenkreutz*）繼它們之後於一六一六年出版，後來證明該書作者是路德派牧師約翰．安德里亞（Johann Andreae）。這些作品概述了玫瑰十字會的信仰和哲學，並講述十五世紀的德國僧侶克里斯蒂安．羅森克魯茲（Christian Rosenkreutz）的生活。根據羅森克魯茲自己的說法，他曾前往聖地朝聖。後來他在葉門生活了三年，在那裡研究阿拉伯人的智慧。他從葉門前往摩洛哥的費茲（Fez），學習了兩年的魔法和被稱為「卡巴拉」的猶太神秘著作。沿途他造訪了埃及，儘管玫瑰十字會的宣言幾乎沒有提及他在那裡的短暫停留。後來他回到德國，當局並不理會他新發現的奧秘知識。羅森克魯茲沒有心灰意冷，他返回他的修道院並創立了玫瑰十字會。儘管有這些說法，但主流學者仍不認為羅森克魯茲是一個真實存在的歷史人物，反而相信他是用於寓言的虛構人物。[15]

關於玫瑰十字會，有一個方面令人感到困惑，《兄弟會傳說》、《兄弟會懺悔錄》和《化學婚禮》都是匿名出版，但它們似乎為玫瑰十字會這個秘密社團的存在提供了證據，而該社團聲稱是處於神秘科學的領先地位。[16]玫瑰十字會的意識形態似乎也為復活的反宗教改革的天主教威脅，提供了潛在的有效制衡。同時，並沒有玫瑰十字會的成員化暗為明，出來招募新成員或感謝他們的捍衛者。為什麼？因為當時並不存在玫瑰十字會。

我們似乎有理由相信這些玫瑰十字會的宣言是文學小說，甚或是學生的惡作劇。齊奧科夫斯基稱其出版是個媒體事件，可比擬丹．布朗的《達文西密碼》（*The Da Vinci Code*, 2003）的出版所引發的錯誤資訊的喧嚷。[17]安德里亞似乎在一六〇五年之後不久便秘密地寫下了《化學婚禮》。他在晚年還寫了一部自傳，直到一七九九年才以手稿的形式為學者所知。安德里亞在自傳中討論玫瑰十字會的宣言。他聲稱自己在十七歲時寫了《化學婚禮》，當時他還是圖賓根大學（Tubingen University）的學生。如此一來，這本書的寫作時間就應該是在一六〇二至一六〇四年之間的某個時候。許多學者也認為，安德里亞很有可能撰寫了《兄弟會傳說》，或許是和別人一起撰寫。因此，當玫瑰十字會宣言出版時，安德里亞二十八、九歲，頂多三十歲。當宣言的手稿在流傳時，他應該是二十歲出頭。進行傳播的人是他在圖賓根的朋友圈。根據一種設想，該團體的成員都是路德派教徒，他們熱衷於重新點燃新教的熱情，以因應天主教反宗教改革日益增長的威脅。在菲奧雷的約阿希姆（Joachim of Fiore）[4]發出千禧年預言之後，他們相信黃金時代即將開始。⑱玫瑰十字會宣言的目的，是激勵其他那些不了解古代智慧和約阿希姆主義的人去尋找和帶來黃金時代。這是要人們成為玫瑰十字會會員的呼籲。

另一種詮釋是，這些宣言是一個失控的學生惡作劇，就像構成《達文西密碼》情節基礎的迷思和傳說，讓許多人相信這部小說肯定是基於史實。證據指向安德里亞是《化學婚禮》的作者，也可能是《兄弟會傳說》的作者。安德里亞終其一生都公開否認這個指控，卻在自傳中私下承認。他有充分的理由否認這些宣言。因為他是路德派牧師，是認信路德教派（Confessional Lutheranism）發展的關鍵人物雅各布・安德里亞（Jacob Andreae）的侄子，擁有優秀的血統。在強化路德派正統性的時代，如果安德里亞與宣言所提倡的非傳統、甚至異端的玫瑰十字會教誨有關聯，他會蒙受極大的損失。此外，安德里亞斷言《化學婚禮》是一部惡作劇或諷刺作品。安德里亞、他的母親和其他家人，因為他父親執迷於讓煉金術江湖騙子將卑金屬轉變為黃金而受苦。《兄弟會傳說》中的某些段落，大力批評了所謂的用煉金術製造黃金。⑲當這些宣言被出版時，安德里亞一點也不高興。在有人自行將之出版之前，它們的手稿已經流傳了好幾年。這個人或這些人是否真的相信宣言的教義，並且想要加速黃金時代的到來，或者只是想讓這個笑話有更多容易上當的讀者，對此我們不得而知。無論出於何種動機，其出版引發軒然大波。正統派人士譴責這些宣言，而尋求掌握古代隱密智慧、並渴望黃金時代的學者則欣然接受。人們相信玫瑰十字會的存在，並尋求接觸宣言背後的人卻徒勞無功。這個努力失敗後，他們成立了自己的臨時和非正式玫瑰十字會團體，此後，新的玫瑰十字社團接連不斷成立。[20]

十七世紀期間是否存在真正的玫瑰十字會社團？歷史學家對此有各種不同的看法。即使真有這樣的社團，它們的會員身分和持續時間也是模糊且短暫的。在三十年戰爭（Thirty Years War, 1618–48）前後的緊張年代，以及十七世紀普遍存在的危機中，受過教育的人們渴望一個能解決宗教、知識動盪和社會弊病的辦法。玫瑰十字會宣言所抱持的模糊理想給出希望的承諾。因此，它們吸引了想要加入玫瑰十字會的受過教育與博學的人。正如某位研究秘密社團的學者所言：「玫瑰十字會會員是出於生存的欲望而自我創造出來的。」[21]隨著這些宣言所帶來的振奮感，玫瑰十字會社團自發性地出現在歐洲各地，儘管早期的熱情很快就消退了。德國醫師兼煉金術士米夏埃爾・邁爾（Michael Maier）在一六一二年寫信給英格蘭的詹姆士一世（James I），當時這些宣言僅以手稿形式存在，他似乎認為詹姆士國王已經領導著英格蘭的某個玫瑰十字會社團。後來邁爾寫了兩本捍衛玫瑰十字會會員的小冊子——《黃金桌》（*Aureae mensae*, 1617）和《金色忒彌斯》（*Themis aurea*, 1618）。他還在玫瑰十字會中加入了更多對煉金術的著墨，此後一直延續下來。[22]

邁爾自一六一一至一六一六年居住在英格蘭，與十七世紀英格蘭唯一已知的玫瑰十字會有著密

4 譯註：1135-1202，義大利基督教神學家、天主教修道院院長，中世紀時期重要的末日思想家。

切的聯繫。法蘭西斯・培根（Francis Bacon）肯定讀過《兄弟會傳說》和《兄弟會懺悔錄》，並運用在自己的著作中。醫師兼神秘學家羅伯特・弗拉德（Robert Fludd）對玫瑰十字會表現出更大的興趣。他似乎也是共濟會會員，並且可能是玫瑰十字會和共濟會之間聯繫的發起人。神秘主義者托馬斯・沃恩（Thomas Vaughan）在一六五〇年代組織了一個對煉金術有著濃厚興趣的玫瑰十字會團體。英格蘭其他可能的玫瑰十字會會員包括占星師威廉・禮尼（William Lilly）、煉金術士兼化學家肯能姆・迪格比爵士（Sir Kenelm Digby），還有博學的皇家學會創始會員伊萊亞斯・阿什莫爾（Elias Ashmole）。劍橋學者埃澤希爾・福克斯克羅夫特（Ezekiel Foxcroft）將《化學婚禮》翻譯成英語，在他死後許久，一直到一六九〇年才付印出版。[23] 隨著原始啟蒙運動和啟蒙運動開始主導歐洲的思想，人們對玫瑰十字會的熱情在十七世紀後期和十八世紀上半葉逐漸消退。但玫瑰十字會從未消亡，而是做為十九世紀中期神秘學復興的一部分而倖存下來。

共濟會是怎麼來的？

關於共濟會的古代起源有許多種說法，但多半說它是成立於啟蒙時代初期。共濟會模糊的歷史起源，據稱出自中世紀石匠所創建的協會，因此其儀式和符號中使用了石匠服裝和工具。這些早期的工匠是所謂的實做型石匠（operative mason）。創建現代共濟會的蘇格蘭知識分子在十六世紀後期和十七世紀初期開始加入實做型石匠的會所。久而久之，他們逐漸主導了這些會所，當他們設立起自己的會所時，便使用既有的石匠會所的職業組織為模型。這些知識分子是所謂的「紳士石匠」（gentlemen masons）或「獲准入會的石匠」（admitted masons），直到一七五七年才改用「思索型石匠」（speculative masons）這個名稱。同樣的過程也發生在英格蘭，但時間比較晚，而且紀錄比較不完整。一六四一年，羅伯特・莫雷爵士（Sir Robert Moray）確定獲准進入位於愛丁堡的一個思索型共濟會會所，這是第一個有紀錄的入會儀式。然而，該儀式是在英格蘭舉行的，當時他正在蘇格蘭軍隊服役。從背景來看，思索型會所在蘇格蘭顯然已經存在了一段時間。一六四六年十月，阿什莫爾和他的岳父一起在沃靈頓（Warrington）（現今柴郡）的某個思索型會所入會。其他紀錄顯示，十七世紀後期的思索型會所散布於英國鄉間。後來在一七一七年，四個倫敦會所在鵝與烤架（Goose and Gridiron）啤酒屋聯合成為大會所（Grand Lodge）。自那時起，共濟會從英國傳播到法國，再到德國。德國會所於一七二七年由在英國入會者在漢堡（Hamburg）成立。[24]

是什麼原因吸引了富裕的知識分子加入共濟會？共濟會連同玫瑰十字會，都是發展於王權專制主義逐漸壯大，以及羅馬天主教會在歐洲各地復興的時期。做為回應，共濟會的目的是促進個人自由和人類平等，反對少數人的特權和國家與教會不受限制的權力。共濟會的保密性使其成員免於專制國家的審查。共濟會也提倡對宗教採取簡化和非教條主義的態度，力求使寬容和自由思想成為社會的主要原則。會所的會員資格提供人們社交生活和歸屬感。他們入會了解共濟會秘密的共同經驗，促進了平等的文化。共濟會會所透過這種方式，發揮了某些俱樂部般的功能。共濟會成員也批評他們認為迷信的事物，包括民間魔法、有關仙女和山精的傳說以及相信運氣。但也包括基督教信仰的許多面向，特別是羅馬天主教會喜愛的信仰。因此，天主教會對共濟會懷有敵意。有鑑於他們厭惡迷信，共濟會在名義上並沒有什麼神秘之處。主流的共濟會不需要恢復失落的古老智慧，也不需要發現可以一路追溯到古埃及的古老前例。同時，身為知識分子和自由思想者，某些共濟會會員會涉獵魔法、煉金術和卡巴拉。[25]

共濟會有自己的起源神話。最重要的起源神話可以追溯到西元前一〇〇〇年左右，耶路撒冷所羅門王聖殿的建造和工匠頭希拉姆．阿比夫（Hiram Abiff）。這個神話深植於基本的共濟會度數級別的儀式中。還有其他一些不屬於主流共濟會的起源神話。其中一個起源神話說是聖殿騎士創造了共濟會。聖殿騎士團包含了一個為信念而奮戰的宗教教團，其總部位於耶路撒冷的所羅門聖殿所在地，因此名為聖殿騎士團。另一個起源神話聲稱，共濟會發展自中世紀的玫瑰十字會員（他們並不存在，但帶來不便的事實很少能阻止真正的信徒）。其他人則認為共濟會起源於希臘神秘教派崇拜，例如伊洛西斯或酒神戴奧尼索斯秘儀。最後，最古老的起源神話追溯共濟會到埃及和金字塔時代。埃及人是第一批建築大師。他們轉而向摩西和希伯來人傳授他們的建築技巧以及其他奧秘知識。有一個埃及起源神話翻轉了知識的傳播方向，認為是約瑟和他的希伯來弟兄將建築技巧傳授給埃及人。這個神話賦予共濟會可能的最古老血統，至少以十七、十八和十九世紀對古代歷史的認知標準來看。為自己的群體尋找一個古老的起源是人性使然，某些共濟會會員也不例外。可惜的是，歷史紀錄並不支持他們。[26]

聖殿主義如何滲入共濟會？

就與陰謀論的關聯而言，共濟會起源最重大的迷思與聖殿騎士有關，通常稱作聖殿主義（Templarism）。它堅稱許多聖殿騎士逃過一三〇七年的大規模逮捕。據說逃難的聖殿騎士在蘇格蘭尋求庇護，他們在那裡改組成為共濟會會員。其他人則帶著據說數量龐大的聖殿騎士寶藏向西逃往北美，在那裡建立了定居地並藏匿他們的寶藏，最著名的地點是橡樹島（Oak Island）。蘇格蘭的聖殿騎士不僅躲藏起來，還密謀報復法國君王和羅馬天主教會。他們的後代共濟會會員，將共濟會傳播到英國和歐洲大陸，目的是為了顛覆和摧毀邪惡的教會和國家，正是它們殘酷地毀滅他們的教團並殺害了他們的領導人。[27]

共濟會的聖殿主義實際上有不同且不那麼陰險的根源。對許多人來說，騎士身分和騎士精神向來都有強烈的吸引力。早期的共濟會會員暨學者阿什莫爾極欽羨行俠仗義的騎士，尤其是聖殿騎士。一七三六年，詹姆士黨的流亡騎士安德魯・邁克爾・拉姆齊（Andrew Michael Ramsay）在向法國共濟會會員發表了那場著名的演說後，共濟會對騎士儀式和全套裝備明顯地更感興趣。儘管拉姆齊沒有指名提到聖殿騎士，但他的演說強烈影射他們在傳播共濟會信仰中所發揮的作用。他也宣揚一個概念：共濟會的大秘密是擁有能更新人類社會道德的奧秘知識。此外，聖殿騎士提供了共濟會先祖阿比夫和所羅門聖殿的建造者，以及十八世紀共濟會會員之間看似合理的關聯。為了信念而守護耶路撒冷聖殿的十字軍聖殿騎士，將阿比夫的共濟會秘密帶回到歐洲。現代共濟會歷史學家駁斥這種涉及聖殿騎士的起源理論，但這並不意味著聖殿主義已經滅絕。[28]

十八世紀的德國是受聖殿主義影響最深的地方。德國人喜歡共濟會會所和人們集會進行秘密儀式和交誼的概念。但他們想要的是階級制度和保守主義盛行的社會，所以英國共濟會的平等主義和理性主義，對於富裕的德國貴族沒有吸引力。因此，德國共濟會比較具有社會精英主義色彩，同時也更著迷於聖殿騎士起源、魔法和神秘的神話。其儀式特別強調希望報復那些冤枉錯待聖殿騎士的人。復仇主題甚至嵌入德國會所所建立的各種等級中。[29]

卡爾・戈特爾夫・馮・洪特（Karl Gotthelf von Hund）是特別具有影響力的德國共濟會會員。他是一位德國小貴族，於一七四一年加入共濟會，但後來聲稱他已於一七四三年在巴黎接受聖殿騎士團的入會儀式。此外，他還聲稱流亡的「小王位覬覦者」查爾斯・愛德華・斯圖亞特（Charles Edward Stuart）親王是聖殿騎士團的大團長。他也堅稱，「不知名的上級」指派他復興德國的聖殿騎士團。一七五一年，他建立了嚴格奉行儀式會（Rite of the Strict Observance），促進了德國共濟會的聖殿主義。幾年後，德國神學家約翰・奧古斯特・馮・史塔克（Johann August von Starck）開始推廣教士版的聖殿共濟會——聖殿教士團（Clerks Templar）。史塔克於一七六八年與洪特的運動合併，這項安排在一七七二年正式確定。然而，與洪特不同的是，史塔克對神秘主義和平等主義更感興趣。對洪特來說，真正的問題在於那些一開始要他組織嚴格奉行儀式會的「不知名的上級」，從未再給過他任何進一步的指示。他招募的許多共濟會會員也都在期盼「不知名的上級」再度出現和指導他們。但這件事並未發生，讓他們感到失望。一七七六年洪特去世後，幻想逐漸破滅，嚴格奉行儀式會於一七八二年解散。前成員傾向於加入比較保守的金色玫瑰十字團（Order of the Golden and Rosy Cross），這是玫瑰十字會和共濟會的混合體。同時，在一七八〇年後，史塔克開始趨於保守主義，到了一八一六年去世時，他堅信光明會的陰謀激發出法國大革命。儘管如此，聖殿共濟會並沒有隨著洪特和史塔克的死亡而消失。它傳播到不列顛和北美，但沒有復仇的主題。這樣的聖殿共濟會團體如今仍然存在。然而，在法國大革命和拿破崙時代，以報復法國君主和教會為目標的復仇主題，讓共濟會會員被懷疑涉及顛覆活動，此事帶來了可怕的後果。[30]

共濟會是否引發了法國大革命？

共濟會的問題不只是聖殿主義的古怪概念使之成為被懷疑的對象，共濟會還提倡平等、宗教寬容、理性主義和健全的懷疑態度。這些概念讓十八世紀的專制君主和羅馬天主教會極為反感——這並不是說認信的（confessional）新教教會就比較自由。這種自由思考促使某些人懷疑共濟會會員的煽動性意圖，就像一七九〇年代英格蘭史威登堡新教會信徒（Swedenborgians）的類似想法，使他們被懷疑與革命時期的法國共謀。光是秘密儀式和入會儀式的存在，也引發其他社會階層的憂慮和不信任。非會員往往想知道這些秘密社團意欲何為，並且預設那肯定不是好事。共濟會派系之間對於不同儀式和位階的爭執，也使許多局外人感到疑心和惴惴不安。雖然這些情況使共濟會不受某些人的信任，但其他人卻認為共濟會沒什麼好令人反感的。對於十八世紀的許多富裕人士來說，共濟會的理想相當具有吸引力。然而，到了法國大革命時期，共濟會會員的數量逐漸減少，他們的熱情和出席率均在下降。法國大革命爆發後，人們為了躲避危險而移居國外，許多會所的人數大幅減少。恐怖統治（Reign of Terror）時期[5]的雅各賓黨（Jacobin）統治者將共濟會視為一種威脅，其威脅如同法國大革命前的反動貴族和神職人員。[31]

自從法國大革命爆發後，不同的團體都指責是共濟會發動的。後來被視為革命陰謀的真正煽動者和領導者的所謂陰謀集團，是稱作光明會的共濟會分支。此後，光明會被指責為造成社會動亂和策劃巨大陰謀的罪魁禍首。光明會的創始人亞當·魏斯豪普特（Adam Weishaupt）是由約翰·亞當·艾克斯塔特男爵（Baron Johann Adam Ickstatt）撫養長大的孤兒。艾克斯塔特男爵隸屬巴伐利亞政務委員會，並擔任因哥斯塔特大學（University of Ingolstadt）校長。他是堅定的世俗主義者和啟蒙

5 編按：通常是指一七九三到一七九四年，法國大革命中的一段時期。在這段期間掌握法國政府權力的雅各賓黨以斷頭台處決了超過一萬七千名反革命者。

運動支持者，並將這些價值觀傳遞給他的養子。魏斯豪普特於一七七二年開始在因哥斯塔特擔任教職，教授法律和哲學。他發現因哥斯塔特的學術文化淪於保守和蒙昧主義，便在一七七四年加入共濟會。然而共濟會禁止討論政治和宗教，這讓魏斯豪普特感到失望，因此他和其他四人於一七七六年組織了巴伐利亞古代啓明先知會（Ancient Illuminated Seers of Bavaria），亦即更為人熟知的光明會（Illuminati）。魏斯豪普特為晉升更高位階的新會員制定了一套複雜嚴苛的程序，以確保只有光明會領導層知道該組織真正的目的。會員人數的擴增起初相當緩慢，到了一七七九年，光明會只有五十四名會員，分布於巴伐利亞的五個會所。那時，另一位著名的光明會會員克塞韋爾・茨瓦克（Xavier Zwack）提議滲透和接管共濟會會所，以達成光明會的目的。這是一個成功的策略，到了一七八四年，光明會已有超過六百五十名成員，分布在德國、瑞士、奧地利、波希米亞、匈牙利和義大利的共濟會會所，通常擔任領導職務。光明會吸引了作家約翰・沃夫岡・馮・歌德（Johann W. von Goethe）、學者約翰・戈特弗里德・馮・赫爾德（Johann Gottfried von Herder）、劇作家弗里德里希・席勒（Friedrich Schiller）和薩克森－哥達公爵路德維希二世（Ludwig II, Duke of Saxe-Gotha）作為成員（儘管歌德和赫爾德很快就發現該組織過於激進）。[32]

魏斯豪普特雖然鄙視耶穌會士的保守主義，但他仍把他們的保密和欺騙手段用在光明會上。只有領導者知道光明會的目標實際上有多麼激進。魏斯豪普特瞧不起傳統共濟會的軟弱，認為因其不關心政治的政策，間接助長了專制統治和貴族特權的延續。光明會的問題在於，保守的當局得知了他們的世界改革和促進自由、民主、平等、寬容和開明理性的宗教的秘密目標。光明會在一七八二年的威廉巴特大會（Convention of Wilhelmsbad）上，試圖接管共濟會失敗的分支機構嚴格奉行儀式會，但遭到保守派尚・巴蒂斯特・惠勒莫（Jean Baptiste Willermoz）的阻撓，他確保共濟會維持他們傳統的慈善和非政治性的兄弟會重點。反對光明會主張的浪潮日益高漲，一七八四年六月，巴伐利亞選帝侯卡爾・特奧多爾（Elector Karl Theodor of Bavaria）頒布了一道禁止秘密結社的法令。一七八五年三月，第二道法令明確禁止共濟會和光明會。由於事先獲得警告，魏斯豪普特逃離了巴伐利亞，但其他光明會會員則遭到逮捕。一七八六年，巴伐利亞當局突襲了茨瓦克的家，沒收他收藏的光明會文件。這些文件後來被出版，以證實光明會的可疑陰謀和罪行。雖然魏斯豪普特並未預想發動一場暴力革命，但從內部進行顛覆絕對是他的策略。他的確預想了君主制、貴族特權和教會體制的終結。保守派精英已經警覺到光明會帶來的危險，而他們的鎮壓行動標誌了遍及歐洲的反啟蒙運動的開始。到了一七八〇年代，共濟會已處於衰弱狀態，光明會在歐洲到處誣諂共濟會與破壞教會和國家的傳統秩序和組織的勢力有牽連，藉以破壞共濟會。許多人開始相信有一個巨大的陰謀，計劃先搞破壞，繼而摧毀歐洲舊政體的現狀。法國大革命爆發後發生的事件，似乎印證了許多保守派的這個想法。[33]

法國大革命是歷史上最重大的事件之一。就像美國獨立戰爭一樣，法國大革命產生了長遠而深刻的影響。當時的歐洲既震驚又興奮，許多人歡迎自由、博愛和平等成為公民社會基礎的理念，但大多數社會和政治精英根本不喜歡這些迫在眉睫的改變。君主制和教會受到威脅。因此，隨著革命的進展，傳統社會秩序的支持者越來越抗拒。同時，法國大革命很快就變得暴力，開始了恐怖統治時期。一七九二年九月，大約一千四百名囚犯（其中大多為非政治犯）在巴黎遭到屠殺。不久之後，革命政府對路易十六進行審判，並於一七九三年一月二十一日予以處決。幾個月後，他的妻子瑪麗・安托內特（Marie Antoinette）於十月十六日被處決。這兩個舉動令人震驚地否定了君權神授。同時，隨著革命政府成立公共安全委員會（Committee of Public Safety），恐怖統治加劇。當熱月政變（Thermidorian Reaction）[6]結束恐怖統治時，約有三十萬人遭逮捕，一萬七千人被處決，另有一萬人死在監獄。尤其可怕的是自一七九三年十一月到一七九四年二月，盧瓦爾河岸的南特（Loire at Nantes）發生大規模溺死囚犯事件。受害者人數介於四萬至九萬之間，其中包括神父、修女，以及法國西部保皇派叛軍的支持者。同時，法國革命軍成功擊退了入侵的奧地利和普魯士軍隊。此時政府採取攻勢，開始征服法國周邊的土地，並在那裡建立了革命共和國。心煩意亂的保守派和保皇黨自忖這一連串可怕的事件是如何發生的？最廣泛被接受的答案之一認定了共濟會是罪魁禍首。

我們首先要了解，共濟會在發動法國大革命中確實扮演了某種角色。共濟會會所向他們的成員提倡寬容、自由思考、平等、民主和自由。許多共濟會會員認為，將這些價值觀應用到整個社會是正確且合適的事。還有，大多數共濟會會員都是守法和可敬的公民，他們支持維持現狀（除了一些適度的改革）。儘管如此，許多精英分子，尤其是教會精英，卻對他們深感懷疑。這種情況，加上法國大革命在歐洲特權階級中引發的創傷和恐慌，為人們胡亂猜測法國大革命的起因鋪了路。

散播共濟會陰謀論的經典著作

盎格魯－愛爾蘭政治人物暨文人埃德蒙·伯克（Edmund Burke）是第一個怪罪啟蒙運動哲學家引發法國大革命的人。他的《對法國大革命的反思》（*Reflections on the Revolution in France*）於一七九〇年出版，很快就在大不列顛和歐陸成為暢銷書，包括法國。該書在啟蒙運動的德國反對者當中非常有影響力。雖然伯克沒有將共濟會或光明會納入他的論點，但後來他成為奧古斯丁·巴魯埃爾神父（Abbé Augustin Barruel）及其全球陰謀論的支持者，該陰謀論涉及共濟會和光明會。正如伯克在一七九七年五月一日寫給巴魯埃爾的信中說道：「我很難向你表達你的《雅各賓主義史》（*History of Jacobinism*）第一卷帶給我的啟發和喜悅。」在伯克之後，其他更加複雜和具推測性、關於法國大革命起源和起因的理論開始大量出現。[34]

蒙彼里埃（Montpellier）的神學教授，艾司特夫・巴希神父（Abbé Esteve Bassie）率先在出版品中攻擊共濟會，說他們是煽動法國大革命的人。一七九〇年，他在羅馬出版了《揭露法國共濟會的精神，關於其所隱藏的危險》（*L'esprit de la Franc-maçonnerie dévoilé, relativement au danger qu'elle renferme*）。在書中，他將共濟會和哲學家一樣對自由和平等的支持，與創造有利於革命、反君主主義和反教權主義的輿論氛圍連結起來。考慮到羅馬天主教會長久以來對共濟會的敵意，他的主張並不令人驚訝。不久之後，雅克－馮斯華・勒弗朗神父（Abbé Jacques-François Lefranc）在他一七九一年出版的《為好奇者揭開面紗，又名：利用法國共濟會揭露革命的秘密》（*Le Voil levé pour les curieux, ou le Secret de la Révolution révélé a l'aide de la franc-maçonnerie*）一書中，進一步拉近共濟會與法國大革命的關係。勒弗朗指控共濟會深入參與了引發法國大革命的陰謀。當時，勒弗朗也與未來的法國大革命陰謀論元老巴魯埃爾神父合作各種文學計畫。革命政府並不欣賞勒弗朗的觀點，還將他囚禁在巴黎，他在一七九二年九月的大屠殺中被殺。一七九二年，保皇黨報紙開始呼應與巴希神父和勒弗朗相同的觀點，而恐怖統治的野蠻行徑只會讓後來有關共濟會陰謀的文章變得更加瘋狂和廣泛。[35]

這個陰謀論的範圍在後來擴大到包含聖殿騎士與加西庫爾的《雅克・德莫萊之墓》（又名《古代和現代新入會者、聖殿騎士、共濟會的秘密歷史，以及啟蒙者和他們對法國大革命的影響》〔*Secret*

6 譯註：法國國民議會反對雅各賓專政而發動的政變，因發生在共和曆的「熱月」而得名。

History of Ancient and Modern Initiates, Templars, Masons and the Enlightened and their Influence on the French Revolution〕）的關聯。加西庫爾的生涯很有趣。在公開場合，他是藥劑師路易・克勞德・卡戴・德・加西庫爾（Louis Claude Cadet de Gassicourt）和妻子瑪麗・布瓦塞勒（Marie Boisselet）的兒子。實際上，他是路易十五和布瓦塞勒的私生子。儘管他那受人敬重的父親希望他學習藥學，但年輕的加西庫爾選擇成為一名律師，同時沉浸在啟蒙運動的著作中。一七八九年法國大革命爆發時，加西庫爾予以支持，但後來對雅各賓黨的過激行為感到失望。加西庫爾被指控支持一七九五年葡萄月（Vendémaire）[7]十三日（十月五日）的保皇黨叛亂，並被判處死刑。為了避免被捕，加西庫爾躲藏了三年，期間他寫了《雅克・德莫萊之墓》。與此同時，雅各賓黨垮台後，他的死刑被取消。那時，他終於開始進行藥物研究，並在拿破崙和復辟的波旁王朝統治下享有成功的職業生涯。[36]

加西庫爾的這本小書概述了引發法國大革命的潛伏陰謀。這是聖殿騎士團成員和共濟會會員一起策劃的陰謀，可以追溯到聖殿騎士團被鎮壓，以及他們最後一位大團長德莫萊遭到處決。被監禁期間，德莫萊吩咐聖殿騎士在那不勒斯、巴黎、愛丁堡和斯德哥爾摩建立四個共濟會會所，以維持聖殿騎士團的秘密運作。這些會所致力於消滅波旁王朝和摧毀教皇體制。為了實現這個目標，這些聖殿共濟會與耶穌會士結盟，耶穌會士是一六一〇年行刺亨利四世（Henry IV）的幕後黑手。神秘的冒險家聖日耳曼伯爵（Comte de St Germain）和亞歷山德羅・卡廖斯特羅（Alessandro Cagliostro）都是聖殿共濟會的成員和密探。法國大革命的各個領導者也是聖殿共濟會的成員，例如米拉波伯爵（Comte de Mirabeau）、奧爾良公爵菲利普一世（Philippe Duc d'Orleans）、馬克西米連・羅伯斯比（Maximilian Robespierre）和喬治・丹東（Georges Danton）。根據加西庫爾的說法，聖殿共濟會會員只有一百零八人。其他絕大多數的共濟會會員並不知道聖殿共濟會欲消滅君主制和摧毀教會的陰謀。加西庫爾寫《雅克・德莫萊之墓》的目的是揭露恐怖統治的真正原因並防止它再度發生。從這個曲折的起點，聖殿共濟會陰謀導致法國大革命發生的陰謀論開始傳播和擴大。[37]

在加西庫爾的書出版後不久，陰謀論文獻的重要經典作品之一就問世了：巴魯埃爾神父的鉅著《闡釋雅各賓主義歷史的回憶錄》（*Memoirs Illustrating the History of Jacobinism*, 1797–8）。一七五六年，十五歲的巴魯埃爾加入耶穌會。一七六二年，他開始在土魯斯（Toulouse）的一所耶穌會文法學校任教，但當法國於一七六四年解散耶穌會後，他開始流亡。一七七三年，羅馬教廷全面鎮壓耶穌會教士，巴魯埃爾回到法國，在教會工作，並出版了各種有關教會事務的書籍。法國神職人員巴魯埃爾身為反啟蒙運動者和其他保守運動的擁護者，在法國大革命開始之前就在撰寫或協助發表攻擊啟蒙運動和哲學家的文章。[38]

當法國大革命真的爆發時，巴魯埃爾反對其反教權主義政策，包括強加於神職人員的公民宣誓（the civil oath）和一七九〇年的「神職人員公民組織法」（Civil Constitution of the Clergy）。在這段期間他與勒弗朗神父共事。一七九二年，他在可能因顛覆罪被逮捕之前逃亡。定居英格蘭後，巴魯埃爾開始研究和撰寫他的《闡釋雅各賓主義歷史的回憶錄》，以解釋像法國大革命和可怕的恐怖統治這樣震驚世界的事件是如何發生的。

《闡釋雅各賓主義歷史的回憶錄》前兩卷於一七九七年出版，第三卷和第四卷隨後於一七九八年出版。巴魯埃爾斷言有一個針對教會和國家的巨大陰謀已經運作了很多年，例如像伏爾泰這樣的哲學家正在攻擊基督教並試圖削弱其力量。這種揭露構成了《闡釋雅各賓主義歷史的回憶錄》第一

7 譯註：法國共和曆的第一個月。

卷的內容。教會是君主制政府的主要支持者，許多哲學家也不喜歡君主制政府和其伴隨的貴族。這些哲學家提倡人人自由與平等，真正的意思是要推翻國王和貴族。巴魯埃爾接著宣稱，在這些反教權和反君主制的攻擊中，哲學家的盟友就是共濟會。他們的秘密儀式是在他們的會所中宣揚自由和平等的理想。第二卷呈現共濟會陰謀的面向。這個陰謀的第三個成分是巴伐利亞光明會的秘密領導層，他們轉入地下並在早期的鎮壓行動中偷偷倖存下來。這些光明會會員是協調和指導其他同謀者活動的領導者或不知名的上級。光明會運用啟蒙運動哲學的腐蝕性信條，密謀摧毀一切宗教和政府。巴魯埃爾承認，絕大多數共濟會會員絕不會在知情的情況下支持這種不為人知的意圖。然而，他斷言光明會領導人的秘密活動，使大部分共濟會會員對這個邪惡意圖的真實本質一無所知。《闡釋雅各賓主義歷史的回憶錄》的第三卷和第四卷描述光明會的起源和組織，以及他們如何進行其邪惡任務的細節。[39]

自從巴魯埃爾的《回憶錄》首次出版以來，這本書就在保守派和陰謀論者的圈子裡很受歡迎。儘管篇幅過長且乏味，但它仍然成功吸引了讀者。《回憶錄》的一大吸引力在於它全方位地解釋了令人困惑和震驚的法國大革命的成功。[40]當然，只有當你不去費心思考，為何像伏爾泰、狄德羅（Diderot），甚至魏斯豪普特這樣理性和文明的人會想要摧毀文明，它才會是一個全方位的解釋。

介於《回憶錄》前兩卷和一七九八年最後兩卷出版之間，出現了陰謀論的另一個經典文本——約翰・羅比遜（John Robison）的《共濟會、光明會和讀書會針對歐洲所有宗教和政府，在秘密會議中進行的陰謀的證據》（*Proofs of a Conspiracy against All the Religions and Governments of Europe, carried on in the Secret Meetings of Free Masons, Illuminati, and Reading Societies*）。羅比遜是一位受人敬重的化學家和物理學家，從事過多種職業，曾在海軍、外交使團任職，以及在格拉斯哥和愛丁堡擔任教授。後來他對陰謀論產生興趣。[41]他的《陰謀的證據》所提出的結論基本上與巴魯埃爾的《回憶錄》相同，但形式更為簡潔，記載沒有那麼充分。在這本書的結尾，羅比遜總結了哲學家、共濟會和光明會的可惡行徑和陰謀所造成的可怕後果。首先，宗教和道德受到攻擊。其次，這個陰謀致力於摧毀財產、經濟不平等和社會精英。羅比遜認為光明會是騙子和偽君子。他指控他們以這些極不公正的方式，使女性成為與男性平等的夥伴。除此之外，他還指出該秘密社團的策略是從不重要的批評進展到邪惡的煽動叛亂。再者，他認為《人權宣言》的理想已經墮落為恐怖統治，因為這些理想無法持續。如同巴魯埃爾，羅比遜斷言光明會已經滲透到學校和共濟會會所，招募不知情的新成員，並腐蝕這些機構以煽動叛亂。從這裡，他接著批評自由主義政治理論家約瑟夫・卜利士力（Joseph Priestley）和托馬斯・潘恩（Thomas Paine）支持法國大革命。羅比遜懷著希望地表達以下觀點：英國社會和共濟會足夠冷靜，不會對光明會扭曲而危險的理想信以為真。在一七九七年出版的《陰謀的證據》第二版，他增添了一篇後記，文中讚揚巴魯埃爾的《回憶錄》。巴魯埃爾並沒有投桃報李，因為他批評了羅比遜書中的膚淺和錯誤。[42]

自從首度出版後，巴魯埃爾和羅比遜的書就吸引了相當多的關注和讀者。這兩本書都迅速銷售了好幾千本。《回憶錄》很快就被羅伯特・克里弗爵士（Sir Robert Clifford）從法語翻譯成英語，他是信奉天主教的德文郡勳爵休・克里弗（Lord Hugh Clifford of Devonshire）的小兒子。小克里弗在法國待了很長一段時間，甚至有可能在巴魯埃爾於一七九二年流亡英國之前就已經認識他。考慮到克里弗的譯本似乎在《回憶錄》這本鉅著的法語版出版不久之後就出現，他必定早在《回憶錄》以法語出版之前就已經開始進行翻譯。其他各種歐洲語言的譯本——德語、義大利語、西班牙語、葡萄牙語和荷蘭語——在接下來的幾年裡出現。克里弗的英譯本也很快就有美國版。巴魯埃爾於一七九八年對他的《回憶錄》做刪節，而其他作家也發表了摘錄和評論。羅比遜的《陰謀的證據》也取得了類似的成功，有翻譯成法語、荷蘭語和德語的多種版本。這兩本書都成為未來陰謀論者的基礎文本，無論他們是反共濟會、反猶太、反光明會或新世界秩序的空想家。[43]

巴魯埃爾的《回憶錄》詳盡地研究了哲學家、共濟會和光明會的所謂三重陰謀。相較之下，羅比遜的《陰謀的證據》並沒有提供相同的細節。事實上，他大費周章地證明英國共濟會在引發法國大革命，或策劃一個邪惡的全球性陰謀，提倡有害的平等和自由中沒有扮演任何角色。許多讀者，尤其是英國讀者，並不相信巴魯埃爾所說的三重陰謀或羅比遜的陰謀。當時，人們觀察到共濟會成員至少都和其他人一樣因恐怖統治而受苦。巴魯埃爾的書雖有充分的書面證據，但它所宣稱的險惡秘密的影響令人難以置信，而且忽視了一直困擾法國舊政體的明顯弊病。對於那些願意相信的人而言，巴魯埃爾所描述的雅各賓主義和法國大革命背後的陰謀，將這一連串的影響連結起來，一路追溯到第三世紀的波斯先知摩尼（Mani），即摩尼教（Manichaeism）的創始人。如同歷史學家彼得·帕特那（Peter Partner）所指出：「在巴魯埃爾的書中……一切都相互連結，所有的想法都透過神奇的傳染從一個群體和一個歷史時期，傳播到另一個群體和歷史時期。」巴魯埃爾關於導致法國大革命的秘密陰謀的主張，禁不起後來歷史學家的批判性評估。相反地，他真正且長遠的貢獻是將陰謀和陰謀論的概念置入政治論述和流行文化中。[44]

後來的陰謀論作家韋伯斯特和尤娜·波普－亨內西·尼·伯奇（Una Pope-Hennessy née Birch）的書，證明巴魯埃爾的光明會陰謀還持續存在。這兩位女性作家都出版了關於陰謀論的著作。一九一一年，伯奇在她作家生涯起步的時候，出版了《秘密社團：光明會、共濟會和法國大革命》（*Secret Societies: Illuminati, Freemasons and the French Revolution*），在此期間她以撰寫傳記為主。她的《秘密社團》其實是四篇關連性鬆散、探討法國大革命和拿破崙時代的文章。只有第一篇涉及光明會的陰謀。她相信這是真的，但她認為他們的目標是基於啟蒙運動的理想，使法國成為一個公正自由的社會。事實上，她站在巴魯埃爾的對立面。韋伯斯特則站在巴魯埃爾的同一邊，認為光明會試圖摧毀政府和宗教的陰謀確實存在。一九一〇年，韋伯斯特開始相信她是一位貴族女性的轉世，曾經歷過法國大革命及其大屠殺。基於這個不穩固的基礎，她決定開始進行關於法國大革命的研究和寫作。一九一九年，她出版了《法國大革命：民主研究》（*The French Revolution: A Study in Democracy*），該書宣揚巴魯埃爾的主張，亦即哲學家、共濟會和光明會的三重陰謀引爆了法國大革命，並且此後繼續推廣全球陰謀和革命。在得知《錫安長老議定書》後，她將目標轉向反猶太主義，並在她的《世界革命：對抗文明的陰謀》（*World Revolution: The Plot against Civilization*, 1921）中，將猶太人添加到她的秘密同謀者名單中。韋伯斯特在她的《秘密社團與顛覆運動》（*Secret Societies and Subversive Movements*, 1924）中繼續闡述這些陰謀論。她的反猶太和反共產主義觀點使她走上了加入英國法西斯運動的道路，並成為希特勒的崇拜者（至少在一九三九年的「德蘇互不侵犯條約」簽訂之前）。伯奇和韋伯斯特的書現在仍然很容易取得，並繼續被陰謀論者和反猶太主義者引用。[45]

拿破崙戰敗後，陰謀在歐洲許多地區盛行。法國大革命打破了歐洲君主制、貴族階級和教會的舊秩序。以奧地利政治家克萊門斯・馮・梅特涅（Klemens von Metternich）為首的歐洲保守派精英，雖然拚命想要扭轉法國大革命的影響和阻止進一步的革命活動，最終只取得部分且暫時的成功。事實證明民主自由主義和民族主義是無法壓制的。一八一五至一八四八年間發生了一連串革命，使之成為秘密社團和革命陰謀的時代。義大利境內產生了數量超乎尋常的秘密社團，例如燒炭黨（Carbonari），以及像菲利波・米歇爾・邦納羅蒂（Filippo Michele Buonarroti）這樣的組織革命者，而歐洲其他地區也經歷了革命活動的激增。在許多地方，共濟會都參與了各種陰謀。[46]

許多保守派精英相信，未遂的革命和從事陰謀活動的秘密社團，全都是巴魯埃爾所說的共濟會或光明會大陰謀的延續，這個大陰謀是由造成法國大革命的不知名上級所策劃。事實上，秘密社團的產生是對於保守派政府的反動和壓迫政策的可預見反應。秘密社團不是光明會或類似團體的不知名上級的不知情的棋子。除了巴爾幹半島和俄國之外，歐洲社會及其政治的變遷，導致了一八四八年後搞革命的秘密社團的式微和幾乎消失。從那時開始，自由主義和民族主義的支持者開始公然行動。儘管如此，由光明會或其他可憎的團體所主導的全球陰謀迷思，繼續在保守派精英的心中占有一席之地。進入一八七〇年代後，英國政治人物、時任首相的班傑明·迪斯雷利（Benjamin Disraeli）[8]持續因為秘密社團而發愁。大約相同時間，卡爾·馬克思（Karl Marx）被指控為一場巨大陰謀的幕後黑手，這場陰謀最終演變成了一八七一年的巴黎公社（Paris Commune）叛亂。事實上，馬克思反對暴動的秘密社團。相信秘密社團和全球陰謀存在的陰謀論信念不僅存續下來，還不斷發展和擴大。全球陰謀背後不為人知的掌控者或不知名的上級——共濟光明會——加入了另一個群體：猶太人。[47]

反猶太主義與《錫安長老議定書》

自希臘化時代（西元前三二三年至三三一年）以來，猶太人一直飽受偏見和敵意之苦。基督教和伊斯蘭教的興起，使得做為其根源的猶太教被自己衍生的宗教所壓制和支配。中世紀和近代早期見證了猶太人遭到十字軍屠殺，被英國、法國、西班牙和葡萄牙驅逐，以及承受紅色猶太人的迷思和血祭基督徒孩童的誹謗。接著是針對猶太人的種種限制，例如禁止他們擁有土地，以及他們必須住在隔離的猶太區。隨著啟蒙運動的發生和全球市場經濟的發展，猶太人的處境才開始改善。

我們必須記得，一直到十九世紀的最後二十五年，身為猶太人都是一種宗教認同。然而，自一八七〇年代起，身為猶太人日漸成為一種種族認同。其重大的差別在於，如果猶太身分是一種宗教狀態，那麼基督教的洗禮就能結束猶太改宗者原本的宗教，使他們融入整體基督教社會中。然而，如果猶太身分是一種種族狀態，那麼猶太人永遠不可能成為基督教社會的一部分，他們永遠是猶太人。這種朝向生物學而非宗教上的反猶太主義的轉變，主要是德國新聞記者威廉·馬爾（Wilhelm Marr）所促成的。他寫了《從非認信的觀點看猶太屬性勝於日耳曼屬性》（*The Victory of Jewdom over Germandom Viewed from a Nonconfessional Standpoint*, 1873），該書利用新創造的用語「反猶太主義」（antisemitism），成功地傳播從種族觀點切入的猶太屬性。[48]

在馬爾之前，將歐洲的不幸怪罪到猶太人的陰謀早已是一個悠久的傳統。這些所謂猶太人的駭人行為從在水井中下毒、綁架和獻祭基督徒孩童、散播瘟疫，到替蒙古人和其他外國侵略者擔任間諜和破壞者。這些行為的目的是為了摧毀基督教文明。在受鄙視的猶太人看來，這只是將他們與共濟會和光明會的全球陰謀扯上關係的一小步，後者也想要摧毀基督教和文明。就這樣，猶太人的全球陰謀迷思自然地滲透到共濟會和光明會陰謀論的歐洲流行文化中。歷史學家諾曼·科恩（Norman Cohn）說得好：「在中世紀，猶太人曾被視為撒旦的代理人、惡魔崇拜者、人形惡魔。現代反猶太主義運動的成就之一在於，它能在十九世紀後期使這種古老的迷信復甦。」[49]

8 譯註：迪斯雷利於一八七四至一八八〇年在位。

在所有認定猶太人是全球陰謀背後推手的反猶太文件之中，《錫安長老議定書》是最惡名昭彰、最具影響力的。儘管這本小冊子首度出版是在一九〇三年，但卻直到一九二〇年代才在俄國以外的地區廣為人知。它也被懷疑是全然虛構和剽竊自其他意圖欺騙的假消息和幾部小說。聲稱猶太人的全球陰謀確實存在的小冊子和書籍淵遠流長，可以追溯到法國大革命時期。一八六〇年代後期，歐洲的反猶太主義開始真正升溫，關於全球猶太陰謀的理論激增。改信基督教的叛教猶太裔俄國人雅各·布拉夫曼（Jacob Brafman）寫了幾本書，包括《在地與無所不在的猶太兄弟會》（*Local and Universal Jewish Brotherhoods*, 1868）和《卡哈爾之書》（*The Book of the Kahal*, 1869），批評當地和國際猶太組織壓迫一般猶太人，以及密謀加強猶太人對全球的控制。布拉夫曼自己的卡哈爾（Kahal〔Qahal〕）[9]曾設法迫使年輕的布拉夫曼加入俄國軍隊。不得不逃走的布拉夫曼於是變得滿懷怨恨，嚴厲地批評猶太領導層，並提供關於猶太陰謀詭計的貌似內幕情報，替反猶太的陰謀論添加燃料。

與布拉夫曼同時代的法國反猶太主義者羅傑·古格諾·德·穆梭（Roger Gougenot des Mousseaux）於一八六九年出版《猶太人：猶太教與基督教民族的猶太化》（*Le Juif, le judaisme et la judaisation des peuples chretiens*），控訴猶太人為共濟會的盟友，利用啟蒙運動的概念引發法國大革命和持續尋求統治世界。宣揚猶太人欲主宰世界的其他陰謀論著作還有奧斯曼·貝少校（Major Osman Bey，又名弗雷德里克·米林根〔Frederick Millingen〕）的《猶太人征服世界》（*Conquest of the World by the Jews*, 1878），以及希波利特·盧托斯坦斯基（Hippolytas Lutostansky）的《塔木德與猶太人》（*The Talmud and the Jews*），盧托斯坦斯基是波蘭的羅馬天主教教士，在因醜聞事件被訓誡後改信東正教。赫爾曼·古德切（Hermann Goedsche）是非常具有影響力的猶太世界陰謀理論貢獻者之一，他的小說《比亞希茲》（*Biarritz*, 1868，以約翰·拉特克里夫爵士〔Sir John Retcliffe〕為筆名寫成）

包含了猶太領袖齊聚於布拉格某墓地的經典場景。他們在那裡密謀如何使猶太人統治世界，在此之前先由一位大拉比概述他們的邪惡計畫。《錫安長老議定書》的創作者們剽竊了《比亞希茲》的反猶太場景，將之當作歷史事實呈現。儘管這看起來很糟糕，但我們應該注意的是，古德切本人就剽竊了毛里斯・若利（Maurice Joly）的《馬基維利與孟德斯鳩在地獄的對話》（*Dialogue in Hell between Machiavelli and Montesquieu*, 1864）、大仲馬（Alexandre Dumas père）的小說《約瑟・巴爾薩莫》（*Joseph Balsamo*）和歐仁・蘇（Eugène Sue）的七部曲小說《人民之謎》（*Les Mystères Du Peuple*, 1849–56），來創造他的反猶太故事線。因此，《錫安長老議定書》實際上是剽竊自以其他幾部虛構作品為基礎的一部剽竊小說的誹謗之作。[50]

《錫安長老議定書》的起源不明且曲折。然而，任何理性的研究者和學者無所爭論的是，《錫安長老議定書》是一份完全虛構的文件。從一九二〇年時的呂西安・沃爾夫（Lucien Wolf）到現在的邁克爾・哈格邁斯特（Michael Hagemeister），它的虛假一再被揭穿，這個事實無可反駁且不容置疑。某些權威人士例如科恩推定《錫安長老議定書》起始於一八九三至九九年的巴黎。當時沙皇時代的俄國秘密警察部門公共安全與秩序保衛部（Okhrana）在巴黎派設特務，監視流亡的俄國革命分子。他們接受彼得・拉喬夫斯基（Piotr Rachofsky）的指揮，也負責製作宣傳品來對付革命分子、有敵意的外國勢力、如塞吉・威特（Sergei Witte）等現代化的沙皇大臣，以及例如猶太人等不受歡迎的少數族群。這些活動包括找尋諸如若利的《馬基維利與孟德斯鳩在地獄的對話》和古德切的《比亞希茲》等出版物。根據較早期的學術研究，《錫安長老議定書》是在這些年間寫成的。一八九〇

9 譯註：有「聚會」之意，以往歐洲猶太社群的地方性組織，負責管理宗教、法律和公共事務。

年代是俄國猶太人遭受迫害和遍地大屠殺加劇的時代。最終，俄國宗教作家謝爾蓋・尼魯斯（Sergei Niles）於一九〇五年出版《錫安長老議定書》，成為一本宣告敵基督即將到來的書的部分內容。[51]

相反地，塞薩雷・德・米凱利斯（Cesare De Michelis）和哈格邁斯特較新的學術研究，則將《錫安長老議定書》的寫作時間定於一九〇二至〇三年。他們不認同《錫安長老議定書》的作者或作者群，但認為該文件是一九〇五年俄國革命前夕日益動盪不安狀態下的產物。不管怎樣，《錫安長老議定書》出版歷史的事實是，它在反猶太世界的小型出版品和極右翼俄國人之中，只引起了非常有限的注意。沙皇政府既不欣然採納《錫安長老議定書》，也不太加以壓抑或限制。這種情況隨著俄國革命的爆發而改變。[52]

因此，在俄國革命之前，《錫安長老議定書》的傳播局限在俄國境內，在那裡它只是眾多反猶太宣傳品之一。俄國革命的到來賦予《錫安長老議定書》一個貌似有理的用處。書中描述的秘密猶太陰謀集團也是俄國革命背後不為人知的上位者。這些布爾什維克（Bolshevik）[10]是猶太人，或者說這是反革命的俄國白軍希望世人相信的宣傳。俄國內戰期間，白軍部隊發送《錫安長老議定書》給農民，試圖利用反猶太主義來對抗布爾什維克紅軍。他們在輸掉內戰後，便帶著《錫安長老議定書》逃到西方世界。[53]

到了一九一九年初，白軍流亡者在巴黎和會上發送《錫安長老議定書》給美國各政府官員，包括陸軍和海軍的情報部門人員。早在一九一八年十一月，沙皇的官員彼得・沙貝爾斯基－博克（Piotr Shabelsky-Bork）和費奧多爾・溫伯格（Fyodor Vineberg）已隨著正在撤離烏克蘭的德國占領軍逃往德國。他們手上顯然有一本尼魯斯的《見微知著》（*The Great in the Small*），書中包含了《錫安長老議定書》。他們使反猶太的德國出版商路德維希・繆勒・馮・豪森（Ludwig Müller von Hausen）注意到《錫安長老議定書》。[54]他將它翻譯成德語，並於一九二〇年一月出版，出版日期定為一九一九年。這是第一本非俄語版的《錫安長老議定書》，直到一九三三年為止發行到第三十三版。一九二〇年，除德語版外，很快便出現其他語言的譯本：英語版（一個在英國，兩個在美國）、法語和波蘭語版。接著是一九二一年的阿拉伯語和義大利語版。在英國的英譯本由 Eyre & Spottiswoode 出版社出版，書名為《猶太威脅》（*The Jewish Peril*）。隨後有一連串表示贊同的文章出現在立場保守的《晨報》（*Morning Post*），大加讚揚該書揭露了暗中策劃陰謀、亟需被曝光的「可怕教派」：猶太人。

與此同時在美國，亨利・福特從一九二〇年五月到十月，在他的報紙《迪爾伯恩獨立報》（*Dearborn Independent*）上發表一系列反猶太文章，大力宣傳《錫安長老議定書》。這些文章日後將集結出版成為惡名昭彰的《國際猶太人：世界最重大的問題》（*The International Jew: The World's Foremost Problem*）。在資金充足的宣傳活動推廣之下，五十萬本《國際猶太人》充斥於美國，很快就被翻譯成德語、俄語和西班牙語。福特的支持和聲望賦予《國際猶太人》可信度並使之轟動全球。然而，強烈的負面反應也隨之而來，所引發的譴責風暴迫使福特駁斥他自己的反猶太主義出版品和《錫安長老議定書》。福特辯稱對《錫安長老議定書》和《國際猶太人》的本質一無所知，並聲稱他是被助手蒙蔽。雖然福特收回原來的說法，但傷害已然造成，《錫安長老議定書》和猶太人的世界陰謀迷思已經成為陰謀論的核心主題和固定內容。[55]

本該能摧毀《錫安長老議定書》的批評很快就出現了。在英國，倫敦《泰晤士報》（*The Times*）記者彼得・格雷夫斯（Peter Graves）於一九二一年八月十六日、十七日和十八日發表了三篇

10 譯註：俄國社會民主工黨中的一個派別。

文章。這些文章首度揭露《錫安長老議定書》公然剽竊若利的《馬基維利與孟德斯鳩在地獄的對話》。沃爾夫隨後在《曼徹斯特衛報》（*Manchester Guardian*）、《旁觀者》（*The Spectator*）雜誌和《每日電訊報》（*Daily Telegraph*）上發表了三篇文章，揭穿所謂猶太全球陰謀的真相，並批評了《晨報》。這些文章很快被結集和擴充成一本小書《世界事務中的猶太威脅迷思》（*Myth of the Jewish Menace in World Affairs*）。它指出《錫安長老議定書》和《晨報》一系列反猶報導的不合邏輯。沃爾夫認為《錫安長老議定書》是反猶太和反英國的日耳曼情結的展現。他也指出古德切的小說《比亞希茲》的剽竊問題。沃爾夫指出一件特別荒謬的事，引起了他的英國讀者的注意，那便是有人試圖藉由宣稱英國人也是猶太人，而讓英國人與猶太全球陰謀扯上關係，所根據的基礎是英國以色列主義的古怪理論，這些理論斷言英國人是失蹤的以法蓮和瑪拿西支派的後裔。所有這些努力都未能打擊凶狠、孜孜不倦的陰謀論者韋伯斯特的反猶太和陰謀論信念。她的《秘密社團與顛覆運動》對《錫安長老議定書》的真實性做出無定論的評估，從而替它做了不誠實的辯護。[56]

在美國，猶太裔新聞記者暨外交官赫爾曼·伯恩斯坦（Herman Bernstein）出版了《一個謊言的歷史：錫安長老議定書》（*The History of a Lie: 'The Protocols of the Wise Men of Zion'*, 1921），其論據與沃爾夫相同，但更為詳細。伯恩斯坦還對福特的《國際猶太人》提起訴訟，該訴訟拖延了許多年。這些努力大大削弱了《國際猶太人》倡導反猶太主義的影響，正如福特被迫駁斥《國際猶太人》所顯示的結果。[57]

但歐洲大陸上制止極其有害的《錫安長老議定書》的類似努力失敗了。戰後的破壞、為困境找尋替罪者的需求，以及中歐和東歐持續存在的反猶太主義文化，這些問題過於巨大，無法僅憑理性的論點加以克服。科恩也曾指出民族意識形態的中產階級擁護者的角色和責任。他們宣稱德國人是古代雅利安超級種族的最後殘存者，因此他們本身就具有特殊性。這種信念容易與《錫安長老議定書》中對猶太全球陰謀的描述一拍即合。這是一種有毒的組合。因此，波蘭猶太流亡者便雅憫・沃爾夫・塞格爾（Binjamin W. Segel）和其他德國猶太人發現，在一九一八年後，制止和揭穿《錫安長老議定書》之類的反猶太謊言已成為一項無望的任務。塞格爾的《世界戰爭、世界革命、世界陰謀、世界最高政府》（*Welt Krieg, Welt-Revolution, Welt-Verschwoorung, Welt-Oberrierierung*, 1926）雖然徹底揭穿《錫安長老議定書》，卻無濟於事。同時，希特勒和納粹則將之做為其意識形態的基礎文本。58

德國與俄國相對較近的地理位置，使得沙皇和白軍流亡者跑到那裡避難。這些難民中有許多人是波羅的海的德國人，就像阿爾弗雷德・羅森貝格（Alfred Rosenberg），他是未來的圖勒主義者（Thulist）[11]和納粹先驅，後來成為納粹黨的思想倡導者。他協助使《錫安長老議定書》引起希特勒和他剛起步的政黨的注意。一九二三年，羅森貝格在《錫安長老議定書與猶太世界政策》（*The Protocols of the Elders of Zion and Jewish World Policy*）中，將《錫安長老議定書》置於納粹運動的最新脈絡中。自一九二〇年代至一九三三年，例如特奧多爾・弗里奇（Theodore Fritsch）的哈默出版社（Hammer-Verlag）等右翼出版公司大量印製《錫安長老議定書》和福特的《國際猶太人》，以及其他支持或應和《錫安長老議定書》的書。《錫安長老議定書》甚至引發了暗殺威瑪共和國（Weimar Republic）官員的行動——其中最著名的是瓦爾特・拉特瑙（Walther Rathenau），德國第一位猶太裔外交部長。59

11 編按：指圖勒學會（Thule Society）的會員，該協會是一九一八年成立於德國慕尼黑的秘密團體和政治組織。它是德國極右翼民族主義和種族主義思想的重要傳播者。該協會的名稱來自於古希臘和羅馬文獻中提到的神秘北方島嶼「圖勒」。

全球猶太陰謀的概念與希特勒和納粹分子產生共鳴。它為德國的一切災難提供了一個簡單的解釋。《錫安長老議定書》合理化了納粹分子殘酷地鎮壓所有與他們意見相左的德國人、他們所計劃的侵略戰爭，以及他們在大屠殺期間想要消滅猶太人的企圖。希特勒在《我的奮鬥》（*Mein Kampf*）中討論了《錫安長老議定書》。他強烈譴責猶太人是一個邪惡的種族，而非宗教。他讚揚《錫安長老議定書》：

> 《錫安長老議定書》無與倫比地展現出這個民族（猶太人）的整個存在，已達到了完全建立在一個持續的謊言之上的程度，所以猶太人恨極了它。認為其內容造假的說法，每週都在《法蘭克福報》（*Frankfurter Zeitung*）上哀嚎和呻吟：這正是其真實不虛的最佳證明。許多猶太人無意識會做的事情，在這裡有意識地被暴露出來。這是最重要的……一旦這本書成為一個民族的共同財產，我們就可以認定猶太人的威脅已然被打破。[60]

納粹努力與世界分享《錫安長老議定書》，從而傳播反猶太主義的福音和猶太全球陰謀。它在納粹宣傳中的突出地位並不排擠對其他納粹意識形態經典作品——《我的奮鬥》和羅森貝格的《二十世紀神話》（*Myth of the Twentieth Century*）——的宣傳。此外，希特勒利用《錫安長老議定書》中的猶太世界陰謀，聲稱任何反對他和他的第三帝國的群體或國家都是錫安長老們的工具。同時，漢娜·鄂蘭（Hannah Arendt）[12]指出，希特勒和納粹實際上試圖複製《錫安長老議定書》中所描述的世界統治戰略和戰術。到了一九三九年，在第二次世界大戰的爆發明顯日益逼近時，《錫安長老議定書》享有最大的被接受度且最為成功。[61]

第二次世界大戰以第三帝國的徹底崩潰和希特勒的死亡而告終。如此的大敗都未能結束《錫安長老議定書》的生涯。對於任何推廣陰謀論的人來說，它實在太好用。錫安長老做為不知名的上級，很容易套用到包含或取代猶太人的其他不受歡迎群體上。他們可以是光明會、三邊委員會（Trilateral Commission）、外星滲透者、共產黨或任何號稱尋求統治世界的組織。就像巴魯埃爾等人的作品一樣，《錫安長老議定書》讓許多人習慣於相信某個神秘團體企圖統治世界的陰謀，無論這些陰謀有多麼荒謬。如同揭穿者伯恩斯坦在一九二一年的觀察和預測：

> 怯懦的匿名作家正在美化《錫安長老議定書》，在舊版本的基礎上添加新謊言，他們對猶太人所做的指控，就連尼盧斯－盧托斯坦斯基－布特米（Nilus-Lutostansky-Butmi）[13]在最黑暗的俄國都不敢提出來。或許有一天，這些新的傳說和荒謬、惡意的迷思，可能會演變成新的修訂版秘密猶太《錫安長老議定書》。[62]

他是對的。

---

12 譯註：1906-1975，政治哲學家、作家和納粹大屠殺倖存者。其貢獻影響二十和二十一世紀的政治理論研究者。作品涵蓋了廣泛的主題，以處理權力和邪惡的本質而著名。

13 譯註：此處指的是以下三個人：謝爾蓋・尼盧斯（Sergius Nilus, 1852-1929）是俄國宗教作家、神秘主義者和多產的反猶太主義者；前文曾提及的盧托斯坦斯基；喬治・布特米・德・卡茲曼（Georgy Butmi de Katzman, 1856-1919）是俄國的反猶記者、作家和經濟學家。

新世界秩序陰謀論的興起與代表人物

國家主權對於全世界的許多人來說都是一個重大議題。即便只是最輕微地干預一個國家依其認為適當的方式運作的自由——無論被禁止的行動或政策有多麼應該受譴責、不合理或不重要——都會讓人擔憂全球政府或俗稱的世界新秩序不可阻擋的發展腳步。縱觀歷史，抵制某種世界政府是一個相對較新的現象。羅馬帝國在它的時代是一個世界政府。許多人不喜歡成為羅馬的臣民，各行省定期發生的叛亂證明了這點。儘管如此，西羅馬帝國滅亡後，古代晚期和中世紀的人們對那個帝國時代仍有懷念和嚮往。中世紀的理想是能恢復普世教會和普世帝國。這個目標是建立神聖羅馬帝國背後的動機。恢復普世帝國被讚譽為神聖之舉，儘管各個國王和教宗都盡全力去阻止其實現。然而，普世帝國的理想一直持續到十七世紀，那時專制民族國家的崛起成為新常態。這種新的政治體制主宰十八世紀，直到法國大革命將其掃除。

革命和拿破崙時代迎來民族主義的興起，首先在法國，接著在西班牙、德國、義大利和其他地區。當然，中世紀和近代早期的國王向來十分在意維護自身主權。但隨著民族主義的興起，主權成為國家所有公民的驕傲和慰藉的來源。隨著工業革命、經濟的成長和科學知識的進步，國家之間的競爭也變得日益惡化。甚至在一九一四年之前，就有一些領導者和思想家開始建議應該建立超國家組織來減少緊張關係、促進合作和提升效能。在第一次世界大戰的大屠殺之後，國際聯盟（League of Nations）的成立似乎勢在必行。國際聯盟的失敗和第二次世界大戰的進一步破壞，致使聯合國的成立，用以促進國際和平與合作。這些發展被許多人視為確保和延續一個更美好、更安全世界的進步跡象，但也有人認為它們是結束人類自由陰謀的一部分。

全球陰謀論存在已久。法國大革命引發了人們對共濟會和光明會的恐慌，擔心他們會摧毀基督教和君主制，並在其廢墟上建立世界政府。到了十九世紀中葉，猶太人變成了搞陰謀的人。一九一七年，布爾什維克加入猶太人的行列。諷刺的是，納粹的崛起是為了對抗所謂猶太和布爾什維克的全球統治威脅，但他們自己卻試圖建立第三帝國領導下的一個世界政府。二戰中盟軍的勝利和聯合國的成立，並未迎來國際合作的黃金時代，反而造成資本主義的西方世界和共產主義的東方世界之間長達四十五年的冷戰。

西方國家不僅面臨來自俄國及其盟友的軍事威脅，還生活在共產黨滲透者和同路人從內部進行顛覆的恐懼之中。美國遭遇紅色恐慌（Red Scare）。東西方世界對抗的冷戰環境促進了本質上屬於摩尼教的善惡對抗世界觀。這種思維方式鼓勵對政治與社會問題的二元和簡化的解釋。美國因此成為陰謀論和偏執妄想的溫床，它們通常盛行於社會的黑暗角落，有時甚至是在國家的主流生活中。這些條件導致新世界秩序陰謀的產生，其模糊、變形和可怕的主要敘事，是某些不知名的上級在統治著全世界。

在第二次世界大戰之前，歐洲和美國的右翼團體傾向於將共產主義和蘇聯視為比希特勒和第三帝國更大的威脅。導致二戰爆發的納粹侵略行動改變了這個看法。等到德國和納粹主義被打敗後，他們很快便重新將焦點放在史達林領導的俄國和共產黨的擴張。史達林和俄國人轉而視堅定的反共者為威脅。這種相互猜疑和恐懼使得東西方衝突變得不可避免。如此一來也進一步激起陰謀論者的恐懼，從而導致陰謀論的氾濫。[63]

研究顯示，右翼政治信念和陰謀論思維關係密切。左翼人士也有自己的陰謀論，但左翼陰謀論的數量遠不及右翼，而且他們的信念幾乎總是比較不那麼極端。由於一九四五年後陰謀論在美國的盛行和種類繁多，想要描述它們，最簡潔的方式是重點式概述幾個具有代表性的例子，來說明各種陰謀論是如何改變和演變。約翰·伯奇協會便是宣揚右翼反共陰謀論的主要團體之一。[64]

約翰·伯奇協會在羅伯特·韋爾奇（Robert W. Welch）的領導下，於一九五八年在印第安納州的印第安納波利斯（Indianapolis）成立。韋爾奇出生於北卡羅萊納州，是一位神童，十二歲高中畢業，十七歲畢業於北卡羅萊納大學。他也曾就讀美國海軍官校（United States Naval Academy），然後進入哈佛大學法學院，儘管都沒有從這兩所學校獲得學位。離開哈佛後，韋爾奇聲稱對學術生涯不再抱持幻想。他轉而製作和販售糖果，與他的兄弟合作，事業成功且證明他擅於行銷。韋爾奇兄弟的公司開發了糖老爹（Sugar Daddies）和薄荷小子（Junior Mints），以及其他幾種受歡迎的糖果和甜點。一九五六年退休時，韋爾奇已經累積了一筆財富。多年以來，他在共和黨的政治活動和反共運動中變得越來越活躍。[65]

退休後不久，韋爾奇非常擔心共產主義統治的威脅，於是決定成立約翰·伯奇協會。他以一位美國傳教士和軍人的名字來命名他的新組織，這位約翰·伯奇在一九四五年八月二十五日、二戰結束十天後在中國被一名共產黨士兵殺害。有些人，尤其是伯奇的母親埃瑟爾（Ethel），認為她的兒子是烈士，後來宣布他是即將到來的冷戰中的第一個美國傷亡者。表面上看來，伯奇是韋爾奇的反共組織的完美偶像。考慮到約翰·伯奇協會的名聲可能很快就變得可疑，許多認識伯奇的人不免懷疑他是否樂意該協會使用他的名字。這群人中有戰爭英雄詹姆士（吉米）·杜立德（James〔Jimmy〕Doolittle），他領導了一九四二年四月的轟炸東京任務。杜立德和他的機組員不得不在被日軍占領的中國境內跳傘，伯奇在那裡解救了他們，並帶他們穿越敵軍防線到達安全地帶。杜立德和伯奇兩人成為朋友，杜立德後來說：「他（伯奇）無法知道約翰·伯奇協會……會用他的名字命名……我確信他不會答應。」[66]

約翰・伯奇協會成立之初的參與者包括實業家弗雷德・科赫（Fred Koch），他是大衛與查爾斯・科赫的父親，這兩個兒子是傳統基金會（Heritage Foundation）和茶黨（Tea Party）未來的資助者。大衛與查爾斯・科赫日後也加入該協會，但後來離開，去創辦了自己的傳統企業。[67]約翰・伯奇協會不只反共，它也反對任何進步的事物，例如公民權利、婦女權利、聯邦儲備系統（Federal Reserve System）、社會福利、移民，以及任何似乎能促進一個世界政府、聯合國和全球化的事物。共產黨對美國機構的滲透似乎無所不在，包括家長教師聯誼會（Parent–Teacher Association）和美國政府的所有分支機構，直到最高層級，包括總統在內。韋爾奇於一九五六年寫了《政治家》（*The Politician*）這本書（儘管直到一九六三年才出版），基本上是在指控艾森豪總統是俄羅斯特工。這一切都是巨大的共產黨陰謀的一部分。《政治家》促使主流共和黨人和保守派人士抵制韋爾奇和約翰・伯奇協會，視之為非理性的激進分子。韋爾奇的前友人小威廉・巴克利（William F. Buckley Jr）是最嚴厲批評韋爾奇的人之一，他是一個老牌的保守分子和《國家評論》的編輯。因此，約翰・伯奇協會贏得了荒謬的反共組織的可疑名聲。偏執和陰謀成為它主要的招牌形象。這正是韋爾奇想要的結果，他專制地掌管約翰・伯奇協會，直到一九八五年去世為止。[68]

韋爾奇去世後不久，蘇聯帝國瓦解，其共產主義政府垮台。我們可能以為隨著冷戰結束和共產黨統治世界的威脅不復存在，約翰・伯奇協會也會逐漸消失，其實不然：對韋爾奇來說，約翰・伯奇協會從來不僅止於在意共產黨擴張的威脅。他認為共產主義只是可追溯到古希臘的全球秘密陰謀的表現之一，因為有巴伐利亞光明會才完全發揮其所長。換言之，全球陰謀仍是一個危險的威脅——無論有沒有共產黨。約翰・伯奇協會能將焦點轉移到日益模糊的陰謀論，是即興陰謀論能如何改變和演變的一個好例子。在邪教環境的幫助下，任何陰謀論都可以找到大量資源來自我重塑。[69]

約翰．伯奇協會於二十一世紀的前十年再次復興。該協會會員的意識形態成為共和黨中極保守的茶黨的主要思想基礎。保守派媒體評論員格倫．貝克（Glenn Beck）成為其文學和思想的熱情推動者，並將它們引進新興的茶黨中。這是陰謀論政治走向主流的典型例子。[70]

米爾頓．威廉．庫珀代表了另一種二戰後的陰謀主義。庫珀出生於加州長灘（Long Beach）的一個軍人家庭，但關於庫珀早年生活的資訊相當粗略，只知道這家人因為父親的軍事任務而經常搬家。一九六二年，十九歲的庫珀加入美國空軍，在服役期間度過了古巴飛彈危機和甘迺迪總統遇刺事件。光榮退役後，他很快於一九六六年加入美國海軍。庫珀要求執行戰鬥任務，並在一九六八年新春攻勢（Tet Offensive）[14]的最後幾天抵達越南。任務結束後，他接著在海軍上將伯納德．克萊利（Admiral Bernard A. Clarey）手下從事海軍情報工作。他的職務包括重要的安全審查，後來庫珀聲稱他接觸到各種機密文件，這些文件揭露有關甘迺迪遇刺等主題的骯髒秘密和邪惡活動。庫珀表示正是在這時候，他頓悟到一個世界政府或新世界秩序的存在。[71]

一九七五年西貢淪陷後不久，庫珀離開海軍。他和一位海軍的朋友嘗試合開一所潛水學校，但沒有成功。與此同時，庫珀經歷了與服役有關的身心健康問題。他還換過好幾任妻子，多到連聯邦調查局的紀錄也不清楚他到底結過幾次婚。到了一九八〇年代中期，他在一所營利性質的技術學院找到一份工作，在那裡得到成功與晉升，直到該所學校因為詐騙學生被加州總檢察長勒令關閉為止。庫珀一直將他的閒暇時間用於研究新世界秩序式的陰謀。到了一九八八年，他開始提出自己的陰謀論觀點，最終在他一九九一年的《見有一匹灰色馬》中揭露。起初他是在早期的電腦聊天板上發表他的想法，後來於一九八九年開始在電台上傳播，並在陰謀論者之中贏得了一群狂熱的追隨者。到了一九九一年，庫珀已經撰寫和編纂了足夠的材料來出版《見有一匹灰色馬》。三十年後，它仍然是亞馬遜網站上的一本幽浮暢銷書，有時甚至擠下艾利希·馮·丹尼肯，成為該類別中最暢銷的書。然而不明飛行物體只占庫珀書中內容的一小部分，這讓他的成就更加引人注目。[72]

《見有一匹灰色馬》是一本奇書。它的封面描繪了一匹灰白的馬的死亡，符合書名引用的《聖經》〈啟示錄〉所述。封面的藝術風格屬於西南部風格，與該書的出版地和庫珀的住所所在的亞利桑那州相稱。除此之外，其內容算是某種資料轉存。一九九一年的原版中共有十七章和七個附錄。附錄主要是各種文件的複製品，沒有庫珀的文字。大多數章節都穿插一些文件、照片、圖表、表格和地圖的複本。許多章節也只是簡單重印的文件，因此，第三章重印了十九世紀中葉本土主義者的一篇反天主教宣傳，而第十五章則是由《錫安長老議定書》組成（二〇一九年版已刪除）。某些章節的標題清楚透露庫珀的憂慮：〈再見美國，你好新世界秩序〉（Goodbye U.S.A., Hello New World Order）、〈綿羊們準備好被剃毛了嗎？〉（Are the Sheep Ready to Shear?）和〈秘密政府〉（The Secret Government）。有些章節探討美國軍方與崇拜撒旦的教會、幽浮、五十一區和外星植入體的關聯，還有美國政府涉及愛滋病和毒品貿易。這本書以一張圖表做為結尾，列出了外交關係協會（Council on Foreign Relations）和三邊委員會的成員以及它們之間重疊的關聯，這兩個委員會長期以來都被認為是新世界秩序的幌子。《見有一匹灰色馬》是從共濟會到光明會、羅斯柴爾德家族（Rothschilds）、外交關係協會和外星滲透者的陰謀論大雜燴。[73]

14 編按：指一九六八年一月三十日農曆春節假期前夕，北越共產黨軍人及越共叛軍突然對南越一百多座城市及前哨基地發動的攻擊，這場戰役讓時任美國總統的詹森及軍方高層措手不及，也在美國激起反戰情緒，最終迫使美國領導人下令自越南撤軍。

研究極端主義邪教和陰謀論的學者巴肯指出，幽浮信仰已經成為新世界秩序陰謀的一部分。自一九四〇年代後期和一九五〇年代初期的飛碟狂熱以來，指控政府密謀壓制外星訪客相關知識的案例不勝枚舉。這些指控伴隨著外星人以動物和人類做實驗的故事。據稱，美國政府與外星人建立了秘密的聯盟和條約，事情演變成政府默許外星訪客從事可怕的實驗。那時，距離相信外星人是新世界秩序陰謀背後真正的不知名上級只剩一小步。這正是庫珀所做的事。[74]根據庫珀的說法，例如《第三類接觸》（*Close Encounters of the Third Kind*, 1977）和《E．T外星人》（*E.T. the Extra-Terrestrial*, 1982）等主流電影，是以一九五〇年代初期人類與外星人之間的真實接觸為故事基礎。一九九一年，庫珀在與法國幽浮學家雅克．瓦萊（Jacques Vallée）的某次談話中斷言：「外星人有四種類型……灰人有兩種，其中一種不常見，有一個大鼻子。然後是北歐型、高個子的金髮雅利安人，最後是橙人。」他如何得知這些資訊，我們目前還不清楚。對於幽浮界全體而言，庫珀的瘋狂陰謀論令人尷尬，威脅到整個幽浮運動的可信度。至於庫珀本人，他甚至不清楚外星人的新世界秩序陰謀的成功，對人類來說究竟是壞事還是好事。[75]

一九九五年後，庫珀突然大幅修改了他的陰謀論。外星人不再是新世界秩序的大陰謀家和不知名的上級。它們甚至不是真實存在。相反地，身為人類的光明會始終是新世界秩序的幕後黑手。他們乾脆創造出不明飛行物體，做為假訊息運動的一部分，以防萬一他們的可惡計畫開始曝光時，能為自己提供否認的藉口。同時，庫珀一直在遠離幽浮運動，而轉向一九九〇年代蓬勃發展的民兵運動。如同巴肯所指出，像庫珀之類的陰謀論者，當他們即興的理論無意中創造了一個不可戰勝的敵人時，例如擁有超級技術的外星人，他們的理論就會做出這種巨大的改變。為了維持成功抵抗的希望，庫珀將新世界秩序的陰謀交還給有尋常弱點的一般人類。[76]

無論庫珀對於幽浮和外星人的新世界秩序陰謀的真實性有何看法，就像許多陰謀論一樣，他的想法是不可證偽的。任何明確駁斥庫珀和其他陰謀論者的理論的證據，都可以藉由簡單地宣稱這些證據是政府捏造，或是新世界秩序的掩飾來加以反駁。庫珀的陰謀論鐵桿信徒縱或是極少數，但他們並非沒有影響力。奧克拉荷馬市的炸彈客麥克維定期收聽庫珀的廣播節目，其他反政府的積極分子也是如此。一九九四年夏天，默拉聯邦大樓爆炸前不久，麥克維曾前往造訪庫珀。兩人談了些什麼，我們幾乎不得而知。庫珀聲稱不認識麥克維，他們的談話也無關緊要。當然，他這麼說有充分的理由，因為爆炸發生後不久，聯邦調查局就開始問他一些令人不安的問題。庫珀和他的同夥幾乎立即開始辯稱麥克維是政府的替罪羊，爆炸事件是嫁禍行動，目的在抹黑反政府和民兵運動，這是他們真心的想法，而且不是巧合。[77]

庫珀進一步深入民兵運動和反政府運動的世界，繼續從事他的廣播和出版，包括一份名為《真理報》（*Veritas*）的報紙。他也參加了民兵團的準軍事活動。這一切都需要花錢，而他的某些計畫證明是所費不貲的失敗。因此，庫珀的財務困境促使他抄捷徑，導致他在一九九八年六月十八日被聯邦政府起訴銀行詐欺和逃稅。庫珀遵循他長期以來的反政府原則，拒絕接受這些他認為不合法且違憲的指控。他還保證會武裝抵抗任何想要他坐牢或逮捕他的企圖。聯邦執法官員不願冒著造成另一起像是紅寶石山脊（Ruby Ridge）事件[15]或韋科的大衛教派事件之類的致命事件，可能變成負面宣傳的風險，他們與庫珀對峙並等待時機。然而，麻煩總是有辦法找上有疑心病的庫珀。二〇〇一

15 編按：一九九二年發生在美國愛達荷州紅寶石山脊的著名武裝對峙事件。該事件涉及聯邦執法機構與一名極端主義者蘭迪・韋佛（Randy Weaver）及其家族之間的衝突。事件的起因與韋佛家族涉嫌非法販賣武器與其他犯罪活動有關，最終導致一場激烈的對抗，造成數人死亡。

年七月十一日，史考特・雷諾茲・漢布林（Scott Reynolds Hamblin）博士開車帶家人到庫珀住所附近的一座山丘，觀看遠處的閃電風暴。在短暫停留後，漢布林就帶著家人回家，結果發現一輛皮卡車在跟蹤他。回到家時，那輛皮卡車的司機攔住漢布林，告訴他不要靠近他的房產，並用拉起扳機的手槍對準他的臉。那位司機正是庫珀，他從很久以前就會將別人從他家附近的山丘上趕走，儘管那裡並非他的地產。漢布林是受人敬重的當地居民，他向治安官投訴。起初，治安部門聽取聯邦調查局的建議，沒有對此事施壓。感到委屈的漢布林繼續要求伸張正義。最終，在二〇〇一年八月二十九日，亞利桑那州以重傷害和危害他人安全的重罪罪名對庫珀發出逮捕令。原計畫是在九月十一日逮捕庫珀，但可能有人向庫珀通風報信，造成了拖延，加上同一天發生在世貿中心的恐怖攻擊，也進一步干預了此次行動。那天庫珀整天都在做他的廣播節目，當局不願意在他廣播時逮捕他，所以治安部門轉而找尋低調逮捕他的其他機會。但這件事情無法低調。二〇〇一年十一月五日傍晚，阿帕契郡（Apache County）治安部門派出十七人，試圖將庫珀引誘出家門。計畫出了差錯，接著槍聲四起。庫珀開槍射中一名警員的頭部，而另一名警員朝庫珀射光他的子彈。受傷的警員奇蹟般地撿回一命，儘管他終生癱瘓。而庫珀沒能活下來。[78]

庫珀的去世不代表陰謀論的終結，尤其是涉及新世界秩序的陰謀論。庫珀不是唯一一個處在群魔亂舞的陰謀主義世界的人，而魔鬼確實也繁不勝數。過去和現在都有大量的陰謀論支持者，他們通常傾向於傳播不可證偽的即興版陰謀論，這些陰謀論似乎永存不朽而且不可辯駁。

當今最惡名昭彰、最具影響力的陰謀論者，或許非艾力克斯・瓊斯（Alex Jones）莫屬。他出生於德州達拉斯（Dallas）。後來，他的家人搬到了奧斯汀（Austin），他在那裡的高中打美式足球，並於一九九三年畢業。在當地的社區大學短暫學習後，他開始在公共電視上主持現場叩應節目，但在一九九六年轉而主持脫口秀節目。自由主義者榮恩·保羅（Ron Paul）多次出現在他的節目中，瓊斯的話題開始轉向陰謀論和反政府主題，例如指控聯邦政府是奧克拉荷馬爆炸案和韋科的大衛教派事件謀殺案的幕後黑手。一九九九年，瓊斯成為某項報紙民調票選奧斯汀最佳電台脫口秀主持人的共同獲獎者。同一年，瓊斯的雇主 KJFK-FM 電台將他解雇，因為他拒絕擴大他的話題範圍，而只關注陰謀論。瓊斯並沒有被嚇到，他開始在家中透過網路進行廣播，到了二〇〇一年，他的節目在一百個電台上同步播放。到了二〇一〇年，他的節目每週吸引兩百萬名聽眾，他的網站 InfoWars 的每月瀏覽量達到一千萬次。在取得此一成功的一路上，他指控過喬治·布希總統是九一一世貿中心恐攻事件的幕後黑手，並曾在二〇〇七年口頭抨擊了昔日的小報脫口秀主持人、現今經常上福斯新聞（Fox News）的評論員傑拉多·李維拉（Geraldo Rivera），還有其他令人震驚的行為。後來，他於二〇一三年與電視節目主持人皮爾斯·摩根（Piers Morgan）展開了一場關於槍枝管制的激烈辯論，他還密謀將德州的泰德·克魯茲（Ted Cruz）從參議員席位上趕下來，因為克魯茲反對川普。[79]

瓊斯的 InfoWars 網站和廣播節目已成為獲利豐厚的企業。二〇一四年，瓊斯在法庭上作證說 InfoWars 每年的收入為兩千萬美元。二〇一七年，德國《明鏡》（*Der Spiegel*）周刊報導說瓊斯三分之二的收入來自 InfoWars 網站上提供的商品銷售。[80] InfoWars 的「商店」與約翰·伯奇協會等網站的「商店」大不相同。後者著重在教育讀者正確的意識形態，使他們在政治上組織起來以實現具體的目標。出售的商品項目包括向讀者介紹或支持其意識形態的書籍、小冊子和光碟。有些項目是自家生產的，有些則是類似團體的同類型作品，或陰謀論者的經典作品，例如羅賓遜的《共濟會、光明會和讀書會針對歐洲所有宗教和政府，在秘密會議中進行的陰謀的證據》。[81] InfoWars 網站及其姊妹網站 PrisonPlanet 則不一樣。這兩個網站顯然都以瓊斯為重點。你只要稍微瀏覽一下就能找到他的照片：它無所不在。InfoWars 的主頁列出各種聲稱是真實新聞的影片和新聞報導，但不是出現在主流媒體上的那種。瓊斯的這兩個網站都有可點擊的「商店」按鈕，一旦點擊都會將訪客帶往 InfoWars 商店。訪客首先看到的是「暢銷品」區，主要包括為 InfoWars 製造的健康和保健相關產品。主打的項目包括 Ultra2（一種增強精力的維生素 B-12）、Brain Force Plus（號稱可以釐清你的思路並賦予你活力）、DNA Force Plus（為身體重新注入活力和幫助對抗環境毒素）以及 Super Male Vitality（幫助男性重振雄風，嗯，你知道意思）。瓊斯並沒有忽視他的女性觀眾，他也出售 Super Female Vitality。顯然，瓊斯的追隨者擔心他們的精力，以及他們在精神上和臥室裡的表現。對抗新世界秩序的不知名上級，看樣子會以多種不同的方式讓人筋疲力竭。此外，InfoWars 的消費者也擔心環境中的毒素，考慮到他們對於環境問題和汙染的反對態度和普遍蔑視，此事顯得諷刺。另一區稱為「做好準備」，銷售露營和食物處理設備，顯然是為了幫助人們度過即將到來的世界末日，還有家庭保安用品，用以阻擋例如 MS-13 幫等入侵住家的犯罪團體，或例如美國菸酒槍炮及爆裂物管理局（Bureau of Alcohol, Tobacco, and Firearms）等專制的政府單位。「媒體」區販售書籍和影片。陰謀論部分包括光明會題材、反政府產品或出版品，以及與幽浮相關的題材，包括古代外星人還有其他偽歷史或偽科學性質的產品。最後是以服裝為主的「裝備」區。銷售的T恤上寫著「築起圍牆」、「加州人勿入」之類的標語，印在德州州旗的標誌上，以及「艾力克斯．瓊斯沒做錯什麼」（他的前妻可能不想穿）。還有其他商品，用以吸引反對移民政策和贊成擁有槍枝政策的支持者，或者對川普懷有英雄崇拜的人。如同貝克和拉什．林博（Rush Limbaugh）[16]，瓊斯找到了從陰謀主義獲取利益的辦法——大賺一筆。[82]

瓊斯是即興陰謀思維的典型例子。他的廣播節目和 InfoWars 網站傳播種類繁多到令人眼花撩亂的陰謀論，舉例來說：兒童接種疫苗會導致自閉症，桑迪胡克小學（Sandy Hook Elementary）和斯通曼道格拉斯高中（Stoneman Douglas High School）的大規模槍擊事件是栽贓的幌子，奧克拉荷馬爆炸案和世貿中心遭攻擊也是，還有政府可以控制天氣，甚至製造和引導龍捲風和颶風。以上所列舉的只是一些例子。所有這些邪惡活動和陰謀的根源都是新世界秩序。這個新世界秩序在其構成和議程上模糊且為時短暫。唯一可以確定的是，新世界秩序圖謀不軌，不停地策劃陰謀。每一件悲劇都被扭曲以符合陰謀論的需要。如果你瀏覽 InfoWars 網站，便會發現新世界秩序的大陰謀具有多樣化、普遍性和持續不斷的本質。然而這一切都完全不可證偽，至少對真信徒而言是如此。同時，任何有腦子的人都應該花點時間想像一下，如果自己是桑迪胡克小學或斯通曼道格拉斯高中大屠殺中被殺害的孩子的父母，而瓊斯說你是在悲劇幌子中扮演受害者的演員，你會作何感想。[83]

如同孔達最近出版的《陰謀中的陰謀：妄想如何席捲美國》（*Conspiracies of Conspiracies: How Delusions Have Overrun America*, 2019）中所做的調查和分類，還有許多像瓊斯這樣的陰謀論者。瓊斯有很多前輩。問題是：這種非理性的陰謀主義是否會成為一種自行消退、最終走向式微的風潮？人們可能會這麼想。但不幸的是，正如巴肯所言，幽浮理論與新世界秩序式陰謀的日益重疊，產生了加乘效果，使這兩個團體擴大接觸到一般群眾。在網路、社群媒體、《遠古外星人》等電視影集和談話性廣播節目的推波助瀾下，所有邪教環境之母已然存在。正如孔達悲觀地總結：

16 譯註：1951-2021，美國右翼電台主持人和記者，作家，自由意志主義運動者。

目前，陰謀論思想、它與右翼和威權政治日益緊密的實際連結，加上以網路為基礎的溝通方式有利於陰謀的傳播，這一切在美國政治中結合起來，造成了許多人都極不看好的局面。同時，沒有人願意去限制言論自由，也沒有人願意讓某個權威來指定哪些想法是合理的、哪些是指涉陰謀的胡言亂語。認為這種局面會自行解決，或者政治信念的改變會消除這種局面，這麼想固然讓人覺得放心，但證據顯示情況並非如此。[84]

我們很難不同意孔達的評估。

這百姓說同謀背叛，你們不要說同謀背叛。他們所怕的，你們不要怕，也不要畏懼。

——〈以賽亞書〉8:12

5

萬劫不復之路：
德國人、納粹分子與超自然文化

如果以理性地相信納粹的承諾為先決條件，顯然沒有人會成為納粹分子。

——彼得．杜拉克（Peter Drucker）[1]，一九三九年❶

每個德國人都有一隻腳踩在亞特蘭提斯，他在那裡尋找一個更好的祖國。

——赫爾曼．拉烏什寧（Hermann Rauschning）[2]，一九四〇年❷

一九三六年，納粹黨衛軍全國領袖海因里希．希姆萊（Heinrich Himmler）創立了一個年度性的紀念活動。儀式在奎德林堡主教座堂（Quedlinburg Cathedral）舉行，慶祝薩克森的亨利一世（Henry I of Saxony，又名捕鳥者亨利〔Henry the Fowler〕）於西元八七六年誕生的紀念日。同年稍後的七月二日，希姆萊組織了一場活動，紀念亨利一世於九三六年逝世後的一千週年。❸一年一度紀念亨利一世逝世的活動持續舉辦到一九四四年，而希姆萊錯過了該場活動。據報導在希姆萊缺席的情況下，通常莊嚴肅穆的活動涉及不得體的飲酒過量。然而或許德國不斷惡化的軍事局勢才是該怪罪的原因。

任何時代愛國的德國人將亨利一世視為民族英雄，都不算是什麼了不得的事。他在德國復興了神聖羅馬帝國，並為他的兒子鄂圖一世（Otto I the Great）的成就奠定基礎，因而廣受讚譽。幾乎所有研究中世紀德國的現代歷史學家都會贊同這個評價。但希姆萊向亨利一世致敬還有一些更加荒誕的理由。❹

希姆萊對亨利一世的興趣，遠超過亨利一世使德國成為中世紀盛期大部分時間裡歐洲最強國家所做的貢獻。身為狂熱的反基督教和反天主教者，希姆萊將亨利一世描繪成一個反基督教的德國人，與教會保持距離，並渴望回歸過去的德國前基督教時期及其古老的北歐諸神。復興日耳曼異教是希姆萊的目標之一，他也將之歸功於亨利一世。為了宣傳這種亨利一世歷史重要性的觀點，希姆萊建立了亨利國王紀念機構（King Heinrich Memorial Institution）來研究這位中世紀國王。甚至有人表示希姆萊可能認為自己是亨利一世的轉世，儘管其他學者懷疑這個說法。❺

希姆萊是納粹主義對於邊緣歷史或偽歷史、邊緣科學或偽科學，以及對奧秘或神秘信仰的大雜燴感到著迷並予以支持的面向的最佳實例。他絕非唯一一個相信這些事情的人。早在納粹主義和第三帝國興起之前，許多德國人就對這些事情著迷，甚至是執迷。倘若希姆萊和其他德國人執迷於古怪信仰的程度，與執迷於亨利一世的程度相當，那麼第三帝國的歷史可能就不會那麼血腥。

德國人與超自然事物和神秘學的關係

從一九二〇年代初期納粹黨成立至今，學者們一直在爭辯邊緣知識、超自然事物和神秘學在納粹德國所扮演的角色。有些學者認為納粹主義和神秘主義之間的關聯微不足道，有些則聲稱邊緣、超自然或神秘信仰在推動第三帝國的意識形態、政策和行動上扮演了即使不是主要、也是重要的角色。造成意見分歧的根源之一是，有些學者把他們的注意力局限於神秘學的作用，而在很大程度上

1 譯註：1909-2005，出生於奧地利的作家、管理顧問以及大學教授，專注於寫作管理學文章，作品廣為人知。

2 編按：1887-1982，德國政治家和作家，曾短暫加入納粹運動，但後來與之決裂。最著名的作品為《與希特勒的對話》（*Gespräche mit Hitler*）。

忽略了偽科學、偽歷史和相關信仰對於一九四五年之前的德國所發揮的影響和作用。更複雜的問題是，這些形式的邊緣知識並沒有明顯的界線。偽歷史、偽科學、超自然信仰和神秘信仰，在歷史學家艾瑞克·庫蘭德（Eric Kurlander）所稱的德國社會與文化的超自然想像中重疊、混和在一起。後來關於希特勒、納粹和該時代怪異的邊緣知識，極聳人聽聞的書籍、紀錄片和想法大量增加，使探討邊緣知識、超自然事物和神秘學角色的學術爭論變得更加複雜。這些譁眾取寵的作家聲稱，納粹領導階層相信超自然和神秘力量是真實存在的，可以利用它們來推動第三帝國統治世界。有些作家甚至似乎自己也相信超自然和神秘力量與現象的存在。

進入一九二〇年代時，德國可說擁有悠久且卓越的文化、科學和嚴謹的學術研究遺產，其歷史可追溯到十六世紀。德國人是受過良好教育的民族，他們的許多大學都是世界級的先進研究機構。一九〇一至一九三二年間，德國人共獲得十一項諾貝爾物理學獎和十四項諾貝爾化學獎。相較之下，同期間的法國科學家獲得諾貝爾物理學獎和化學獎各五次，而英國科學家獲得諾貝爾物理學獎四次、化學獎五次。美國科學家甚至更落後，僅獲得三項諾貝爾物理學獎和兩項化學獎。德國的歷史、社會學、聖經批評和其他學科的學術研究都極受重視。這些是德國人令人驚訝地普遍接受超自然事物和神秘學之外，讓人欽佩和銘記的知識成就。❻

我們可以輕鬆地說，納粹和他們對超自然事物和神秘學的迷戀只是一種反常現象。但事實並非如此。納粹分子不是唯一對邊緣科學以及超自然、奧秘和神秘研究著迷的德國人。德國社會中有很大一部分的人十分關注這些同樣聳動和迷人的信仰。其吸引力也不是最近才出現，而是早於德國文化的偉大學術成就之前。中世紀後期的德國是流傳著特別邪惡的神話的重鎮，這些神話提到潛伏在陰暗的東方、野蠻好戰的紅色猶太人。他們在等待合適的時機，在歐洲猶太人的協助下打擊和摧毀基督教世界。

到了十七世紀的前幾十年，德國出現了玫瑰十字會，往後日益與秘傳的秘密社團混合。後來，十八世紀的德國將發展出一種精英主義、貴族的、保守且極其神秘的共濟會形式，金色玫瑰十字團為其典型。它與最初的蘇格蘭共濟會的古板理性和平等主義沒有什麼相似之處。[7]

同時，啟蒙運動的理性主義和唯物主義，以及後來的科學、工業化和十九世紀的大眾文化，將逐漸揭開人類存在的神秘面紗。這個過程將會被傑出的社會科學家馬克斯·韋伯（Max Weber）稱作世界的除魅（disenchantment of the world）。這些改變雖然常被描繪成人類文明的進步，但許多人發現它們令人感到困惑、充滿壓力和疏離。他們抗拒幻滅，尋求驚奇、神秘、信仰和超自然事物。

十九世紀期間，人們對於現代理性主義和唯物主義越來越感到不適和疏離。都市化和工業化切斷了人與傳統社群和大自然的連結。世俗化削弱了宗教信仰所提供的保證。同時，與日俱增的繁榮和伴隨而來的大眾文化，為人們提供復魅（re-enchant）其生活的方法和機會。廉價的報紙、雜誌和書籍，讓渴望的讀者得以接觸關於歷史、科學、健康、占星術、神秘主義和通靈的邊緣思想。可自由支配的收入使人們能夠接受專業占星師、算命師，以及神奇療法和飲食提供者的服務。多出來的閒暇時間讓人們有機會加入志同道合者的社團，以及參加探索各種邊緣主題的課程。這些發展使得有關亞特蘭提斯的超自然、神秘學和邊緣思想、流行飲食法、奇怪的邪教、魔法、陰謀和占星術，得以獲得更廣大的新受眾。

這些新大眾媒體的分支以此方式，在十九世紀和二十世紀初期發揮了與一九九〇年代以來的網際網路大致相同的功能。它們促使人們去相信最奇怪的陰謀、幽浮、外星人入侵以及可疑的飲食和健康習慣。就這一點而言，德國並非獨一無二。所有西方工業化社會都開始抗拒世界的除魅。每個民族文化都有自己版本的邊緣知識和信仰。然而，它們卻大致相似，因為它們都源自對現代的工業化、城市化、理性主義、科學和世俗主義的普遍反應。這一切與西方世界所謂的神秘學復興攜手並進。神秘學的復興始於啟蒙時代，並在十九世紀和二十世紀期間擴展。事實上，神秘學從未真正消亡。[8]

這並不是說在對現代性的反應中，德國不像其他國家那麼熱衷於邊緣知識和信仰的次文化。但這沒有注定德國會走向納粹主義崛起和第三帝國的恐怖。德國不同於其他西方工業國家，它在成為統一國家之前早已是個先進的工業社會。一八七一年德意志帝國的建立，剎時產生了一個世界強國和經濟活力。此事令德國人深感自豪，但也促使他們越加期望德國的進一步偉大。這種期望在某種程度上未能實現，因此在一九一四年之前的幾年中產生了模糊的不滿感和幻滅感。這些感覺讓人想要尋找神秘、驚奇，以及一種對過去未曾真正存在的輝煌的懷念。第一次世界大戰時德國意外戰敗，隨之而來的是殘酷且不公平的和平、政治不穩定和經濟困難時期，使得納粹主義的崛起變得可能，並大幅激化既存的反猶太主義。同時這也進一步吸引人們逃避到超自然、神秘學、偽科學和神話中的過去的世界。同樣地，德國並非獨一無二。南歐和東歐政府也全都被法西斯分子接管，東歐的反猶太主義也逐步高漲。[9]

十九世紀期間，德國人經歷了許多和其他西方國家相同的經驗。崇尚中世紀、崇高、神秘和超自然事物的浪漫主義，在德國極具影響力。德國浪漫主義挾其中世紀歷史，連同奧丁（Odin）和索爾（Thor）的北歐神話，以及齊格飛（Siegfried）和尼伯龍根（Nibelungs）的傳說，有豐富的材料可供運用。如同其他歐洲人，德國人持續地反猶，但他們不是唯一懷有這種偏見的人。其他西方國家也有自己的反猶太主義成分，這些成分往往比德國的更加惡毒。然而，德國是「反猶太主義」一詞最早被使用的地方。少有人知的作者馬爾寫了《從非懺悔觀點看猶太屬性勝於日耳曼屬性》這本小冊子，創造出「反猶太主義」這個用語。他的作品引發了從宗教反猶太主義到種族反猶太主義的不祥轉變。猶太人不再是一個信奉有缺陷宗教的民族，可以透過改宗而獲得救贖，而是一個邪惡的民族。猶太人不同於其他人類，他們千百年來一直威脅著基督教社會，因而無法被改正。就此意義而言，猶太人可視為需要被根除的害蟲或疾病。當馬爾在一八七〇年寫作時，絕大多數德國人既不抱持也不贊同這種可憎的想法。然而，進入二十世紀後，德國和其他歐洲國家經歷了反猶太主義的復興。此事的例證即為《錫安長老議定書》和其他惡毒的反猶太宣傳作品的出現。這些著作進一步改變了人們對對猶太人的看法，從一個宗教轉變為生物學意義上的一個種族，並怪罪他們密謀接管世界。[10]

雅利安主義與民族主義

德國人也被捲入十九世紀後期席捲西方國家的社會達爾文主義和種族優生概念的熱潮中。社會達爾文主義教導說，自然界中適者生存的鬥爭也適用於人類種族、國家和社會階級。最富有、最強大的種族、國家或社會階級明顯是最適者，因此最應該存活下來。恩斯特・海克爾（Ernst Haeckel）是著名的德國動物學家，他支持達爾文演化理論，並且為該理論在德國普及做出不小貢獻。他也宣揚社會達爾文主義及其優劣種族和人類生存鬥爭的思想。海克爾的想法在德國極受歡迎，影響了希特勒和納粹分子以及其他人的思維。由於德國是一個富強的國家，尤其在一八七一年統一之後，德國人顯然屬於人類中的最適者類型。英國人、法國人、美國人，還有甚至俄羅斯人對自己也有同樣的感覺。他們全都想要維持住自己的地位，因此產生種族優生學的觀念，試圖防止不適者、失能者和異常者拖累一個成功健全的社會。藉由強制絕育來阻止失能者或異常者生育後代，是種族優生的一個目標，支持者認為這種殘酷的做法有其必要性。德國人發現雅利安主義的概念極具吸引力。許多人自認是雅利安人的後裔，雅利安人被認為是一個古老而優越的白人種族。種族優生和雅利安主義將成為納粹意識形態的核心信條，最終導致對有缺陷和殘疾者實施安樂死的不人道殘暴政策，以及對猶太人、吉普賽人和其他不受歡迎的族群進行種族滅絕。事實上，納粹主義變得與雅利安主義如此息息相關，以致大眾的歷史記憶忽略了一個事實：許多西方精英也提倡雅利安主義及其分支的社會達爾文主義。[11]

啟蒙運動期間，許多歐洲學者反對猶太－基督教觀點的人類和文明起源理論。有人認為印度北部才是文明的真正發祥地。大約相同時間，英屬印度殖民行政官員威廉．瓊斯（William Jones）提議說有一種史前語言的存在，它是梵語、希臘語、拉丁語和其他歐洲語言的先祖。德國浪漫主義學者弗里德里希．施勒格爾（Friedrich Schlegel）欣然採納瓊斯的語言學看法，但繼續將種族和語言連結在一起。在他的《印度人的語言與智慧》（*Language and Wisdom of the Indians*, 1808）中，他提出了以下的理論：根源語言梵語的使用者在喜馬拉雅山建立和平且輝煌的文化，之後一路征戰遷徙，最終征服了印度次大陸，並西行到北歐定居下來。到了一八一八年，他也普及了「雅利安人」一詞，在梵語中意指「高貴」，代表古老的根源語言和說該語言的人。施勒格爾的這種金髮碧眼雅利安人種的概念在法國、英國、美國和德國獲得接受。狄奧多．羅斯福（Theodore Roosevelt）是雅利安主義的狂熱支持者。在德國，雅利安主義吸引了民族主義和泛日耳曼主義者，因為它認定他們是優越的種族。不意外地，後來納粹分子也全心全意將雅利安主義納入他們的意識形態中。[12]

十九世紀是民族主義興起的時代，尤其是拿破崙戰爭期間和之後不久出現的浪漫民族主義。浪漫民族主義尋求將民族國家的合法性，建立在文化、語言、傳統、民族和種族的連結之上。諸如法國和俄國等既有的民族國家均設法強化其民族認同，而沒有自己的民族國家的人們則希望成為一個民族國家。泛日耳曼主義便是產生自這股民族主義的驅動力。它想要團結所有說德語的民族，形成一個偉大的民族國家，結合那些生活在現今德國和奧地利的人們，以及可能的話，連同荷蘭人和斯堪地那維亞人在內。事實證明，義大利和德國是十九世紀期間創建的新民族國家。二者都是在暴力下誕生。一連串的起義和獨立戰爭最終讓義大利於一八七一年完成統一，定都羅馬。德國的統一是普魯士在鐵血宰相俾斯麥的領導下，於一八六六年的普奧戰爭和一八七〇年至七一年的普法戰爭中獲勝的結果。由此產生的統一國家並不包括奧地利的日耳曼人，他們仍然是多民族的奧匈帝國的一部分。這個結果令德國（尤其是奧地利）的泛日耳曼人感到失望，納粹分子日後會重新加以審視。[13]

民族主義（völkisch）運動是浪漫民族主義的另一種表現形式，也補足了泛日耳曼主義。völkisch源自於德語的「volk」（意指「人民」），是英語單字「folk」的字根。英語中沒有與之對等的單字，但「民族的民族主義」（ethno-nationalism）或「種族的民族主義」（racial-nationalism）傳達了其含義，亦即基於民族或種族認同的一種民族主義形式。民族主義也是反抗理性主義、科學唯物主義和世界的除魅的一部分，它們都是現代主義的特色，而現代主義是支配十九世紀和二十世紀初期的主流思想。[14]民族主義運動自拿破崙戰爭結束到第三帝國期間，對德國社會發揮了廣泛的影響力。由於它有許多的關注點和表現形式，其多樣性達到了難以歸類的程度。民間傳說、當地歷史、史前史、回歸土地的計畫、奧秘事物和神秘學的興趣、提倡民族社群、復興異教傳統和習俗，以及受反猶太主義的吸引，全都是民族主義運動的一部分。因此，雅利安主義的概念在民族主義中找到了適得其所的安身處，可謂無足為奇。

所有這些活動和關注都在鼓勵德國人去信奉民族主義思想，認為自己是特殊的，遠比其他如斯拉夫人等民族更特殊。民族主義思想的傳播是透過討論浪漫歷史或民間傳說的書籍、雜誌和報紙文章的作者。小說也出現了民族主義的主題和背景。許多出版商積極支持這些類型的作品，因為他們相信這些作品，它們也受到歡迎且暢銷。那些據說基於人與土地之間的神秘聯繫，而提倡回歸土地的農本主義或熱愛自然的團體，也支持民族主義運動。當中名為漂鳥（Wandervogel）的德國青年運動特別具有影響力，以其致力於鄉間徒步旅行而得名。漂鳥運動也傾向於奉行雅利安主義和民族主義意識形態。德國學校和大學的許多教師和教授都是民族主義思想的擁護者，並以此鼓勵志同道合的學生。所有這些團體一致認為德國民族主義是特殊的，而且在面對一個普遍非日耳曼的世界——特別是其子集，亦即充滿威脅的非雅利安世界——時，更需要振興德國民族主義。正是在這種背景下，各種雅利安主義或雅利安秘學團體在第一次世界大戰之前開始形成。⑮

雅利安秘學的發展與影響

雅利安秘學（Ariosophy）的意思是「雅利安人的智慧」。儘管雅利安秘學的概念最早出現於一八九〇年代，但這個用語是奧地利神秘學家約爾格・蘭茨・馮・利本費爾斯（Jörg Lanz von Liebenfels）在一九一五年所創造的。這場運動是源自泛日耳曼主義、雅利安主義、反猶太主義、神智學和民族主義的發酵，時間是在一九一四年第一次世界大戰開始之前的二十五年間。許多未來的納粹領導人發現雅利安秘學的概念極具吸引力，並將之納入他們的意識形態中。想要了解雅利安秘學，必須了解圭多・馮・李斯特（Guido von List）和利本費爾斯的職涯和思想。兩人都是奧地利人，所以也是年輕的希特勒在維也納時所面臨的相同泛日耳曼主義、民族主義、反猶太主義和神秘主義環境的一部分。李斯特和利本費爾斯都為自己捏造貴族血統。這是他們想成為德國過往和遺產的一部分所做的一些個人努力，但這個過往和遺產幾乎是一種幻想。[16]

李斯特出生於維也納。他的雙親是中產階級，父親經營皮革製品買賣，生意興隆。李斯特在安穩的經濟環境中長大和被縱容，過著相當無憂無慮的生活。然而，如同奧匈帝國的其他許多日耳曼人，他對斯拉夫民族主義的崛起感到焦慮，於是轉向了泛日耳曼主義。除此之外，他還從事健行、登山，以及帶有民族主義色彩的民俗研究等流行的休閒活動。

一八七七年，李斯特的父親去世，讓他得以離開家族企業，開始去追求他的文學生涯，成為一名記者、散文作家和撰寫民族主義主題的小說家。不久之後，他的寫作使他在奧地利和德國的泛日耳曼和民族主義圈子裡廣為人知。自一八九〇年代中期開始，他的作品開始表現出反猶太主義態度。一八八八年，他的第一本小說《卡農圖姆》（*Carnuntum*）問世。故事背景設定在古代晚期第四世紀的日耳曼地區。另兩本小說隨後在一八九四和一八九五年出版，也是描繪日耳曼的英勇過往。李斯特接下來轉而撰寫民族主義主題的戲劇作品，使他在泛日耳曼圈子裡越加出名。

成為第一位將民族主義意識形態與神秘主義和神智學結合的通俗作家，是李斯特對德國右翼超自然信仰所做的最大貢獻。李斯特一路上宣揚了一種古老日耳曼宗教的存在，他稱之為沃坦主義（Wotanism）。沃坦也稱作奧丁或沃登（Woden），是斯堪地那維亞與條頓的萬神殿諸神中的主神。這些神明構成條頓神話和民間傳說的重要部分。李斯特利用《散文埃達》（*Prose Edda*）和《韻文埃達》

（*Poetic Edda*）[3]作為他的資料來源，將沃坦主義發展成一種提供和保存關於自然奧義的秘密知識的宗教。李斯特隨著時間添加了更多深奧的細節。到了一八九〇年代，他聲稱在前基督教時期的日耳曼社會中已經存在具備特殊且強大知識的沃坦祭司。自那時起，李斯特著作中的神秘學思想越來越突出。到了一九〇八年，含有其靈智知識的沃坦宗教已成為李斯特世界觀的核心。李斯特的另一個主張是，古代日耳曼人受阿曼能（Armanen）統治，後者是神一般的太陽王的後裔和繼承者。古代日耳曼社會的社會和政治等級或阿曼能階層（Armanenschaft），取決於一個人具備多少古代智慧或靈智。最深諳這種智慧的人是統治日耳曼人的祭司國王。根據李斯特的說法，古代日耳曼社會是一個充滿靈智智慧且和諧的精英社會。[17]

李斯特的沃坦伊甸園闖進了一條蛇。早期的基督教傳教士到達後，便開始使包括精英分子和國王在內的人改信基督教。等到掌權後，基督教會就開始妖魔化沃坦主義。基督教會得到其他盟友的協助，例如查理曼（Charlemagne）皇帝，他展開一場迫害運動，強迫剩餘的沃坦教徒改變宗教信仰。被擊敗的阿曼能階層轉入地下。聖殿騎士、文藝復興時期的各種人文主義者、卡巴拉信徒和玫瑰十字會等團體，都是隱藏起來的阿曼能階層的秘密組成部分。十五世紀至十六世紀初期的傑出希伯來語學者約翰．羅伊希林（Johann Reuchlin）是這些地下的阿曼能學者之一，而李斯特聲稱他是羅伊希林的轉世。難怪希姆萊對雅利安秘學如此著迷。轉世比ancestry.com[4]好得多。李斯特沒有證據證明古代沃坦社會的存在。他是在參觀蓋瑟爾貝格（Geiselberg）山地堡壘之類的聖地時，以靈視或夢境的形式獲得一些想法。另外，他對符文的研究和非正統的詮釋，據說向他揭示了迄今無法想像的真理。他聲稱在古代遺址和所謂的地下阿曼能信徒的建築設計和主題中都看得到沃坦主義。差不多有相同缺陷的論點，也被那些聲稱看到古代外星人、中世紀中國環球航海者，或散布於地表各處的亞特蘭提斯遺跡的證據的人所使用。李斯特希望恢復阿曼能階層，從而重振日耳曼民族雄風。[18]

自一九〇二年起，神秘學概念開始出現在李斯特關於德國古代歷史和沃坦主義的著作中。具體而言，神智學的影響於一九〇三年開始出現。這種發展並不令人意外，因為自從一八八四年德國神智學會（German Theosophical Society）失敗以來，海倫娜・布拉瓦茨基夫人（Madame Helena Blavatsky）的神智學在現代德國神秘學的復興中便扮演重要角色。神智學為十九世紀科學的實證主義提供了解毒劑，也是調和科學與人文宗教信仰的一種方法。神智學與李斯特透過在方法論上有些可疑的民俗學、考古學和符文研究，將沃坦主義與民族主義思想融合成一個連貫的意識形態所做的努力極為契合。超凡入聖的神智學精英擁有強大的秘密智慧，與李斯特的阿曼能祭司國王概念完美契合。李斯特也採用了布拉瓦茨基夫人的七個人類根源種族的演化方案。她教導說，神智學的智慧歷史悠久，能追溯到未知的時代，但它對大多數人而言仍是隱密的。這也符合李斯特對沃坦主義的描述，他說沃坦主義是一個被迫轉入地下的極古老知識體系。同時，李斯特只採納某些神智學教義。他拒絕神智學的循環世界觀，因為李斯特是一位擁有線性歷史觀的千禧年主義者。他認為未來會迎來沃坦主義的智慧和力量的恢復，以及善良、偉大和明智的日耳曼民族的最終勝利。神智學吸引德國社會中的許多人，包括部分的左翼和右翼、自由派和保守派人士。每個神智學學者，例如李斯特，都從中汲取了適用於各自目的的概念。[19]

李斯特自視為現代先知。他的預言將因一個強大的泛日耳曼帝國的創建而實現。這個帝國將由

3 譯註：這兩部埃達是古冰島文學，內容多與北歐神話有關。

4 譯註：一個關於家譜、歷史紀錄和相關遺傳的網站。

雅利安日耳曼的精英所統治，他們將過著享受特權的奢華生活，而其基礎建立在較弱小的非雅利安民族的勞動上，他們本質上是奴隸。嚴格的種族隔離將成為規則，以保持雅利安人的純粹血統。父權社會也將成為雅利安社會的標準，男性戶長是最高等的公民。歷史學家尼古拉斯・古德里克－克拉克（Nicholas Goodrick-Clarke）指出，這種完美社會的願景與納粹在一九三〇年代中期通過的種族法十分一致。李斯特的種族純正的雅利安上層集團，也預示了希姆萊的計畫，他打算使他的黨衛軍成為純種精英，讓地球上遍布優等種族。一九一四年第一次世界大戰爆發時，李斯特視之為泛日耳曼帝國誕生的催化劑。儘管李斯特對戰爭的結果深感失望，但他在一九一九年去世時仍堅信，憑藉既神秘且世俗的手段，偉大的泛日耳曼帝國勝利在即。[20]

利本費爾斯是另一個重要的雅利安秘學思想家。他比李斯特年輕一個世代，同樣出生於維也納的羅馬天主教中產階級家庭。如同李斯特，他也在自己的名字裡添加了代表貴族的助詞「馮」，也同樣站不住腳地主張其與眾不同。一九一五年，他為自己、李斯特和其他志同道合者所宣揚的概念創造出「雅利安秘學」這個用語。一八九三年，年輕的利本費爾斯加入熙篤會（Cistercian Order），成為見習修士。一八九四年，他在參觀一座聖殿騎士的墳墓時，聲稱經歷了關於雅利安人和低等種族的某種領悟。幾年後，他因為某件涉及「肉體之歡」的事，不得不離開熙篤會。事實證明，這一切並沒有妨礙利本費爾斯成為神秘學家的職涯。[21]

和李斯特不同的是，利本費爾斯的人類歷史觀並不特別是民族主義或條頓中心主義，而是提倡一種史前的願景，在其中，住在失落的亞特蘭提斯和雷姆利亞（Lemuria）大陸上的雅利安超人，擁有類似於布拉瓦茨基的根源種族的心靈感應和全知能力。中世紀的軍事教團承繼了這些能力。利本費爾斯試圖透過復辟雅利安戰士和聖賢來重建這些力量。這些想法披著基督教的外衣，認為人類的墮落發生在夏娃與惡魔交合時，其後代是低等的深膚色種族的起源。利本費爾斯認為維持雅利安人的種族純正，關係到人類社會的文明和良善部分的存續。他在一八九三年出版的《神學動物學》（*Theozoology*）一書中提出這個世界觀。

利本費爾斯於一八九三年初識李斯特，當時他剛加入熙篤會不久。李斯特將利本費爾斯的若干想法融入自己的著作中，例如聖殿騎士的神秘本質以及雅利安人最初的家園是北極的阿克托加（Arktogâa）大陸。兩人都抱持千禧年主義和世界末日世界觀，認為一場大戰將促使雅利安人戰勝劣等種族。這場勝利將在地球上建立一個種族純正的樂園。利本費爾斯相信強制的種族隔離最終將使雅利安人純化其血統，達到重新獲得他們已失去的超能力的程度。對利本費爾斯來說，替他那些相當怪異的想法提供科學上的合理性至關重要，促使他與科學導向的一元論聯盟（Monist League）為伍。[22]

利本費爾斯對聖殿騎士的持續迷戀，使他建構了一個可疑的家譜，為他提供一個聖殿騎士祖先（由於聖殿騎士宣誓守貞，所以這顯然是一個破戒的非獨身祖先，就像利本費爾斯本人一樣）。一九〇七年，他創建了（或者從他的角度來看，重建）新聖殿騎士團（Ordo Novi Templi，簡稱ONT），總部設在奧地利的維爾芬施泰因堡（Werfenstein Castle）。該團體依據雅利安血統和複雜的儀式與用具，訂定出許多層級的會員資格。一九一八年德國戰敗，隨之而來的混亂持續到一九二三年，新聖殿騎士團與泛日耳曼民族主義者產生新關聯。他們試圖抵制共產主義和民主共和主義的邪惡勢力，認為這些勢力正在摧毀他們的國家。當利本費爾斯開始將猶太人和共濟會視為布爾什維克主義的盟友時，他的意識形態也變得更加反猶太。利本費爾斯的雅利安秘學和新聖殿騎士團將科學、宗教、神秘學和偏見結合成一種靈智的意識形態。它完美地表達了第一次世界大戰前後奧地利人和德國人的不滿與焦慮。從未遭逢競爭對手的希特勒和納粹，在一九三三年上台後隨即鎮壓新聖殿騎士團。[23]

我們必須記得，圭多・馮・李斯特學會（Guido von List Society）是一種粉絲俱樂部或秘密社團，成立於一九〇八年，旨在研究李斯特的著作，而新聖殿騎士團只有少量的正式會員，但有較廣大的群眾也發現了他們的民族主義和雅利安秘學思想看似可信且具有吸引力。他們的想法透過民族主義作家和熱衷符文者的文章和書籍傳遍整個德國，李斯特的概念被運用在他們自己的符文詮釋中。特奧多爾・弗里施（Theodor Frisch）和李斯特學會的其他會員於一九一二年成立帝國之鎚聯盟（Reichshammerbund）。其目的在於協調、統一各個反猶太組織並置於其領導之下。同時，弗里施和他的同夥成立了日耳曼會社（Germanenorden），這是一個由帝國之鎚聯盟比較知名的領導人所組成的秘密社團。儘管帝國之鎚聯盟努力和投入了很大一部分的資源在招募會員，但在一九一三年，其成員只剩下幾百人。在第一次世界大戰之前，德國社會整體上對於神秘的極端主義幾乎不感興趣。[24]

儘管日耳曼會社是秘密社團，但它招募成員的成效遠勝於帝國之鎚聯盟。日耳曼會社呼籲復興雅利安秘學，並創立一個由純種日耳曼人組成的泛日耳曼阿曼能帝國，這對於有民族主義傾向的人肯定具有吸引力。秘密的反猶太社團的概念也確實吸引人。許多反猶太的德國人和其他國家的反猶太主義者都認為，猶太人參與了想要統治德國社會或全世界的一場巨大陰謀。因此，他們認為成立自己的秘密社團，是抵制這個巨大陰謀的最佳辦法。此外，一些德國共濟會會員對於共濟會原則因猶太人和外國影響而降格感到失望。對他們來說，日耳曼會社提供了一個秘密的替代選項。第一次世界大戰的到來阻礙了日耳曼會社會員規模的成長，隨著會員的從軍，其人數跟著下降。停戰之後，它重新努力增加會員人數。在一九一九至二三年間席捲德國的混亂局勢中，日耳曼會社也激發出多起針對猶太人和威瑪共和國支持者的謀殺和暗殺事件。[25]

一九一六年末，日耳曼會社的活動引起魯道夫・馮・塞博滕多夫（Rudolf von Sebottendorf，原名亞當・阿爾弗雷德・魯道夫・格勞爾〔Adam Alfred Rudolf Glauer〕）的關注和追隨。塞博滕多夫將在納粹黨的起源以及其與神秘學、邊緣歷史和偽科學（即雅利安秘學）的連結上扮演重要但受壓制的角色。塞博滕多夫出生於普魯士的西利西亞（Silesia），父親是鐵路工程師。他年輕時曾四處遊歷，當過商船海員，以及在埃及和土耳其擔任工程師。他在德勒斯登（Dresden）因偽造文件而遭遇法律問題，之後回到土耳其並於一九一一年成為鄂圖曼公民。他在土耳其被海因里希・馮・塞博滕多夫男爵（Baron Heinrich von Sebottendorf）收養，因此使用塞博滕多夫這個姓氏。他後來被一個德國人收養，此事遭到質疑，但塞博滕多夫家族積極予以支持。第一次巴爾幹戰爭（一九一二至一三年）期間，他在土耳其軍隊中效力並且作戰負傷。一九一三年，他利用土耳其護照回到德國。他的土耳其公民身分和戰傷，使他在第一次世界大戰期間無法加入德國軍隊。在返回德國之前，塞博滕多夫已表現出對秘密社團和神秘學的濃厚興趣。他在一九〇一年就加入某個土耳其共濟會會所。在成為穆斯林之後，他也成為拜克塔什教團（Bektashi Order）的蘇菲派成員。到了一九一二年，他開始實驗數字命理學冥想（numerological meditation），但往後的事件將顯示塞博滕多夫不是一個只會空想的半吊子神秘學家。[26]

塞博滕多夫在一九一六年末加入日耳曼會社後不久，該社團的神秘主義瓦爾瓦特（Walwater）派系領導人赫爾曼・波爾（Hermann Pohl）就讓他負責復興巴伐利亞的地方分會。塞博滕多夫證明他是一位能幹的招募者和組織者。到了一九一七年的聖誕節，一個復甦的巴伐利亞分會便運作得極有效能。此一成功促使塞博滕多夫於一九一八年七月在四季飯店（Hotel Vier Jahreszeiten）設立了總部。日耳曼會社占用五個大型的會館房間，可容納三百名與會者。飯店老闆是日耳曼會社的支持者，他們允許塞博滕多夫和其他會員，以及後來的圖勒學會（Thule Society）會員使用僕人出入口，以隱藏他們進出的行蹤。日耳曼會社為了進一步隱瞞其可疑的右翼和反猶太主義活動，不被信奉社會主義的反對者和威瑪共和國官員發現，它開始自稱為「圖勒學會」。圖勒學會自稱是一個對埃達和北歐神話感興趣、良善無害的民俗研究協會。「Thule」這個名字源自「Ultima Thule」——古希臘航海家皮西亞斯（Pytheas）對冰島的稱呼。那裡據說是古日耳曼阿曼能逃離基督徒迫害的避難地。這種與北極的關聯也與雅利安秘學對於亞特蘭提斯和源自神智學的其他失落大陸的興趣完美契合。就圖勒學會的案例而言，雅利安秘學的焦點集中在失落的許珀耳玻瑞亞大陸，即據稱的雅利安人故鄉。塞博滕多夫熱心地推廣李斯特、利本費爾斯和其他雅利安秘學人士的意識形態。正如歷史學家大衛．陸爾森（David Luhrssen）一針見血地指出：「雅利安秘學是圖勒學會所使用的行話。」[27]

自一九一八年秋天到一九一九年春天，德國陷入動盪和暴亂，德國的布爾什維克試圖推翻威瑪共和國，並建立一個蘇維埃共和國。他們確實短暫地在慕尼黑建立了蘇維埃政府。然而，塞博滕多夫巧妙地利用圖勒學會，發動了一場成功的反革命。就「對的」一詞的多種意義而言，他是對的時間出現在對的地方的對的人。一九一八年七月，塞博滕多夫取得《慕尼黑觀察家與運動週報》（*Münchener Beobachter und Sportblatt*）的所有權。它被用於宣傳圖勒主義，同時冒充成一份無害的體育報。在塞博滕多夫的領導下，位於四季酒店的圖勒總部成為國中之國，暗中和公開地對抗布爾什維克。總部設有一座軍械庫，並於一九一八年十一月組織了德國第一支反布爾什維克的準軍事自由軍團（Freikorps）[5]。後來，塞博滕多夫招募了第二支部隊高地自由軍團（Freikorps Oberland），該部隊將參與希特勒於一九二三年失敗的啤酒館政變（Bürgerbräu-Putsch）。各種有害的反革命活動都是來自四季酒店，但慕尼黑布爾什維克卻沒有意識到他們麻煩的源頭。一九一九年四月下旬，他們終於發現這種威脅的本質以及鎮壓圖勒主義者的必要性。由於潛伏在布爾什維克組織內的間諜發出警告，突襲圖勒總部的行動只捕獲一些反革命分子。四月三十日，遭囚禁的圖勒主義者立即在柳特波德監獄（Luitpold Prison）被處決。這個殘忍的行為引發反布爾什維克人士的憤怒，並進一步刺激他們。慕尼黑蘇維埃失敗後，布爾什維克隨即遭受報復性的屠殺。塞博滕多夫領導這場鬥爭行動，使他和圖勒學會接觸到未來的納粹名人，例如恩斯特．羅姆（Ernst Rohm）和魯道夫．赫斯（Rudolf Hess）。圖勒學會的勝利和活動極大程度地促使慕尼黑成為民族主義、泛日耳曼民族主義，以及有利於納粹主義萌芽和發展的雅利安秘學幻想的溫床。[28]

正當塞博滕多夫的領導協助確保慕尼黑布爾什維克的失敗時，他的個人命運也開始急轉直下。猶太企業對他提起訴訟，他手中的高地自由軍團控制權也被奪走。除此之外，還有人指控他冒充貴族和接受土耳其公民身分以免被德國軍隊徵召入伍。最無情的是，同夥的圖勒學會認為是塞博滕多夫的疏忽，導致七名圖勒主義者被捕以及在柳特波德監獄遭處決。他們還指控他在慕尼黑起義期間侵吞了圖勒學會的資金。一九一九年六月，他辭去圖勒學會會長職務。此一發展模糊和掩蓋了塞博滕多夫做為雅利安秘學與早期納粹黨起源之間的牽線者角色。[29]

5 譯註：意指民兵。

納粹起源與雅利安秘學等神秘信仰的關係

塞博滕多夫離開圖勒學會和德國，前往瑞士前後不久，幫助希特勒崛起的兩項工具應運而生。一九一九年一月五日，圖勒學會成立了德意志勞工黨（Deutsche Arbeiterpartei），由安東．德雷克斯勒（Anton Drexler）領導，詩人暨圖勒主義者迪特里希．埃卡特（Dietrich Eckart）從旁協助。這個新政黨將是民族主義政黨並吸引普通民眾，不是特別神秘。同時，塞博滕多夫於一九一九年夏天將《慕尼黑觀察家與運動週報》併入弗朗茨．厄爾出版社（Franz Eher Verlag），並於一九二〇年三月由一群圖勒主義者取得所有權。[30]

起初，德雷克斯勒和他的德意志勞工黨難以吸引黨員加入。然而，他們確實成功引起德國軍隊的注意。在不幸的命運轉折下，被派去監視該團體的士兵正是阿道夫．希特勒。希特勒的部隊指揮官命令他加入這個新政黨。他並沒有將德意志勞工黨視為一個潛在的顛覆組織，反而喜歡他所看到和聽到的民族主義、反猶太主義、反資本主義和反馬克思主義。在參加會議時，希特勒開始暢所欲言，他的演講技巧讓人印象深刻，很快便被推上領導職位。他的上台掌權也得到了埃卡特的大力協助，埃卡特一直在為勞工黨找尋一位彌賽亞般的領袖，好讓德國重新偉大。有些人認為埃卡特是之於希特勒這個耶穌的施洗約翰。此外，他還是民族主義、反猶太主義和超自然主義的倡導者，對希特勒的思想和早期納粹意識形態極具影響力。一九二一年一月二十四日，希特勒將德意志勞工黨改名為國家社會主義德意志勞工黨（Nationalsozialistische Deutsche Arbeiterpartei），更常稱作納粹黨。這時，德雷克斯勒辭去領導人職位。十二月稍晚，德國駐巴伐利亞的部隊指揮官利用圖勒主義者埃卡特，將塞博滕多夫的《慕尼黑觀察家與運動週報》賣給納粹。埃卡特將成為編輯，而另一位圖勒主義者和未來的納粹分子羅森貝格則成為他的助手。一九二一年十一月，希特勒透過其政黨，以個人身分擁有這家報紙。最終，圖勒學會及其成員被納粹黨吸收。圖勒主義者將帶來李斯特和利本費爾斯的雅利安秘學教義和概念，而塞博滕多夫使它們成為圖勒學會計畫的一大部分。如同歷史學家古德里克－克拉克所言：「如果沒有這個人（塞博滕多夫），日耳曼會社和雅利安秘學很可能注定被遺忘。」[31]

這是否意味著雅利安秘學、神秘學、偽歷史和偽科學，在希特勒和納粹的上台掌權中扮演了關鍵角色？不，有很多條件促成納粹的成功。他們的民族主義、反猶太主義、反布爾什維克主義和反資本主義，吸引了嚴重分裂的德國社會各階層的支持。威瑪共和國除納粹之外還有許多敵人，共產黨、擁護君主制度者、德國軍隊和其他右翼或保守團體或政黨全都不喜歡它。許多德國人將威瑪共和國與戰敗、所謂在德軍背後捅刀子，以及不公正的《凡爾賽和約》聯想在一起。經濟大蕭條加重了威瑪共和國的危機，納粹和共產黨都在街頭製造混亂。對許多德國精英而言，在兩害相權取其輕的情況下，納粹似乎沒那麼壞，而且比共產黨更容易控制。一九三三年，在威瑪共和國總統保羅・馮・興登堡（Paul von Hindenburg）任命希特勒為總理後，對納粹的低估很快就證明是一個悲慘的錯誤。威瑪共和國的垮台無關乎任何超自然或奧秘之事。[32]

然而，神秘學、超自然事物、偽歷史和偽科學，確實在第三帝國的文化和意識形態及其政策上扮演重要角色。德國是處於動盪中的不幸國家。恐懼和仇恨始終存在。納粹利用了許多德國人的反布爾什維克主義、反現代主義和反猶太主義。從樂觀的一面來看，至少就納粹的角度而言，希特勒和他的政黨正在努力創造許多德國人盼望已久的泛日耳曼帝國。這些德國人也被告知，他們是注定要統治世界的優等民族（Herrenvolk）。換言之，他們是人類歷史上真正的上帝選民。這個泛日耳曼帝國的人口將會成長，因此它在地理上也需要成長。這種對空間的需求稱作「生存空間」（Lebensraum）。如此的世界觀使侵略和征服合理化，將導致在德國人所需要的土地上的原始居民被強迫遷移或滅族。這種極度野心勃勃的計畫需要一個無情且有效率的政府。因此，納粹提倡一個設置元首（Führer，意思是最高領導人）的獨裁政府，元首的判斷力無可質疑。國家領導人的不容置疑稱作領袖原則（Führerprinzip）。[33]

有些人會簡單輕鬆地接受一種讓自我感覺良好，或縱容自己偏見的信念或意識形態。然而，利用某種看似科學、歷史或宗教證據或支持的東西，來強化可憎和奇怪想法的可信度並沒有壞處。那正是神秘學、邊緣歷史或偽歷史，以及邊緣科學或偽科學發揮作用的地方。在威廉帝國和威瑪共和國時期，許多德國人相信且奉行神秘信仰，或某些正在滲透中的怪異歷史或科學理論。[34]納粹主義和雅利安秘學之類的不尋常信仰體系是互補共生的。此外，對怪異和荒誕事物的廣泛相信，有助於使納粹的非理性信仰正常化。最後，相信神秘學、奇怪的科學思想和牽強的過去，是對科學唯物主義和世界的除魅的反應，後者奪走了現代生活中的所有樂趣、驚奇和神秘。相信你的祖先是擁有超能力的原始英雄戰士，生活在失落的大陸上，遠比相信他們是披著獸皮、勉強在冰河時期求生的野蠻穴居人更有吸引力。

早期的希特勒與神秘或邊緣知識

這裡有一個大問題，那便是納粹領導階層是否相信這所有的神秘學、超自然事物和邊緣知識？答案顯然是否定的。許多德國人並不喜歡神秘或邊緣知識。愛因斯坦認為在威瑪德國大為流行的占星術是迷信，甚至在一九二七年的某場柏林晚宴之類的社交場合中也不予考慮。[35]一些知名的納粹分子也有相同的感覺。馬丁・鮑曼（Martin Bormann）、約瑟夫・戈培爾（Joseph Goebbels）、阿爾貝特・史佩爾（Albert Speer）和赫爾曼・戈林（Hermann Goering）是懷疑論者和憤世嫉俗者，他們對神秘學嗤之以鼻。對於這些納粹分子而言，他們所關切的事情和目標是獲得權力、使用權力並保住權力，儘管就戈林和鮑曼的案例來說，掠奪是另一個目標。戈培爾和施佩爾受過高等教育，而鮑曼和戈林則是凶殘的反智者。他們全都不相信納粹主義的神話——但不表示戈培爾不屑於利用諾查丹瑪斯（Nostradamus）[6]的預言來達到宣傳的目的。[36]

另一方面，希姆萊、赫斯、羅森貝格和達里都抱持一些偽科學或神秘信仰，這些信仰大大影響了他們的政策，這點我們稍後會提到。希特勒的導師——詩人埃卡特似乎也相信神秘學和其他奇怪的信仰。他與赫斯和羅森貝格都是圖勒學會的會員，或至少是親密夥伴。然而，他在一九二三年早逝，對於納粹黨與邊緣知識和超自然事物的關係影響有限。[37]納粹黨的高層領導者對於神秘學、偽科學和偽歷史的不同立場，是該政黨和整體德國社會的宏觀世界的縮影。此事留下另一個大問題：希特勒如何看待神秘學和超自然事物？

歷史學家持續在爭論希特勒與神秘學和其他形式的邊緣知識的關係。早期的傳記強調他妄自尊大地追求權力，並將任何與神秘學或超自然事物的關聯，視為微不足道的干擾。的確，神秘學和邊緣知識並不是希特勒思想世界中的首要焦點——讓他著迷的是建立千年帝國和統治世界。大致而言，希特勒相信身為雅利安人後裔的德國人是命定的民族。相反地，猶太人腐敗且邪惡。讓雅利安

6 譯註：1503-1566，精通希伯來語和希臘語的法國籍猶太裔預言家，留下一部以四行體詩寫成的預言集。

人和猶太人混雜在一起只會產生不好的結果，甚至帶來極大的災難。雅利安德國人正在與猶太人進行一場生存鬥爭，而身為領導者的希特勒將帶領他們取得勝利。如同他的許多德國同胞，希特勒不喜歡歐洲以外的各種斯拉夫民族和其他深膚色的民族。也就是說，他並沒有沉迷於這個世界末日境況的細節，例如雅利安人是否起源自失落的亞特蘭提斯、許珀耳玻瑞亞大陸或喜馬拉雅山脈。偶爾他會對那些沉迷者失去耐心，例如希姆萊或羅森貝格。[38]

有一件事讓希特勒與雅利安秘學信徒和圖勒學會的關係變得複雜和曖昧，那就是他和崛起的納粹黨核心成員聯手，努力跟這些神秘學團體及其思想撇清關係。這種厭惡有一部分源自塞博滕多夫和利本費爾斯聲稱他們是希特勒的導師和靈感來源。這些說法的問題在於，它們削弱了希特勒和納粹黨想要營造的希特勒孤獨英雄形象。納粹黨想要將希特勒描繪成一個彌賽亞般的半神，一個獨樹一格、憑一己之力和想法白手起家的人。再者，納粹不喜歡別人來爭搶群眾的忠誠和支持。[39]他們勉強容忍有組織的宗教，但會鎮壓他們認為是宗派的團體，無論他們的信仰是否與納粹黨的信仰一致。因此，被鎮壓的不只有共濟會和耶和華見證人（Jehovah's Witnesses），還包括圖勒學會、李斯特學會、新聖殿騎士團和其他雅利安秘學團體。

德國納粹運動取得政治力量後，在維也納的利本費爾斯很快就聲稱他影響了希特勒的思想。一九二七年，他在《奧斯塔拉》（*Ostara*）雜誌中寫道：「人們應該記住，萬字符和法西斯運動基本上都源自《奧斯塔拉》。」他希望希特勒能夠承認雅利安秘學對他的納粹意識形態的重大影響。問題是希特勒否認有任何感激之情或受到影響，但這不代表希特勒是誠實的。一九三三年，納粹在德國掌權，希特勒立即封禁利本費爾斯在德國的秘密社團新聖殿騎士團。這時，謹慎的利本費爾斯遷居到安全的瑞士。一九三八年德國吞併奧地利時，希特勒也封禁了《奧斯塔拉》和新聖殿騎士團。

利本費爾斯直到一九四六年才得以返回維也納，在那裡恢復新聖殿騎士團，該團體至今仍然存在於奧地利和德國。如同接下來幾頁所討論的，利本費爾斯聲稱曾見過年輕貧困的希特勒，並給了他幾本過期的《奧斯塔拉》雜誌。此一說法的真實性，以及利本費爾斯是否深刻影響希特勒和納粹的意識形態，這整個概念是歷史學家們爭論的主題，但尚未產生共識。同樣的情況也適用於希特勒和納粹是否封禁利本費爾斯著作的問題。[40]一九三七年一月，威利・萊因為納粹主義而成為流亡的難民，正如後來他在一九四七年的文章〈納粹國的偽科學〉（Pseudoscience in Naziland）中所言：「令我驚訝的是，沒有任何一個政黨團體或納粹社群曾為了向利本費爾斯博士致敬而建立一個國家。」[41]

塞博滕多夫是另一個聲稱他自己和圖勒學會在納粹主義的史前史中發揮重要作用的人，而且他也遭到摒棄。在塞博滕多夫與圖勒學會和慕尼黑的右翼鬧翻後，他搬到了瑞士，接著又去了土耳其，一直在經商和撰寫有關占星術和神秘學的書籍。一九三三年當納粹掌權時，他回到慕尼黑，試圖復興圖勒學會。幾個月後，他出版了《希特勒出現之前：納粹運動早期的文獻證據》（*Bevor Hitler Kam: Urkundlisches aus der Frühzei bzeit der nationsozialistischen Bewegung*）。他在書中宣稱，他、圖勒學會和其他小團體是希特勒崛起的基礎。塞博滕多夫斷言：「圖勒學會的成員是希特勒最早求助和首先與之結盟的人。」[42]許多歷史學家認為這個說法似乎非常可信。不消說，希特勒和納粹當局並不喜歡這種說法。一九三四年初，他們監禁了塞博滕多夫，但很快就釋放他。他被允許前往瑞士，並從那裡返回土耳其，在伊斯坦堡為德國的情報部門工作。不幸的是，德國大使館發現他的情報通常沒有用處。戰爭進入尾聲時，面對德國的即將戰敗，塞博滕多夫在博斯普魯斯海峽投水自盡。克德里克－克拉克評論道：「這位將雅利安秘學引進納粹黨的冒險家，就這麼結束了他的生命。」然而，早期的納粹分子因圖勒學會而感到尷尬，而且希特勒希望隱瞞他與圖勒主義者之間的任何關聯，包括與早期納粹分子赫斯、埃卡特和羅森貝格之間非常明顯的關聯。這個過程使塞博滕多夫成了多半被遺忘的人物。[43]因此，希特勒與神秘學的相關程度依舊模糊不清，而且已部分被抹除。

在這種情況下，推測詩人兼劇作家埃卡特的命運是有趣的事，他無疑是希特勒的導師，倘若他沒有在一九二三年啤酒館政變不久之後去世的話。在指導希特勒的過程中，埃卡特開拓了希特勒的知識和意識形態眼界，包括神秘學在內。埃卡特教導希特勒社交禮儀和公開演講，將他介紹給富有的贊助人，提供他經濟上的支持，並將他宣傳為德國的彌賽亞。到了一九二二年底，埃卡特和希特勒之間一度親密的關係冷淡下來。希特勒變得越來越傲慢，埃卡特不喜歡這樣。一九二三年五月，埃卡特向希特勒的另一個同夥恩斯特・漢夫斯坦格爾（Ernst Hanfstaengl）抱怨，說希特勒表現出「介於彌賽亞情結和尼祿主義（Neroism）[7]之間的妄自尊大」。儘管兩人的關係日漸疏遠，但埃卡特仍然在接下來的十一月與希特勒一起參加啤酒館政變。埃卡特短暫入獄，後來因健康不佳而獲釋，但在十二月二十六日死於心臟病，享年五十四歲。長年酗酒和吸毒導致他的早逝。儘管他們之間存在著差異，希特勒還是聲稱他非常懷念埃卡特，並認為他會長存於納粹文化中。但是如果埃卡特繼續做為一個批評者和競爭對手，並且讓人想起元首與神秘的圖勒主義者之間的關聯呢？埃卡特會不會也步入塞博滕多夫的後塵？[44]

年輕時赤貧的希特勒曾在維也納求學和找工作。維也納是泛日耳曼民族主義的溫床，催生出李斯特和利本費爾斯的雅利安秘學。根據利本費爾斯的說法，一九〇九年希特勒曾造訪《奧斯塔拉》辦公室來買過期雜誌，該雜誌著重在雅利安主義和民族主義理論，以及一些反猶太主義。利本費爾斯注意到這位年輕人顯然很貧窮，不僅送給希特勒過期的雜誌，還提供他搭乘公共交通工具回家的車資。由於此次遭遇，利本費爾斯將聲稱自己是為希特勒提供想法的人，研究希特勒的學者認為這是一個過度誇大的說法。[45]

一九一九年九月十二日，希特勒開始參加德意志勞工黨的會議，起初是擔任間諜，但不久之後就倒戈成為忠誠的黨員。在這些會議中，他會遇到圖勒主義者的民族主義和雅利安秘學思想。在希特勒看來，民族主義原則才是德國該走的正途。他不喜歡某些雅利安秘學人士的傾向，他們在秘密集會中專注於秘術的研究和討論，卻沒有為了建立一個民族國家而走上街頭、煽動群眾和進行戰鬥。正是這種情況促使希特勒在《我的奮鬥》中批評「那些心不在焉的德國民俗學者」。在《我的奮鬥》中，他通篇一再重申需要採取行動，而非從事漫無目的、無關緊要的討論。[46]

元首與邊緣知識的愛恨關係

希特勒掌權後，德國民族主義學者繼續不時地激怒他。一九三六年九月在紐倫堡舉行的納粹黨大會上，希特勒痛斥了路德維希・羅塞柳斯（Ludwig Roselius）和赫爾曼・維爾特（Herman Wirth），羅塞柳斯是富有的咖啡商人和現代主義建築的贊助者，而維爾特是希姆萊所重視的民族主義研究機構祖先遺產學會（Ahnenerbe）會長。如同希特勒所言：「那些只憑道聽途說和傳說來理解國家社會主義的人，以及那些因此太容易將之與模糊的北歐詞語混淆，還有那些依據某些神話般的亞特蘭提斯文化主題就逕自展開研究的人，與我們無關。」元首發現維爾特這個人令人惱火，而且他認為維爾特過早攻擊基督教。如同許多納粹分子，希特勒是一名背棄信仰的羅馬天主教徒，而且

7 編按：意指一種類似古羅馬皇帝尼祿時代統治風格的行為：專制、殘暴和採取無情的政治手段。

變得極其反基督教。他想消滅德國社會中的基督教，但他知道時機還不成熟。希姆萊於是不得不將維爾特降職。[47]

兩年後的一九三八年九月六日，希特勒在文化大會上發表演說，在同一個問題上攻擊他的核心集團成員希姆萊和羅森貝格。他們將沃坦主義確立為基督教敵對宗教的努力，可能危及第三帝國與德國各教會機構的關係。希特勒告訴他的聽眾：「國家社會主義不是邪教運動，而是完全以種族主義性質為考量的一種民族主義和政治哲學。這種哲學並不提倡神秘的邪教，而是旨在培養和領導一個由血統所決定的民族。」第二次世界大戰期間，希特勒曾舉辦小型晚宴，其間他百無聊賴地思索納粹意識形態和時事，而他的核心集團成員俯首貼耳地傾聽。鮑曼和其他人盡責地記錄他們領袖的談話。一九四二年四月十一日，他貶損羅森貝格的《二十世紀神話》（*Myth of the Twentieth Century*），並且說它不是「黨的官方學說的表述」，又補充道：「無論如何，它的寫作風格過於深奧。」然而，儘管有這些看似對神秘學和邊緣思想的貶抑，但希特勒本人、納粹黨和整體德國人民，都重視這些信念。正如歷史學家庫蘭德所言：「無論希特勒對『心不在焉的民俗學者』如何存疑，他仍承認超自然想像的力量吸引了他的黨內同僚和一般德國人。」如同後來所顯示的那樣，他讓希姆萊和羅森貝格等核心集團成員放手追求他們對邊緣知識的興趣。他們被允許在第三帝國內發展會消耗大量資源的政策和機構。[48]

儘管希特勒不像希姆萊和其他人那樣全心致力於超自然和邊緣知識，但他仍對魔法、占星術和各種偽科學感興趣。恩斯特・謝特爾（Ernst Schertel）的著作引起希特勒的注意並影響了他。謝特爾是某種大眾心理學和自我提升作家，他的作品帶有神秘和超自然色彩。尤其是希特勒曾閱讀和評註了謝特爾的《魔法：歷史、理論、實踐》（*Magie: Geschichte, Theorie, Praxis*, 1932），還用它來改善他的公開演講等方面的能力。對希特勒而言，謝特爾的「魔法」很實用，適合用於自我提升與掌控。[49]希特勒和他長期的得力助手赫斯以及其他高階納粹分子一樣熱衷占星術。希特勒對占星術的興趣體現在他與知名靈媒暨占星師埃里克・揚・哈努森（Erik Jan Hanussen）的密切關係上。哈努森的真名是赫爾曼・施泰因施奈德（Hermann Steinschneider），他是摩拉維亞（Moravia）的猶太人。到了一九三〇年，他已跟納粹運動的領導者建立了密切關係。他的猶太身分是一個公開的秘密，但因為他據說擁有的神秘天賦，讓這一點被忽略了。哈努森與希特勒曾多次會面。就在一九三二年的選舉前，他向希特勒傳授控制群眾的演說技巧。幾個月後，在一九三三年二月，哈努森繼續預言了惡名昭彰的德國國會大廈火災。我們不清楚這是碰巧猜中、還是他的納粹贊助人提供內幕消息的結果。對哈努森來說不幸的是，他成為了自己成功的受害者。他對國會大廈火災的預測，加上他與納粹領導階層的密切關係，讓人們對該黨產生懷疑。他還知道太多知名納粹分子的秘密。他與希特勒的親近關係也引起了納粹核心集團的嫉妒，而且他還受到德國民眾的歡迎，這為黨的領導階層和當局帶來了不樂見的潛在麻煩。因此，在三月二十四至二十五日間，哈努森被謀殺並偷偷埋葬。他的屍體於四月初被發現。[50]

哈努森謀殺案並未降低占星術在希特勒及其核心集團中的受歡迎程度。希特勒的第二繼承人赫斯仍是占星術和其他超自然信仰的忠實擁護者。赫斯越來越擔心自己逐漸失去對希特勒的影響力，以及計畫中與俄國開戰的危險，於是採取行動。他依據占星建議和一個超自然的夢，決定在一九四一年五月十日飛往蘇格蘭與英國進行和平談判。這對第三帝國而言是極尷尬的事，對希特勒來說也是一個難以忍受的背叛。[51]

赫斯因為受占星術影響而叛逃，引發了一九四一年五月至六月的赫斯行動，這是對德國占星師的制裁手段。儘管此次行動是由冷酷無情的萊因哈德・海德里希（Reinhard Heydrich）帶頭，但相較於鎮壓其他惹怒納粹的團體的行動，這場對於神秘學家的迫害為時短暫，而且十分克制。如同庫蘭德所證明的那樣，神秘學和超自然信仰太受納粹黨和一般德國民眾的歡迎，無法加以根除。再者，包括希特勒在內的許多納粹領導人本身也相信神秘學和超自然事物。他們只是反對騙人的神秘學家。除此之外，他們只希望神秘主義和超自然事物能在他們的控制下，為他們的意識形態和權威效勞。[52]

希特勒持續對科學感興趣，尤其是如果它承諾有可能產生神奇的武器來擊敗他的敵人。除此之外，他的興趣並不分主流科學和邊緣知識或偽科學。種族科學顯然吸引希特勒，因為它解釋了民族主義信念、雅利安主義和反猶太主義的基礎，同時似乎也透過科學方法證明其合理性。漢斯・霍比格（Hans Horbiger）的世界冰理論（World Ice Theory）或冰川宇宙學（Glacial Cosmology）也引起希特勒的注意。事實上，這是唯一獲得他全心全意支持的邊緣科學。希特勒對霍比格理論的熱情不僅僅是個人怪癖。儘管世界冰理論遭到德國主流科學家的堅決反對，但在德國民眾中依舊有大量擁護者。霍比格是奧地利工程師，在一八九四年發明了一種大幅提升高爐運作效能的鋼製閥門，事實證明這是一項有利可圖的發明。同時，霍比格希望在宇宙學領域取得同等的成功，他與他的共同作者、業餘天文學家菲利普・福特（Philipp Fauth）在一九一三年出版了《龍捲風、氣溫驟降、嚴重的冰雹風暴以及火星運河數量的倍增》（*Wirbelstürme, Wetterstürze, Hagelkatastrophen und Marskanal-Verdoppelungen*）。第一次世界大戰起初削弱了這本書的影響力，但戰後霍比格透過公開演講和報紙報導積極推廣他的理論。簡單地說，他聲稱宇宙中充滿了固態的水。銀河是由冰塊構成，而地球以外的行星是被冰覆蓋，月球也是。漫遊的天體冰和冰堆積對以往的地球造成各種災難。儘管天文觀測和科學實驗並不支持霍比格的主張，但許多德國人熱情地相信它們是科學事實。世界冰理論與民族主義和納粹意識形態相契合，它迎合了民族主義和雅利安秘學對北極的迷戀。此外，世界冰理論的災難論似乎為亞特蘭提斯或許珀耳玻瑞亞等失落的大陸的毀滅提供了科學證據，據說它們是原始雅利安超級文明的家園。希姆萊和其他納粹分子是世界冰理論的重要贊助者。它當然得到了希特勒本人的支持，即使他不像希姆萊那麼熱衷。在希特勒宴請其核心集團的某些晚宴中，他曾討論霍比格的概念。一九四二年一月二十五至二十六日的夜晚，希特勒表示：「我很傾向於接受霍比格的宇宙理論。」幾週之後的二月二十日至二十一日，他將霍比格在科學知識上所獲得的進展與哥白尼相提並論。他也慶幸自己和第三帝國鼓勵這種創新的科學思維。據稱正確地應用世界冰理論，能有效預測未來幾週、幾個月甚至幾年的天氣。因此根據預測，一九四一至四二年的冬天氣候溫和。這個不正確的預測為一九四一年六月下旬發動巴巴羅薩行動（Operation Barbarossa）侵攻俄國的德軍帶來災難性的悲慘後果。準備不足的德國部隊在接下來的冬天傷亡慘重。[53]

事實上，希特勒對神秘學、超自然事物、邊緣歷史和偽科學有著廣泛的興趣。他並不像希姆萊或赫斯那樣熱情或執迷地追求自己的興趣，但對於一個受過教育且身負重任的國家領導人而言，支持這類毫無根據的信念和想法，已經不是有點不正常而已了。

處於邊緣的納粹高層們

其他納粹領導者對於神秘學和超自然知識，遠比希特勒更加投入。赫斯是在第一次世界大戰中榮獲勳章的退伍軍人。戰後，他於一九一九年就讀慕尼黑大學，師從提倡「生存空間」的卡爾·豪斯霍弗爾（Karl Haushofer）。赫斯日後將這個概念介紹給希特勒，它成為納粹意識形態的重要信條。豪斯霍弗爾和赫斯同樣對占星術感興趣。赫斯曾是圖勒主義者，然而在德意志勞工黨的某次集會中，他聽到希特勒的演講，此後便成為未來元首的忠貞追隨者。他在啤酒館政變中支持希特勒，隨後被捕和判刑，與希特勒一同入獄。在獄中，他幫助希特勒撰寫《我的奮鬥》。和希特勒一樣，他也奉行素食主義，不沾菸酒。自一九二三年起，他擔任希特勒的私人秘書。當納粹於一九三三年掌權時，希特勒任命赫斯為納粹黨副元首，以及第三帝國政府中的無任所大臣。赫斯完全忠於希特勒，不同於納粹核心集團的其他大多數成員，他沒有試圖建立自己的個人權力基礎，也不追求財富自肥。由於不愛出風頭，他的神秘學和超自然信仰對於納粹的政策幾乎沒有影響力。他確實在他的官邸中雇用了許多神秘學家，而且他是超心理學、世界冰理論和生存空間理論的堅定支持者。[54]

說到在納粹黨和第三帝國推廣神秘學、超自然主義和邊緣知識，希姆萊應當是最重要的人物。第一次世界大戰接近尾聲時，希姆萊還太年輕，錯過從軍入伍參與作戰的機會。戰爭結束時，希姆萊像其他許多德國年輕人一樣，拚命想闖出自己的一片天。一九二三年八月，他加入納粹黨並參與了啤酒館政變，但設法躲過了追捕，不曾被起訴或入獄。一九二三至一九二四年間，他從保守的天主教徒，變成神秘主義和北歐神話的崇拜者。他的反猶太主義思想也越來越強烈。希姆萊於一九二五年加入黨衛軍，他發現自己所屬的是衝鋒隊（Sturmabteilung）底下一個很小的單位，負責保護希特勒。在希特勒的支持下，接下來的幾年希姆萊成為黨衛軍頭子，並將之轉變成一個獨立的準軍事精英單位，以及創造基因純正的雅利安超級人種的工具。它是雅利安秘學的偽科學和偽歷史概念的體現。黨衛軍制定了種種規則和政策，以確保其成員適當地結婚和過著清白的生活。為了讓黨衛軍更有凝聚力，他們對成員灌輸各式各樣的神秘學和超自然信仰，創造種種儀式和符號。如同黨衛軍的一位隊長迪特爾．維斯利策尼（Dieter Wisliceny）在因戰爭罪受審時的描述：在希姆萊的領導下，「黨衛軍逐漸變成一個新的宗教宗派」。[55]

在設法改造黨衛軍和德國的過程中，希姆萊得到雅利安秘學信徒卡爾．瑪利亞．威利哥特（Karl Maria Wiligut）的建議和協助。威利哥特被稱作希姆萊的拉斯普丁（Rasputin）[8]，儘管他自稱「明智的索爾」（Weisthor）。威利哥特出生於奧地利的一個軍人家庭，他打過第一次世界大戰，在一九一八年退伍之前獲得上校軍銜。他沉迷於種種雅利安秘學幻想，程度甚至遠超過利本費爾斯的想像，他的行為變得古怪，在一九二四年十一月非自願地被送進瘋人院。一九二七年出院後，他重拾雅利安秘學研究，但離開家人搬到慕尼黑，成了一位著名的符文學者。一九三三年納粹掌權後，他被介紹給希姆萊。他加入黨衛軍，與希姆萊建立起親密誠摯的友誼，並擔任顧問，受到希姆萊的信賴。威利哥特設計了黨衛軍的骷髏頭戒指，而且他的建議賦予其儀式和符號一種看似有傳統感的民族主義和雅利安秘學氛圍。他也協助挑選維威爾斯堡（Wewelsburg）做為黨衛軍學院，並提供裝潢建議。希姆萊和威利哥特都夢想復興古日耳曼宗教來取代德國基督教。然而，祖先遺產學會的工作人員認為威利哥特是瘋子，並不斷與他發生衝突，因為他對自己想要進行的研究提出怪異的想法和建議。儘管兩人有共同的信仰，但一九三九年初，在威利哥特的執迷於神秘學讓希特勒大發雷霆之後，希姆萊便疏遠了威利哥特。威利哥特在一九三九年八月二十八日正式退休，但實際上他早在二月就被剝奪了一切權力。此外，希姆萊早已知道威利哥特曾被宣布精神失能並入院。如果這些消

8 譯註：Grigori Rasputin, 1869-1916，俄國的神秘主義者，與沙皇尼古拉二世過從甚密，後來因醜聞百出而引發公憤，最終遭到刺殺。

息被公開，可能成為一件極尷尬的事。[56]

希姆萊的黨衛軍讓希特勒擁有強大的武器和執行政策的工具，來對抗其政權所面臨的外部和內部威脅。有人將希姆萊歸類為憤世嫉俗的投機者，只會像戈培爾或戈林那樣尋求越來越多的權力。根據黨衛軍隊長維斯利策尼的說法：「一般認為希姆萊是一個冷酷、憤世嫉俗的政客。這種看法肯定不對。希姆萊的整體態度是神秘主義者，他用宗教狂熱來接受（黨衛軍的）這種世界觀。」藉由提供豐富的民族歷史、傳說、儀式和標誌、象徵物，希姆萊希望鞏固黨衛軍對第三帝國的忠誠和奉獻。就像所有真正的納粹分子，希姆萊狂熱地相信種族主義意識形態，認為雅利安人是優等種族，斯拉夫人和其他低等種族是次等人類，而猶太人是如同害蟲般的邪惡種族。這些信仰與「生存空間」掛鉤，要求將低等種族從雅利安日耳曼人擴張所需的土地上清除。就猶太人的案例而言，驅逐政策轉變為稱作「最終解決方案」的滅絕政策。希姆萊利用被洗腦和聽話的黨衛軍來協助執行這些政策。[57]

希姆萊自詡為雅利安秘學、種族科學以及其他含有納粹意識形態和目標的邊緣知識的學者和推廣者。為了讓納粹分子和其他德國人獲得更多的神秘學、超自然和邊緣知識，希姆萊和達里於一九三五年創建了名為祖先遺產學會（Ahnenerbe）的研究機構。Ahnenerbe 的語意是「從祖先那裡繼承的東西」。這個新機構的使命是發現德國的過往，意思是民族主義或雅利安秘學版的過往，並透過通俗的雜誌文章、書籍、博物館展覽、紀錄片和學術會議向大眾公開其發現。祖先遺產學會存在期間，它贊助了在德國和斯堪地那維亞半島看起來有希望的地點的考古和科學考察活動。一九三八和一九三九年間，一次前往西藏的著名遠征在探險家恩斯特・舍費爾（Ernst Schäfer）的領導下展開。其他探險則去到克里米亞和高加索山脈，找尋古代哥德人的家園，並提供一個藉口來遷移目前的居民，好讓需要生存空間的德國人取而代之。

精進體質人類學（physical anthropology）[9]技術以利辨識猶太人和雅利安人，是祖先遺產學會不切實際的目標之一。諸如布魯諾・貝格爾（Bruno Beger）等種族科學家在這方面都未能取得成功。他們持續遭遇一個難以啟齒的現實：猶太人不是一個生物學上的種族，而雅利安人是想像中的文化建構，不是一種科學分類。負面的結果並沒有阻止祖先遺產學會的科學家去從事日益不人道且可怕的研究，例如貝格爾在斯特拉斯堡大學（University of Strasbourg）和納茨維萊爾（Natzweiler）集中營進行的骨骼收藏。祖先遺產學會科學家例如西格蒙德・拉舍爾（Sigmund Rascher）和奧古斯特・希爾特（August Hirt），則對達浩（Dachau）和其他集中營的囚犯進行了可怕的醫學實驗。希姆萊的科學家甚至從事徒勞無功的研究，曾利用電子脈衝創造出一種失敗的超級武器，名為雷神之鎚（Thor's Hammer）。祖先遺產學會也從事研究，為納粹一直以來最喜愛的世界冰理論提供證據和支持。

倘若第二次世界大戰沒有爆發，希姆萊將會派埃德蒙・基斯（Edmund Kiss）去探索玻利維亞的蒂亞瓦納科（Tiwanaku）古城，基斯是一名建築師與運用雅利安秘學主題的冒險和奇幻小說作家。根據德國僑民阿瑟・波斯南斯基（Arthur Posnansky）的說法，幾千年前這裡曾有過一個繁榮一時的古老先進文明。如果這是真的，它的存在似乎證實了以下想法：有個古雅利安文明被摧毀於與世界冰理論有關的某種大災難。此次探險按計畫會有二十名學者參與，這將是祖先遺產學會最大規

9 編按：又稱生物人類學（biological anthropology），是人類學的一門分支學科，研究生物演化、遺傳學、人類適應與變異、靈長目學、型態學的機制，以及人類演化的化石紀錄。

模的探險活動。其他探險行程原本打算造訪伊朗、加那利群島（Canary Islands）和冰島，但因發生戰爭而取消。如果這一切聽起來很像印第安納・瓊斯（Indiana Jones）[10]電影，那是因為《法櫃奇兵》（*Raiders of the Lost Ark*）的故事情節是以現實生活中徒勞無功的納粹分子的幻想為基礎。截至一九三九年，祖先遺產學會便雇用了一百三十七名學者和科學家，以及另外八十二名支援人員，投入大量資源到可疑的研究中。[58]

此外，祖先遺產學會的發現被廣泛地向德國大眾傳播，並且運用在納粹的政策制定和實施上，這顯示神秘和超自然信仰對第三帝國的影響不可謂不重大。當然，希姆萊非常認真地看待他的民族主義與雅利安秘學信仰，以及祖先遺產學會的工作。納粹官員阿爾貝特・克雷布斯（Albert Krebs）回憶起一九二九年與希姆萊共度的六小時火車旅程，發現他的同伴極其乏味，因為希姆萊故意裝腔作勢，吹毛求疵地評論其他納粹分子。但正如克雷布斯所言，最重要的是，那是與納粹意識形態有關的神秘學和超自然信仰，是「我不得不聽的愚蠢且沒完沒了的胡說八道」。[59]克雷布斯不是唯一一個認為希姆萊無聊乏味的人。對希姆萊來說幸運的是，他和希特勒一樣無聊乏味，瀏覽他的一九四一至一九四四年的餐桌談話筆記就可以看得出來。

「生存空間」和「血與土」是納粹意識形態的兩個層面，用於合理化他們的侵略戰爭，以及從泛日耳曼帝國所覬覦的土地上強行驅逐或消滅斯拉夫人和猶太人。這兩個概念都源自社會達爾文主義偽科學和十九世紀後期的民族主義。一八九〇年代期間，地理學家弗里德里希・拉采爾（Friedrich Ratzel）提出，人類與其地理環境相互作用會進而影響社會發展。成功健全的社會需要充足的空間，而發展中的社會需要越來越多的土地。拉采爾在構思這個概念時，受到生物學家海克爾的社會達爾文主義的影響。他的看法獲得瑞典地理學家魯道夫・契倫（Rudolf Kjellén）的進一步支持，使之成為二十世紀初期地緣政治學的原則。生存空間構成一戰期間德國軍事目標的一部分。最高指揮部預定將大量的波蘭和波羅的海國家納入德意志帝國版圖。戰敗讓這個計畫泡湯，但也讓許多德國人相信德國必須建立一個歐亞帝國，才能抗衡英國和法國的海外帝國和美國西部。豪斯霍弗爾是戰後生存空間的提倡者之一，他是慕尼黑大學的地理學教授，也是一九一九年時赫斯的老師，而赫斯轉而使生存空間引起希特勒的注意，並將之納入納粹意識形態，帶來了悲慘的後果。

如今地緣政治生存空間派的社會達爾文主義和地理決定論被視為偽科學。然而在當時，達爾文的生存鬥爭和適者生存概念，與西方工業國家許多精英分子的世界觀相當契合。納粹只是將生存空間推向了更合乎邏輯、更不人道的結論。過程中，他們添加了「血與土」的概念。十九世紀期間，德國民族浪漫主義歌頌鄉村生活以及德國農民與土地的深刻連結。民族主義者反對城市化和工業化，倡導農村生活是更健康的生活，並尋求保持和增加強壯勤奮的農民的數量，他們是德國社會的支柱，也是最優秀的士兵。阿塔曼聯盟（Artaman League）向德國年輕人宣傳回歸土地的理想，這些年輕人之中也包括達里和希姆萊。達里是一位農業專家，他發現自己跟「血與土」的概念非常意氣相投。他在著作中推廣這個概念，最終於一九三〇年加入納粹黨。血與土理論斷言，一個民族與他們所居住的土地之間存在著深刻而神秘的關係。達里認為德國人是一個特殊的民族，而德國是他們特有的土地。達里的「血與土」和希姆萊想要恢復傳統德國鄉村生活的願望十分合拍。跟希姆萊一樣，達里也希望恢復古日耳曼宗教並以之取代基督教。[60]

一九三二年，希姆萊任命達里為黨衛軍內新成立的種族和定居總局（Race and Settlement Main

10 譯註：印第安納・瓊斯系列電影中哈里遜・福特（Harrison Ford）所飾演的主角名字。

Office）局長。後來，在一九三二至一九三八年間，希姆萊和達里鬧翻了，導致達里失去這個職位以及德國糧食和農業部長職位。但「生存空間」和「血與土」依舊根植於納粹的意識形態中，造成往後他們時常強行將人們逐出家園和進行種族滅絕。這是一個血淋淋的例子，說明神秘的偽科學理論有多麼危險。

文獻學家漢斯・弗里德里希・卡爾・岡瑟（Hans F. K. Günther）為有關日耳曼種族優越性的雅利安主義和民族主義信念，提供了可疑的學術支持。民族主義出版商朱利葉斯・萊曼（Julius Lehmann）一直在找尋知名德國學者來寫書，以證明雅利安人或北歐民族的優越性。岡瑟是唯一願意接下這項任務的人，他是一個資歷平庸、沒沒無聞的學者。他的第一本書《德國人的種族類型學》（*Racial Typology of the German People*）於一九二〇年出版，這本五百頁的大部頭書結果相當受歡迎：一九三三年時已經出到第十六版。希特勒的個人圖書館裡有四個版本，全都是萊曼送來的。這是啤酒館政變後希特勒在蘭茨貝格監獄（Landsberg Prison）裡讀過的書之一。他在寫《我的奮鬥》時還利用了它。根據岡瑟的《歐洲歷史的種族因素》（*The Racial Elements of European History*, 1927），歐洲居住著五個種族，其中最優秀的是北歐人。他們在身體、智力和道德特質上都更優越。這些特質關乎生物學，而非環境或文化的產物。

不消說，岡瑟迎合許多德國人的偏見和民族主義幻想，這對他的書大受歡迎有很大的貢獻。可觀的銷售量使岡特變得富有和出名。一九三〇年，在當地納粹分子的默許和教職員的反對下，他被任命為耶拿大學（University of Jena）人類學系主任。納粹認為岡瑟是他們在種族問題上最重要的專家，岡瑟也與達里一起研究種族政策。他於一九三二年加入納粹黨。自一九三九年起，他擔任弗萊堡大學（University of Freiberg）校長，直至一九四五年被解聘。岡瑟被拘禁三年，依舊不思悔改，不但否認大屠殺，還繼續宣揚遭受懷疑的優生學和種族優生觀點。[61]研究邊緣知識的先驅歷史學家葛登能如此總結岡瑟的作品：「像岡瑟這樣的人所著的書，清楚地證明一門科學可能輕易被強烈的情感偏見所扭曲，而科學家並非是從他的研究主題中獲得這些偏見，而是從周圍的文化影響力。」[62]

納粹意識形態來自種種可疑的源頭，其中一些源頭是相互矛盾、荒謬的，或者根本讓許多一般德國人反感。戈林和鮑曼等納粹精英的反智態度，進一步阻礙了把這些往往荒謬的要素納入一個有組織且連貫的系統中的企圖。然而，有些納粹分子確實設法為納粹黨和第三帝國創造一套全方位的哲學和意識形態。羅森貝格便做出了最重要的嘗試。

羅森貝格是出生於現今愛沙尼亞的德國人。第一次世界大戰結束後，他搬到慕尼黑，成為埃卡特的門生，並為《人民觀察家報》（*Völkischer Beobachter*）撰寫反猶太主義和反布爾什維克的文章。羅森貝格於一九一九年加入德意志勞工黨，比希特勒早幾個月。他可能已經是圖勒學會的成員。一九二三年埃卡特去世後，羅森貝格成為《人民觀察家報》（此時為納粹黨報）的編輯。當希特勒因啤酒館政變而入獄時，他任命羅森貝格為黨魁。希特勒拿回領導權後，羅森貝格繼續努力將納粹意識形態系統化並加以推廣。

一九三〇年，羅森貝格出版了他的代表作《二十世紀的神話：對於我們這個時代的精神－知識對抗的評估》（*The Myth of the Twentieth Century: An Evaluation of the Spiritual-intellectual Confrontations of Our Age*）。當然，這本書推動了德國人做為雅利安超人、極端民族主義和惡毒的反猶太主義繼承者的概念。有人指出，羅森貝格和希特勒都是神話製造者。羅森貝格的「神話」是相信血統，他指的是構成一個民族的基本特性的純正種族血統，亦即他們的「種族靈魂」。他認為原始雅利安人是一個優越、先進的種族，他們將其文化成就傳播到世界各地，其中包括太陽崇拜。在擴張的過程中，他們與劣等民族混血，而導致了他們的退化。他們還面臨來自擁有相反特性或種族靈魂的敵對種族的競爭。羅森貝格追溯了這個從失落的亞特蘭提斯大陸到現在的歷史進程。他所說的故事是偽歷史推測、支離破碎的歷史、難以置信的神秘事件、可疑的科學，以及扭曲的反基督教或反猶太主義的大雜燴。羅森貝格甚至指出耶穌是雅利安人。換句話說，《二十世紀的神話》很大程度上要歸功於雅利安秘學。[63]

在《二十世紀的神話》出版之前，羅森貝格曾設法讓希特勒閱讀手稿並提供回饋和出版許可。顯然，希特勒從未閱讀過手稿，但仍給予批准。當該書問世時，羅森貝格面臨了強烈的批評，因為他似乎主張用某種復興的北歐異教來取代德國的基督教。事實上，極度反基督教的希特勒和其他志同道合的納粹分子確實希望用北歐化的基督教，或納粹版的古日耳曼異教來取代傳統基督教。羅森貝格和希姆萊肯定更喜歡後者。我們同樣必須記住，納粹主義是唯一反基督教的法西斯運動，並希望用某種捏造的民族主義異教來取代基督教。希特勒並不樂見羅森貝格惹惱教會和德國基督徒。正如他在一九四二年四月十一日與核心集團成員共進晚餐時所說的：「我必須堅持主張，羅森貝格的《二十世紀神話》不應被視為黨的官方學說的表述。」羅森貝格的《二十世紀神話》銷售了一百多萬冊，與《我的奮鬥》一同被稱為「第三帝國最偉大的兩本未讀暢銷書之一」——購買這兩本書的人大多是為了在書架或咖啡桌上展示效忠第三帝國的證據。除此之外，我們必須記住羅森貝格寫這本書的目的，並不是為了讓虔誠的基督徒改信異教。他的目標讀者是那些沒有特定信仰和正在尋找新信仰的人。同時，希特勒核心集團中心懷惡意、心胸狹窄的成員輪番誹謗羅森貝格。戈林鄙視羅森貝格的想法。戈培爾起初在他的日記中宣稱《二十世紀神話》寫得「非常好」，但史佩爾轉述說他嘲笑羅森貝格。他甚至指稱《二十世紀神話》是「意識形態的打嗝」。考慮到戈培爾從不讓競爭對手或潛在的競爭對手勝他一籌，我們不禁納悶私人日記是否更接近他的真實感受。[64]

羅森貝格的《二十世紀神話》當然相當貼近希姆萊對納粹意識形態的態度，但在許多方面，這兩個人更像是競爭對手而非盟友。一九三四年，羅森貝格成為納粹黨文化政策和監視辦公室的政委，也稱作羅森貝格部（Amt Rosenberg），其業務範圍包括民俗和奧秘主題事物。該部門的工作與希姆萊的祖先遺產學會重疊。除了羅森貝格部之外，希特勒還讓羅森貝格擔任多項職務。自一九三三至一九四五年，他也主管納粹黨的外交政策辦公室，後來在一九四一至一九四五年間成為帝國東部占領區部長（Reich Minister for the Occupied Eastern Territories）。後一項職務負有努力說服當地民眾支持德國、反對史達林和俄國共產黨的重責大任。其任務嚴重受到危害，因為生存空間政策已開始實施，這意味著要粗暴地重新安置在地斯拉夫人，並代之以德國移民。希特勒偶爾也會批評羅森貝格，但他顯然信任羅森貝格。正如希特勒在一九四三年一月十一日寫給羅森貝格的生日賀信中所說的：「我還記得在埃卡特家遇見你的那天。此後，你成了黨的第一個精神和智識的共同打造者。有一天，歷史將記錄你為了釐清和穩固這場運動的世界觀基礎所做的努力。」歷史學家歐文・赫查姆（Irving Hexham）令人信服地指出，希特勒非常尊重羅森貝格的建議和想法，它們被傳播到德國各地。[65]

歷史學家對納粹與邊緣知識關聯的研究

希特勒和納粹運動建立了一個充斥暴力、種族滅絕和毀滅性侵略戰爭的可怕帝國。最終歐洲和全世界付出了重大的代價和犧牲，才將他們擊潰。超自然事物、神秘學、邊緣歷史和偽科學，全都在創造支撐納粹主義的悖常意識形態上發揮作用。一九三〇年代和第二次世界大戰期間，人們意識到納粹主義與超自然事物之間存在某種關聯。一九四五年德國戰敗後，一直到一九六〇年代，學者開始研究納粹分子的信念，以及他們與超自然事物和邊緣知識的關聯。同時，其他例如艾倫．布洛克（Alan Bullock）等學者，則強調驅使希特勒和其他納粹領導者的狂妄自大和憤世嫉俗的權力欲。[66]兩者對希特勒和納粹主義的判斷都是正確的。

同時，納粹主義的異常與恐怖本質，尤其是納粹主義與神秘學和超自然事物的關聯，吸引了宣揚怪異理論的譁眾取寵者。一九六〇年，兩位法國作家路易．保維爾（Louis Pauwels）和雅克．貝吉耶（Jacques Bergier）出版了一本書，其一九六四年的英譯本名為《魔術師的早晨》（*The Morning of the Magicians*）。這是一堆關於失落的超級文明的神秘學、偽歷史和偽科學的混亂推測，加上有關遠古外星訪客，以及早於丹尼肯的秘密變種超級人類的誕生的說法。據說希特勒和納粹分子參與了所有這些異常事件。《魔術師的早晨》成為反主流文化、新時代和陰謀論者的一部邪典。此後，對於邊緣歷史和超自然事物的擁護者來說，它依舊是時常被模糊記起的原典。它也激發其他人發展出他們自己的關於希特勒、納粹和神秘學的可疑理論。在這些書中，神秘學和超自然事物具備真實的力量，而希特勒和其他納粹分子試圖利用這種力量來實現自己的邪惡目的——或者希特勒和納粹分子背後的神秘人物的邪惡目的，這些人是希特勒和納粹背後的力量，利用他們來實現自己的邪惡目的。[67]

特雷弗．拉文斯克羅夫特（Trevor Ravenscroft）的《命運之矛》（*The Spear of Destiny*, 1973）是這類神秘學歷史的一個好例子，書中推測羅馬士兵朗基努斯（Longinus）的長矛在刺穿了基督的側腹後，變成超自然力量的源頭。而被惡魔附身的希特勒，為了他征服世界的計畫而執迷於取得這根長矛。拉文斯克羅夫特還聲稱，有各種神秘人物在指揮著本質上為其傀儡的希特勒。除了必須接受擁有強大魔力的古代文物的存在之外，讀者們還得相信拉文斯克羅夫特的某些研究是透過靈媒所主持的降神會，從已故的神秘學學者瓦爾特・史泰因（Walter Stein）那裡獲得的。因此，除非讀者和拉文斯克羅夫特一樣相信這些超自然源頭，否則有關希特勒和納粹的真正歷史知識，不太有辦法被《命運之矛》超展開。這類型的其他書籍也是如此，它們繼續定期出現，看不到盡頭。如果你想體驗一下失控的想像力，它們通常會是有趣的讀物，但不是歷史。[68]

古德里克－克拉克紮實的歷史研究《納粹主義的神秘學根源》（*The Occult Roots of Nazism*, 1985 and 1992）顯示，神秘學思想和信仰在納粹運動的形成中扮演了明顯可見且重要的角色。然而，他沒有仔細檢視納粹分子在一九三三年掌權後，神秘學是否繼續影響他們的問題。近來，柯琳娜・崔特爾（Corinna Treitel）等學者（崔特爾在她二〇〇四年的《靈魂的科學》〔*A Science for the Soul*〕一書中）認為，神秘主義和法西斯主義沒有本質上的關聯。情況確實如此。新時代人和神秘主義者可以是自由派、保守派或不涉及政治。在二十世紀上半葉的德國，魯道夫・史泰納（Rudolf Steiner）和他的人智學（Anthroposophy）與法西斯主義和納粹主義截然不同。崔特爾清楚表明，德國神秘學家尋求將他們的信仰和實踐轉化為科學形式。然而，正是這個目標不為許多德國科學家和知識分子接受，崔特爾將這一點搪塞過去了。再者，她輕描淡寫了神秘學和偽科學信仰在納粹政策的制定中所扮演的角色。據她所言：「希姆萊無疑諮詢過神秘學實踐者，但沒有任何跡象顯示他得到的建議曾影響重要的政治決策。」[69]此一說法無視威利哥特等人的影響。它雖然也強調神秘學，但忽略了偽科學、邊緣科學和邊緣歷史對納粹思想極為明顯的影響。

二〇一七年，歷史學家庫蘭德出版了《希特勒的怪物：第三帝國的超自然史》（*Hitler's Monsters: A Supernatural History of the Third Reich*），以回應崔特爾和其他志同道合的學者的論點。該書詳細描述超自然思想和信仰在納粹分子和納粹德國社會中所扮演的角色，並提供大量文件紀錄。最重要的是，他接續了一九三三年後古德里克－克拉克的神秘學和納粹主義研究工作。除此之外，他的超自然定義還包括偽科學、邊緣科學和邊緣歷史以及神秘學在內。[70]這個定義涵蓋了從超心理學到民族宗教的一切內容，還有世界冰理論、失落的大陸和神秘學研究。[71]

納粹意識形態無所不包地提供了啟蒙運動和現代科學的理性唯物主義，以及基督教傳統上所提供的精神慰藉的替代選項。庫蘭德指出：

> 基於這項證據，我認為沒有其他任何大眾政治運動像納粹那樣有意識地、或一貫地利用我所說的「超自然想像」——神秘主義和「邊緣科學」、異教、新時代和東方宗教、民間傳說、神話和其他許多超自然教義——以吸引尋求新的靈性形式和對世界的創新解釋的一世代德國男女，它們介於科學可驗證的事物和老掉牙的傳統宗教真理之間。的確，一旦掌權後，沒有其他大眾型政黨會做類似的努力來監管或分析這些學說，更別提挪用和制度化這些學說，無論是在科學和宗教、文化和社會政策領域，或者朝戰爭、建立帝國和種族清洗領域推進。如果不了解納粹主義與超自然事物之間的關係，就無法完全了解第三帝國的歷史。[72]

偽科學種族理論結合了世界末日、異教和反聖經信仰、被扭曲的達爾文主義，以及諸如《錫安長老議定書》等騙人的出版品所宣傳的假歷史，將無意義的大屠殺合理化並轉變成一場生存鬥爭，目的是將雅利安人和德國從千年的邪惡猶太陰謀中拯救出來。結合民族主義宗教的種族主義人類學理論和史前史假研究，創造出日耳曼民族的超級人類形象，他們需要從被他們視為劣等的種族那裡奪回古老的偉大遺產，代價是犧牲這些劣等種族。所謂供養不斷增加的雅利安人口需要更多土地的說法，強化了土地與其居民之間的神秘連結的胡言亂語，也為導致種族滅絕的征戰和帝國主義提供了正當理由。這一切都得到社會達爾文主義適者生存概念的進一步支持。

德國人是否相信這種挾帶神秘學、偽科學和邊緣歷史標記的意識形態？有些人相信，有些人不相信。一九三四年，英國記者菲利普・吉布斯爵士（Sir Philip Gibbs）和一位不知名的法國商人在柏林進行了一次對話。此番談話為吉布斯和今天的我們提供了一些關於納粹執政初期德國社會的嚴肅見解。吉布斯詢問這名法國人對德國局勢的分析。原來這名法國人已經持續六個月在密切觀察局勢，並閱讀了羅森貝格等人的納粹文獻。他得出的結論是，百分之三十五的德國人願意為希特勒而死，其餘的人則對納粹主義漠不關心、不支持或極為憎惡。但納粹牢牢控制著德國。其意識形態是種族主義、部落主義和北歐異教的復興。正如這名法國人所言：

> 這就是他們寫的東西和教給德國年輕人的東西。我們沒有足夠認真地看待此事。根據我的判斷，情況非常嚴重，這挑戰了歐洲文明和基督教。我們很容易不當一回事，說這只是少數幾個瘋子的胡言亂語。但這是掌握國家命運的人們所相信的一種明確的哲學。這是對年輕人的思想教育，是那些塑造他們的人手中的塑膠。如果不把這一切列入考慮，我們便無法理解發生在德國的事——攻擊猶太人和天主教徒以及新教教義。這是德國的主要動力。這正是為什麼我們不能將他們視為促進歐洲進步的平等夥伴的原因。

吉布斯起初還有些懷疑，但他發現在柏林的逗留使他得出了相同的結論。[73]

德國人不是唯一沉醉於錯誤想法和仇恨思想所釀的毒酒的民族。在一九三〇年代，他們只是醉得最厲害。一九三三至一九四五年，納粹德國的可惡行徑和歐洲的悲慘命運，是一個駭人的警告，讓我們知道當國家和社會為了假消息、偽科學、邊緣歷史和扭曲的宗教，而放棄客觀真理的標準與理性時會發生什麼事。[74]如同作家克里斯多福・赫爾（Christopher Hale）一針見血地指出：「迷思從來不是無害的。」[75]

6

羅斯威爾迷思與幽浮運動

當然，我們永遠不可能證明飛碟從來不存在。相信這種難以捉摸的盤子的人很可能會存在好幾十年。但現在我們有充分的理由預期，飛碟狂熱將成為集體錯覺的另一個例子而載入史冊。

——馬丁．葛登能，一九五二年

馬丁．葛登能是真正的博學之士。他是研究路易斯．卡羅（Lewis Carroll）[1]的專家、一位頗有名氣的魔術師，以及多產的通俗數學和科普作家。他的偉大成就之一是創造和收集數學遊戲和謎題，發表在若干書籍中，多虧了多佛出版社（Dover Publications），這些書還在出版。與我們目前的主題比較相關的是，葛登能是二十世紀下半葉最重要的偽科學主張揭穿者之一。他的第一本書《以科學之名：對過去和現在的科學大祭司和信徒的有趣調查》（*In the Name of Science: An Entertaining Survey of the High Priests and Cultists of Science, Past and Present*）於一九五二年出版。一九五七年，其更新版的新書名為《以科學之名的風潮與謬誤》（*Fads and Fallacies in the Name of Science*）。在這本書中，葛登能調查了各種偽科學信仰和團體，從地平說理論家到李森科主義（Lysenkoism）[2]、查爾斯．福特及其追隨者、失落的大陸、金字塔學、各種醫學流行風潮和邪教、飲食風潮、戴尼提教派（Dianetics，山達基教的前身）和反猶太主義，以及其他形式的種族主義。《以科學之名的風潮與謬誤》成為並且依舊是懷疑論文獻的經典之作。六十多年後，它仍未絕版。❶此事自有其充分的理由：書中的許多資訊仍與現在相關，而且非常值得一讀。葛登能繼續對抗偽科學，並於一九七六年協助成立超自然現象科學調查委員會（Committee for the Scientific Investigation of Claims of the Paranormal），現在稱作懷疑調查委員會（Committee for Skeptical Inquiry〔CSI〕）。

一九五〇年代，當葛登能正撰寫著他的書的兩個版本時，在一九四七年開始爆發的飛碟狂熱正席捲美國和世界其他地區，並演變成了現代的不明飛行物體或幽浮（Unidentified Flying Object, UFO）運動。不消說，葛登能在這兩版的書中都涵蓋了一章有關飛碟的內容。葛登能很早就提到，相信飛碟存在已成為神智學家和神秘學家的素材。同樣清楚的是，葛登能預期飛碟熱潮和幽浮運動最終會逐漸淡出人們的視線、甚至完全消失。但這樣的事情並沒有發生。幽浮運動雖然起起落落，但並未消失。相反地，它已經成為全球流行文化的一個重要面向。幽浮運動的核心是一九四七年的羅斯威爾事件——葛登能在《以科學之名的風潮與謬誤》中甚至懶得提起這個事件。怎麼會這樣？他的忽略是有原因的，只要仔細檢視羅斯威爾迷思的起源就會發現。

走訪幽浮運動的聖地——羅斯威爾

羅斯威爾位於新墨西哥州東南角，是一個約有五萬人口的小城市。該區氣候乾燥，地勢相當平坦，可以遠望到數英里之外。德州位於大約以東九十英里、以南一百多英里處。一九四七年時還沒有州際公路系統。最近的主要公路是傳奇的六十六號公路，位於以北一百英里處。即便在今天，由於新墨西哥州的四十號州際公路是沿著舊的六十六號公路的大部分路線修建的，因此羅斯威爾周遭

1 譯註：1832-1898，英國作家、數學家、邏輯學家、攝影家，以兒童文學作品《愛麗絲夢遊仙境》與其續集《愛麗絲鏡中奇遇》而聞名。

2 譯註：蘇聯生物學家特羅菲姆・丹尼索維奇・李森科（Trofim Denisovich Lysenko）所提倡的偽科學遺傳學說，否定遺傳、基因以及天擇概念。

一百英里內也沒有州際公路經過。潛在的訪客必須有想去那裡的意願。儘管不易到達，但遊客確實想去——每年約有二十萬人造訪羅斯威爾。為什麼？因為羅斯威爾是一九四七年七月初，所謂的飛碟墜毀事件發生地。因此，就像對此抱持懷疑態度的權威人士謝爾默所說的，羅斯威爾是幽浮運動的聖地。❷

二〇一九年九月，我決定開車前往羅斯威爾。從阿拉巴馬州北部出發，旅程約一千三百英里。大部分路線都在六十五和二十號州際公路上，但到達德州甜水城（Sweetwater）後不久，最佳路線是從二十號州際公路出來，沿著八十五號公路向北行駛。旅行者應該會注意到，這條路線穿過一片名符其實的巨型風力發電機森林，這些邪惡的機器發出致癌的噪音，或者至少似乎有些人這麼認為。這時距離羅斯威爾還有三百英里。該地區是接連著奇桑姆小徑（Chisum Trail）和古德奈特–洛文小徑（Goodnight-Loving Trail）的大型趕牛活動的起點。這片看似平坦的土地隱藏了其海拔高度介於三千六百至四千英尺的事實。這趟旅程聽起來好像很漫長，但在這相對空曠的路上，車子的平均時速可達到八十英里。越過佩科斯河（Pecos River）時，如果旅行者發現這條小溪實際上是條河流，他們就會知道羅斯威爾就在不遠處。不久之後，帶有小綠人圖像、洩露其所在地點的標誌開始出現，然後是建築物，最後是羅斯威爾大街。

三百八十號公路（羅斯威爾第二街）和大街的交叉口是幽浮學的發源地。以南的國際幽浮博物館暨研究中心（International UFO Museum and Research Center）僅相隔一個街區。各種與幽浮相關的商店散布在街道的南北兩側。就連路燈的燈罩造型也像典型的灰色外星人頭部。以北三個街區外是以幽浮主題裝潢的羅斯威爾遊客中心（Roswell Visitors Center），親切的工作人員分發有用的小冊子給遊客，甚至替你與幾個灰色外星人拍合照。回到國際幽浮博物館，上了年紀的遊客會認出這棟建築原本是電影院。聖奧古斯丁平原電影院（The Plains）於一九四六年開張，這家單螢幕電影院有一千零三十個座位，一九七〇年代熄燈後，最終在一九九六年改建成國際幽浮博物館。❸

一九四七年發生所謂的飛碟墜毀事件大約四十五年後，國際幽浮博物館成立，也是一九八〇年時羅斯威爾事件做為幽浮事件風雲再起的十多年後。在羅斯威爾陸軍航空軍（Roswell Army Air Force）基地負責公關事務的年輕中尉沃爾特·霍特（Walter Haut），撰寫了一九四七年七月八日的新聞稿，宣布在羅斯威爾附近回收了一艘墜毀的飛碟。日後在華盛頓參加幽浮大會時，另一名與會者建議霍特應該在羅斯威爾成立一家幽浮博物館。霍特認真看待這個建議，並告訴另外兩名據稱的羅斯威爾事件目擊者：格倫·丹尼斯（Glenn Dennis）和麥克斯·利特爾（Max Littell）。他們也認為這是一個好主意，因此一九九一年時，三人在羅斯威爾大街的日落銀行大樓（Sunwest Bank Building）的七樓設立了一間小博物館。由於地段不佳，頭兩年博物館只吸引了兩千名訪客。一九九二年，博物館遷移到大街的一個臨街店面，更有能見度。此後來客人數增加，到了一九九六年，它已經成為羅斯威爾最大的旅遊景點。過去四年裡，有超過十萬六千人來到羅斯威爾，只為了參觀與幽浮相關的景點。這些遊客共消費了一千六百萬美元，創造將近一百萬美元的稅收。❹

羅斯威爾第一屆幽浮節定於一九九六年七月舉行。大約在舉行幽浮節的兩個月前，幽浮博物館搬進原本的聖奧古斯丁平原電影院。不消說，博物館展覽品的要旨是展現在一九四七年七月，有一艘或多艘飛碟確實墜毀於羅斯威爾附近。這些據稱的墜毀事件包括發現外星人屍體，甚至一、兩個活體，加上飛碟碎片和殘骸。再者，這些展覽品還斷言墜毀的飛碟來自外星，而且外星人仍持續造訪地球。此外，他們聲稱外星人從很久很久以前就開始造訪地球，如同丹尼肯和《遠古外星人》影集所表明的那樣。

雖然國際幽浮博物館的焦點放在羅斯威爾事件，但是它的展覽品也提出其他許多假設或主張，構成了幽浮運動的無數子集。若干展覽品原本是有關羅斯威爾和幽浮的各種電視節目所使用的道具和布景。最令人印象深刻的或許是一艘飛碟降落在沙漠中的立體模型。它曾被用在「旅遊頻道」（Travel Channel）的《製作怪物》（*Making Monsters*）系列節目中。除了飛碟之外，還有閃爍的燈光、假煙霧和音效，周圍聚集著一群灰色外星人。博物館裡還有一家備貨充足的禮品店，根據羅斯威爾大街（Mainstreet Roswell）店經理達斯提・赫卡比（Dusty Huckabee）的說法，光是一九九六年，該禮品店的銷售額就達到一百萬美元。不消說，一九九七年的幽浮節是羅斯威爾旅遊業的高峰，因為它紀念所謂的飛碟墜毀五十週年。往後幾年，羅斯威爾的遊客數量下降，但人數仍相當可觀。二○一九年幽浮節的參觀人數大幅增加，共有一萬四千人參加。新冠疫情迫使二○二○年的幽浮節被取消，但二○二一年的幽浮節參觀人數追平二○一九年。根據國際幽浮博物館館長吉姆・希爾（Jim Hill）的說法，平常一年約有二十二萬人來參觀幽浮博物館，為羅斯威爾的經濟帶來五千七百萬美元收入。二○二二年幽浮節是所謂的飛碟墜毀事件七十五週年，羅斯威爾旅遊業在節慶期間和一整年都前景看好。墜毀的飛碟和死掉的外星人真是一門好生意。[5]

羅斯威爾面臨孤立的鄉間小城常見的經濟困境。但羅斯威爾不同於其他類似的城市，流行文化賦予它現成的幽浮主題。自一九八○年起，做為重要幽浮事件的羅斯威爾事件再度流行起來，使羅斯威爾成為聞名全球的旅遊目的地。到了一九九○年代初期，羅斯威爾飛碟墜毀的迷思逐漸成為幽浮運動的焦點。越來越多的書籍、雜誌文章、紀錄片、電影和電視影集提到或聚焦在羅斯威爾。當地目擊者紛紛站出來現身說法。久而久之，更仔細的調查發現，他們的證詞無法提供證明，或可信度值得懷疑。一九九一年國際幽浮博物館的成立是此次復興的一個面向。後來在一九九四年，由凱爾．麥克拉蘭（Kyle MacLachlan）和馬丁．辛（Martin Sheen）主演的電視電影《羅斯威爾》（*Roswell*）上映。它採取聳人聽聞的立場，表示有飛碟墜毀，但真相被政府加以掩蓋。過程中，羅斯威爾的名氣變得更大。諷刺的是，這部電影是在亞利桑那州、而不是羅斯威爾的外景地拍攝的，這讓當地社區領袖相當懊惱。

這一切發展導致羅斯威爾的一些公民和商界領袖開始考慮，把幽浮和羅斯威爾飛碟墜毀當作吸引遊客的可行主題。國際幽浮博物館的存在提供了一個紮實的基礎。因此，在一九九六年，博物館業主霍特、丹尼斯和利特爾接洽赫卡比，商量舉辦幽浮節。赫卡比和董事會成員史坦．克羅斯比（Stan Crosby）覺得這個點子很好，並且提交給全體董事會投票表決，但被其他董事會成員拒絕，因為他們認為強調幽浮並未適當反映羅斯威爾社區的實況。此外，幽浮話題往往會冒犯某些人的宗教情感。赫卡比和克羅斯比沒有氣餒，他們決定自行實現幽浮節的想法。碰巧克羅斯比的妻子狄翁（Deon）也是博物館的董事會成員。第一屆幽浮節於一九九六年七月四日舉行，吸引了一千名參與者，幾乎全部來自城外和州外。當地人迴避了這項活動，然而他們注意到旅館、餐廳和加油站的業績都大幅成長。

體驗到第一屆幽浮節帶來的經濟效益後，主辦者決定在一九九七年，也就是羅斯威爾事件的五十週年，舉辦第二屆幽浮節。此次活動得到社區的支持。諸如羅斯威爾大街等各種經濟和商業團體以及公民社團全都參與其中。克羅斯比在網路上用「九七邂逅」（Encounter 97）為名宣傳該活動，效果極為成功。新墨西哥州旅遊部（New Mexico State Department of Tourism）也大力支持。除了用手冊宣傳「九七邂逅」，旅遊部還為當地企業舉辦研討會，盡可能幫助提升活動的影響力。他們還向國內和國際媒體宣傳，並為外國記者提供口譯員。他們顯然希望羅斯威爾成為永久的旅遊景點。[6]此次活動甚至登上一九九七年六月二十三日的《時代》雜誌封面。[7]由於宣傳成功，估計有四萬八千人參加「九七邂逅」。換句話說，幽浮節活動期間，羅斯威爾的人口數倍增。同時，在國際幽浮博物館周圍，幽浮主題禮品店如雨後春筍般湧現。一度空無一人的店面現在變得生意興隆。在這股風潮的帶動下，該區的其他企業也採用了幽浮和外星人主題、裝潢和圖案。羅斯威爾大街上的甜甜圈連鎖店 Dunkin' Donuts 目前有一座二十英尺（六公尺）高的綠色外星人塑像，雙手舉著「Dunkin'」標誌，同時附近的麥當勞也使用幽浮主題。羅斯威爾找到了成功推動其旅遊產業的主題。

並非每個羅斯威爾人都同意將主題焦點放在幽浮和墜毀的飛碟。有些人認為宣傳虛構的事件，敗壞了羅斯威爾的形象（不，不是所有羅斯威爾人都相信這些事）。儘管如此，正如狄翁被問到她是否相信有幽浮時，她回答說：「我相信什麼？我相信旅遊業。」旅遊業是賺錢的金雞母。每年有二十萬名遊客來到羅斯威爾，其中百分之八十五會去參觀國際幽浮博物館，幽浮主題顯然真的非常管用。這對霍特來說當然很管用，他開著一輛十分高檔的ＢＭＷ在城裡到處閒晃，上面掛著「幽浮先生」（Mr. UFO）的虛榮車牌。霍特夫人也不甘示弱，她的車牌宣告她是「幽浮夫人」（Mrs. UFO）。[8]

說到這裡，有人可能會納悶，如果羅斯威爾事件發生在一九四七年，為什麼國際幽浮博物館和幽浮節在過了將近五十年後才出現？這是一個有趣且關鍵的問題。其答案道出關於羅斯威爾迷思和幽浮運動的起源、根據和本質的許多事情。從這裡開始，當「羅斯威爾事件」一詞被使用時，指的是美國空軍偵察氣球墜毀的官方和歷史故事。而「羅斯威爾迷思」指的是一艘或多艘外星太空船的各種版本的墜毀故事。

羅斯威爾事件：歷史版本

想要充分了解一九四七年的羅斯威爾事件，我們必須弄清楚它的歷史和地理背景。一九四七年時，美國和西方世界正從二戰相對道德明確和以勝利告終的欣喜中，過渡到不明朗和不確定的冷戰世界。美國曾壟斷核子武器，但俄國人遲早將獲得自行製造原子彈的知識。正當俄國人拚命爭搶著發展核武時，美國迫切想知道俄國人何時會成功。那時 U-2 偵察機尚未研發出來，間諜衛星也還無法發射到太空，因此天空中並沒有眼睛。[9]

新墨西哥州是原子時代武器的誕生地。其偏僻孤立的沙漠荒野，使之成為發展和測試秘密武器的理想地點。洛斯阿拉莫斯（Los Alamos）成為「Y計畫」（Project Y）的基地，該計畫的目的是設計和建造原子彈。一九四五年七月十六日，原子彈首次在阿拉莫戈多炸彈和槍炮靶場（Alamogordo Bombing and Gunnery Range）引爆。戰爭結束後，羅斯威爾陸軍航空軍機場成為第五〇九轟炸機聯隊的基地，該聯隊是當時世界第一個、也是唯一一個攜帶核武的轟炸機單位。

同時，一些監測蘇聯核子計畫進展的單位也位於新墨西哥州。一九四六年，紐約大學贏得一項競標合約，負責製造和施放高空氣球，上面攜帶著能感測俄國境內核試驗聲響的設備。這個作戰行動被命名為莫古爾計畫（Project Mogul），基地設在阿拉莫戈多。這是一個高度機密的行動。所以新墨西哥州是許多非常重要且極機密的軍事計畫的所在地。不僅附近的平民不知此事，絕大多數軍事人員也對所有的最高機密活動一無所知。

羅斯威爾事件正是在冷戰時期這種保密和忐忑不安的背景下發生。一九四七年六月的第一週，三個莫古爾計畫氣球在阿拉莫戈多施放。風和天氣條件被詳細記錄下來。其中一個氣球在六月四日施放，有一架B-17轟炸機追蹤著它的飛行路徑。後來阿拉莫戈多失去與這枚氣球的聯繫。它可能落在威廉·「麥克」·布雷澤爾（William ‘Mack’ Brazel）所經營的福斯特牧場（Foster Ranch）附近。六月十四日，布雷澤爾和兒子在巡視牧場時，發現了墜毀的氣球殘骸。之前曾有氣象氣球掉落在福斯特牧場，但這個殘骸不一樣。布雷澤爾後來描述他發現了橡膠塊、錫箔般的材料和輕木棍棒的片段。看見這個殘骸時，他並沒有多想。十天後的六月二十四日，私人飛機駕駛員肯尼思·阿諾德（Kenneth Arnold）在華盛頓州上空飛行時遇見飛盤（flying disc）的報導成為全國新聞。幾天後，媒體報導很快就將阿諾德最初描述的「飛盤」改成標準用語——「飛碟」（flying saucer）。七月四日，布雷澤爾偕妻女回到發現氣球殘骸的地方。在該地區吃草的羊群害怕這個殘骸，不願意越過它去喝水。於是他們清理掉部分殘骸，好讓羊群能去補充水分。

與此同時，阿諾德目擊事件所引發的飛盤或飛碟狂熱席捲全美。現代幽浮運動於焉誕生，美國正在經歷第一次飛碟熱潮。重要的是要將這個熱潮和羅斯威爾事件置於適當的歷史和文化背景中。一九四七年以及此後一、兩年，當人們發現飛碟時，通常會想當然地認為這是美國軍方某種秘密的實驗飛機。或者，最糟的是，那是俄國人的最高機密實驗飛機。沒有人會貿然斷定飛碟是外星太空船。飛碟來自外太空的這種假定後來會出現，但不是在一九四七年。

回到福斯特牧場，布雷澤爾因不得不前往附近的科羅納鎮（Corona），在那裡得知阿諾德遇見飛盤的事。這個消息讓他開始思考，得出的結論是，那個他不熟悉的殘骸可能是某個秘密軍事計畫的一部分。接下來，布雷澤爾在七月七日出差到羅斯威爾。在那裡，他向沙維什郡（Chaves County，羅斯威爾是郡城）治安官喬治·威爾科克斯（George Wilcox）報告他所發現的殘骸。布雷澤爾將殘骸與阿諾德最近的飛盤目擊事件連結起來。威爾科克斯盡責地將布雷澤爾的消息轉呈給羅斯威爾陸軍航空軍機場行政當局。這時，傑西．馬塞爾（Jesse Marcel）中校和謝利登．卡維特（Sheridan Cavitt）上尉過來與布雷澤爾交談，然後跟隨他前往福斯特牧場。三人走訪了殘骸所在地點並收集剩餘的東西。布雷澤爾將他和家人收集到的東西交給他們。馬塞爾認為這些殘骸可能來自風箏，估計其重量約為五磅（兩公斤）。馬塞爾和卡維特當晚便返回基地。

隔天，羅斯威爾公關官員霍特中尉發布新聞稿，聲稱軍方取得墜毀飛碟的殘骸。這個消息立即成為一九四七年七月八日《羅斯威爾每日紀事報》（*Roswell Daily Record*）的頭版新聞。許多通訊社報導了這個消息，它幾乎立即傳遍了美國各地和海外。同時，馬塞爾已帶著殘骸飛往沃思堡（Fort Worth），與區域指揮官羅傑．雷米將軍（General Roger Ramey）會面。在那裡雷米將軍和他的幕僚人員確認了那是氣象氣球殘骸。那天晚上，當地一家廣播電台採訪了雷米，他再次確認那是氣象氣球殘骸。他還讓記者到他的辦公室檢查殘骸和拍照。最初錯誤鑑識殘骸的消息，再次很快傳遍全美和全世界。第二天，《羅斯威爾每日紀事報》刊登了另一篇頭版報導，更正前一天的報導，並說明殘骸來自一枚氣象氣球。[10]

就這樣，最初的羅斯威爾飛碟報導，幾乎在眨眼之間又或許是幽浮出現的瞬間來了又去。儘管一開始戲劇化地聲稱發現了飛碟，但迅速發展的幽浮運動卻將羅斯威爾遺忘了三十年。葛登能有充分的理由懶得提起羅斯威爾。支持幽浮運動的歷史學家大衛．麥可．雅各布斯（David Michael Jacobs）也在他的一九七五年《美國幽浮爭議》（*UFO Controversy in America*）中避免提及該事件。孜孜不倦地編纂和評估幽浮目擊事件的泰德．布洛克（Ted Bloecher）認為，羅斯威爾事件是一個錯誤，還說霍特的新聞稿是「魯莽的聲明」。布洛克的文章寫於一九六七年，而羅斯威爾事件發生在二十年前，所以他的評論呈現出高度的後見之明：「仍然可能有一些極機密的高空氣球實驗的氣球在科羅那附近墜毀，這說明了其回收所涉及的一切混亂和保密。」這正是一九九五年美國空軍的「羅斯威爾報告：新墨西哥沙漠的事實與虛構」（The Roswell Report: Fact versus Fiction in the New Mexico Desert）所揭露的事，美國空軍承認該殘骸來自莫古爾計畫的監視氣球，因此有所隱瞞。美國空軍隨後於一九九七年發布第二份報告「羅斯威爾報告：結案」（The Roswell Report: Case Closed），當中添加額外的細節，揭穿了在羅斯威爾福斯特牧場墜毀現場發現外星人屍體的故事，這個故事隨著一九八〇年後羅斯威爾迷思的興起而開始出現。[11]

同時，一直有人聲稱羅斯威爾社區和一小群所謂的目擊者從未忘記羅斯威爾事件。[12]這種說法既缺乏證據又可疑。我們不禁懷疑，羅斯威爾事件的再度流行以及它變成羅斯威爾迷思，是否與幽浮獵人需要新的幽浮故事來重振一九七〇年代逐漸式微的幽浮運動更加有關。幽浮調查者開始用誘導性的問題，來試探與敦促某個年齡層的羅斯威爾人，這些問題可能喚起對早已不復存在的事件的記憶，或者使模糊的記憶與暗示混雜在一起，成為對某個非真實事件的虛假記憶，而逐漸發展成某種迷思。這引發了一個問題：那些記憶可靠嗎？也許有一些羅斯威爾人過於渴望成為知名目擊者，並因此獲得隨之而來的名利雙收。當然，如同以下章節將進一步顯示的，大多數目擊者的證詞都被證明為不充分或不可靠，以及已經被破解。現在，是時候該回顧一下現代幽浮運動的歷史，從它一九四七年的開始到羅斯威爾迷思出現，成為一九八〇年代和一九九〇年代主要的幽浮敘事為止。

幽浮運動的發展史——從目擊、接觸、被綁架到古代外星訪客

一九四七年六月二十四日，阿諾德在駕駛自己的飛機時，於西北太平洋上空遇見飛盤，這標誌

著現代幽浮運動的起點。根據布洛克的說法，自阿諾德的遭遇事件後直到一九四七年底，一共發生了八百五十三次幽浮目擊事件。這是第一波幽浮熱潮。接下來在一九五二、一九五七、一九六五至六七和一九七三年又發生了幾波幽浮目擊事件。[13]起初，人們認為飛碟可能是美國或俄國製造的實驗飛機。但隨著飛碟來自外太空的外星假說出現，這種情況很快就改變了。外星假說開始主導相關討論。一九五二年天空中出現了一波奇怪且無法解釋的物體之後，美國空軍創造出不明飛行物體（幽浮）這個術語。許多無法解釋的空中物體並不是碟形的，而且往往只是以光的形式出現在天空。「幽浮」一詞除了更準確地描述該現象的不確定性和多樣性之外，還被認為比較不那麼暗示這種無法解釋的空中現象必定是來自另一個世界的機器。飛碟運動也採納這個術語。然而，對該運動而言，其方程式通常是幽浮＝飛碟＝外星太空船。[14]

在幽浮運動的最早期，民眾就開始指控美國政府——特別是軍方，隱瞞了幽浮是外星太空船的事實。事實上，幽浮確實讓軍方官員感到憂慮，並且希望壓下幽浮狂熱。首先，他們擔心外星入侵者會引發恐慌，就像一九三八年時奧森・威爾斯改編自赫伯特・喬治・威爾斯小說《世界大戰》的廣播劇所引發的恐慌。其次，美國空軍將幽浮視為潛在的危險干擾因素。關注幽浮可能削弱對防範俄國發動突襲的準備。此外，幽浮事件可能會被錯認為是俄國發動的攻擊而意外引發核戰。[15]大眾對於政府隱瞞真相的批評，加上他們自己的憂慮，促使美國空軍對幽浮進行各種調查。自一九四八年起，跡象計畫（Project Sign）的結論是某些幽浮目擊事件可能是看到來源不明的實體飛機。到了一九四九年初，跡象計畫被怨恨計畫（Project Grudge）取代，而怨恨計畫轉而在一九五一年底更名為藍皮書計畫（Project Blue Book）。藍皮書計畫一直運作到一九六九年。天文學家約瑟夫・艾倫・海尼克（J. Allen Hynek）是這三個計畫的顧問。海尼克一開始對幽浮抱持懷疑態度，但到了一九六九年，他變成相信幽浮是真實的，而不僅僅是古怪的自然現象。海尼克對於美國空軍感到失望，因為他們以不科學的方式處理幽浮調查，並且秘密從事公關活動，目的是使幽浮的存在遭到懷疑，以及冷卻大眾對於幽浮的興趣和熱情。

一九六六年，美國空軍委外進行了一項科學研究，試圖從而永久平息有關幽浮的一切問題。美國空軍與科羅拉多大學簽下提出該項研究的合約，受人敬重的物理學家愛德華·烏勒·康登（Edward U. Condon）被任命為計畫的主任。等到所謂的康登委員會開始開會時，懷疑和相信幽浮現象者之間的意見分歧便馬上引起大眾的注意。批評者指控康登和委員會的其他人從一開始就達成一個預先決定好的結論：幽浮不是物理現象，因此不值得研究。當然，這就是一九六九年大規模的康登報告的最終結論。這些結論確實大大削弱大眾對幽浮運動的支持，該運動在一九七〇年代期間幾乎完全消失。這些結論也讓美國空軍有正當的理由結束藍皮書計畫，並讓政府擺脫了調查幽浮（至少是公開的調查）的負擔。

如果說美國政府疲於處理討厭的幽浮運動，那麼幽浮運動本身則遭受內部問題的困擾。幽浮運動最初的核心任務是調查幽浮目擊事件。若要成功，這個目標需要對許多目擊事件認真進行系統化、以及但願合乎科學的調查。唐納德·基霍（Donald Keyhoe）是這種用科學方法調查幽浮的傑出領導者。他不屈不撓地反對政府的隱瞞以及幽浮運動聳人聽聞的分支。他也是一個難以相處的人和糟糕的管理者。一九六〇年代後期，海尼克接替了基霍的非正式領導職位。一路上，美國和世界各地研究幽浮的各種民間組織起起落落。空中現象研究組織（Aerial Phenomenon Research Organization，簡稱APRO）是歷史悠久的組織之一，由幽浮學家珂洛爾和吉姆·洛倫森（Coral and Jim Lorenzen）於一九五二年創立。面對康登報告貌似對幽浮學的懷疑、來自其他幽浮團體的競爭以及內部分裂（幽浮學家可能會爭吵），空中現象研究組織走向沒落，到一九八八年就不再活躍。空中現象國家調查委員會（National Investigations Committee on Aerial Phenomena，簡稱 NICAP）是另一個早期團體，成立於一九五六年。基霍在一九五七至一九六九年間，是空中現象國家調查委員會好鬥的會長。該委員會苦於管理不善和內訌，也在康登報告之後逐漸沒落，於一九八〇年停止運作。[16]

當某些幽浮組織消失時，新的組織隨之誕生。ＵＦＯ互動網（Mutual UFO Network，簡稱 MUFON）於一九六九年成為獨立機構。它起初是空中現象研究組織旗下的中西部ＵＦＯ網絡（Midwest UFO Network），但之後脫離出來，現在仍然活躍著。一九七三年，海尼克成立幽浮研究中心（Center for UFO Studies，簡稱 CUFOS），如今也仍在運作。這些團體以及大大小小類似的組織見於美國和世界各地，他們致力於以經驗為依據和從科學的角度研究幽浮。然而，並非所有幽浮學家和幽浮團體都採行這種嚴肅的科學方法。

幽浮運動並非是統一的。當中存在著許多假說和看法，全都有人熱烈地支持和投入。幽浮運動派系林立，不時也會分裂。如同十九世紀後期幽浮目擊事件歷史學家丹尼爾．科恩（Daniel Cohen）的生動描述：

> 幽浮學家的世界充滿了陰謀與激情。在這個世界，「盲目」和「愚蠢」之類的批評算是對敵人所說的好話，有時也是對朋友說的好話。更討人厭的稱號是「貪財的江湖騙子」、「麥卡錫式的焚書者」、「奸細」、「中情局發言人」，以及暗示某人是某種邪惡的超地球生物的代理人，這些說法並不罕見。彼此意見一致者之間的積怨，可能比相信者和懷疑者之間的積怨更嚴重。只要是曾經捲進幽浮政治漩渦中的人，都會知道我並沒有誇大其詞。[17]

參與羅斯威爾相關辯論的人們也不例外。

關於幽浮的聳人聽聞說法，往往成為頭條新聞，例如盛行於一九五〇年代，被廣為宣傳的「接觸者」故事。接觸者是指那些聲稱曾遇見來自飛碟的外星人、以及和他們互動過的人。喬治・亞當斯基（George Adamski）是第一個也是最出名的接觸者。一八九一年，亞當斯基出生在波蘭，兩歲時隨家人移居美國。一九三〇年代，他對東方神秘主義產生興趣，但到了一九四〇年代初期，他的注意力轉向造訪地球的外星人。後來在一九五二年十一月二十日，他經歷了與金星人的心靈感應溝通和身體接觸，特別是一個名叫「歐松」（Orthon）的金星人。在這次遭遇中，他聲稱他和其他六個人一起目睹了由一百八十四艘太空船所組成的大編隊從頭頂上飛過。金星人甚至帶他搭乘他們的一艘太空船。亞當斯基稱他的外星訪客為「太空兄弟」。他們的身形高大、金髮、相貌俊美，他們想要警告人類核戰的危險，以及教導人類過和平的生活。這個故事聽起來和前一年上映的電影《當地球停止轉動》（*The Day the Earth Stood Still*, 1951）的情節明顯相似。太空兄弟的教導呼應了亞當斯基以往所信奉的東方神秘主義思想。亞當斯基接著寫了幾本關於自身經歷的書、發表演講並且創建了幾個組織，這一切都為他帶來大量收入，直到他去世為止。仔細檢視後會發現，亞當斯基的接觸故事充滿漏洞和矛盾。越來越多的證據顯示，他參與了一個憤世嫉俗的騙局。儘管如此，亞當斯基創造了「接觸者」故事的基本架構：外星人是極具吸引力的人類，他們想要警告地球人核武的危險，他們保持低調以免引起恐慌，還有他們帶著和平與愛的使命而來。[18]

其他接觸者相繼出現。其中比較有趣的一位是杜魯門・貝瑟勒姆（Truman Bethurum）。他聲稱一九五二年七月二十八日他在內華達州沙漠工作時，八個矮小男子帶他到他們的太空船去見他們的領袖。這位領袖是一位美麗的黑髮女子，名叫奧拉·雷恩斯（Aura Rhanes）。這些外星人來自一顆名為克拉里昂（Clarion）的行星，該行星的軌道始終位於太陽背後，這就是人類不知道其存在的原因。就像太空兄弟一樣，克拉里昂人造訪地球是為了警告我們核子戰爭的危險，以及我們必須改變我們的危險作風和侵略性。貝瑟勒姆的故事引起許多人甚至幽浮界的懷疑，並且被指控為一場騙局。然而他站不住腳的記述並沒有阻止他吸引大量擁護者和利益。正如亞當斯基的故事似乎以某一部好萊塢電影為本，貝瑟勒姆的故事也可能啟發了早期的幽浮邪教。[19]

來自伊利諾伊州奧克帕克（Oak Park）的家庭主婦桃樂絲·馬丁（Dorothy Martin）建立了由追尋者（Seekers）組成的幽浮邪教。長久以來她一直對神秘學的概念和體驗感興趣。一九五四年，她聲稱自稱為「大哥」（Elder Brothers）和「守護者」（Guardians）的外星人透過自動書寫與她聯繫。自動書寫是人在無意識狀態下寫出來自超正常實體的心靈訊息的現象。其中一位名叫薩那達（Sanada）的外星人甚至聲稱自己的前世是耶穌基督。此外，守護者聲稱他們來自克拉里昂星球。馬丁從未聲稱她見過太空船。基於這種與外星人接觸的故事，她吸引了為數不多但忠誠的追隨者。她的自動書寫開始包含了一個預言：一場即將到來的大洪水將在十二月下旬摧毀芝加哥和毀滅地球。追尋者的存在引起了明尼蘇達大學社會心理學家費斯廷格和其他幾位研究人員的注意。他們對於研究此一現象產生興趣，於是設法與一些研究生一起滲透到追尋者中。他們的計畫是密切觀察當承諾中的大災難沒有發生時，追尋者會有什麼反應。這個大災難確實沒有發生。從而產生的研究「當預言落空時」（When Prophecy Fails）描述馬丁（研究中稱作基奇夫人〔Mrs Keech〕）和她的追隨者如何度過隨之而來的信仰危機。他們聲稱守護者告訴他們，追尋者的祈禱已阻止洪水的發生並拯救了芝加哥。費斯廷格的研究成為認知失調概念的基礎。和其他接觸者一樣，馬丁的外星導師也是懷著和平的目的而來，他們想要拯救人類。[20]隨著一九五〇年代的結束，接觸者時代逐漸淡出，但新形式的瘋狂猜測和惡作劇似乎填補了此一空白，讓那些相信幽浮真的存在、試圖找尋真正的證據和解釋以證明其真實性的人，還有懷疑其真實性的人都感到惱火。[21]

幽浮運動的下一個顯著現象是被綁架者。被綁架者是聲稱外星人綁架他們的人。外星綁架者將他們帶上太空船，對他們進行檢查和實驗，有時還帶著他們飛進外太空，過了一段時間之後才將他們送回來。大多數的被綁架者描述了失去的時間，以及對於遭綁架的經歷幾乎沒有或完全沒有清醒時的記憶。催眠早已被用來恢復記憶——一種明顯可疑的方法。[22]

著名的被綁架現象的原始故事發生在一九六一年九月十九日的新罕布夏州鄉村。在那裡，巴尼和貝蒂·希爾（Barney and Betty Hill）在回家的路上遇到一個煎餅形狀的飛行物體，擋住他們的去路。他們被外星太空船的乘客帶上太空船和進行檢查。在獲准回到他們的車子裡之後，他們又經歷了與太空船的另一次事件，導致他們對接下來的三十五英里路程毫無記憶。他們的經歷令他們感到焦慮，於是在九月二十一日向皮茲空軍基地（Pease Air Force Base）報告此次幽浮遭遇。美國空軍初步斷定這艘太空船確實來自木星，但後來改變他們的解釋，認為大氣條件是造成這起奇怪的目擊事件的原因。同年稍晚，希爾夫婦開始向空中現象國家調查委員會的幽浮學家說出他們的經歷。最終在一九六三年初，希爾夫婦透過催眠以尋求協助。在催眠狀態下，貝蒂將綁架她的外星人描述成如今的典型灰色外星人，這是原本故事中的一個重大變化。專業人士檢查了在催眠下所得出的希爾夫婦證詞，發現它嚴重遭到汙染。

其他的綁架故事接著出現，但被報導的數量依舊不多，直到一九八〇年代中期才開始急劇增加。當中最知名、最具影響力的是一九八五年惠特利·史崔伯（Whitley Strieber）的綁架故事。史崔伯是恐怖驚悚小說作家，他聲稱在十二月二十六日的晚上，灰色外星人將他從位於紐約州北部林中小屋的房間，帶到他們的太空船，對他進行各種侵入性檢查，對此史崔伯只剩下混亂的記憶，直到他接受了回溯催眠。進行催眠的醫生也診斷出史崔伯罹患一種會導致幻覺的癲癇症。儘管有這樣的診斷，但史崔伯還是在一九八七年寫了一本描述他的被綁架經歷的書《交流》（*Communion*），這本書成為暢銷書。隨後他又講述了四個意外遇見外星人的故事。最近他還出現在《遠古外星人》影集中。

被外星人綁架的記述接管了一九八〇和一九九〇年代的幽浮運動，儘管科學家將之視為想像出來的、植入記憶或睡眠麻痺的案例。《X檔案》（一九九三至二〇〇二年首播；二〇一六和二〇一八年復播）變成極受歡迎的電視影集，其故事線以外星人綁架、政府隱瞞和外星人的滲透陰謀為基礎，穿插著涉及怪物或怪異現象的事件。其他與外星人相關的現象包括神秘的麥田圈，以及牛和馬被殘殺。這些殘殺和綁架事件促成了一些理論，認為外星人出於邪惡的目的，在從人類和動物身上獲取DNA或其他某種東西。有人聲稱外星人正在創造一個混血的外星人－人類種族，來接管地球和奴役其餘的人類。甚至有人認為，某些政府（包括美國）可能參與了協助外星人滲透地球的巨大陰謀：這是一個直接來自《X檔案》的情節，儘管我們不清楚到底是藝術模仿生活，還是生活模仿藝術。[23]

與接觸者和被綁架者的故事同時出現的是古代外星訪客的迷思，後者是幽浮運動的另一個分支。丹尼肯的《諸神的戰車》於一九六八年在德國出現，一九六九年有英語譯本。該書成了國際暢銷書。書中的想法一點也不新鮮。傑森．科拉維托（Jason Colavito）[3]追溯史前和古代外星人造訪

3 譯註：1981-，美國作家和獨立學者，專門研究邊緣理論，尤其是關於古代歷史和外星人的理論。

地球的概念，最早溯及恐怖小說作家霍華德・菲利普斯・洛夫克拉夫特（H. P. Lovecraft）。洛夫克拉夫特自一九一〇年代後期到一九三七年去世為止，是一位以恐怖主題為主、極多產的短篇小說作家。他的許多故事中都出現相當討人厭的謎樣外星人。到了一九四〇年代末，美國人對洛夫克拉夫特的興趣逐漸消退，直到一九六〇年代才又重新產生興趣。另一方面，洛夫克拉夫特在法國成為受歡迎的作家，還令人費解地連同傑利・路易士（Jerry Lewis）[4]以及法國人對愛倫・坡（Edgar Allan Poe）[5]歷久不衰的迷戀，成為一個文學研究的對象。因此，洛夫克拉夫特的故事在法國啟發了一些描寫遙遠過去的非常邊緣的書籍。一九六〇年，保維爾和貝吉耶出版了他們的法文版和英文版的《魔術師的早晨》。這本書涵蓋了種種關於人類歷史的高度推測性的猜測，其中包括古代超級文明和古代太空人的存在，所使用的所謂證據與幾年後丹尼肯在他書中會使用的證據一模一樣。另一位法國作家羅貝爾・夏魯（Robert Charroux）在他的《人類不為人知的十萬年歷史》（*One Hundred Thousand Years of Man's Unknown History*）中添加了他對古代外星人的看法，該書於一九六三年出了法語版，一九七〇年出了英語版。它也假設了一個從金星遷移過來的古代超級文明的存在，同樣使用了丹尼肯在他書中引述的相同證據。[24]

在丹尼肯之前，另一位撰寫古代外星人書籍的作家是沃爾特・雷蒙德・德雷克（W. Raymond Drake）。身為熱情擁護查爾斯・福特的追隨者，德雷克遍尋各種圖書館和檔案館，尋找外星人在遠古時期為地球帶來了超級文明的證據。據說這個文明退化，在過程中喪失了先進的技術知識。德雷克的第一本書《諸神或太空人？》（*Gods or Spacemen?*）於一九六四年出版，在德語版的《諸神的戰車》問世之前四年。一九六八年，德雷克出版了他的第二本書《古代東方的諸神與太空人》（*Gods and Spacemen in the Ancient East*），但英國版的《諸神的戰車》就在不久之後的一九六九年問世，接著是一九七〇年的美國版。丹尼肯的書一炮而紅，它的銷售量很快就讓德雷克的書相形見絀。一九七〇年代期間，德雷克又出版了八本關於古代太空人的書。相較之下，丹尼肯只出版五本，但丹尼肯的書本銷售量遠超過德雷克。儘管德雷克出書早於丹尼肯，然而他的書與丹尼肯的許多模仿者一樣，被擠到古代太空人熱潮的邊緣地帶。這些競爭對手的任何一絲成功，主要都是讀者對於古代太空人書籍的胃口永不饜足的結果。事實上，撒迦利亞·西琴（Zecharia Sichin）的「地球編年史」系列（Earth Chronicles，一九七六至二〇〇七年共出版七冊），是古代外星現象世界中唯一能與丹尼肯爭雄的競爭對手。他聲稱尼比魯（Nibiru）的居民曾經造訪過地球，尼比魯是軌道離心率極高的一顆神秘行星。美索不達米亞是他的古代外星文明和殖民地的背景。[25]

羅斯威爾迷思的起源

一九七〇年代這十年是幽浮運動在康登報告後陷入混亂和式微的時期。相信幽浮存在的人希望出現新的幽浮事件、幽浮造成船舶和飛機神秘失蹤的理論、太空人觀察到外星太空船的故事，以及美國政府終將正式揭露幽浮是造訪地球的外星太空船，證明幽浮是真實存在而且來自外太空。但這些事情都沒有發生。相反地，一個又一個的騙局被揭穿。百慕達三角洲（Bermuda Triangle）和太空人目擊事件的故事被證明是錯誤的，而政府拒絕宣布曾有任何外星人來訪。由於三十年的調查都未

4　譯註：1926-2017，美國喜劇演員、歌手、電影製片人、編劇和導演。其作品在法國廣受推崇與歡迎。
5　譯註：1809-1849，美國作家、詩人、編輯與文學評論家，美國浪漫主義運動要角之一，以懸疑及驚悚小說最負盛名。

能產生任何可靠的實質證據來證明幽浮的存在，大眾因此對幽浮失去了興趣。正是在這種環境之下，羅斯威爾迷思誕生了。[26]

如果說有哪一個人有資格攬下創造羅斯威爾迷思的功勞，那麼應該非史丹頓．弗里德曼（Stanton Friedman）莫屬。當然，羅斯威爾國際幽浮博物館會同意。他們在靠近博物館入口處的前方有一個高度讚揚弗里德曼的展覽，表達對他及其作品的感激。有人甚至可能稱之為神龕。弗里德曼在芝加哥大學研習核子物理學，取得理學學士學位（一九五五年）和理學碩士學位（一九五六年）。畢業後，他從一九五六年到一九七〇年都在工業界擔任核子物理學家。一九七一年被解雇後，他成為一名幽浮調查員：發表演講、出現在廣播和電視節目中、提供諮詢和撰寫文章。一九七八年二月二十一日，他走訪了路易斯安那州的巴頓魯治（Baton Rouge），發表有關幽浮的演講，並出現在當地的電視節目中。當他在電視台時，那裡的某個工作人員告訴他，有一位朋友聲稱幫忙回收了一艘墜毀的飛碟。這個朋友原來就是一九四七年羅斯威爾事件中的馬塞爾。弗里德曼打電話給馬塞爾詢問他的飛碟經歷，得到的回答令他感到失望。馬塞爾記不得事情發生在哪一年，他手上也沒有任何當代文件或器物。儘管如此，弗里德曼還是建議馬塞爾參加芝加哥的一個討論墜毀的幽浮的脫口秀節目，時間是一九七八年四月七日，有知名的幽浮學家李奧納德．斯特林菲爾德（Leonard Stringfield）參加，他專門研究墜毀的幽浮。斯特林菲爾德一面聽馬塞爾講述他的故事、一面做筆記，並將之納入他在UFO互動網大會上發表的論文中。[27]

同時，弗里德曼也為《國家詢問報》（*National Enquirer*）撰寫關於幽浮的文章。一九七九年初，Group I國際（Group I International）製作公司接洽弗里德曼，想要製作一部紀錄片《幽浮是真的》（*UFOs are Real*，影片發表時，片名是《飛碟是真的》〔*Flying Saucers are Real*〕）。弗里德曼在影片中大量發言。一九七九年五月，他和攝製組員前往路易斯安那州的霍馬（Houma），在那裡花了一天時間採訪馬塞爾。《幽浮是真的》於一九七九年十一月播放，採用類似電視影集《尋找……》（*In Search of...*）的呈現風格，該節目是由李奧納德·尼莫伊（Leonard Nimoy）主持，自一九七七年開始播映。馬塞爾曾在節目中短暫現身。他聲稱在雷米將軍的辦公室目睹羅斯威爾墜毀殘骸的那位新聞記者，只看到了一小部分真正的殘骸，並沒有看到重要的東西，例如上面有奇怪象形文字的部件。馬塞爾表示，雷米將軍命令他噤聲，因此他從未真正與記者交談過。這種說法與記者J·邦德·強森（J. Bond Johnson）在一九四七年七月九日發行的《沃斯堡晨星電訊報》（*Fort Worth Morning-Star-Telegram*）中對雷米將軍辦公室會議的描述全然不同。強森在他的新聞報導中引述了馬塞爾的話，其中包括馬塞爾來自霍馬的細節，而沃斯堡陸軍航空軍基地會議中的其他人不會知道這個細節。批評羅斯威爾迷思的人，例如菲利普·克拉斯（Philip J. Klass），他注意到馬塞爾的故事講越多次，故事就跟著擴大和改變，不禁讓人懷疑其證詞的可信度。[28]

　　弗里德曼想寫一本書來談他的羅斯威爾發現，但沒有出版商人脈。一九七九年時，外星太空船於一九四七年在羅斯威爾附近墜毀的概念，甚至被大多數主流幽浮學家視為一個徹底被揭穿的假故事。幽浮運動中的許多人原本將永遠不會聽說過羅斯威爾事件。從出版商的角度來看，一位相對不知名的作者寫書聲稱有一艘飛碟於一九四七年在新墨西哥州的羅斯威爾墜毀，並不是一個有前景的冒險投資。然而對弗里德曼來說幸運的是，他在明尼亞波利斯（Minneapolis）的某次演講中遇到了老朋友威廉·摩爾（William L. Moore）。當他說起他的羅斯威爾目擊者研究時，摩爾表現出了興趣並同意參與出書計畫。想要引起出版商的興趣，典型的解決方案是吸引知名作家加入該計畫。摩爾正好認識這樣一位作家。他剛剛和別人合寫了一九七九年出版的《費城實驗：隱形計畫》（*The*

Philadelphia Experiment: Project Invisibility）。這位共同作者是查爾斯・伯利茲（Charles Berlitz），他因為寫了關於亞特蘭提斯和百慕達三角洲的書而廣為人知，而且也與一些出版商關係密切。他同意跟摩爾合作。這種組合將有助於從大出版商那裡獲得有利的合約。在英國，伯利茲交給格拉納達出版公司（Granada Publishing）四頁大綱當作該書的提案，並獲得五萬英鎊的預付款，約相當於十萬美元，在當時是一筆不小的數目。美國的出版商是Grosset & Dunlap。這本書的書名是《羅斯威爾事件》（*The Roswell Incident*），於一九八〇年出版。它很快就有平裝版，並且被翻譯成法語和德語。《羅斯威爾事件》賣得很好，儘管遭到懷疑者和傳統幽浮學家的強烈批評，他們抱怨其內容不準確和聳人聽聞。弗里德曼沒有名列為作者。他確實收到摩爾版稅的一部分，但摩爾和伯利茲在已出版的書中，並未完全承認弗里德曼為《羅斯威爾事件》的創作所做的貢獻和所扮演的角色。摩爾和伯利茲在致謝中有提到弗里德曼——以及其他幾十個人。書中有幾次附帶提及使用弗里德曼的一些訪談，稍稍認可了弗里德曼的作用。話說回來，伯利茲到底對這本書的寫作做出了多少貢獻，這是一個模糊不清的問題。當批評出現時，摩爾很快就將這些錯誤和矯揉造作的故事歸咎於伯利茲。儘管反應不佳，《羅斯威爾事件》仍為羅斯威爾迷思提供了基礎，往後其他人將在這個基礎上繼續發展和渲染。[29]

《羅斯威爾事件》出版的同一年，電視影集《尋找……》在九月二十日播出一集名為〈隱瞞幽浮〉的節目，其中包括了馬塞爾的片段。他甚至搭飛機到羅斯威爾，以便在現場接受採訪。馬塞爾說到布雷澤爾帶他前往墜毀現場的經歷，墜毀現場的範圍很大，到處都是殘骸。他盡可能多撿拾一些殘骸，將它們帶回羅斯威爾陸軍航空軍基地。他從那裡帶著殘骸飛到沃斯堡，並與雷米將軍會面，雷米將軍宣布它們是氣象氣球的殘骸。他還吩咐馬塞爾在記者面前保持沉默。多年以後，馬塞爾會說這些殘骸不是地球上的東西。馬塞爾在他的記述中從未聲稱見過或聽說過任何有關墜毀的飛碟、死亡的外星人或不同墜毀地點的事。[30]

根據伯利茲和摩爾的《羅斯威爾事件》，一九四七年七月二日，一艘飛碟在羅斯威爾附近被閃電擊中。它在布雷澤爾經營的福斯特牧場上散落一些殘骸，但又設法飛行了一百英里，來到聖奧古斯丁平原（Plains of San Augustin）並且墜毀。七月三日，土壤保護主義者葛來迪．巴尼特（Grady Barnett）在那裡發現其殘骸，還有一群考古學家也發現這些殘骸。他們很快就被到來的軍方人員驅趕走。同一天，布雷澤爾在他的牧場發現奇怪的殘骸。之後，在七月五日，布雷澤爾走訪科羅那鎮，得知那一波飛碟目擊潮。他認為自己可能找到一艘飛碟，於是向羅斯威爾治安官威爾科克斯報告此事。威爾科克斯將這個消息告知羅斯威爾陸軍航空軍基地，他們找來馬塞爾。布雷澤爾帶他來到牧場，他們拾起堅硬且打不破的殘骸，上面有象形文字。馬塞爾將殘骸帶回基地，在七月八日，霍特撰寫了一份新聞稿，聲稱該基地發現了墜毀的飛碟。有人表示這份新聞稿是為了轉移對聖奧古斯丁平原的失事飛碟的注意力。雷米將軍馬上用他的氣象氣球鑑定來駁斥這份新聞稿，而媒體和大眾也都接受這個說法。就這樣，美國軍方避免了人們對外星人入侵的恐慌，同時得以利用回收到的外星技術進行武器開發。自那時候起，羅斯威爾事件似乎已被揭穿，而且基本上被遺忘了三十年之久。[31]

媒體的推波助瀾效果

《羅斯威爾事件》出版七年之後，弗里德曼、摩爾和海梅．山德拉（Jaime Shandera）發表了「十二至尊」（Majestic 12）報告，第二個版本的羅斯威爾迷思跟著出現。這些論文據稱是一九五二年時為即將上任的艾森豪總統所準備的備忘錄，探討幽浮以及一群政府和軍事官員為了應付局勢所做的努力。新版的羅斯威爾迷思聲稱在一九四七年七月二日，一艘飛碟在布雷澤爾的牧場上空發生故障並且爆炸。七月七日，軍方展開清理工作，他們在殘骸以東兩英里處發現了外星人屍體。雖然太空船的推進系統已經毀損，但殘骸和外星人屍體被送往多個地點進行科學研究。[32]

四年後，在一九九一年，幽浮調查員凱文·蘭德爾（Kevin D. Randle）和唐納德·施米特（Donald R. Schmitt）出版了《羅斯威爾的幽浮墜毀》（*UFO Crash at Roswell*）。在他們的版本中，這艘飛碟於七月二日發生故障，被迫降落在布雷澤爾經營的牧場上。它試圖繼續前進並設法起飛，搖搖晃晃撞擊到地面，留下了一百五十英尺（四十五公尺）長的溝痕和一連串殘骸，然後才升空。這艘外星太空船仍未排除故障，並在幾英里外墜毀。布雷澤爾於七月三日發現殘骸，並在七月六日喚來軍方人員。七月八日的空中偵察發現失事的飛碟卡在兩英里外的懸崖上，四周散落著一些外星人屍體。在軍方人員到達之前不久，巴尼特和一群考古學家碰巧發現了飛碟殘骸。軍方人員將這些平民驅離該處，並威脅他們不准說出所見之事，同時將殘骸和屍體運送到羅斯威爾陸軍航空軍機場的醫院，有一位平民在那裡見到屍體。同一天，軍方發布了新聞稿。隔天，布雷澤爾接受《羅斯威爾每日紀事報》的採訪，他說了一個軍方強迫他說的假故事。與此同時，雷米將軍駁斥那份新聞稿，並宣傳氣象氣球的故事。假殘骸被出示給媒體觀看，政府就這麼開始隱瞞真相，一直持續到現在。[33]

馬塞爾因為出現在紀錄片中和接受小報採訪而成為羅斯威爾的名人，但他甚至已經不再住在羅斯威爾。弗里德曼和摩爾繼續尋找更多目擊者。馬塞爾所獲得的關注顯然也喚起其他羅斯威爾人的記憶。新的證人站了出來。其他幽浮學家，例如蘭德爾和施米特的寫作團隊，也加入了尋找更多目擊者的行列。最終，蘭德爾和施米特將聲稱目擊者有三百多個，其中一些目擊者希望保持匿名。這是一個令人印象深刻的數字，但另一位幽浮學家卡爾．弗羅克（Karl Pflock）更仔細地檢視這份名單，從中發現一些問題。在一九四七年時，當中只有四十一名目擊者身在羅斯威爾，並且能提供第一手或二手記述。而且只有二十三人有辦法看見福斯特牧場墜毀事件中的任何實質證據或殘骸。更能說明情況的是，只有七個人聲稱他們所看到的殘骸具有任何奇特的性質，可能暗示其來自外星。然而，這些懷疑是後來才產生的。[34]

媒體的關注增加了羅斯威爾及其迷思的名氣。一九八九年九月，由嚴肅的羅伯特．斯塔克（Robert Stack）主持的電視影集《未解之謎》（*Unsolved Mysteries*）播出一集名為〈羅斯威爾〉的節目。節目一開始，斯塔克就講到一九四七年發生在羅斯威爾的某件怪事。從那裡接續到布雷澤爾和馬塞爾遭遇墜毀的殘骸的標準羅斯威爾故事。儘管馬塞爾死於一九八六年，但他在一九四七年時只有十一歲的兒子小傑西，卻被請來談這些怪異的殘骸。從那裡，這部紀錄片繼續講述與羅斯威爾墜毀事件同一天發生的所謂索科羅（Socorro）飛碟墜毀事件。它是由土壤保護官員巴尼特和一群閒晃的匿名考古學家發現的。這個墜毀事故包含了外星人屍體。巴尼特死於一九六九年，所以，他的故事之所以曝光，是因為他告訴了他的朋友沃恩．馬爾泰（Vern Maltais）。節目接著討論十二至尊文件，它似乎進一步證實了飛碟墜毀和外星人屍體的存在。可惜十二至尊文件早已被徹底揭穿，但頑固的幽浮學家們拒絕讓它沉寂下來。這部紀錄片在正式軍方版的羅斯威爾事件，以及由據稱可靠的目擊者所說的幽浮墜毀版之間來回切換。無數人看過這個節目，它引進了一個更加複雜的羅斯威爾幽浮墜毀迷思版本。當它在一九九〇年一月二十四日重播時，有更多人看到這個節目。[35]

一九九四年七月三十一日，Showtime有線電視網播放紀錄片《羅斯威爾》（又稱《羅斯威爾：被隱瞞的幽浮真相》〔*Roswell: The UFO Cover-up*〕），羅斯威爾迷思又一次聲勢大漲。該影片的劇本改編自蘭德爾和施米特的《羅斯威爾的幽浮墜毀》。其情節以馬塞爾的經歷為主軸，描述馬塞爾打從一開始就相信墜毀的是一艘外星太空船。當然，歷史紀錄顯示這根本不是事實。一九四七年時，人們對於飛碟和幽浮的標準立場是，它們極有可能是地球上的事物，若非美國的就是俄國的實驗飛機。謝利登·卡維特上尉的名字在片中被改為謝爾曼·卡特（Sherman Carter）。他被描繪成一位來自五角大廈、神秘且有些陰森的情報官員，他的工作是隱瞞和阻撓馬塞爾尋找真相。影片描述在雷米將軍辦公室中展示的殘骸是替代品，而不是帶有氣球碎片的天外器物。羅斯威爾事件毀掉馬塞爾的職業生涯，因為他貿然得出一個荒誕且毫無根據的結論，說有一艘墜毀的外星太空船，而被認定為不適任的軍官。[36]

影片繼續，布雷澤爾被描繪成知曉真相、但在恐嚇和收買下幫助隱瞞的人。影片還透露，從空中偵察確實發現了一艘墜毀的飛碟，有點被壓扁地撞在懸崖上，外星人屍體四處散落。接著加入丹尼斯的證詞，證明他在羅斯威爾陸軍航空軍機場看到了飛碟殘骸和外星人屍體。其中出現曾一起替外星人驗屍的護士娜歐蜜·塞爾夫（Naomi Self，更名為珍妮特·福斯〔Janet Foss〕）。當然，其中一名外星人還活著，但身受重傷，被帶到五十一區。那是一個典型的灰色外星人，有大頭和大眼睛。在五十一區，影片中描述的真實歷史人物詹姆士·福萊斯特（James Forrestal）和其他政府官員一起去看外星人。垂死的外星人與福萊斯特進行心靈感應交流，告知他有更多不同種類的外星人即將到來。回到羅斯威爾，一個名叫湯森（Townshend，由馬丁·辛飾演）的神秘人物告訴馬塞爾，羅斯威爾墜毀事件只是與外星人接觸的冰山一角。還有其他外星人登陸地球，他們可能來自一個不同的宇宙，而且一直在改變人類的生物演化。影片還透露福萊斯特正在寫一本關於他遇見外星人的日記。在福萊斯特還沒能處理他的日記之前，他就被送進貝塞斯達醫院（Bethesda Hospital）並在那裡自殺，含糊地影射事情沒有那麼簡單。說到這裡，影片就結束在馬塞爾和他的家人重訪荒涼的墜毀地點。影片說自一九八六年馬塞爾去世以來，即使政府不再調查外星生命存在的可能性，但仍約有三百五十名目擊者談到羅斯威爾幽浮墜毀事件。考慮到有大量人員負責清理墜毀地點，以及處理羅斯威爾陸軍航空軍機場的外星人屍體和飛碟殘骸，事實上我們可以預期會有更多的目擊者。時間也會證明，儘管《羅斯威爾》影片聲稱改編自真實故事，但由於一九九〇年代後期的揭穿，它所呈現的一切內容幾乎全都瓦解，以下章節將接著討論。

幾週後，在一九九四年九月十八日，《未解之謎》更新了羅斯威爾迷思，播出羅斯威爾墜毀事件與五十一區的關聯的片段。丹尼斯是羅斯威爾國際幽浮博物館的共同創始者和共同所有人，他講述他的關於飛碟殘骸和外星人屍體的故事。他是《羅斯威爾》影片中殯葬師角色的原型，他接到軍方要訂購兒童尺寸棺材的電話。他也來到基地，看見奇怪的殘骸，遇到了參與外星人驗屍工作的護士，被趕出基地，然後又遇到為他畫外星人圖像的護士。如同稍後所示，丹尼斯的證詞相互矛盾且極為可疑。這時節目焦點轉向五十一區，討論猜測美國軍方利用失事外星人的技術，進行逆向工程以發展出更進步的飛機。該節目最後總結說，來自先進科技文明的外星人顯然充滿好奇心，他們正在探索地球。[37]

變化多端的羅斯威爾迷思

羅斯威爾迷思變化多端，隨著情況而演變和發展。在電視電影《羅斯威爾》準備和播出前後，新版本的羅斯威爾故事持續出現。一九九二年，弗里德曼和他新的共同作者唐・貝利納（Don

Berliner）出版了《墜毀在科羅那：美國軍方回收幽浮與隱瞞真相》（*Crash at Corona: The United States Military Retrieval and Cover-up of a UFO*）。這本書與先前那些書的一大差異是，弗里德曼和貝利納加入了第二艘墜毀的飛碟。一艘墜毀在布雷澤爾的牧場附近，但現在有另一艘飛碟差不多同一時間墜毀在大約一百五十英里外的聖奧古斯丁平原。這是巴尼特所發現的墜毀事件。對飛碟來說，這真是非常倒楣的一天。[38]

弗里德曼和貝利納添加的第二起飛碟墜毀事件，造成幽浮運動的分裂。有人支持，也有人偏好蘭德爾和施米特的《羅斯威爾的幽浮墜毀》版本。總體而言，幽浮運動中的大多數人都支持蘭德爾和施米特。然而，幽浮運動動輒彼此惡言相向，他們的書也遭受了許多毫不掩飾的批評。做為回應，蘭德爾和施米特在一九九四年出版了《羅斯威爾的幽浮墜毀真相》（*The Truth about the UFO Crash at Roswell*）。他們繼續拒絕接受奧古斯丁平原的墜毀，但過程中添加了一個新的墜毀地點。七月四日，一艘飛碟再度發生故障並降落在布雷澤爾的牧場。在試圖再次起飛時，它落到地面上，犁出一條五百英尺長的溝痕，並留下一些殘骸。這艘飛碟設法升空，但墜毀在幾英里外，它飛到羅斯威爾以北三十五英里處，在那裡墜毀並產生一個全新的殘骸地點。白沙（White Sands）基地的雷達偵測到這艘幽浮，因此軍方人員迅速抵達該處，發現了一艘嚴重受損的太空船，以及四具外星人屍體和一名還活著的外星人。平民目擊者被警告要對所見所聞保密，然後被趕走。隔天七月五日，布雷澤爾發現了第一個著陸點和殘骸，並向治安官威爾科克斯報告，威爾科克斯找來了軍方人員。[39]

同年，一個新角色捲入羅斯威爾迷思的爭議中：卡爾．弗羅克。一九六六至一九七二年，他在美國中情局工作，並在雷根政府主政期間擔任國防部副助理秘書。一九九二年，他成為專業的幽浮調查員，並於一九九四年替幽浮研究基金會（Fund for UFO Research）出版他的《透視羅斯威爾》

（*Roswell in Perspective*）。在這份報告中，弗羅克斷言，大多數幽浮目擊事件所看到的，其實都是莫古爾計畫的氣球，這使他成為第一個將這個高度敏感、秘密的計畫推入幽浮和羅斯威爾爭議中的人。他也不相信十二至尊報告的真實性，以及伯利茲和摩爾還有弗里德曼和貝利納的書中所使用的關鍵證人證詞。此外，他表示蘭德爾和施米特在他們的第一本書中提出的許多證據也是不可靠的。他認為布雷澤爾發現的大部分殘骸來自墜落的莫古爾計畫氣球，儘管有一艘故障的外星太空船可能與莫古爾氣球相撞。在這種設想下，三具外星人屍體和失事飛碟的殘骸與莫古爾氣球殘骸混合在一起。羅斯威爾陸軍航空軍機場指揮官威廉．布蘭查德（William Blanchard）上校命令霍特中尉準備一份關於回收失事飛碟、影響重大的新聞稿。但布蘭查德並不知道外星人屍體的事。因此，戰略空軍司令部（Strategic Air Command）和莫古爾計畫編造故事來掩蓋與外星人的接觸和最高機密計畫。儘管弗羅克自稱是贊成派的幽浮學者，但他的報告卻開始讓羅斯威爾迷思遭受質疑。[40]

在羅斯威爾迷思的演變過程中，有一本比較奇怪的書於一九九七年出版。那就是菲利普．詹姆斯．科索（Philip J. Corso）的《羅斯威爾之後那天》（*The Day after Roswell*），時間適逢羅斯威爾事件五十週年。科索於一九四二至一九六三年在美國陸軍服役，期間晉升為中校。第二次世界大戰時，他任職軍事情報部門，韓戰期間負責處理戰俘事務。自一九六一至一九六三年，他在五角大廈陸軍研究與發展部門，於阿瑟．特魯多（Arthur Trudeau）中將手下擔任對外技術主管。

《羅斯威爾之後那天》發表了一些令人震驚的主張。在所謂的飛碟事件發生時，科索距離羅斯威爾相當遠，但他聲稱這將對他的職業生涯造成重大的影響。一九四七年七月，他被派駐賴利堡（Fort Riley），在值勤時看見有卡車向萊特陸軍航空軍機場（現今萊特－派特森空軍基地〔Wright-Patterson Air Force Base〕）運送神秘物資。他稍稍窺探卡車上的貨物，發現它們運載著某種太空船殘骸。他還看到一具外星人屍體。這批貨物來自發生在羅斯威爾的飛碟墜毀處。這不會是科索的最後一次羅斯威爾遭遇。[41]

科索似乎曾是特魯多將軍的得意門生，在一九六一年，特魯多將軍聘用他帶領五角大廈的外國技術部。科索上任履職後，特魯多告訴他軍方從羅斯威爾墜毀事件中取得的器物和殘骸。人人都明白這些東西的重要性，但在特魯多掌管該部門之前，沒有人試圖對它們進行逆向工程以獲得有用的技術。特魯多指派給科索一項任務，要他負責將羅斯威爾的這些材料交給合適的國防承包商研發部門。科索從維爾訥・馮・布勞恩（Wernher von Braun）和威利・萊那裡得知，納粹德國也已經透過某種方式獲得外星技術，用於製造某些神奇的武器。根據科索的說法，外星技術的控制權掌握在一個聽起來很像十二至尊之類的秘密組織手中。[42]

自那時候起，科索所說的話變得更加令人難以置信。幽浮學家多年來一直聲稱政府在研究來自羅斯威爾和其他幽浮墜毀事件中的外星殘骸。科索詳細說明夜視鏡、光纖、雷射、積體電路、輻射照射食品（irradiated food）[6]、粒子束和電磁推進系統等等，全都是從外星技術中收集到的知識成果。據稱這種技術進步有一部分要歸功於科索和特魯多的管理。但並非全部，如同科索謙虛地承認，多虧了特魯多將軍在一九四七年與貝爾實驗室（Bell Labs）和摩托羅拉（Motorola）分享了一些羅斯威爾技術，才有電晶體的發展。[43]

不消說，從墜毀的飛碟中取得的外星技術令軍方非常感興趣。為了便於進行這件事，軍方成立了兩個秘密計畫。其中之一是月塵計畫（Project Moon Dust），該計畫創建了一些團隊來快速、不聲張地回收墜毀的外星太空船。顯然，外星人的飛碟面臨許多機械故障或駕駛不當的問題。另一個是提供運輸方式的藍蠅計畫（Project Blue Fly），負責將外星殘骸安全、秘密地運送到萊特－派特森空軍基地，以便在那裡進行研究。[44]

科索和特魯多不僅在二十世紀下半葉以匿名方式在美國策劃了一場技術革命，還在拯救人類免於惡意的外星人的入侵上扮演了某種角色。根據他的說法，一九六一年時，科索似乎是五角大廈中少數僅有的忠誠美國人之一。甘迺迪的內閣顯然包藏著受蘇聯欺騙或實際上是蘇聯特工的人。美國中情局被蘇聯國家安全委員會（KGB）滲透，而且也發揮不了作用。甚至早在一九四七年，負責研發原子彈的阿拉莫戈多基地裡就有一些俄國間諜——這是真的。在科索的版本中，這些俄國間諜也通報了史達林關於羅斯威爾飛碟墜毀和回收的事。這個情報讓史達林非常不高興，他也想得到外星科技。這意味著科索和特魯多必須小心防範那些獲准接觸羅斯威爾器物的人，以免它們落入敵手。[45]

更令人驚訝的是，科索接著聲稱在一九四七年後，冷戰變成一個幌子，用來掩蓋真正的衝突：與外星入侵者的秘密戰爭。此一說法似乎解釋了麥克阿瑟將軍當時令人費解地談到來自外太空的可能入侵。儘管史達林和之後的蘇聯領導人對於自己得不到外星技術而感到不滿，但他們還是體認到外星人入侵所帶來的可怕威脅，於是暗中支持美國對抗外星人。整個過程中，美國軍方一直擔心俄國人可能單獨與外星人簽訂條約。科索和其他秘密對抗外星人的人，則苦於政治和官僚主義的怠惰和拖延。終於，雷根總統讓美國振奮起來，他的戰略防禦倡議（Strategic Defense Initiative，也稱作星際戰爭〔Star Wars〕）表面上是一套反飛彈防禦系統，用以保護美國免於遭受攜帶核彈頭的蘇聯

6 編按：指經過輻射處理的食品。這是一種食品保存技術，使用輻射來殺死食品中的細菌、病毒和其他病原體、防止食物發芽、殺死害蟲等等。

洲際彈道飛彈的攻擊。但事實上，或者更確切地說，在科索的現實中，星際戰爭實際上是以外星技術為基礎、用於阻擋外星入侵者的飛彈防禦系統。雷根和蘇聯領導人戈巴契夫達成了一項秘密協議，根據這項協議，星際戰爭系統將保護俄國和美國，可能還包括世界其他地方。科索堅稱包括粒子束在內用來對付幽浮的武器，預先阻止了即將到來的外太空入侵。而這是一件非常好的事，因為他斷言外星人懷有邪惡意圖。按科索的評估，美國軍方擁有的武器遠比電影《ＩＤ４星際終結者》中對抗外星入侵者的武器更好、更強大。果真如此，全人類應該都能鬆一口氣了，因為我們總不能老是指望傑夫・高布倫（Jeff Goldblum）[7]將電腦病毒插入外星電腦網絡，或者蘭迪・奎德（Randy Quaid）[8]用自殺式攻擊摧毀一艘外星戰艦。這場與外星人的秘密戰爭的真相總有一天會揭曉，至少科索是這麼說的。二十多年後，除了科索的透露，那場戰爭仍然是個秘密。[46]

《羅斯威爾之後那天》當時銷售得非常好，約賣出二十五萬本，並且繼續出版多種版本。懷疑者和主流幽浮學家並不相信科索的論點。嚴厲且一絲不苟的研究員克拉斯逐行檢視《羅斯威爾之後那天》，發現了許多錯誤事實和不一致之處。弗里德曼和摩爾甚至稱這本書純屬虛構，考慮到當時的情況，這並不是一個駭人的說法。另一位幽浮學家、退伍的美國陸軍上校約翰・亞歷山大（John B. Alexander）比較贊同科索的看法，稱他是「一位十足的紳士，基本上是個大好人」。事實上，亞歷山大在《羅斯威爾之後那天》出版之前就已經和科索會面。一九九四年九月九日，《羅斯威爾之後那天》出版後，他寄給科索一封長信，裡面列出九十二個錯誤事實，並詢問科索的消息來源。此外，亞歷山大還對科索說：「這不是一份完整的清單。」在試圖深入研究科索的說法時，我們找不到任何證據來證明外星技術在美國的武器開發中扮演了至關重要的角色，或者與外星人的秘密戰爭已經開打或正在持續中。另一方面，應該知情的重要人士在受訪時並未支持或反駁科索聳人聽聞的論點。抱持強烈懷疑態度的幽浮學家弗羅克得到與克拉斯和弗里德曼相同的結論。一九九四年，弗羅克初識科索時，科索給他的印象是一個「自吹自擂的傢伙」。科索聲稱的可信度之一是，保守派參議員史壯・瑟蒙（Strom Thurmond）曾替《羅斯威爾之後那天》寫序言。問題在於瑟蒙以為他是在替科索的軍職和政府公職生涯的回憶錄寫序言。當瑟蒙發現這本書在談幽浮時，他氣沖沖地要求出版商刪除他所寫的序言。此事反映了科索的不正直。長期擔任聯邦調查局長的約翰・埃德加・胡佛（J. Edgar Hoover）是科索聲稱的另一個所謂的朋友。然而在科索的聯邦調查局檔案中，胡佛寫道：「科索是卑鄙小人。」[47]

經驗主義者的反擊：破除羅斯威爾迷思

打從一開始，幽浮運動和羅斯威爾迷思就一直因為惡作劇者、江湖騙子、過度熱心的真信徒的妄想、幽浮學家之間的分裂，以及過度依賴可信度不穩固的證人而苦惱。一九四七年十月，兩名自稱是港口巡邏人員的男子在莫里島（Maury Island）目擊了飛碟。事實證明他們只是幾乎無力償債的浮木打撈員，在接受陸軍航空軍情報官的審訊時承認了這場騙局。另一場騙局始於惡作劇。《阿茲特克獨立評論》（*Aztec Independent Review*）的編輯寫了一篇飛碟墜毀在新墨西哥州阿茲特克的玩笑式報導。不幸的是，這篇報導被一百多家報紙轉載，當作真實故事刊登。幽浮學家法蘭克・斯卡利

7 譯註：美國演員，在《ＩＤ４星際終結者》中飾演男主角大衛・李文森（David Levinson）。
8 譯註：美國演員和製作人，在《ＩＤ４星際終結者》中飾演羅素・凱斯（Russel Casse）。

（Frank Scully）在他的書《飛碟背後》（*Behind the Flying Saucers*, 1950）中引用了《阿茲特克獨立評論》的這篇報導。事實上，斯卡利被兩個騙子——西拉．牛頓（Silas M. Newton）和利奧．格鮑爾（Leo A. Gebauer）——給騙了，如同新聞記者J．P．卡恩（J. P. Cahn）在一九五二年九月號《真實》雜誌（*True*）上發表的一篇文章中所透露的。原來牛頓和格鮑爾欺騙過很多人。他們在丹佛（Denver）被起訴和定罪。斯卡利不願相信自己被人愚弄，但在二十五年來尷尬的幽浮運動中，該事件使飛碟墜毀的故事變得難以被接受。大多數由所謂的接觸者（例如亞當斯基）講述的遇見外星人故事也帶有妄想成分，或者是全然的欺騙。[48]

羅斯威爾迷思同樣遭遇類似的問題，包括錯誤記憶。伯利茲和摩爾、蘭德爾和施米特、弗里德曼和貝利納以及科索的書創造出羅斯威爾迷思，並且轟動全國。他們的成功部分歸功於有似乎可靠的目擊者做為基礎，但他們真的可靠嗎？心存疑慮的懷疑者和揭發者，開始仔細檢視幽浮目擊者的證詞和其他形式的證據。一九八六至一九九〇年間，經驗豐富的幽浮揭穿者克拉斯在《存疑的詢問者》（*Skeptical Inquirer*）雜誌上發表了四篇文章，徹底揭穿十二至尊文件的造假。這些文件聲稱政府最高層知曉幽浮、墜毀的飛碟和死亡的外星人的存在，但對大眾加以隱瞞。此外，十二至尊是一個極機密的委員會，負責監督與幽浮相關的事務。問題在於這整個故事都是基於偽造或嚴重誤解的文件。當然，真正的信徒拒絕相信或忽視克拉斯的研究。[49]

一九九四年出現幽浮運動的新歷史：柯提斯．畢布斯（Curtis Peebles）寫了《看看天空！飛碟迷思編年史》（*Watch the Skies! A Chronicle of the Flying Saucer Myth*），他是美國航太總署德萊頓飛行研究中心（Dryden Flight Research Center）的航太史研究承包商。該書追溯了幽浮和外星訪客隨時間演變的概念。關於幽浮和外星太空船外形的報告，已經逐漸在變化，產生許多變體。外星人的種類也是五花八門，從有大眼睛的怪物到美麗的金髮雅利安型的人類。然而就目前而言，外星人的形象已經固定為大頭大眼的小灰人。問題是外星人的形象傾向於與漫畫書、科幻故事、電影和電視中虛構的外星人相似。又一次，生活、或者更準確地說是現代迷思，似乎正在模仿藝術或流行文化。就在羅斯威爾迷思聲名最遠播時，畢布斯用來研究幽浮知識的系譜學方法，對羅斯威爾迷思的合理性提出了質疑。[50]

弗羅克於一九九四年發表的初步報告《透視羅斯威爾》，是最早強烈質疑幽浮墜毀於羅斯威爾的研究之一。該報告表示，在羅斯威爾墜毀的實際上是一枚莫古爾計畫氣球。他的看法很快便獲得一九九五年美國空軍出版的《羅斯威爾報告：新墨西哥沙漠的事實與虛構》的證實。《羅斯威爾報告》徹底記錄了莫古爾計畫以及它與幽浮目擊和墜毀事件的關聯。許多人目擊幽浮，其實是看見高空中的莫古爾計畫氣球。問題在於，一九四七年時，莫古爾計畫氣球是監視俄國核武計畫的極機密手段。政府自然要隱瞞該計畫的存在，並避免任何人注意到墜毀的莫古爾計畫氣球。就此層面而言，幽浮學家是對的：政府隱瞞在羅斯威爾的真相，只不過並非為了掩蓋飛碟墜毀事件。莫古爾計畫的曝光也提供了一個新的觀點，來解釋一九四七年七月初，四十一個羅斯威爾殘骸目擊者的證詞，以及羅斯威爾陸軍航空軍機場人員的亂成一團。他們看到的是軍方人員試圖保守住莫古爾計畫的秘密。這個解釋既簡單又合理，與目擊者的報告十分吻合。後來的揭密書籍將繼續提出同樣反映真實情況的論點。[51]

一九九七年我們看到了兩本更加深入研究、文筆清晰的書籍出版，對羅斯威爾迷思的可信度進行批判性分析。其中一本是本森・薩勒（Benson Saler）、查爾斯・齊格勒（Charles A. Ziegler）和查爾斯・摩爾（Charles B. Moore）合著的《羅斯威爾的幽浮墜毀：一個現代迷思的起源》（*UFO Crash at Roswell: The Genesis of a Modern Myth*），書中大部分採用了人類學方法。如書名所示，薩勒和齊格勒認為羅斯威爾和飛碟的故事是一個迷思。「迷思」一詞有很多定義或含義，因此了解薩勒和齊格勒如何定義它很重要。對他們而言，在羅斯威爾的背景下，迷思是「一個許多人都相信的故事：一個關於外星太空船墜毀的故事」。他們將羅斯威爾迷思視為「一個『民間故事』……這在我們社會的編年史中並未被視為事實，但許多社會成員都公開承認相信這是真的……這涉及超驗問題」。如同薩勒和齊格勒所指出，諸如羅斯威爾迷思的某些迷思無關乎傳統意義上的宗教，但它們「處理與人類狀況有關的超驗問題……或許最適合用詩意的意象來表達」。羅斯威爾迷思向我們保證，我們在宇宙中並不孤單，而生命也有意義。羅斯威爾迷思的這個層面解釋了為什麼有這麼多人願意相信它。《遠古外星人》迷思則進一步強化了後一個保證，告訴我們外星訪客在無數個千年以來，一直影響著人類的演化和歷史。[52]

薩勒和齊格勒利用羅斯威爾迷思做為民間故事的概念，分析了羅斯威爾目擊者的證詞。兩人將他們以及羅斯威爾作者們視為說故事者或移交者（traditor，民俗研究的術語，指有效傳達某個群體的傳統或信仰的人）。目擊者是向他人講述自身故事的口頭移交者。羅斯威爾作者們則是文學移交者，他們的功能是將所有羅斯威爾故事用書面形式整理成合乎邏輯且連貫的敘述。這兩種移交者都是依靠某種混合心理和經濟報酬的方式而運作。目擊者的報酬通常是心理層面的：也就是說，以向熱心聽眾講述其故事為樂。幽浮作家的報酬更多是經濟層面的。許多人因為書寫包括羅斯威爾迷思在內的幽浮故事，而賺到書本版稅以及現身電視或廣播節目的出場費。有些幽浮作家已經將之變成了一種專業，有時甚至是相當有利可圖的專業。問題是目擊者有一種自然的傾向，他們會修飾自己的故事，尤其當他們為三十年前或更久之前的事件作證時。如果記憶不完整，目擊者往往會填補空白而使之完整。還有一種是讓故事變得更有趣的傾向，以吸引更多欣賞的聽眾。它可能還會吸引小報、廣播或電視採訪，當中可能涉及支付旅費或收費。對於文學移交者來說，越來越煽情也會吸引更多的關注，從而帶來更多上電視機會或書籍銷售。其中的一些修飾很大程度上是無意識的，但在某些情況下它們可能是有意識的欺騙。在探討丹尼斯、考夫曼、傑拉德・安德森（Gerald F. Anderson）和吉姆・拉格斯代爾（Jim Ragsdale）的案例時，我們將更仔細審視這種進行修飾的例子。同時，羅斯威爾迷思兼具民間故事和神話的功能。它給予聽眾他們想要的東西：知道自己在宇宙中的位置，知道存在有其目的和意義，並且從中得到娛樂。對於那些願意相信的人來說，羅斯威爾迷思的真實與否並不是一個重要的考量因素。[53]

《羅斯威爾的幽浮墜毀》也包含摩爾撰寫的一章〈早期紐約大學氣球飛行〉（Early New York University Balloon Flights）以及兩個附錄。一九四七年時，摩爾負責阿拉莫戈多陸軍航空軍機場的莫古爾氣球計畫。他相信正是他的其中一個氣球於一九四七年墜毀在布雷澤爾的牧場，為一九七八至八〇年間羅斯威爾迷思的首次出現提供間接的基礎。摩爾為自己的說法提供了一些令人信服的間接證據，除非你是一個認為揭穿羅斯威爾迷思的一切證據都只是政府的另一部分隱瞞手段的幽浮學家。

一九九七年出現其他揭露真相的書籍。頑固的克拉斯出版《真正的羅斯威爾飛碟墜毀真相掩飾》（*The Real Roswell Crashed-Saucer Coverup*），完全顛覆了幽浮學家對政府隱瞞真相的持續指控。他接著再三證明幽浮學家如何忽略掉會削弱甚至摧毀羅斯威爾迷思的相關事實和證據。除此之外，他們還繼續運用已經被徹底揭穿的羅斯威爾故事。同年，另一位對幽浮抱持懷疑態度的卡爾・科爾夫（Kal K. Korff）出版了一本非常相似的書：《羅斯威爾幽浮墜毀：他們不想讓你知道的事》（*The*

Roswell UFO Crash: What They Don't Want You to Know）。戴爾（Dell）出版公司於二〇〇〇年出版科爾夫這本書的大眾平裝更新版，書中包括對科索的《羅斯威爾之後那天》的大量批評。[54]

後來在二〇〇一年，變節的幽浮學家弗羅克在《透視羅斯威爾》之後再接再厲，用《羅斯威爾：帶來不便的事實與相信的意願》（*Roswell: Inconvenient Facts and the Will to Believe*）再次更徹底地揭穿羅斯威爾的證據。隔年，弗羅克接著出版了一本書，談到幽浮運動的荒誕歷史以及他在其中扮演的角色：《驚人地接近真相！一名追根究柢的幽浮學家的自白》（*Shockingly Close to the Truth! Confessions of a Grave-Robbing Ufologist*）。弗羅克與詹姆士．莫色勒（James W. Moseley）合著的這本書，再度表達對羅斯威爾墜毀事件是否真的發生過的高度懷疑。[55]

不消說，這三位抱持懷疑態度的作者向來是、而且現在仍然是相信幽浮和羅斯威爾迷思者的嘲笑對象。克拉斯因為使用證據時據說涉及扭曲和欺騙，而被蔑稱為「偽懷疑論者」。科爾夫甚至啟發了一個部落格網誌「卡爾文．科爾夫是白痴」。[56]弗羅克的處境尷尬。他曾相信幽浮是造訪地球的外星太空船，一度也曾相信羅斯威爾迷思是真實事件。然而，在仔細檢視過證據後，他改變了看法，主要是因為於丹尼斯的可信度破產而最終信用瓦解。因此，如今他在幽浮運動的某些人當中受敬重，但在其他人當中則否，包括羅斯威爾迷思的擁護者。

不斷被戳破的目擊者證詞

發現和出現越來越多所謂目睹真相被掩蓋的目擊者，是羅斯威爾事件從一個被遺忘的溝通不良事件升級為迷思、進而變成幽浮運動的基石的最大原因。幽浮學家弗里德曼是使羅斯威爾迷思具有明顯可信度的過程中的前行者。他率先尋找羅斯威爾目擊者。一九八〇年代期間出現越來越多的目擊者，他們競相說出最具說服力、最適合電視廣播節目的故事，以期獲得接受紀錄片採訪的機會。隨著所有這些證詞的出現，目擊者的說法之間，以及甚至個別目擊者在不同時候提供的說法之間，很快就出現彼此矛盾和不相容的狀況。昔日所斷言的事實與現今公開的紀錄所提供的時間和地點相衝突。於是克拉斯、科爾夫和弗羅克以及其他抱持懷疑的人開始關注目擊者故事中的漏洞。

安德森的說法是極詳細地被審視的目擊者說法之一。在看過了一九八九和一九九〇年有關羅斯威爾的《未解之謎》影集節目後，他站出來聲稱當所謂的幽浮墜毀事件在聖奧古斯丁平原發生時，他和家人正好造訪那裡。他們看見墜毀的太空船、死掉的外星人和一個活著的外星人，還有巴尼特和一群考古學家。這令人驚訝地證實了弗里德曼所說的羅斯威爾飛碟墜毀事件。當時安德森只有五歲大，可惜等到他站出來時，他家裡的其他人都已經去世，因此無法證實（或駁斥）他的說法。為了支持安德森的說法，他所稱的堂姊——天主教修女瓦樂尚・安德森（Vallejean Anderson），把安德森的叔叔泰德（Ted）所寫的一九四七年日記中的幾頁寄給弗里德曼。這幾頁內容說到飛碟墜毀的事。問題是日記紙頁上的墨水在一九七二年之前無人使用過。安德森的回應是這幾頁不是出自原本的日記，而是泰德叔叔抄寫的。時間順序的問題再一次讓事情漏餡：泰德叔叔於一九六五年去世。另一個問題是在一九九〇年安德森站出來之前，他從未向任何人提起他的幽浮遭遇。他也不曾告訴過他的前妻和雇主，亦即密蘇里州托尼郡（Taney County）的郡保安官。[57]

丹尼斯是羅斯威爾事件中遠比其他人更重要的目擊者。他現在是國際幽浮博物館的業主之一，一九四七年時二十歲出頭的他在羅斯威爾的巴拉德殯儀館（Ballard Funeral Home）擔任殯葬師。一九八〇年代後期，羅斯威爾飛碟新聞稿的作者、羅斯威爾居民霍特聽說了丹尼斯的幽浮故事。他建議弗里德曼去找丹尼斯談一談，兩人的談話發生在一九八九年八月初。丹尼斯聲稱當羅斯威爾墜毀事件發生時，他曾用巴拉德殯儀館的靈車將一名受傷士兵送到羅斯威爾陸軍航空軍機場的醫院。在基地裡，他看到滿載殘骸的救護車和四周大群湧聚的憲兵。他在醫院裡遇到一位熟識的護士，護士問他來醫院做什麼。她警告丹尼斯，他這樣會害死自己。這時憲兵走過來，命令他離開醫院和基地，甚至還跟著他回到殯儀館。後來，他在基地軍官俱樂部和那位護士碰面，一起用了午餐和飲料。護士告訴他有兩名醫生徵召她去幫忙替一個外星人驗屍。她畫了一張外星人的圖像，並要求他發誓保守秘密。不久之後，她從羅斯威爾被調到英國。當他設法寫信給她時，他的信被退回，上面寫著「收信人已歿」。後來他聽說她死於飛機失事。

丹尼斯隨著時間而改變他的故事，添加上某些細節，並收回對其他細節的說法。起初，他聲稱那位護士畫的圖不見了。後來他承認，他已將這些圖畫交給幽浮研究者蘭德爾和施米特，用於他們的書《羅斯威爾的幽浮墜毀》。蘭德爾和施米特所謂的為了找尋那位護士所做的一切努力全都徒勞無功。事實上，他們聲稱他們找不到在羅斯威爾服務的護士的任何資訊。這種情況只會讓人更加懷疑政府想要隱瞞羅斯威爾事件。丹尼斯又說，這名護士已成為修女並且不在人世。他還補充了他所看到的三具外星人屍體的細節。所有這些生動有趣的細節使丹尼斯一躍成為羅斯威爾的知名目擊者，不時現身在紀錄片、電視和廣播節目以及接受採訪。一九九四年，他宣稱自己「腦海中閃現了一些記憶」。他現在記起他在七月七日接到羅斯威爾基地的來電，詢問兒童尺寸的棺材，轉而將他與那位護士的午餐會面日期定為七月八日。

丹尼斯的問題是他在故事中添加的細節越多，需要檢驗的事實就越多。一九九五年，自由作家保羅．麥卡錫（Paul McCarthy）向《全知》（*Omni*）雜誌提案寫一篇贊同羅斯威爾事件的文章。

該雜誌對此感興趣，但堅持要求他檢視關於失蹤護士的說法。麥卡錫擔心尋人之事無果，因為蘭德爾和施米特聲稱他們多年以來的搜尋徒勞無功。然而，當麥卡錫著手找人時，他打電話查詢合適的資料紀錄庫，在三天內便迅速追蹤到這些護士。這時，麥卡錫聯絡蘭德爾和施米特，告知他們已經得知這些護士的下落。蘭德爾為此懊惱，而施米特則東躲西閃，不願接電話，還叫麥卡錫去找幫不上忙的研究助理。在隨後發表的文章〈羅斯威爾的失蹤護士〉（The Missing Nurses of Roswell）中，麥卡錫表示蘭德爾和施米特的證據若非不充分就是捏造的。他直言不諱地寫道：「他們冷不防被抓包。」這個令人尷尬的爆料在蘭德爾和施米特的合作寫書關係中造成了裂痕，最終將徹底瓦解，我們稍後會討論。[58]

羅斯威爾的失蹤護士其實並未失蹤，這個消息曝光也讓丹尼斯的護士故事重新成為人們關注的焦點。在一九八九年八月五日的採訪中，他偷偷將她的名字告訴弗里德曼。後來他又告訴了蘭德爾和施米特，然後是弗羅克。那位護士名叫娜歐蜜·塞爾夫，或後來的娜歐蜜·瑪麗亞·塞爾夫（Naomi Maria Selff）。問題是軍事人員紀錄中沒有出現過姓塞爾夫的護士，還活著的羅斯威爾護士們也不記得這位護士、丹尼斯，或者一九四七年時醫院裡關於外星人的任何紛亂情況。在被進一步逼問時，丹尼斯承認他沒有告訴任何人那位護士的真實姓名，因為他曾答應在她去世之前對她的身分保密。由於他不知道她是否還活著，所以必須遵守諾言，結果變得進退維谷。丹尼斯的故事還刻意迴避和竄改了其他內容。總而言之，先前支持他的蘭德爾和弗羅克嚴重懷疑丹尼斯沒說真話。當然，克拉斯和科爾夫從一開始就不太相信他的故事。另一個目擊證人的證詞也徹底遭到懷疑。[59]

法蘭克·考夫曼（Frank J. Kaufman）是另一位關鍵證人，他的證詞支撐著羅斯威爾迷思。在一九九一年蘭德爾與施米特的第一本書《羅斯威爾的幽浮墜毀》中，他首度以目擊者身分出現，所提供的僅是關於羅斯威爾墜毀事件的道聽途說的證詞。在蘭德爾和施米特的第二本書《羅斯威爾的幽浮墜毀真相》中，他被化名為史蒂夫．麥肯基（Steve McKenzie），聲稱看到一個活生生的外星人走進羅斯威爾基地醫院。他還聲稱他正在白沙基地的雷達上追蹤幽浮。此外，他也證實了致電巴拉德殯儀館的事，這似乎證實丹尼斯的說法，儘管這兩人的故事在某些細節上相互矛盾。考夫曼還聲稱自己是被派往飛碟墜毀現場的九人回收小組的成員。這一切說法都相當奇怪，因為考夫曼是以平民身分在羅斯威爾基地工作。他也拒絕讓他的日記和其他確鑿的文件進行鑑識取證。這是一套只有真信徒才有辦法相信的故事，而克拉斯、科爾夫和弗羅克並不買單。[60]

拉格斯代爾是另一位後來被發現的目擊者，他在一九九三年一月二十六日接受蘭德爾和施米特的採訪。根據拉格斯代爾的說法，七月初時他和女友楚迪．特魯洛夫（Trudy Truelove）將車停在羅斯威爾以北的鄉間。當他們正享受著彼此的陪伴時，附近的一個巨大撞擊聲響促使他們離開現場。然而第二天早上，他們返回該處，結果發現了一艘太空船的殘骸和幾具外星人屍體。不久之後，一個軍方的回收隊抵達現場，促使兩人又一次離開。這次的墜毀地點位於羅斯威爾以北約三十五英里處。等到一九九三年拉格斯代爾站出來時，特魯洛夫已經去世，無法證實他的說法。雖然他不確定墜毀事件的發生日期，但他確定那是美國獨立紀念日週末。一九四七年時，美國獨立紀念日適逢星期五。拉格斯代爾的及時現身，支持了丹尼斯的證詞。這也引進了一個新的墜毀地點，距離最初的布雷澤爾牧場的墜毀地點以東許多英里。新資訊讓蘭德爾得以斷言，新的拉格斯代爾墜毀地點發生了真正的飛碟墜毀事件，而在布拉澤爾墜毀地點的只是氣象氣球或者莫古爾計畫氣球的殘骸。[61]

如同其他目擊者，拉格斯代爾的故事也開始改變和擴展。一九九四年十月十六日，蘭德爾在彭薩科拉（Pensacola）舉行的一次幽浮大會中宣布，拉格斯代爾已經大幅改變了他的故事。在新版本中，拉格斯代爾將墜毀地點改到羅斯威爾以西五十五英里處。另一個新細節是拉格斯代爾聲稱，他設法取下一名死去的外星人的頭盔，看到了他的黑眼睛。他所描述的外星人外表也與先前的記述稍有不同。此外，拉格斯代爾聲稱，他和特魯洛夫從失事現場撿拾了滿滿幾袋殘骸，但它們在幾年間莫名其妙地消失。拉格斯代爾前後不一或不老實的說法，導致蘭德爾指責他是因為與國際幽浮博物館於九月十日達成的財務合作關係而改變他的故事。根據雙方的協議，新的墜毀地點將命名為「吉姆・拉格斯代爾撞擊點」，拉格斯代爾將獲得推廣該地點所產生的總收入的百分之二十五。他們認為這麼一來會產生參觀行程和入場費收入。博物館的禮品店也會出售名叫「吉姆・拉格斯代爾故事」（The Jim Ragsdale Story）的小冊子、錄影帶和T恤。一九九四年初，利特爾、霍特和丹尼斯曾試圖買下第一個拉格斯代爾墜毀地點所在的土地，但地主哈博・科恩（Hub Corn）拒絕賣地。後來他允許遊客參觀拉格斯代爾的最初墜毀地點，費用是十五美元。正因如此，蘭德爾無法再相信拉格斯代爾的說法。[62]

不可靠的幽浮學家

一九九五年對施米特來說可謂流年不利。他是調查羅斯威爾墜毀事件的主要幽浮學家之一，與蘭德爾合著過《羅斯威爾的幽浮墜毀》和《羅斯威爾的幽浮墜毀真相》。施米特的幽浮學家使命感，始於他對政府掩蓋甘迺迪遇刺事件的做法產生興趣。此後他轉而關注與幽浮相關的隱瞞行為。這個興趣促使他加入海尼克於一九七三年協助成立的幽浮研究中心。[63]施米特聲稱曾與海尼克共事，但顯然共事的程度還不足以在海尼克最近的傳記中被提及。[64]當《羅斯威爾事件》於一九八〇年出版，並可望出現更多目擊者證詞時，幽浮研究中心開始對此感興趣。一九八八年，他們派施米特前往調查，而施米特邀請蘭德爾一同前往。他們自己所寫的有關羅斯威爾的兩本書是此次合作的最終成果。這兩本書都賣得很好，還出了大眾平裝版。懷疑幽浮存在的人認為這些書不具說服力，因為它們奠基於極有問題且模糊的目擊者證詞。某些幽浮學家同行也不喜歡這些書，因為蘭德爾和施米特的記述與他們自己版本的羅斯威爾迷思互相衝突。65

蘭德爾和施米特的成功引起新聞界的關注，這證明是一把兩面刃，至少對施米特來說是如此。一九九三年六月，自由作家姬蓮．珊岱爾（Gillian Sender）替密爾瓦基（Milwaukee）的週報《牧羊人快報》（*Shepherd Express*）寫了一篇高度讚揚施米特的文章。這是一個家鄉子弟功成名就的故事，因為施米特住在密爾瓦基附近的小鎮胡伯特斯（Hubertus）。大約在《羅斯威爾的幽浮墜毀真相》出版時，珊岱爾決定替每月一期的《密爾瓦基雜誌》（*Milwaukee Magazine*）撰寫第二篇有關施米特的文章。〈在這個世界之外〉（Out of this World）一文刊登在《密爾瓦基雜誌》一九九五年二月號。在研究這篇報導的過程中，珊岱爾發現了一些令人不安的事實。一九九〇年時，施米特聲稱擁有康考迪亞學院（Concordia College）的學士學位和威斯康辛大學密爾瓦基分校碩士的學歷。他還聲稱就讀過馬凱特大學（Marquette University），並且正在康考迪亞學院攻讀刑事司法博士學位。紀錄顯示這些關於他的學歷的說法是假的。康考迪亞學院甚至未設有刑事司法博士學位。檢視過蘭德爾和施米特的書後，珊岱爾發現當中的文件證據含糊不清，得依賴讀者相信兩位作者謹慎且可靠。在她要求施米特提供更多關於其文件證據的資訊時，施米特不願意回電話。情況變得越來越明朗，施米特的研究並不完整。起初，蘭德爾迅速替施米特辯護。然而，下一期的《密爾瓦基雜誌》出現更多壞消息。其中刊登了一封匿名信，說施米特曾在威斯康辛州的哈特福市（Hartford）擔任全職郵差。

光憑這點並不算什麼大爆料。許多幽浮學家都得白天幹活來付帳單，而郵差是一個光榮的職業。問題在於施米特自稱是醫學插畫師，但沒有任何證據可資證明。施米特還聲稱曾替美國緝毒局（Drug Enforcement Administration）擔任臥底人員和從事其他秘密工作，這些資歷讓他更有資格來調查幽浮。面對質問時，施米特否認自己是郵差。但隨後揭露的事實證明他確實是一名郵政人員，這讓蘭德爾相當不快，而譴責了施米特。不久之後，施米特辭去幽浮研究中心特別調查主任的職位。施米特厚臉皮地散布謠言，說蘭德爾實際上是政府特工，致力於阻止羅斯威爾的真相曝光：這是走投無路的幽浮學家慣用的策略。[66]

施米特的麻煩還沒完。丹尼斯關於羅斯威爾和失蹤護士的騙人說法逐漸被公諸於世。保羅・麥卡錫在一九九五年《全知》雜誌秋季號發表的文章〈羅斯威爾失蹤的護士〉（The Missing Nurses of Roswell）中透露，施米特的研究技巧充其量是粗劣笨拙，而且很可能並不誠實。這篇《全知》雜誌文章的出現，促使蘭德爾於一九九五年九月十日寫給幽浮學界一封「敬啟者」公開信。蘭德爾明確地與施米特保持距離。他說：「現在我想指出，我不相信施米特所說的任何事，你也不應該相信……我不確定他是否理解真相。」然而，蘭德爾和施米特的這兩本書的可靠性，不全然與施米特的騙人研究或者目擊者證詞的問題日益嚴重有關。在蘭德爾發表公開信後不到兩週，另一位懷疑幽浮者羅伯特・陶德（Robert Todd）在一九九五年九月二十二日發表的線上文章〈蘭德爾甩鍋——甩給施米特〉（Randle Dumps–And Dumps–on–Schmitt）中嘲笑蘭德爾試圖將一切過錯歸咎於施米特。兩人的幽浮研究合作關係就這麼結束，蘭德爾開始越來越懷疑羅斯威爾迷思。另一方面，不認錯的施米特不害臊地復出，繼續與新的共同作者湯瑪斯・加利（Thomas Carey）一起出書。[67]

羅斯威爾紀錄片持續激增，大多以聳人聽聞見長，而缺乏可靠的證據。電視影集《歷史之謎》（*History's Mysteries*）是例外，該影集於一九九九年播出〈羅斯威爾：揭密〉（Roswell: Secrets Unveiled）。節目所採取的形式讓抱持不同論點的各方，都有機會向觀眾闡述他們對某個謎題的詮釋。在〈羅斯威爾：揭密〉這一集中，幽浮學家堅稱政府隱瞞了裡面有外星人屍體的飛碟墜毀事件，而懷疑者則斷言墜毀的其實是一枚莫古爾計畫氣球。儘管已經被徹底揭穿，但丹尼斯所說的關於護士塞爾夫以及替外星人驗屍的故事仍然被當成事實。做為回應，懷疑者認為丹尼斯的故事杜撰自羅斯威爾附近地區所發生的軍用飛機失事事件。沒有人提及丹尼斯不停改變的故事版本，或者真相已然大白的失蹤護士問題。這部紀錄片最後以懷疑的論調結束。《懷疑》（*Skeptic*）雜誌的編輯謝爾默表示，羅斯威爾迷思「永遠不會結束，謎題總是比解決方案更扣人心弦」。他還說維持這個迷思的背後有謀利的動機。因為這個迷思而產生的旅遊業，讓羅斯威爾獲得極大的利益。謝爾默認為羅斯威爾迷思是集體歇斯底里和都會傳說的一個例子，它將會名列二十紀下半葉的十大迷思之一。事實上，它在二十一世紀時仍然是名列前茅的迷思。[68]

謝爾默和《懷疑》雜誌的人繼續將批判性思維應用在包括羅斯威爾迷思等的幽浮現象上。《懷疑》雜誌二〇〇三年第一期聚焦在幽浮，刊登了「公爵」・吉爾登柏格（B.D. 'Duke' Gildenberg）所寫的一篇犀利的文章。這篇文章借鑒於他與摩爾在莫古爾計畫的共事經驗。他解釋了真正的羅斯威爾墜毀事件何以是莫古爾計畫氣球而非外星人駕駛的飛碟。他接著探討從一九七〇年代後期至二十一世紀最初幾年出現的羅斯威爾迷思。在一九七〇年代後期發現馬塞爾之後，幽浮學家弗里德曼等人開始尋找越來越多的目擊者。然而，懷疑論者科爾夫指出，馬塞爾對於羅斯威爾墜毀事件從未考慮過採取外星人解釋，直到幽浮學家在採訪他時向他提出了這個建議。自那時起，目擊者的證詞變成越來越天馬行空的故事。吉爾登伯格尤其注意丹尼斯證詞的漏洞。同時，他也指出年老的消息提供者在接受採訪、談論四十年或更多年前發生的事件時，會出現非常明顯的含糊不清。他接著重申克拉斯揭露了幽浮學家在壓制不利於羅斯威爾迷思的證據時，他們們自己是如何隱瞞這些證據。不能讓令人不快的事實妨礙一個好故事。最能反映問題的莫過於吉爾登伯格是在羅斯威爾墜毀事件發生約五十五年後才開始寫作。在這期間，沒有絲毫所謂可靠目擊者的證詞能禁得起嚴格的審視，也沒有發現任何一個幽浮的具體證據。更值得注意的是，儘管這些據稱能夠成功進行星際旅行的外星人發生多起飛碟墜毀事件，但至今仍未有實質的證據被尋獲。許多研究幽浮墜毀事件的懷疑者都提到這一點。如同吉爾登伯格的結論：「羅斯威爾是世界上最著名、被調查也被揭穿得最徹底的幽浮主張。」幽浮學家們早該承認這一點，並且接受現實和展開新篇章。[69]

羅斯威爾還沒完呢，老兄！

當然，羅斯威爾迷思還沒翻篇。一九九〇年代中期和後期可能是該迷思的鼎盛時期，但此後它仍是流行文化和幽浮運動一個非常強健的成分。羅斯威爾依舊有大量的幽浮遊客造訪，國際幽浮博物館的參觀者也是絡繹不絕。以雜誌故事、書籍、電影和電視影集形式出現的科幻小說流行文化，打從一開始就一直是幽浮運動的盟友。[70]赫伯特．喬治．威爾斯的經典之作《世界大戰》於一八九七年首次以雜誌連載故事的形式出現，時間在羅斯威爾事件發生前五十年，一年後以書籍形式出版。它不僅向大眾介紹了外星太空船訪問地球的想法，還有外星人入侵的概念。自從奧森．威爾斯在一九三八年改編這部小說引發巨大恐慌以來，人們明顯發現這個概念引人注目而且似乎可信。一九四七年幽浮運動開始後，很快便出現飛碟電影，有些是經典之作，有些則平凡無奇。其中兩部經典電影——《來自異世界的事物》（*The Thing from Another World*, 1951）和《當地球停止轉動》——均改編自科幻小說故事：分別是約翰・坎貝爾（John W. Campbell）一九三八年的中篇小說「誰去到那裡？」（Who Goes There?），以及哈利・貝茲（Harry Bates）一九四〇年的短篇故事「告別大師」（Farewell to the Master）。這兩個故事都早於幽浮運動，並證明外星人造訪地球的想法在一九四七年以前是可以想像的。[71]

科幻小說很快就接受了羅斯威爾迷思。熱門電視影集《X檔案》的故事情節從各個層面描述幽浮現象和對該現象的猜測，從外星人綁架人類和殘殺牛隻到外星人滲透等。有幾集也稍微或詳細地提及羅斯威爾。一九九四年在Showtime上播出的電視電影《羅斯威爾》幫助提升了羅斯威爾迷思的大眾知名度，極受歡迎的劇情片《ID4星際終結者》也是如此。弗里德曼欣然承認《X檔案》和《ID4星際終結者》在將羅斯威爾迷思推到主流地位上扮演著重要角色。[72]關於幽浮的電視紀錄片則是定期讓羅斯威爾重新回到大眾視野中。歷史頻道的《幽浮檔案》（*UFO Files*）從二〇〇四到二〇〇七年間共播出了四十一集，其中有十集談到羅斯威爾，或者在該集的標題名稱中使用了羅斯威爾，例如〈中國羅斯威爾〉或〈巴西羅斯威爾〉。一九九八年，《羅斯威爾高中》（*Roswell High*）系列青少年小說的第一部問世並繼續出版——兩名外星倖存者被當地的人類收養，體驗了美國高中的另類世界。這些書很快就被改編成電視影集《羅斯威爾》，從一九九九到二〇〇二年共播出三季——在WB頻道播出兩季，在UPN頻道播出第三季。CW頻道於二〇一九年重新改編該影集，名稱改為《新墨西哥州羅斯威爾》（*Roswell, New Mexico*）。《羅斯威爾》劇中人物如今已經二十或三十歲出頭。這種劇情設定顯然對某些人管用，因為該劇已經更新到第二季和二〇二〇年一月的第三季。

貌似真實的紀錄片影集《遠古外星人》為羅斯威爾迷思和整體幽浮運動提供了更強大的支持。歷史頻道於二〇〇九年三月八日首播《遠古外星人》，那一集被稱為特別篇或試播篇。無論何者，該影集都與二十一世紀的時代精神產生了共鳴。歷史頻道訂購了一季五集的《遠古外星人》，每集九十分鐘。第一季結束後，每集時間縮短至四十五分鐘，而集數增加到八至十五集。《遠古外星人》第十五季於二〇二〇年初開播。羅斯威爾墜毀事件仍偶爾被提起，二〇二〇年二月二十日就播出了〈羅斯威爾遺跡〉（Relics of Roswell）。

二〇一一年，隨著安妮．雅各布森（Annie Jacobsen）的《五十一區：美國最高機密軍事基地未經審查的歷史》（*Area 51: An Uncensored History of America's Top Secret Military Base*）的出版，羅斯威爾迷思產生了一個獨特的新版本。[73]進行調查的記者雅各布森斷言，一九四七年七月在羅斯威爾發生了兩起飛碟墜毀事件，但它們並非源自外星。如同先前章節所指出的，一九四七年時人們普遍認為所謂的飛碟或幽浮，若非是美國的就是蘇聯的秘密實驗飛機。根據雅各布森的說法，墜毀在羅斯威爾的飛碟來自俄國。此事如何有可能，現在仍是一個謎，因為在一九四七年並無已知的飛機能夠從事從蘇聯到美國然後再返航的長途飛行，反之亦然。雅各布森聲稱，飛碟或圓盤狀飛機可能是被繳獲的納粹神奇武器，或者是俄國人根據德國頂尖航空科學家沃爾特和雷馬爾．霍頓（Walter and Reimar Horten）兄弟的創新設計而建造的仿製品。美國和俄國軍方都沒能俘虜霍頓兄弟。俄國人確實設法沒收了霍頓兄弟的研究資料和原型機。極其詭計多端的史達林決定利用他的飛碟技術在美國製造恐慌。他想引發一場類似一九三八年奧森．威爾斯的《世界大戰》廣播劇所造成的恐慌，事實上，史達林希望新一波的歇斯底里浪潮能席捲全美，而且強烈到能癱瘓美國的防空系統。更令人驚訝的是，這些飛碟上還載著一些奇怪的「外星」乘客。

第二次世界大戰結束時，奧斯威辛（Auschwitz）集中營裡邪惡的納粹醫學科學家約瑟夫・門格勒博士（Dr Joséf Mengele）正在想辦法安全地和可望順利地從第三帝國的崩潰中脫身。他聯繫史達林，想要繼續為蘇聯進行人體實驗。門格勒創造畸形兒童的實驗引起史達林的注意。這些實驗所產生的受害者有著過大的頭部和大眼睛，但身體矮小且發育不良。換言之，其實驗對象看起來非常像典型的灰色外星人。史達林和門格勒之間被提議的夥伴關係從未實現，但史達林獲得他想要的外星人。一九四七年，這些可憐的孩子被裝進兩艘飛碟中載往美國。他們最終墜毀在新墨西哥州的羅斯威爾附近。該計畫原本是要使飛碟著陸而非墜毀，並讓「外星人」現身來嚇唬美國人。歇斯底里的假飛碟目擊事件以及數以萬計驚慌失措的美國人打電話給當局，將癱瘓防空系統的反應能力。然而美國軍方立即用氣象氣球的故事來駁斥最初有關飛碟的報紙報導。結果，潛在的群眾狂潮被壓制下來。畸形兒童的屍體和飛碟殘骸被秘密運往俄亥俄州阿克倫（Akron）的萊特－派特森空軍基地。四年後，殘骸和屍體被轉移到五十一區。美國軍方人員很清楚這些飛碟是蘇聯設備，因為上面有俄文標籤，而且那些畸形兒童不是外星人。那麼，杜魯門總統和美國軍方為何沒有向全世界揭露史達林虐待畸形兒童的惡毒行徑？根據雅各布森的說法，這是因為美國原子能委員會（Atomic Energy Commission）本身也在從事類似的不人道和非法人體實驗，這些實驗實際上一直持續到一九八〇年代。

雅各布森提出了什麼證據來證明她所稱的羅斯威爾飛碟墜毀事件？她的版本奠基於對某位退休已久的工程師的採訪，他曾任職於 EG&G 特殊計畫集團（EG&G Special Projects Group），該公司是替五十一區政府工作的承包商。雅各布森沒有說出這位工程師的名字，據說他告訴她，他只透露了五十一區奇怪且可怕的秘密的一小部分。雅各布森所寫的那本書依賴匿名的消息提供者到什麼程度，對此我們仍有些不清楚，但提供她消息的顯然不只一個人。

雅各布森對羅斯威爾事件的說法在許多方面都令人難以置信。首先，當時和往後年間顯然必定有許多人涉及隱瞞該事件。換句話說，只有這位匿名的工程師透露出少許有關五十一區的可怕之處。這些隱瞞和陰謀看來並沒有很成功地保守住秘密。其次，倘若史達林擁有航程驚人的納粹飛碟，為何不進一步開發這項軍事技術？雅各布森說研究飛碟殘骸的人對它的推進系統尤其感興趣。但美國軍方及其承包商顯然從未掌握到這項技術，或將之整合到我們的飛機中。他們是否沒有能力複製該技術或進行逆向工程？這似乎不太可能，因為德國人發明了這種飛碟，而且俄國人據說具備部署飛碟的能力，而美國的技術專長至少能與蘇聯並駕齊驅。事實上，史達林沒有任何飛碟可以派往羅斯威爾。雅各布森的說法向來而且仍然被主流科學家和學者，以及五十一區其他退休人員徹底駁斥。有人認為她的匿名消息提供者可能只是想找些樂子，並利用了她對聳人聽聞的故事的渴望。雅各布森的羅斯威爾故事清楚顯示，在該事件發生六十四年後，還是有可能替羅斯威爾迷思的大廈添磚加瓦。[74]

二〇一九年初，歷史頻道首播一齣新的歷史劇影集：《藍皮書計畫》（*Project Blue Book*）。劇中主角是真實存在的歷史人物海尼克。他的調查搭檔暨共同主角麥可・奎因上尉（Captain Michael Quinn），大致是以藍皮書計畫的首任主任愛德華・魯佩爾特上尉（Captain Edward J. Ruppelt）為原型。每一集都將一九四〇年代至一九五〇年代初期的某個幽浮事件改編成戲劇，並且至少暗示此事涉及外星太空船。有人指出該影集充滿了不準確的事實和毫無根據的猜測。海尼克幾乎從一開始就被描繪成相信幽浮存在的人。事實上，海尼克直至一九六〇年代中期到後期對此事都抱持懷疑的態度。雖然第一季略過羅斯威爾，但在二〇二〇年一月間，第二季有一集分成了兩部分，重點就放在羅斯威爾迷思。故事背景設定在一九五二年一月二十日幽浮飛越華盛頓特區後不久。藍皮書計畫調查人員被派往羅斯威爾，以平息揮之不去的飛碟墜毀傳聞。當然，軍方想要掩蓋真相。過程中以布雷澤爾以及被徹底揭穿的丹尼斯和拉格斯代爾為原型的角色登場。不消說，由兩部分構成的該集節目將一個完全虛構的事件描述為真實事件，同時用一些精彩的免費廣告介紹羅斯威爾的旅遊業。

羅斯威爾迷思和幽浮運動真的無害嗎？

那麼，羅斯威爾迷思在距離羅斯威爾事件發生七十年後、該迷思出現四十年後，現在處於什麼地位？最初、最重要的推動者之一蘭德爾，對於羅斯威爾墜毀事件主要目擊者的證詞被徹底推翻感到震驚和幻滅。他所信任的共同作者施米特草率且可能不誠實的研究被揭露，徒增蘭德爾的痛苦和疑惑。如同弗羅克，他雖然繼續相信和撰寫有關幽浮的事，但他對羅斯威爾飛碟墜毀事件真實性的信心卻即將告終。以下內容寫於二〇一六年，蘭德爾矛盾或含糊地承認：

> 我發現自己快要變成不相信外星人存在的人。一度我確信（羅斯威爾飛碟墜毀的真相），但那時我們擁有一切堅實的證詞，其中一大部分現在已經完全不可信。我希望我們會找到答案，證明它可能來自地球之外，但在現今的世界，我們拿不出這個答案。[75]

自從謊稱自己所做（或實際上根本沒有做）的研究被揭穿後，施米特不難為情且不悔改地繼續寫了九本有關羅斯威爾和五十一區的書。其中七本書是與另一位幽浮學家加利合著。在施米特的《羅斯威爾的隱瞞》（*Cover-up at Roswell*, 2017）中，他試圖重提雷米將軍在一九四七年七月八日記者會上被拍攝到的照片中，他手持的備忘錄提供了隱瞞真相的證據。據稱雷米手中的備忘錄文字經數位方式放大後，證明了有人試圖隱瞞墜毀事件的真相。不幸的是，施米特所提供的證據不具說服力，因為備忘錄的照片影像中沒有可辨讀的文字。想用照片中的備忘錄來做解釋純屬痴心妄想。[76]

施米特的書並不孤單。其他羅斯威爾相關書籍持續出版。二〇一七年，史蒂芬·格里爾（Steven M. Greer）出版了《未被承認：揭露世界上最大的秘密》（*Unacknowledged: An Expose of the World's Greatest Secret*）和隨附的紀錄片。該書聲稱在一九四七年時，三艘外星太空船在羅斯威爾陸軍航空軍機場附近被擊落。其他的外星人遭遇事件接踵而來，可想而知，這一切都被各國政府給隱瞞。[77] 宗教學者戴安娜·沃爾什·帕蘇爾卡（D. W. Pasulka）所撰寫的《美國宇宙：幽浮、宗教、技術》（*American Cosmic: UFOs, Religion, Technology*, 2019），由著名的出版社出版。它動用相當多篇幅來探討羅斯威爾，甚至描述了她在那裡進行的一些實地考察。如果這些訊息讓潛在的讀者升起希望，那麼他得做好失望的準備。是的，帕蘇爾卡在兩位希望保持匿名的科學家陪同下走訪羅斯威爾。他們是所謂的「隱形學院」的學者，相信幽浮和與之有關的異常或超自然現象。隱形學院的成員對其信念保密，以免遭受嘲笑和職業上的排擠。所以帕蘇爾卡給她的同伴貼上了「詹姆士」和「泰勒」的標籤，並向她的讀者保證，這些人都是令人驚嘆的天才。泰勒是他們在羅斯威爾的嚮導。他蒙住帕蘇爾卡和詹姆士的眼睛，帶他們來到一九四七年的幽浮墜毀現場，但這不是羅斯威爾事件。美國政府回收了這艘太空船並清除墜毀地點的殘骸。為了防止萬一他們遺漏了些什麼，他們在該地區埋錫罐，以混淆那些使用金屬探測器搜索該地區的人們。然而，泰勒為他的同伴準備了特殊的金屬探測器。幾個小時內，詹姆士就找到墜毀事故的某件器物。在未實際進行任何科學檢測的情況下，詹姆士和泰勒兩人就認定它是天外之物。不過別忘了，這些人是天才。回到文明世界後，詹姆士和泰勒留下這件器物加以研究，但不與其他學者分享。因此，《美國宇宙》的讀者所要做的是相信幾件事。首先，他們得接受這麼一個事實：儘管外星人擁有克服星際旅行的技術，但他們的太空船卻經常墜毀。（謝天謝地，幸好企業號〔Enterprise〕[9]星艦建造得比較好，駕駛技術也比較高明。）再者，不知怎地，政府知道且清理過的一個墜毀地點，竟然大致成功地被保密長達七十多年。第三，儘管政府清理過這個墜毀地點，並且布下所有這些錫罐，但詹姆士仍成功找到墜毀事故中的器物。幾乎彷彿有某種未知的力量或實體，要讓詹姆士喜獲這件東西。

在牛津大學出版社（Oxford University Press）的認可下，帕蘇爾卡恢復使用一九八〇和九〇年代幽浮學家用來創造羅斯威爾迷思的目擊者證詞風格。正如文學散文作家詹姆士．蓋倫（James Gallant）的某件作品所顯示的那樣，帕蘇爾卡也並不孤單。科學家和懷疑論者一向認為，目前存在著一些無法用科學解釋的異常現象。然而，這些異常現象終將得到以經驗為依據且合理的解釋。解釋幽浮的新風格避免聲稱幽浮是可以用科學方法檢驗的實體外星太空船，而是宣稱幽浮是由跨維度訪客或時間旅行者所引起的異常現象或表現。這種對異常現象的超自然解釋具有不可證偽的好處，因為它們無法以科學方法進行檢驗。帕蘇爾卡和其他志同道合者斷言，這些異常現象基本上應該毫無懷疑地被相信。有了如此的邪教環境支持，難怪羅斯威爾迷思永不消亡。[78]

為何羅斯威爾或者說幽浮運動應該消亡？它們只不過是流行文化中無害的怪癖。此外，許多人相信我們在宇宙中並不孤單，在某些情況下甚至使相信幽浮的存在變成一種宗教。人們之所觀看《遠古外星人》是因為它具有娛樂性。當懷疑者看到影集中的角色用扭曲的思考方式，來支持在科學和歷史上顯得無比荒謬的過往假設時，他們覺得非常好笑。參觀羅斯威爾的國際幽浮博物館，差不多也是同樣好玩的經驗。其展品在博物館環境中提供了有關羅斯威爾迷思的資訊，而這些資訊碰巧是仔細挑選過的。就算是這樣，有些人相信小灰人正在造訪地球，又會造成什麼傷害呢？這有點像是在問相信地平說的人會造成什麼傷害。如果僅從那個角度來看待這個情況，那麼幽浮運動和羅斯威爾迷思基本上是無害的。

問題在於，羅斯威爾迷思和其他幽浮信仰屬於政治科學家孔達所稱的掩藏的陰謀的範疇。這種陰謀透過兩個步驟的過程吸引新信徒。首先，有些人在性格上就是傾向於相信某些事件或現象的官方解釋永遠是一種掩飾。其次，這些人會受到廣泛被相信的陰謀論的吸引。因此，就羅斯威爾迷思的案例而言，他們不相信氣球墜毀的解釋，而是相信飛碟墜毀的事實被隱瞞。[79]如今一說到羅斯威爾，毫無疑問一定有事情被隱瞞。事實上，有兩種隱瞞方式可供選擇：若非是氣球墜毀，就是飛碟墜毀。美國政府早已承認第一種，而第二種幾乎沒有證據。無論如何，在陰謀論思維中，缺乏證據更加證明了當權者在隱瞞事實。

幽浮運動及其子集羅斯威爾迷思是全世界都可見的現象，特別是在相對寬容的西方民主國家，例如美國和英國。政治科學家巴肯指出，過去七十年來，大眾相信幽浮存在的程度一直非常穩定。更重要的是，這種相信程度「奇高」，美國有「數千萬人相信」。人們相信幽浮的程度有極大的差異，從略微感興趣到著迷投入。[80]蓋洛普公司於二〇一九年六月進行一項相信幽浮與否的民意調查，發現百分之六十八的美國人認為美國政府「對幽浮的了解比它告訴我們的還要多」，這個比例低於一九九六年上一次蓋洛普調查幽浮相信度時的百分之七十一。蓋洛普決定進行新的民意調查，因為

9 譯註：美國科幻影集《星艦迷航記》（*Star Trek*）中的主角太空船。

最近有新聞報導軍方發布幽浮影片以及越演越烈的突襲五十一區運動。蓋洛普於二〇一九年八月進行第二次民意調查，詢問人們是否認為幽浮是外星太空船。共有百分之三十三的受訪者回答「是」。就其普遍受歡迎的程度而言，幽浮運動絕非邊緣運動。[81]

在其早期歷史中，美國的幽浮運動基本上是非政治性的，只是希望政府說出幽浮的真相，或者更確切地說，幽浮學家所認定的真相。這種情況在一九八〇年代後期發生變化。一些相信幽浮的人開始將新世界秩序陰謀加進來。對某些幽浮學家來說，政府不僅在幽浮和羅斯威爾問題上撒謊，也對所有的事情撒謊。更糟的是，他們相信政府中的秘密精英與外星訪客勾結，目的是要奴役人類或者用外星人－人類混血種取代人類。世界政府將是最終的結果。換言之，《X檔案》中的外星陰謀故事線是現實而非虛構！顯然，幽浮運動中只有一小部分的人接受混合的幽浮陰謀論，但接受者包括了迄今受人敬重的幽浮運動歷史學家雅各布斯和看似偏執的陰謀論者庫珀。[82]庫珀後來轉向前山達基教徒吉姆．基斯版的幽浮或新世界秩序陰謀論。基斯在他的《光明會飛碟》（*Saucers of the Illuminati*, 1999）中聲稱，幽浮不是來自其他行星的太空船，而是光明會魔法的產物，目的是轉移大眾對光明會新世界秩序陰謀的注意力。[83]

幽浮運動擁有數百萬追隨者，向來是流行文化中的半主流部分。它的許多書籍都由著名的出版社出版，而且經常被報紙、雜誌和電視紀錄片報導，並定期出現在科幻小說、電視節目和電影中。新世界秩序陰謀論從未如此受到關注。相較於幽浮運動，它們是更聲名狼藉的被汙名化知識。

當幽浮信念與新世界秩序信念重疊時，它替新世界秩序陰謀論搭起一座橋，使之在流行文化和媒體中更受矚目。這種發展轉而使許多人更加不信任政府所做或所說的一切，而不僅僅是關於幽浮之事。顯然，光憑幽浮運動和新世界秩序陰謀論，不會造成人們對美國政府的完全不信任，但它們確實為此做出部分貢獻。在正常時期，這些信念只不過是美國生活中的背景噪音。然而在危機時期，這些信念會形成阻礙和危險。如果你不相信，不妨回想看看二〇二〇年新冠疫情的嚴重性如何被否認，以及有多少陰謀論聲稱這是一場騙局。[84]當一個國家中有重要的一小部分公民認為自己用民主方式選舉出來的政府，以及他們自由的新聞和媒體虛假且惡毒，而寧可活在不在乎事實的另類現實中，是多麼令人遺憾啊。

結語

所有愚蠢行為中代價最昂貴的，莫過於熱烈地相信顯然不真實的事。這正是人類的主要消遣。

——亨利・路易士・孟肯[1]

構成垃圾知識的現代迷思、偽歷史、偽科學和陰謀論在人類歷史中有著深遠的根源。先前幾章在幾種不同的背景下證明了這一點。這種垃圾知識也有持久的活力，其影響起起落落，但永遠不會完全消失。邪教環境讓垃圾知識得以再生和轉變成新形式。在現今的資訊科技時代，這項技術有機會變成錯誤訊息和假訊息的來源。有些人和團體已經興致勃勃地抓住了這個機會。

「匿名者Q」（QAnon）現象是近來最顯著的垃圾知識範例。Q是匿名者Q運動中不知其名的先知，二〇一七年十月二十八日首次出現在4chan留言板。Q的第一篇貼文似乎是受川普在十月五日接受採訪時，對即將到來的風暴發表他典型的隱晦評論而激發的回應。Q也是典型地不願詳加說明，但他絕不是在談論天氣。他在貼文中預測希拉蕊・柯林頓將於十月三十日被逮捕，而該事件將引發大規模暴動。為了增加該篇貼文和後續貼文的真實性，Q暗示說他曾參與情報工作，或者曾是一名能接觸極敏感情報的軍官。Q的預言從未實現，但他的貼文繼續做出其他預測或聲明，而被其讀者稱作Qdrops。這類貼文已有數千篇。Q已經轉移到了8kun，而且沒有跡象顯示他會停止貼文。恰恰相反，它們已經傳播到許多社群媒體網站。在首批貼文出現之後不久，一些網路陰謀論者就開始替Q宣傳，並吸引了迅速增加的追隨者。這個現象稱作「匿名者Q」（QAnon），即Q和anonymous（匿名的）的結合。❷

Q的預言一個接著一個出現，又一個接著一個都沒有實現，但預測失準並沒有影響Q的可信度和受歡迎程度。Q的貼文給予讀者一種擁有特殊知識的感覺，並暗示即將發生重大變化，儘管細節模糊甚至付之闕如。Q的貼文力勸讀者等著「看好戲」以及「相信安排」，同時還保證「沒有什麼能阻止即將發生的事」。匿名者Q非常支持川普，致使該現象對於川普及其更狂熱的支持者具有吸引力。匿名者Q宣傳深層政府和全球陰謀的世界觀，但他向讀者保證，這些邪惡勢力終將被擊敗，因為事情都在川普的掌控中。最後，正如Q在一篇貼文中宣稱的：「上帝會獲勝。」匿名者Q的貼文包含許多基督教本質的宗教指涉，儘管多半未指涉基督教教義和福音信息。這種宗教性言詞只會使匿名者Q更加吸引某些福音派基督徒。福斯新聞也盡了他們的一份力，讓匿名者Q正面地獲得大眾的關注。然而，在二〇二〇年，社群媒體公司開始嚴厲打擊公然傳播假訊息的網站。❸但在很大程度上為時已晚，它們已經對社會造成損害。

匿名者Q運動和川普一樣，拒絕相信傳統上合法的新聞和資訊來源，認為它們基本上錯誤或造假。Q告誡他的讀者「你要自己做研究」，一般而言，這是一個不錯的建議。可惜匿名者Q的追隨者將他們的研究範圍限制在無事實證明、充滿了錯誤事實和謊言的臉書資料。儘管Q的預測未能成真，但他的追隨者認為情況並非如此。此外，匿名者Q的追隨者還提出一些毫無根據的主張。其中一套說法是，一九九九年死於飛機失事的小約翰．甘迺迪[1]實際上是遭暗殺。有一個相關的說法

1 譯註：遇刺身亡的第三十五任美國總統約翰．甘迺迪之子。

是，小約翰·甘迺迪現在還活著，是川普的支持者，甚至可能就是Q本人。有些人甚至聲稱川普是Q。在被問到他們有何證據相信這些說法時，他們不會因為缺乏任何證據而感到困擾。當他們已經愉悅地忽略了這些主張相互矛盾的事實時，還有什麼好煩惱的呢？他們反而會回答說：「有什麼證據不（相信）嗎？」換句話說，他們覺得自己沒有義務提供證據來證明任何荒謬的主張是真的，或者在邏輯上前後一致。相反地，懷疑的人有責任舉證來證明他們否定的事。

接下來是當中最可怕的陰謀論：深層政府的精英不只密謀維持或加強他們對人類的統治，他們還是掠奪成性的戀童癖者。這些富有、握有政治權力和自由派的好萊塢型的卑鄙精英，全都是兒童綁架和性虐待的幕後黑手。更可怕的是，這個邪惡的上層集團正在從這些孩童身上獲取腎上腺色素（adrenochrome）。顯然，施打腎上腺色素讓這些道德敗壞的食人的或吸血鬼般的精英得以維持年輕的外表。Q也許看過《朱比特崛起》（*Jupiter Ascending*, 2015）這部電影[2]？問題是有些人認真看待這種百分之分的胡說八道，結果促成可能發生致命災難的情況。差一點就造成災難的披薩門（Pizzagate）陰謀，就是個發人深省的例子。

二〇一六年十二月四日，一名來自北卡羅萊納州的保守派人士遭人蒙騙，全副武裝地試圖營救被綁架的兒童，據稱他們被囚禁在華盛頓特區受歡迎的乒乓彗星比薩店（Comet Ping Pong）。事實證明根本沒有兒童被俘。雖然有人開槍，幸而沒有人遭射殺，而且關於兒童性交易集團的謠言也被徹底破除——但不會持續太久。二〇二〇年匿名者Q提到某個戀童癖犯罪組織，這個說法在全世界瘋傳，至今尚未被遺忘。基督教福音派運動中對匿名者Q的支持，已成為美國社會這一部分人士的問題。許多人認為匿名者Q是一種真正的基督教現象，但也有許多人認為它在神學和道德上與基督教教義背道而馳。它讓福音派的右翼分子看起來特別糟糕，尤其是對那些教會年輕人來說，他們對這種偽善感到驚駭。[4]

你只需快速瀏覽一下 4chan 和 8kun 的留言板，便會發現當中含有大量極粗俗和變態的內容。板上的其他項目根本讓人完全看不懂或無法理解，除非讀者是該類事物的行家。儘管匿名者Q有著不理性、不道德和造假的本質，或者說正因如此，匿名者Q仍不出所料地繼續吸引諸如福克斯新聞的肖恩・漢尼提（Sean Hannity）和 InfoWars 網站的瓊斯等人的關注。約有三十五名前任或現任美國國會議員候選人支持匿名者Q。其中一位是羅拉・盧莫（Laura Loomer），她是佛羅里達州國會席位的落選候選人。盧莫是個毫不遮掩的恐伊斯蘭者，已被禁止進入所有主要的社交媒體管道以及各種企業。其次盧莫相當狂熱地出現在瓊斯的 InfoWars 網站，讓我們得以看清她的個性。她最關切的是她那沒有根據的陰謀論和煽動行為遭禁，如何造成她的收入變少。

另一個例子是野心勃勃的政客喬・蕾・柏金斯（Jo Rae Perkins），她於二〇二〇年競選俄勒岡州參議員落選。她反對戴口罩來防止 COVID-19 的傳播。她之所以反對戴口罩，部分原因可能是她相信新冠疫情是一場騙局，目的是拉下川普。她顯然從沒想過，新冠疫情是一種全球現象，這樣一來就會使之成為一場大規模的騙局。身為匿名者Q的支持者，她提倡Q的「你要自己做研究」格言。問題在於她的資料庫是匿名者Q提供的。在那個思想世界中，一切事物都在這個基礎信念上做評估：食人的戀童癖精英分子正在與川普和軍事情報部門進行一場大規模的秘密鬥爭，後者希望揭露他們的卑鄙行徑並因其罪行而逮捕他們。她自稱讀了很多東西，但如果她讀的東西全都是由匿名者Q所編纂，那麼她所得出的任何結論全都非常可疑。柏金斯是Q的預言的堅定信徒。在被問到

2 譯註：電影中的外星上層統治集團殖民地球，採收人類以提煉出維持他們長生不老的靈液。

她如何解釋希拉蕊・柯林頓被逮捕這件事為何沒有發生時，她用問題來回答問題：「你是否無可置疑地知道，百分之百確定她從未被逮捕？」這是不夠誠實和裝傻的混淆視聽。Q和柏金斯若要證明這種古怪的說法的確屬實，他們就有責任要提供證據。這就是人們說的「沒有理性的地方就是地獄」的意思。❺

雖然柏金斯和大多數的匿名者Q候選人都未能贏得他們的選舉，但有兩人勝選。這兩位成功的候選人是勞倫・波伯特（Lauren Boebert）和瑪喬麗・泰勒・葛林（Marjorie Taylor Greene），兩人都是共和黨人。波伯特在科羅拉多州第三國會選區獲勝，該選區橫跨科羅拉多州西半部大部分地區，位於洛磯山脈深處，人煙稀少。波伯特和她的丈夫在科羅拉多州的賴夫爾（Rifle）經營射手燒烤店（Shooters Grill），她鼓勵女服務生公開攜帶槍枝。有人認為如此一來可以阻止客戶抱怨服務品質，否則我們很難明白這麼做有什麼好處。果然在新冠疫情期間，波伯特違反對餐廳的居家令，拒絕遵守規定，這絕不是她第一次觸犯法律。葛林繼承了父親的建築公司，也隨身帶著槍，而且更直言不諱地提倡匿名者Q的陰謀論和其他極右派觀點。在當選眾議院議員後不久，兩人都曾詢問在國會大廈裡能否攜帶武器。我們不清楚她們為何有此一問，因為那裡向來允許攜帶槍械。希望她們沒打算對抗亞歷山卓・歐加修－寇蒂茲（Alexandria Ocasio-Cortez）和其他進步小隊（The Squad）[3]成員。無論如何，幾乎可以確定的是，她們在任期間將會有許多引人注目的時刻。❻

波伯特和葛林宣誓就任眾議院議員後，兩人就開始製造新聞。波伯特亮槍炫耀，還招搖地接受了某個摩托車幫派送給她的一把紅、白、藍色相間的手槍。比較不祥的是，據報導波伯特曾舉辦一次或多次的參觀國會大廈之旅。這些行程發生在數千位暴民於二〇二一年一月六日闖進美國國會大廈，迫使國會議員逃往安全避難所之前的幾天，接下來的內容將會進一步討論。據稱該旅遊團中也包含了參與作亂者。有人甚至表示此次行程就是作亂者的偵察任務。做為回應，波伯特否認了這項指控，並聲稱她只是帶親戚去觀光。儘管如此，波伯特仍以百分之五十一票數的些微領先贏得席次，而根據預測，隨著時間過去，她的匿名者Q意識形態可能會失去選民的青睞。不管情況會如何，波伯特的議員同事、匿名者Q的擁護者葛林在一月六日的事件期間和之後的噱頭，很快就讓波伯特相形失色。❼

葛林毫不遮掩地支持陰謀論（尤其是匿名者Q陰謀論），她正在創造歷史，盡可能地成為眾議院歷史上最具爭議性的新科議員。身為川普的熱情支持者，她聲稱川普實際上贏得了二〇二〇年的總統大選。她也支持共和黨在槍枝權利和墮胎議題上的標準文化立場。過去幾年來她也一直擁護某些非標準的極端主義立場。她曾聲稱九一一恐怖攻擊是幌子，桑迪胡克小學和斯通曼道格拉斯高中的大規模槍擊事件也是如此。當選前兩年，她呼籲對多位著名的民主黨政治人物採取暴力手段，包括建議暗殺他們以及用叛國罪加以處決。除了長期抱持反穆斯林和反疫苗的信念，在新冠疫情期間，她也強烈反對戴口罩和封城。早在匿名者Q出現之前，她就相信披薩門戀童癖集團的存在，並將外來移民與滅絕白人種族的陰謀論連結起來，該陰謀論聲稱移民是消滅歐洲和北美白人的陰謀的一部分。近來，她斷言猶太銀行家所操縱的太空雷射造成了致災的加州野火。這種說法讓人不禁想要問一個問題：誰引發了澳洲野火？是袋鼠與灰色外星人結盟，還是無尾熊和北韓人合作？❽

除了相信所有這些事情，尤其匿名者Q之外，她還堅稱自己是忠貞的福音派基督徒，這似乎顯示她的傳道者並不熟知《聖經》所警告的關於假先知和敵基督的危險。當毫無根據的陰謀論成為主

3 譯註：美國眾議院九位民主黨議員所組的一個非正式左翼團體。

流時，她和波伯特成為威脅民主社會的危險和墮落的領頭者。二〇二一年一月六日，支持川普的暴民闖進國會大廈，此一潛在的危險以最具體的方式顯現出來。當作亂者在國會大廈裡橫衝直撞時，眾議院議員正走避他處。葛林則與一群拒絕戴口罩以防止 COVID-19 傳播的共和黨人坐在一起。隨著葛林當前和過去的其他行為開始成為政治新聞的焦點，此一可疑的行為變得相對無關緊要。[9]

隨著越來越多的葛林觀點被公開，這些令人不安的訊息開始引發將她逐出眾議院的呼聲。此事需要三分之二的眾議院議員投票通過。然後她被宣布分配到重要的眾議院預算和教育委員會。結果，有人呼籲剝奪葛林的委員會職位，而這只需要眾議院投下多數票通過。然而，幾乎沒有共和黨人敢公開批評她。二月三日，眾議院少數派領袖凱文·麥卡錫（Kevin McCarthy）召開共和黨核心幹部的閉門會議。尋求解決葛林爭議的方案是召開這次會議的原因之一。會中葛林為自己的行為道歉，獲得一些在場者的起立鼓掌。房間裡的其他人質疑這種道歉能有幾分真實。此外，麥卡錫不願剝奪她的任何一項委員會職位。此種作為或不作為替民主黨多數派發動投票，剝奪她的兩項委員會職務開了道。二月四日的投票結果是兩百三十比一百九十九，其中十一名共和黨議員投票贊同民主黨。在接下來的日子裡，葛林看來並沒有因此而得到教訓、也沒有悔悟。任何以為葛林將會逐漸被遺忘的人可能都要失望。她是已蔚為主流的陰謀論文化的化身。[10]

共和黨選民和川普已經使匿名者Q運動進入美國政治的主流。如同川普，一些共和黨政治人物也欣然接受匿名者Q，以及其他極右派信仰和牽強的陰謀論，因為這麼做讓他們獲得了熱情支持者的可靠基礎。其缺點是，這種選擇雖有助於政客當選，卻癱瘓了他們的立法能力，因為這使兩黨的合作與妥協變得困難許多。似乎也有人認為匿名者Q是二〇二〇年大選之前民調失準的原因之一。匿名者Q的信徒往往不願意回答民調人員的問題，甚至可能透過不誠實回答來誤導他們。[11]

合法的社會事業也發現自己被匿名者Q挾持。救助兒童會（Save the Children）和其他反人口販賣的團體，都曾碰過匿名者Q的支持者利用他們的名義，或將匿名者Q主題置入其網站和社群媒體頁面的情況。這些人道主義團體的好名聲被用來合理化匿名者Q的說法——一個秘密的上層集團透過食用失蹤和被綁架兒童來保持年輕。這種不道德的行為逼得合法團體得浪費時間和資源來揭穿和刪除令人反感的匿名者Q訊息。匿名者Q設法藉由與受敬重且無懈可擊的正經事業沾上邊來偽裝自己，這是聰明但陰險的策略。這些行為傷害了合法的人道主義團體，因為這模糊了他們的無黨派立場，並透過玷汙其名聲而降低他們所能獲得的廣泛支持。[12]

匿名者Q運動最初雖因川普的二〇二〇年選舉失利而喪志，但有關川普被偷走總統之位這種毫無根據的陰謀論，很快就緩解了匿名者Q真信徒的認知失調。在川普想要推翻選舉結果的努力中，匿名者Q的擁護者扮演了重要但不必然有效或理性的角色。曾擔任川普團隊律師的西德尼·鮑威爾（Sidney Powell）是一個高調的匿名者Q擁護者。同時，匿名者Q也加劇了共和黨內部的內戰，其中一方接受二〇二〇年選舉結果，而另一方支持川普、匿名者Q和其他極右翼人士的擱置選舉結果主張。

二〇二一年一月六日，多年捕風捉影的陰謀論以及連月來川普和其他人毫無根據的聲稱，如果總統大選被操縱成不利於川普，他就只能輸掉選舉，或者，如果他輸了，那麼總統之位是從他手中被偷走的，因為他實際上是大贏，最終卻結出了毒果。在國會開會批准選舉人團結果的當天，大約有八千至兩萬名川普支持者聚集在國會大廈附近。許多人的目的是阻止國會批准二〇二〇年選舉結果。川普向他的支持群眾喊話，敦促他們勇往直前，他的私人律師魯迪·朱利安尼（Rudy Giuliani）和阿拉巴馬州國會議員莫·布魯克斯（Mo Brooks）也是如此。美國人民和全世界都在電視直播中看見數千名憤怒的川普支持者衝進國會大廈，制服了人數嚴重不足的國會警察。參議員和眾議員被送往避難所，至少八百名暴徒在國會大廈內橫衝直撞，偷東西和搞破壞，同時繼續攻擊國會大廈警察。他們還呼籲要絞死副總統麥克·彭斯（Mike Pence），因為他沒有違法支持川普顛覆選舉的企圖。這場褻瀆國會大廈的行動持續了幾個小時，直到更多執法人員和國民警衛隊抵達。當晚，深感驚訝但不屈服的國會重新召開會議，並完成了承認選舉人團投票結果的任務。令人難以置信的是，一些共和黨參議員和代表仍然投票反對承認某些州的選票，但他們只占少數。作亂的暴徒未能實現推翻二〇二〇年選舉結果、讓川普繼續擔任總統的目標。[13]

國會大廈被闖入動搖了美國民主共和國的根基，但它倖存了下來。然而，這向美國人和所有以民主方式選舉政府的國家再度敲響警鐘，提醒他們要留意陰謀論、右翼極端主義、白人至上主義者以及反猶太主義者所帶來的危險。這種危險因為網路和社群媒體極易傳播錯誤和仇恨的想法而被放大。一位渴望保住職位的敗選總統利用社群媒體散布天大的謊言，稱自己實際上贏得了選舉，而且這個勝利從他手中被偷走。這是一個毫無根據的陰謀論，沒有可信的證據加以支持。[14]

衝闖國會大廈事件正在深入調查中，幾乎每天都有新的消息被揭露。執法部門逮捕作亂者的行動正在進行中。這些調查無疑將持續不只幾個月，更可能長達好幾年。學者們將會撰寫許多書籍來描述和分析該事件。新的陰謀論在這場暴動之後出現。有人聲稱向來是右翼用來轉移焦點的對象的左翼反法西斯運動安提法（Antifa），是襲擊國會大廈的真正罪魁禍首。然而，聯邦調查局情報部門報告說，沒有證據能證明安提法參與其中。此外，有人指出如果安提法真的介入，這會是違反其自身政治利益的非理性行為。他們為何要發起衝進國會大廈的行動，以阻止國會批准他們偏愛的候選人當選，而去保住他們所鄙視的總統？另一種說法是，這次作亂是左翼人士為了抹黑川普而進行的又一次栽贓行動。同樣地，沒有證據支持這種說法。這也引出了一個問題，這種栽贓行動的目的何在？川普輸了，這還不夠嗎？這也意味著川普、朱利安尼和其他向群眾發表演說的人參與了這場栽贓行動。事實上，人們對川普在暴動當天以及一月六日之前幾週期間的可疑和魯莽行為感到憤慨，很快就導致眾議院以煽動叛亂為由彈劾川普。彈劾投票於一月十三日舉行。這是史無前例的二次彈劾美國總統。一個月後，川普在二月十三日的參議院審判中被宣告無罪。投票判定川普有罪的人未能達到所需的三分之二多數，投票結果是五十七比四十三。太多人投下無罪票，並因而拒絕支持法治和憲法。此後，毫不掩飾的川普繼續宣揚他那毫無根據的陰謀論。[15]

兩週後，拜登（Joe Biden）於一月二十日就任美國總統。就職儀式幾乎沒有發生任何事件，因為數千名國民警衛隊的在場大大強化了安全。這也是一個讓許多匿名者Q擁護者受到創傷的事件。根據匿名者Q的世界觀，川普是他們的救世主，在軍事情報的協助下，他最終將戰勝戀童癖精英集團。這種信念在二〇二〇年總統大選後變得更加強烈。川普及其追隨者聲稱在選舉中取得壓倒性的勝利，但一場巨大的陰謀卻偷走了他們的選舉成果。這個撲朔迷離的陰謀稱作克拉肯（Kraken），以神話中的海怪命名。然而，因為據說一切都在川普的掌控中，所以匿名者Q信徒期待他發動襲擊國會行動，而他和他的支持者將會出擊。隨後將發生大規模逮捕、甚至處決，而川普將繼續擔任總統。然而，掌控美國軍隊的參謀長聯席會議顯然從未收到這份備忘錄。就職日到來時，拜登宣誓就任總統，而川普悶悶不樂地離開華府。[16]

令人難以置信的是，竟有許多人相信Q的預言，亦即川普將會獲勝。當這件事並沒有發生時，許多匿名者Q支持者的世界觀徹底動搖。時事評論員最初猜測匿名者Q處於崩潰狀態。各種匿名者Q信徒公開宣布不再相信匿名者Q，懊悔地承認自己因天真愚蠢而被欺騙，並感覺後悔和尷尬。

然而，儘管存在著嚴重的認知失調，但匿名者Q的新預言很快就出現，使得其信念得以持續存在。這基本上重演了費斯廷格一九五六年的經典研究《當預言落空時》中所描述的邪教預言的落空和恢復。正如基奇夫人和她在伊利諾州奧克帕克的某些追尋者團體，在她的世界末日預言落空後，藉由編造一個他們能夠接受的解釋而恢復過來，匿名者Q也是如此。就匿名者Q的案例而言，他們將川普下一次勝利復出的日期推遲到了三月四日。當然，當這個預言又不可避免地落空時，一個又一個的預言就會接連出現。匿名者Q的預言自二〇一七年首度出現以來，從來沒有一個成真，但這並沒有讓真信徒感到困擾。因為他們發現完美的幻想比不完美的現實更可取。[17]

對於美國或正統共和黨的理性成員而言，這並不是一個美好的景象。更糟的是，匿名者Q並非美國獨有的現象。它在英國、德國和其他歐洲國家已發展出追隨者。自二〇二〇年中起，臉書和推特等社群媒體開始嚴厲打擊公然發布假訊息的行為，卻已為時太晚。那時，充滿謊言和妄想的潘朵拉的盒子已經吐出毒藥，其結果可想而知。[18]

歷史學家科恩早就指出，經歷快速、深刻變化的社會往往淪為惡意的垃圾知識和陰謀論的受害者。人們害怕那些會影響社會正常運作的大規模轉變。這種不健康的反應是在尋求保住熟悉的舊事物，以及阻擋具有威脅性的變化。[19]二十一世紀的頭幾十年，許多已開發國家正在經歷全球化所帶來極痛苦的改變和混亂，因此可疑的陰謀論和怪誕的幻想十分具有吸引力。我們希望那些相信Q和其他空想、欺騙的預言家的人，最終會清醒過來，明白垃圾知識和陰謀論對他們毫無作用。另一方面，也許邪教環境會聚集出某種新形式的垃圾知識，以某種不那麼有害的東西來取代匿名者Q。又或許那會是更令人討厭和病態的東西？

致謝

我從二〇一六年開始寫這本書，那時距離美國總統大選還有幾個月。此後，很多事情都已經改變，而各種形式的垃圾知識主題甚至變得更為切題。在完成本書的過程中，我得到朋友、同事、學者同行和學生們的許多幫助。雅典州立大學（Athens State University）卡雷斯圖書館（Kares Library）的工作人員給予我極大的幫助。辦理一連串館際互借的圖書館員為我提供重要的書籍和文章，它們的性質往往相當深奧。感謝 Judy Stinnett（已退休）、Robbie King（已退休）和 Bethany Bruno。Mary Aquila 和 Amber Skantz 提供了寶貴的參考書目協助。現已退休的圖書館館長 Robert Burkhardt 一直是我絕佳的意見測試者，我很享受我們一起去納許維爾（Nashville）買書和賣書的行程。《選擇雜誌》（*Choice*）的 Lisa Mitten（現已退休）和 Fatima MohieEldin 知道我的興趣所在，寄給我許多書供我檢閱，對於我的研究也大有用處。對此我非常感激。有各式各樣的人曾讀過本書的全部或部分手稿，並提供了令我非常感謝的協助、意見和建議。我以前的學生 William Smith 仔細且勇敢地讀完整部手稿。另一位昔日的學生 Haylee Newton 在疫情期間讀了幾章，之後搬去亞利桑那州任教職，讓她的生活變得非常忙碌，但她現在過得很好。我在劍橋克萊爾學堂（Clare Hall）的老朋友 Peter Minshall 博士和 Lorna Minshall 博士以建設性的批判眼光閱讀了幾乎全部的手稿。Lorna 尤其還糾正了我的德語和拉丁語翻譯錯誤和不妥之處。從史密森學會退休的 Roger Launius 博士是我在路易斯安那州立大學的老朋友和同學，他貢獻了他在航太計畫歷史和偽歷史方面的專業知識，並對〈羅斯威爾迷思與幽浮運動〉那章提出了非常有用的評論和建議。David Castle 博士是政治科學家，也是我在拉馬大學（Lamar University）時的朋友和同事，他也閱讀了我的手稿並給予評論。我的朋友兼同事，雅典州立大學心理學系的 Susan Owen 博士讀了好幾章，而且至關重要地對於我所描述和探討的人們為何相信奇怪且有些荒謬的事物背後的演化、認知和社會心理學，提出專家的批評。

Reaktion Books 的發行人 Michael Leaman 對於一再錯過截稿日的作者，始終給予支持和耐心。Alex Ciobonu 和 Martha Jay 是本書出版準備工作中的絕佳合作夥伴。

Jeremy Black 教授一直是個很支持我的朋友，也總是慷慨地協助其他學者的工作。最後，我想向我的妻子 Twylia 表達我的愛意和感激之情，感謝她再度忍受我寫另一本書。她對於我花時間進行研究和寫作，保持相當大的耐心和寬容。我們兩人都熱愛旅行，尤其是去英國旅行。她是我所能期盼最好的旅伴——富有冒險精神、不知疲倦、靈活且沒有怨言。當新冠疫情結束或至少有所緩和時，我們將繼續從事我們的探索和冒險活動。

參考文獻

前言

1 J. M. Roberts, *The Mythology of the Secret Societies* [1972] (London, 2008), p. 15.

2 Saul Bellow, *To Jerusalem and Back: A Personal Account* (New York, 1976), p. 127.

3 Daniel Pipes, *Conspiracy: How the Paranoid Style Flourishes and Where It Comes From* (New York, 1997), pp. 11–12, 23 and 118–19; Alex Johnson, 'Lyndon LaRouche, Bizarre Political Theorist and Perennial Presidential Candidate, Dies at 96', www.nbcnews.com, 13 February 2019; Jesse Walker, 'Lyndon LaRouche: The Conspiracists Who Earned a Following', *Politico*, www.politico.com, 29 December 2019; and 'Views of Lyndon LaRouche and the LaRouche Movement', www.en.wikipedia.org, accessed 5 October 2020，尤其參見 'The "British" Conspiracy' 部分。

4 David Icke, *The Biggest Secret* (Derby, 1999), 散見各處。David G. Robertson, *UFOs, Conspiracy Theories and the New Age: Millennial Conspiracism* (London, 2017); its Chapter Five, '"Problem-Reaction-Solution": David Icke and the Reptilian Hypothesis' 提供了大衛・艾克精彩、簡潔的傳記及其思想的概述，如同 Michael Barkun, *A Culture of Conspiracy: Apocalyptic Visions in Contemporary America*, 2nd edn (Berkeley, CA, 2013), pp. 69 and 104–10。亦參見 Tyson Lewis and Richard Kahn, 'The Reptoid Hypothesis: Utopian and Dystopian Representational Motifs in David Icke's Alien Conspiracy Theory', *Utopian Studies*, XVI/1 (2005), pp. 45–74; David G. Robertson, 'David Icke's Reptilian Thesis and the Development of New Age Theodicy', *International Journal for the Study of New Religions*, V/1 (2013), pp. 27–47; and Marcus Lowth, 'What Should We Make of Claims of Shapeshifting Reptilian Aliens Ruling the Earth?', *UFO Insight*, www.ufoinsight.com, 16 October 2016, updated 18 July 2020.

5 Ambrose Evans-Pritchard, 'U.S. Cult Is Source of Theories', *Electronic Telegraph*, www.telegraph.co.uk, 3 December 1996; Icke, *Biggest Secret*, pp. 32, 407 and 411–69; and Marcus Lowth, 'The Death of Diana – Accident? Assassination? Or Ritual Sacrifice?', *UFO Insight*, www.ufoinsight.com, 16 October 2016, updated 17 July 2020.

6 Robertson, 'David Icke's Reptilian Thesis', p. 35.

7 同前，pp. 36–7; Robertson, *UFOs, Conspiracy Theories*, pp. 156–7; and Barkun, *Culture of Conspiracy*, p. 107.

8 Barkun, *Culture of Conspiracy*, pp. 183–92.

9 同前，pp. 184–5; Jim Geraghty, 'Obama Could Debunk Some Rumors by Releasing his Birth Certificate', *National Review*, www.nationalreview.com, 9 June 2008; Jim Geraghty, 'A Few Other Possibilities on Barack Obama's Birth Certificate', *National Review*, www.nationalreview.com, 10 June 2008; and Jim Geraghty, 'Obama's Certification of Live Birth Found and Posted at Daily Kos', *National Review*, www.nationalreview.com, 12 June 2008.

10 Barkun, *Culture of Conspiracy*, pp. 184–5; Robert Farley, 'Was Hillary Clinton the Original "Birther"?', www.factcheck.com, 2 July 2015; and Ben Smith and Byron, 'Birtherism: Where It All Began', *Politico*, www.politico.com, 22 April 2011, updated 24 April 2011.

11 Chuck Todd, *The Stranger: Barack Obama in the White House* (New York, 2014), p. 254, and Michael D'Antonio, *Never Enough: Donald Trump and the Pursuit of Success* (New York, 2015), pp. 284–8 and 330.

12 Todd, *Stranger*, p. 254 and Jerome R. Corsi, *Where's the Birth Certificate? The Case that Barack Obama Is Not Eligible to Be President* (Washington, DC, 2011)，這是一本暢銷書，但我們不禁納悶有多少買書的人讀過這本書。這是「註腳致死」式學術作品的一個例子。讀者被超量的證據淹沒，而難以評估其可信度和（或）相關性。

13 Todd, *Stranger*, pp. 253–4; D'Antonio, *Never Enough*, pp. 284, 290, 325 and 330; Mark Sumner, 'Newsweek Claims Birtherism Article about Kamala Harris Isn't about Race – It's Absolutely about Race', www.dailykos.com, 13 August 2020; and 'Trump Stokes "Birther" Conspiracy Theory about Kamala Harris', www.bbc.com, 14 August 2020。最後這兩篇文章只是討論和嘲笑賀錦麗出生地質疑主義故事的一小部分。我選用ＢＢＣ的新聞報導，因為它不是出自美國主流媒體的消息來源。

14 Ryan Prior, 'Meet the Guy behind the "Area 51" Page: He's Terrified of What He's Created', www.cnn.com, 18 July 2019; David Montero, 'Storm Area 51 Creator: I sparked a Movement while I Was Bored at 2 a.m.', *Los Angeles Times*, www.latimes.com, 12 September 2019; 'Storm Area 51', www.en.wikipedia.org, accessed 5 October 2020 (this is a very well-sourced article); and Sophie Lewis, 'Oklahoma Animal Shelter Encourages Area 51 Fans to "Storm Our Shelter"', www.cbsnews.com, 20 July 2019.

15 E. J. Dickson, 'Coronavirus is Spreading – And So Are the Hoaxes and Conspiracy Theories Around It', *Rolling Stone*, www.rollingstone.com, 18 March 2020; Max Fisher, 'Why Coronavirus Conspiracy Theories Flourish. And Why It Matters', www.nytimes.com, 8 April 2020; Katherine Schaeffer, 'A Look at the Americans Who Believed There Is Some Truth to the Conspiracy Theory that covid-19 Was Planned',

Pew Research Center, *Facts and News in the Numbers*, www.pewresearch.org, 20 July 2020; and Megan Marples, 'Pandemic Denial: Why Some People Can't Accept Covid-19's Realities', www.cnn.com, 16 August 2020.

16 West Palm Beach County Commissioners Meeting, 23 June 2020, at www.bing.com/videos。不穿內褲的評論從兩小時三十分時開始。穿紅T恤女子的評論發生在一小時二十四分後。有大量短片摘錄了這些評論。想看當地電視台WPTV採訪紅T恤女子，請參見www.wptv.com。頁面較下方有會議結束後，採訪反對戴口罩者的一小段影片。對穿紅T恤女子的採訪從八分零八秒開始，在八分三十六秒時談到新世界秩序，九分五十八秒談到政府計劃要殺死百分之九十五以上的人口。

17 Caroline Warnock, 'America's Frontline Doctors Summit covid-19 Video Called "False Information"', www.heavy.com, 28 July 2020; Caroline Warnock, 'Watch: Dr. Stella Immanuel covid-19 Hydroxychloroquine "Cure" Video', www.heavy.com, 29 July 2020; and Will Sommer, 'Trump's New Favorite covid Doctor Believes in Alien dna, Demon Sperm, and Hydroxychloroquine', www.thedailybeast.com, 28 July 2020.

18 Mark Potok, 'Carnage in Charleston', *Intelligence Report* of the Southern Poverty Law Center, www.splcenter.org, 27 October 2015; Joel A. Brown, 'Dylann Roof, the Radicalization of the Alt-Right, and Ritualized Racial Violence', *Sightings* of the Divinity School of the University of Chicago, www.divinity.uchicago. edu, 12 January 2017; and J. M. Berger, 'How Terrorists Recruit Online (and How to Stop it)', *Brookings* (9 November 2015), accessed 17 March 2021.

19 W.E.B. Du Bois, 'The Propaganda of History' [1935], in *Writings* (New York, 1986), p. 1029.

20 Mark Twain, *The Innocents Abroad* [1869] (New York, 1984), p. 24.

1 想一想偽科學、偽歷史、現代迷思和陰謀論

1 Charles Fort, *Book of the Damned: The Collected Works of Charles Fort* (New York, 2008), p. 3.

2 Nicoli Nattrass, 'Understanding the Origins and Prevalence of aids Conspiracy Beliefs in the United States and South Africa', *Sociology of Health and Illness*, XXXV/1 (2013), pp. 113–29; Jesselyn Cook, 'A Toxic "Infodemic": The Viral Spread of covid-19 Conspiracy Theories', www.huffpost.com, 8 April 2020; and Ben Collins, '"What are we doing this for?": Doctors Are Fed Up with Conspiracies Ravaging ERs', www.nbcnews.com, 6 May 2020。這些參考書目只是一個很小的樣本。當然，在某些圈子裡它們全都是假消息。

3 Susan Jacoby, *The Age of American Unreason* (New York, 2008), pp. 210–41.

4 Glyn Daniel, *Myth or Legend?* (New York, 1968), pp. 14–15.

5 Robert Segal, *Myth: A Very Short Introduction* (New York, 2015), pp. 3–5.

6 Eric Kurlander, *Hitler's Monsters: A Supernatural History of the Third Reich* (New Haven, CT, and London, 2017), pp. xiv–xv.

7 David Aaronovitch, *Voodoo Histories: The Role of Conspiracy Theory in Shaping Modern History* (New York, 2010), p. 6.

8 Kathryn S. Olmsted, *Real Enemies: Conspiracy Theories and American Democracy, World War I to 9/11* (Oxford, 2009), pp. 3–5 and 236–8.

9 Michael Barkun, *A Culture of Conspiracy: Apocalyptic Visions of Contemporary America*, 2nd edn (Berkeley, CA, 2013), pp. 6–7; Thomas Milan Konda, *Conspiracies of Conspiracies: How Delusions Have Overrun America* (Chicago, IL, 2019), p. 6; Massimo Pigliucci, *Nonsense on Stilts: How to Tell Science from Bunk*, 2nd edn (Chicago, IL, 2018), pp. 2–3 and 14–15; and Anna Merlan, *Republic of Lies: American Conspiracy Theorists and their Surprising Rise to Power* (New York, 2019), p. 14.

10 Olmsted, *Real Enemies*, p. 6.

11 Milton William Cooper, *Behold a Pale Horse* (Sedona, AZ, 1991).

12 Michael Shermer, *The Believing Brain: From Ghosts and Gods to Politics and Conspiracies – How We Construct Beliefs and Reinforce Them as Truths* (New York, 2011), pp. 208–9 and 225; 'Too Many Minions Spoil the Plot', www.ox.ac.uk, 26 January 2016; and D. R. Grimes, 'On the Viability of Conspiratorial Beliefs', *PLOS ONE*, XI/1 (2016): e0147905, www.journals.plos.org.

13 Shermer, *Believing Brain*, pp. 208–9 and 225.

14 Barkun, *Culture of Conspiracy*, pp. 3–4, and Aaronovitch, *Voodoo Histories*, pp. 354–5.

15 Barkun, *Culture of Conspiracy*, pp. 5–6, and Olmsted, *Real Enemies*, pp. 192–3 and 200.

16 Barkun, *Culture of Conspiracy*, pp. 18–23.

17 Richard Hofstadter, 'The Paranoid Style in American Politics' [1964], in *Richard Hofstadter*, ed. Sean Wilentz, Library of America, vol. CCCXXX (New York, 2020), pp. 532–3.

18 Barkun, *Culture of Conspiracy*, pp. 6–7.

19 同前，pp. 26–7.

20 James Webb, *The Occult Underground* [1974] (LaSalle, IL, 1990), pp. 191–2，引文的重點是同前和 pp. 193–234 各處對被摒棄的知識的歷史概述，還有 Barkun, *Culture of Conspiracy*, pp. 23–4。亦參見 James Webb, *The Occult Establishment* [1976] (LaSalle, IL, 1998), p. 15.

21 Barkun, *Culture of Conspiracy*, pp. 27–9.

22 Colin Campbell, 'The Cult, the Cultic Milieu and Secularization', in *A Sociological Yearbook of Religion in Britain: 5*, ed. Michael Hill (London, 1972), pp. 119–36。我對邪教環境的討論是基於這篇文章。它被轉載於 Jeffrey S. Kaplan and Helene Loow, eds, *The Cultic Milieu: Oppositional Subcultures in the Age of Globalization* (Walnut Creek, CA, 2002)，包括使用邪教環境概念的其他文章。

23 Colin Campbell, 'The Cultic Milieu Revisited' (2012), pp. 18–37 passim, www.researchgate.net, accessed 5 October 2020.

24 欲知對啟蒙運動與除魅的反應，可參見 John V. Fleming, *The Dark Side of the Enlightenment: Wizards, Alchemists and Spiritual Seekers in the Age of Reason* (New York, 2013); Paul Kleber Monod, *Solomon's Secret Arts: The Occult in the Age of*

Enlightenment (New Haven, CT, and London, 2013); Theodore Ziolkowski, *Lure of the Arcane: The Literature of Cult and Conspiracy* (Baltimore, MD, 2013); Alex Owen, *The Place of Enchantment: British Occultism and the Culture of the Modern* (Chicago, IL, 2004); and Corinna Treitel, *A Science for the Soul: Occultism and the Genesis of the German Modern* (Baltimore, MD, 2004).

25 Barkun, *Culture of Conspiracy*, pp. 25–6.

26 Roger M. McCoy, *Ending in Ice: The Revolutionary Idea and Tragic Expedition of Alfred Wegener* (Princeton, NJ, 2006) 是韋格納以及大陸漂移與板塊構造理論歷史的絕佳簡明傳記。除了顯示科學檢測和儀器的進步如何幫助證明韋格納的方法得當，同樣的進步也證明查爾斯・哈普古德的地殼位移和極移理論是錯誤的。

27 僵化心態的一個顯著例外是另類埃及學領域。一九九〇年代期間，該領域由包括葛瑞姆・漢卡克（Graham Hancock）和羅伯特・鮑瓦爾（Robert Bauval）在內的一群學者所主導。Lynn Picknett and Clive Prince, *The Stargate Conspiracy: Revealing the Truth Behind Extraterrestrial Contact, Military Intelligence and the Mysteries of Ancient Egypt* (New York, 1999)，與 Ian Lawton and Chris Ogilvie-Herald, *Giza: The Truth – The People, Politics and History Behind the World's Most Famous Archaeological Site* (London, 1999) 予以中肯的批評。欲知該事件的概述，可參見 Ronald H. Fritze, *Egyptomania: A History of Fascination, Obsession and Fantasy* (London, 2016), pp. 297–9.

28 Ronald H. Fritze, *Invented Knowledge: False History, Fake Science and Pseudo-Religions* (London, 2009), pp. 34–9.

29 Tom Nichols, *The Death of Expertise: The Campaign against Established Knowledge and Why It Matters* (New York, 2017), and Michiko Kakutani, *The Death of Truth: Notes on Falsehood in the Age of Trump* (New York, 2019)。亦參見 Merlan, *Republic of Lies*.

30 Garrett G. Fagan, 'Diagnosing Archaeology', in *Archaeological Fantasies: How Pseudoarchaeology Misrepresents the Past and Misleads the Public*, ed. Garrett G. Fagan (London, 2006), pp. 36–7.

31 Shermer, *Believing Brain*, pp. 212–13, 327 and 338–43; Pigliucci, *Nonsense on Stilts*, p. 93; and Donald R. Prothero and Timothy D. Callahan, *UFOs, Chemtrails, and Aliens* (Bloomington, IN, 2017), p. 401.

32 David Hume, *An Enquiry Concerning Human Understanding, in Locke, Berkeley, Hume*, Great Books of the Western World, vol. XXXV (Chicago, IL, 1952), p. 489b, and Prothero and Callahan, *UFOs*, pp. 401–2.

33 Edward Bulwer-Lytton, *The Coming Race* [1871], ed. David Seed (Middletown, CT, 2005); Barkun, *Culture of Conspiracy*, pp. 29–33;「弗利爾」與「弗利爾社會」，於 John Michael Greer, *The Element Encyclopedia of Secret Societies and Hidden History* (New York, 2006); and Nicholas Goodrick-Clarke, *Black Sun: Aryan Cults, Esoteric Nazism and the Politics of Identity* (New York, 2003), pp. 112–13, 164–8 and 294–5.

2 人們為何相信怪事？

1 H. L. Mencken, 'Homo Neanderthalensis', *Baltimore Evening Sun*, 29 June 1925. Internet Archive, Full Text Coverage of the Scopes Trial, www.archive.org, accessed 5 October 2020.

2 James Webb, *The Occult Underground* [1974] (La Salle, IL, 1988), p. 11.

3 Michael Shermer, *The Believing Brain: From Ghosts and Gods to Politics and Conspiracies – How We Construct Beliefs and Reinforce Them as Truths* (New York, 2011), p. 5.

4 Robert Todd Carroll, 'Ley Lines', in *The Skeptics Dictionary: A Collection of Strange Beliefs, Amusing Deceptions, and Dangerous Delusions* (Hoboken, NJ, 2003), and 'Ley Lines', www.en.wikipedia.org, accessed 5 October 2020.

5 Michael D. Gordin, *The Pseudoscience Wars: Immanuel Velikovsky and the Birth of the Modern Fringe* (Chicago, IL, 2013) 詳述了與維里科夫斯基有關的爭議。欲知更簡潔的說明，參見 Ronald H. Fritze, *Invented Knowledge: False History, Fake Science and Pseudo-Religions* (London, 2009), pp. 169–93.

6 Anna Merlan, *Republic of Spies: American Conspiracy Theorists and their Surprising Rise to Power* (New York, 2019), pp. 24–5; Rob Brotherton, *Suspicious Minds: Why We Believe Conspiracy Theories* (New York, 2015), pp. 224–39; and Shermer, Believing Brain, pp. 257 and 259–76.

7 Brotherton, *Suspicious Minds*, pp. 224–6, and Shermer, *Believing Brain*, pp. 258–76.

8 'Cognitive Dissonance', at www.psychologytoday.com, 提供認知失調概念的簡短概述，accessed 17 March 2021 and Leon Festinger, Henry W. Riecken and Stanley Schachter, *When Prophecy Fails: A Social and Psychological Study of a Modern Group that Predicted the Destruction of the World* [1956] (Mansfield Centre, CT, 2009).

9 Jesselyn Cook, 'A Toxic "Infodemic": The Viral Spread of covid-19 Conspiracy Theories', www.huffpost.com, 7 April 2020; 'Why Coronavirus Conspiracy Theories Flourish. And Why It Matters', *New York Times*, www.psychologicalscience.org, 17 April 2020; Ben Collins, 'Coronavirus Conspiracy Theories Are Frustrating ER Doctors', www.nbcnews.com, 6 May 2020; Jesselyn Cook, 'How Coronavirus Turbocharged QAnon Conspiracy Theories', www.huffpost.co.uk, 29 April 2020; and Jesselyn Cook, 'QAnon's Coronavirus Fueled Boom Is a Warning of What's to Come', www.huffpost.co.uk, 29 April 2020。這些故事只是新聞報導的一小部分。

10 Allison He, 'The Dunning-Kruger Effect: Why Incompetence Begets Confidence', www.nytimes.com, 7 May 2020; Bobby Azarian, 'The Dunning-Kruger Effect May Help Explain Trump's Support: A New Study Suggests Some People Grossly Overestimate their Political Knowledge', www. psychologytoday.com, 22 August 2018; 'The Dunning-Kruger Effect', www.psychologytoday.com, accessed 5 October 2020; and Ian G. Anson, 'Partisanship, Political Knowledge, and the Dunning-Kruger Effect', *Political Psychology*, XXXIX/5 (October 2018), pp. 1172–92.

11 'Narcissism' in Find a Therapist, www.psychologytoday.com, accessed 5 October 2020; 'Narcissistic Personality Disorder', www.mayoclinic.org, accessed 5 October 2020; and 'Narcissism', www.en.wikipedia.org, accessed 5 October 2020，提供該主題的全面概述。

12 Danielle Levesque, 'Narcissism and Low Self-Esteem Predict Conspiracy Beliefs' at Mental Health, www.psypost.org, accessed 5 October 2020; Ryan O'Hare, 'Believe in Conspiracy Theories: You're Probably a Narcissist; People Who Doubt the Moon Landings Are More Likely to Be Selfish and Attention-Seeking', www.dailymail.co.uk, 8 March 2016; John M. Grohol, 'The Psychology of Conspiracy Theories: Why do People Believe Them?', www.psychcentral.com, 5 October 2017; Viren Swami et al.,'Conspiracist Ideation in Britain and Austria: Evidence of a Monological Belief System and Associations between Individual Psychological Differences and Real-World and Fictitious Conspiracy Theories', *British Journal of Psychology*, CII/3 (August 2011), pp. 443–63; Aleksandra Cichocka, Marta Marchlewska and Agnieszka Golec de Zavala, 'Does Self-Love or Self-Hate Predict Conspiracy Beliefs? Narcissism, Self-Esteem, and the Endorsement of Conspiracy Theories', *Social Psychological and Personality Science*, www.researchgate.net, November 2015; Agnieszka Golec de Zavala and Christopher M. Federico, 'Collective Narcissism and the Growth of Conspiracy Thinking over the Course of the 2016 United States Presidential Election: A Longitudinal Analysis', *European Journal of Social Psychology*, XLVIII/7 (December 2018), pp. 1011–18; Evita March and Jordan Springer, 'Belief in Conspiracy Theories: The Predictive Role of Schizotypy, Machiavellianism, and Primary Psychopathy', *PLOS ONE*, XIV/12 (December 2019), pp. 1–10; and Anthony Lantian et al., '"I Know Things They Don't Know!": The Role of Need for Uniqueness in Belief in Conspiracy Theories', *Social Psychology*, XLVIII (2017), pp. 160–73.

13 Brotherton, *Suspicious Minds*, pp. 109–12, and Shermer, *Believing Brain*, pp. 77–84. 欲知控制點概念的簡短敘述，參見 Richard B. Joelson, 'Locus of Control: How Do We Determine our Successes and Failures?', www.psychologytoday.com, 2 August 2017。欲知詳細的解釋，參見 'Locus of Control', www.en.wikipedia.org, accessed 5 October 2020.

14 Jan-Willem van Prooijen and Michele Acker, 'The Influence of Control on Belief in Conspiracy Theories: Conceptual and Applied Extensions', *Applied Cognitive Psychology*, XXIX (2015), pp. 753–61; Jan-Willem van Prooijen and Karen M. Douglas, 'Conspiracy Theories as Part of History: The Role of Societal Crisis Situations', *Memory Studies*, x/3 (2017), pp. 323–33; Ilan Shrira, 'Paranoia and the Roots of Conspiracy Theories', www.psychologytoday.com, 11 September 2008; James Lake, 'Locus of Control and covid-19', www.psychologytoday.com, 5 April 2020; 'Conspiracy Beliefs Linked with Search for Certainty and Social Connection', www.psychologicalscience.org, 2 August 2018; and 'Psychological Science and covid-19: Conspiracy

Theories', www. psychologicalscience.org, 27 May 2020.

15 Francis Wheen, *How Mumbo Jumbo Conquered the World: A Short History of Modern Delusions* (London, 2004), p. 193; David Aaronovitch, *Voodoo Histories: The Role of the Conspiracy Theory in Shaping Modern History* (New York, 2010), p. 240, and Merlan, *Republic of Lies*, p. 9.

16 Aaronovitch, *Voodoo Histories*, p. 238.

17 David Ludden, 'Why Do People Believe in Conspiracy Theories?', www.psychologytoday.com, 6 January 2018.

18 Aaronovitch, *Voodoo Histories*, pp. 238–9.

19 Andrew Hartman, *A War for the Soul of America: A History of the Culture Wars* (Chicago, IL, 2015), 提供了一份優秀的調查報告。

20 Aaronovitch, *Voodoo Histories*, pp. 346 and 349, and Wheen, *Mumbo Jumbo*, p. 115。阿羅諾維奇和惠恩的引述都是寫於他們各自批評喬迪・迪恩（Jodi Dean）的後現代美國幽浮運動研究的背景下，*Aliens in America: Conspiracy Cultures from Outerspace to Cyberspace* (Ithaca, NY, 1998). 他們的評估完全正確。欲知對貝爾納及其《黑雅典娜》（*Black Athena*）爭議的說明，參見 Fritze, *Invented Knowledge*, pp. 221–55.

21 Aaronovitch, *Voodoo Histories*, p. 348。參見 Tom Nichols, *The Death of Expertise: The Campaign against Established Knowledge and Why It Matters* (New York, 2017)，以得知對該問題的深入分析。

22 Kathryn S. Olmsted, *Real Enemies: Conspiracy Theories and American Democracy, World War I to 9/11* (Oxford, 2009), pp. 234–5 and 238–9.

23 Jenny Rice, *Awful Archives: Conspiracy Theory, Rhetoric, and Acts of Evidence* (Columbus, OH, 2020), pp. 173–9, and Merlan, *Republic of Lies*, pp. 245–6，探討顯示出陰謀論者的看法多麼難以改變的研究。

24 Josephine Harvey, 'Leaked Video Shows Alex Jones Ranting That He's So "F**king" Sick of Trump', huffpost.com, 3 February 2021.

25 Herbert V. Prochnow and Herbert V. Prochnow Jr, *A Treasury of Humorous Quotations for Speakers, Writers, and Home Reference* (New York, 1969), p. 295.

26 Craig A. Anderson, 'Belief Perseverance', in *Encyclopedia of Social Psychology*, ed. F. F. Baumeister et al. (Thousand Oaks, CA, 2007), pp. 109–10; Craig Silverman, 'The Backfire Effect: More on the Press's Inability to Debunk Bad Information', *Columbia Journalism Review*, www.archives.cjr.org, 17 June 2011; and Cari Romm, 'Vaccine Myth-Busting Can Backfire', *The Atlantic*, www.theatlantic.com, 12 December 2014。我要感謝心理系的同事蘇珊・歐文博士（Dr Susan Owen），她建議我要檢視堅持信念的問題。

27 Merlan, *Republic of Lies*, p. 116.

28 同前，pp. 244–7.

29 *Helen*, in Euripides II, *The Complete Greek Tragedies*, vol. vi, ed. David Grene and Richmond Lattimore (New York, n.d.), p. 73, l. 1615.

3 失蹤的以色列十支派迷思

1 William H. Stiebing Jr, *Ancient Near Eastern History and Culture*, 2nd edn (New York, 2009), pp. 234–8。欲知關於亞述人的簡明概述，參見 Karen Radner, *Ancient Assyria: A Very Short Introduction* (Oxford, 2015).

2 Stiebing, *Ancient Near Eastern History*, pp. 275–6, and Mark Van De Mieroop, *A History of the Ancient Near East ca. 3000–323 BC*, 2nd edn (Oxford, 2007), p. 248.

3 Van De Mieroop, *Ancient Near East*, p. 251; A. K. Grayson, 'Assyria: Tiglath-Pileser III to Sargon II (744–705 BC)', in *The Cambridge Ancient History*, 2nd edn, vol. III, pt 2: *The Assyrian and Babylonian Empires and Other States of the Near East from the Eighth to the sixth Centuries BC*, ed. J. Boardman et al. (Cambridge, 1992), pp. 77–8; and T. C. Mitchell, 'Israel and Judah from the Coming of Assyrian Domination until the Fall of Samaria and the Struggle for Independence in Judah (*c.* 750–700 BC)', in *The Cambridge Ancient History*, vol. III, pt 2, pp. 323–7 and 334–7.

4 Mitchell, 'Israel and Judah', pp. 337–9, and Grayson, 'Assyria', pp. 85–6.

5 Eric H. Cline, *From Eden to Exile: Unraveling Mysteries of the Bible* (Washington, DC, 2007), pp. 158–65; Israel Finkelstein and Neil Asher Silberman, *The Bible Unearthed: Archaeology's New Vision of Ancient Israel and the Origins of its Sacred Texts* (New York, 2002), pp. 214–25; Van De Mieroop, *Ancient Near East*, p. 251; Grayson, 'Assyria', pp. 85–6; Mitchell, 'Israel and Judah', pp. 339 and 341; and Zvi Ben-Dor Benite, *The Ten Lost Tribes: A World History* (Oxford, 2009), pp. 32–5. Ben-Dor Benite 尤其堅稱征服撒瑪利亞的是薩爾貢二世，而不是薩爾瑪那薩爾，儘管古代近東考古學家和歷史學家有別的共識。

6 Van De Mieroop, *Ancient Near East*, pp. 232–3; Cline, *Eden to Exile*, pp. 171–2; Mitchell, 'Israel and Judah', p. 326; and Finkelstein and Silberman, *Bible Unearthed*, pp. 217–22。很久之前，艾倫．高比就曾在《失蹤的十支派迷思：重寫希伯來歷史的建議》(Durham, NC, 1930) 中探討十支派被驅逐的人數實際上是多麼有限。

7 Stiebing, *Ancient Near Eastern History*, pp. 304–9.

8 同前，pp. 335–40.

9 欲知具權威性的概述，參見 'Apocalypse and Apocalypticism', 'Eschatology', 'Messiah' and 'Messianic Movements in Judaism', 在 *The Anchor Bible Dictionary*, ed. David Noel Freedman, 6 vols (New York, 1992), 連 同 'Apocalypse', 'Eschatology' 和 'Messiah' 條目，在 *The Oxford Dictionary of the Jewish Religion*, ed. R. J. Zwi Werblowsky and Geoffrey Wigoder (Oxford, 1997).

10 A. Neubauer, 'Where are the Ten Tribes?: I. Bible, Talmud and Midrashic Literature', *Jewish Quarterly Review*, I/1 (October 1888), pp. 14–28, 調查了《聖經》和第二聖殿時代的著作，其中並未透露關於失蹤的十支派的消息；Josephus, *Antiquities of the Jews in The Works of Flavius Josephus*, trans. William Whiston (Green Forest, AK, 2008), bk 12, ch. 2, pp. 287–92 and 'Septuagint', in *The Anchor Bible Dictionary*.

11 Josephus, *Antiquities of the Jews*, bk 11, ch. 5, p. 274。所以基本上約瑟夫斯依舊將十支派的下落定位於根據《舊約》所記載亞述人安置他們的地方。

12 Josephus, trans. H. St J. Thackeray, Ralph Marcus and Louis Feldman, 10 vols (Cambridge, MA, and London, 1926–65). 欲知關於撒瑪利亞先知的事，參見 239 vol. IX: *Jewish Antiquities*, books 18 and 19, trans. Louis H. Feldman (Cambridge, MA, and London, 1965), book 18, ch. 4, pp. 61–5; 欲知杜達斯，參見 vol. X: *Jewish Antiquities*, book 20, trans. Louis H. Feldman (Cambridge, MA, and London, 1965), book 20, ch. 5, pp. 53–5; 欲知埃及先知，參見同前，ch. 8, pp. 91–3 和 Flavius Josephus, *The Jewish War*, trans. G. A. Williams (Baltimore, MD, 1959), p. 135; 欲知西蒙・巴爾・吉奧拉，參見同前，pp. 338–42 和 348。

13 Emil Schürer, *A History of the Jewish People in the Time of Jesus Christ* [1910] (Peabody, MA, 2010), Division 1, vol. II, pp. 287–321; Eusebius, *The History of the Church from Christ to Constantine*, ed. Andre Louth (London, 1989), bk 4, ch. 6, pp. 107–8; Yohanan Aharoni and Michael Avi-Yonah, *The Macmillan Bible Atlas* (New York, 1968), pp. 164–5; Richard Marks, *The Image of Bar Kokhba in Traditional Jewish Literature: False Messiah and National Hero* (University Park, PA, 1994); Peter Shafer, ed., *The Bar Kokhba War Reconsidered: New Perspectives on the Second Jewish Revolt against Rome* (Tubingen, 2003); and Yigael Yadin, Bar-Kokhba: *The Rediscovery of the Legendary Hero of the Second Jewish Revolt against Rome* (New York, 1971).

14 Louis Ginzberg, *The Legends of the Jews*, 6 vols [1913] (Baltimore, MD, 1998), vol. IV, p. 317, vol. v, p. 111, and vol. VI, pp. 407–9; Josephus, *Jewish War*, p. 347; Pliny, *Natural History*, bk 31, ch. 14.

15 Ginzberg, *Legends of the Jews*, vol. VI, pp. 407–9; 'Sambatyon', in *Oxford Dictionary of the Jewish Religion*; and Neubauer, 'Where are the Ten Tribes?', p. 20.

16 Francis Soyer, *Antisemitic Conspiracy Theories in the Early Modern Iberian World: Narratives of Fear and Hatred* (London, 2019).

17 Elkan Nathan Adler, ed., *Jewish Travellers in the Middle Ages: 19 Firsthand Accounts* [1930] (New York, 1987), pp. 6–15.

18 同前，pp. 15–21; A. Neubauer, 'Where are the Ten Tribes?: II. Eldad the Danite', *Jewish Quarterly Review*, I/2 (January 1889), pp. 95–114; and Pamela Barmash, 'At the Nexus of History and Memory: The Ten Lost Tribes', *AJS Review*, XXIX/2 (2005), pp. 207 and 232–6.

19 Adler, *Jewish Travellers*, pp. 5 and 31–2; Neubauer, 'Where are the Ten Tribes?: II', pp. 98, 106 and 108–10; David J. Wasserstein, 'Eldad ha-Dani and Prester John', in *Prester John, the Mongols and the Ten Lost Tribes*, ed. Charles F. Beckingham and Bernard Hamilton (Aldershot, 1996), pp. 213–36; Tudor Parfitt, *The Lost Tribes of Israel: The History of a Myth* (London, 2003), pp. 9–11; and Ben-Dor Benite, *The Ten Lost Tribes*, pp. 90–92.

20 Adler, *Jewish Travellers*, pp. 52–4, 153 and 238; A. Neubauer,

‘Where are the Ten Tribes?: III. Early Translators of the Bible and Commentators’, *Jewish Quarterly Review*, I/3 (April 1889), pp. 188–92 and 195–6; Parfitt, *Lost Tribes*, pp. 11–12; and David Kaufmann, ‘A Rumour about the Ten Tribes in Pope Martin v’s Time’, *Jewish Quarterly Review*, IV/3 (April 1892), pp. 503–6.

21 Adler, *Jewish Travellers*, pp. 251–328; ‘David Reuveni’ and ‘Shelomoh Molkho’, in *Oxford Dictionary of the Jewish Religion*; Moti Benmelech, ‘History, Politics and Messianism: David Ha-Reuveni’s Origin and Mission’, *AJS Review*, XXXV/1 (April 2011, pp. 35–41; Bailey W. Diffie and George D. Winius, *Foundations of the Portuguese Empire, 1414–1580* (Minneapolis, MN, 1977), pp. 263–8; Parfitt, *Lost Tribes*, pp. 231–3; Ben-Dor Benite, *Ten Lost Tribes*, pp. 115–29; and Andrew Colin Gow, *The Red Jews: Antisemitism in an Apocalyptic Age, 1200–1600* (Leiden, 1995), pp. 144–8.

22 A. Neubauer, ‘Where are the Ten Tribes?: IV. Concluded’, *Jewish Quarterly Review*, I/4 (July 1889), pp. 408–23; A. Z. Aescoly, ‘David Reubeni in the Light of History’, *Jewish Quarterly Review*, XXVIII/1 (July 1937), pp. 3–20 散見各處；Benmelech, ‘David Ha-Reuveni’s Origin and Mission’, p. 58.

23 Aescoly, ‘David Reubeni in the Light of History’, p. 35, and Benmelech, ‘David Ha-Reuveni’s Origin and Mission’, pp. 35–6.

24 Benmelech, ‘David Ha-Reuveni’s Origin and Mission’, pp. 49–53 and 60; Aescoly, ‘David Reubeni in the Light of History’, p. 36; Parfitt, *Lost Tribes*, pp. 231–2; and ‘Avraham ben Eliezer Ha-Levi’, in *Oxford Dictionary of the Jewish Religion*.

25 W. Bousset, *The Antichrist Legend: A Chapter in Christian and Jewish Folklore* [1899] (Atlanta, GA, 1999), pp. 215–17, and 羅馬書 11:26–7.

26 Andrew Runni Anderson, *Alexander’s Gate, Gog and Magog and the Inclosed Nations* (Cambridge, MA, 1932), pp. 44–51 and 63–72; Norman Cohn, *The Pursuit of the Millennium: Revolutionary Millenarians and Mystical Anarchists of the Middle Ages* [1957] (New York, 1970), pp. 28–9 and 77–9; and Gow, *The Red Jews*, pp. 23, 25, 37, 42–5 and 99.

27 Heiko Oberman, ‘The Stubborn Jews: Timing the Escalation of Antisemitism in Late Medieval Europe’, in *The Impact of the Reformation* (Grand Rapids, MI, 1994), pp. 127 and 132–4; Hans Eberhard Mayer, *The Crusades*, 2nd edn (Oxford, 1988), pp. 40–41 and 97; Steven Runciman, *The First Crusade and the Foundation of the Kingdom of Jerusalem*, vol. I of A *History of the Crusades* [1951] (London, 1994), pp. 111–17; and Robert Bonfil, ‘Aliens Within: The Jews and Antijudaism’, in *Handbook of European History, 1400–1600: Late Middle Ages, Renaissance and Reformation*, ed. Thomas A. Brady, Heiko A. Oberman and James D. Tracy, 2 vols (Grand Rapids, MI, 1994), vol. I, pp. 263–76.

28 欲知祭司王約翰概念的簡明記述，參見 ‘Prester John and his Kingdom’, in Ronald H. Fritze, *Travel Legend and Lore: An Encyclopedia* (Santa Barbara, CA, 1998), pp. 291–7（關

於祭司王約翰的其他作品列於本條目所附的參考書目中）；Matthew Paris, *English History: From the Year 1235 to 1273*, 3 vols (London, 1889), vol. I, pp. 131–2, 312–14 and 356–8; Antonia Gransden, 'Matthew Paris', in *Great Historians from Antiquity to 1800*, ed. Lucian Boia (New York, 1989), pp. 119–21，提供帕里斯的簡明傳記；*The Travels of Sir John Mandeville*, trans. and intro. C.W.R.D. Moseley (Harmondsworth, 1983), pp. 165–6; and Gow, *Red Jews*，尤其是第四章 'The Red Jews in their Native Habitat'.

29 Gow, *Red Jews*, pp. 2–3, 65, 177 and 180–81; Oberman, 'Stubborn Jews', pp. 130–33 and 136–40; Bonfil, 'Aliens Within', vol. I, pp. 263–71.

30 Gow, *Red Jews*, pp. 80, 143–50, 155–9 and 172, and 'Eschatology', in *Dictionary of Luther and the Lutheran Traditions*, ed. Timothy J. Wengert (Grand Rapids, MI, 2017), pp. 230–31.

31 Francesca Lardicci, ed., *A Synoptic Edition of the Log of Columbus's First Voyage* (Turnhout, 1999), pp. 195 and 199.

32 Lee Eldridge Huddleston, *Origins of the American Indians: European Concepts, 1492–1729* (Austin, TX, 1967), pp. 4 and 33.

33 同前，pp. 34–5.

34 Diego Durán, *History of the Indies of New Spain*, trans. and ed. Doris Heyden (Norman, OK, 1994), pp. 4–5.

35 Huddleston, *Origins*, pp. 33–47.

36 José de Acosta, *Natural and Moral History of the Indies*, ed. Jane E. Mangan et al. (Durham, NC, 2002), p. 70; Bernabe Cobo, *History of the Inca Empire* (Austin, TX, 1979), pp. 48–53.

37 Richard Popkin, 'Jewish–Christian Relations in the Sixteenth and Seventeenth Centuries: The Conception of the Messiah', *Jewish History*, VI/1–2 (1992), pp. 163–77 散見各處；Christopher Hill, 'Till the Conversion of the Jews', in *Millenarianism and Messianism in English Literature and Thought, 1650–1800*, ed. Richard H. Popkin (Leiden, 1988), pp. 13–17.

38 Popkin, 'Jewish–Christian Relations', 散見各處；Gershom Scholem, *Sabbatai Sevi: The Mystical Messiah, 1626–1676* (Princeton, NJ, 1975，最初於一九五七年以希伯來文出版), pp. 1–102.

39 Ernestine G. E. Van Der Wall, 'Petrus Serrarius and Menasseh Ben Israel: Christian Millenarianism and Jewish Messianism in Seventeenth-Century Amsterdam', in *Menasseh Ben Israel and His World*, ed. Yosef Kaplan, Henry Melchoulan and Richard H. Popkin (Leiden, 1989), pp. 162–90; Hill, 'Till the Conversion of the Jews', p. 14.

40 Menasseh ben Israel, 'The Relation of Antonio Montezinos', in *The Hope of Israel*, ed. and intro. Henry Méchoulan and Gérard Nahon [1987] (Liverpool, 2004), pp. 105–6; George Weiner, 'America's Jewish Braves', *Mankind*, IX/9 (October 1974), pp. 58–9; and Ronnie Perelis, '"These Indians Are Jews!" Lost Tribes, Crypto-Jews and Jewish Self-Fashioning in Antonio de Montezinos's *Relación* of 1644', in *Atlantic Diasporas: Jews, Conversos and Crypto-Jews in the Age of Mercantilism, 1500–1800*

(Baltimore, MD, 2009), pp. 195–211.

41 Ben Israel, 'Relation of Montezinos', pp. 106–11.

42 Richard W. Cogley, 'The Ancestry of the American Indians: Thomas Thorowgood's *Iewes in America* (1650) and *Jews in America* (1660)', *English Literary Renaissance*, XXXIV/2 (March 2005), pp. 304–9; Richard W. Cogley, 'John Eliot and the Origins of the American Indians', *Early American Literature*, XXI (1986–7), pp. 215–16; Thomas Thorowgood, *Iewes in America; or, Probabilities that the Americans are of that Race* (London, 1650), sig. D4 and pp. 5–6; and Thomas Thorowgood, *Jews in America; or, Probabilities, that those Indians are Judaical, made more probable by some Additionals to the former Conjectures* (London, 1660), pp. 26–7.

43 Cogley, 'Ancestry of American Indians', pp. 308–10; Edward Winslow, 'The Glorious Progress of the Gospel amongst the Indians in New England . . .', in *The Eliot Tracts: With Letters from John Eliot to Thomas Thorowgood and Richard Baxter*, ed. and intro. Michael P. Clark (Westport, CT, 2003), pp. 144–67; Albert M. Hyamson, 'The Lost Tribes and the Influence of the Search for Them on the Return of the Jews to England', *Jewish Quarterly Review*, XV/4 (July 1903), pp. 660–64; and Michael Hoberman, *New Israel/New England: Jews and Puritans in Early America* (Amherst, MA, 2011), pp. 14–16.

44 Ben Israel, *Hope of Israel*, pp. 88–9, 101, 112, 144–5, 159 and 161–4.

45 Méchoulan, 'Introduction', in Ben Israel, *Hope of Israel*, pp. 56–60; David S. Katz, *Philo-Semitism and the Readmission of the Jews to England, 1603–1655* (Oxford, 1982), pp. 158–231 散見各處；and Huddleston, *Origins*, pp. 131–4.

46 Cogley, 'John Eliot and the Origins', pp. 216–17; John Eliot, 'The Learned Conjectures of Reverend Mr. John Eliot touching the Americans, of new and notable consideration, written to Mr. Thorowgood', in *The Eliot Tracts*, pp. 416–22.

47 Hamon L'Estrange, 'To the Reader', in *Americans no Iewes; or, Improbabilities that the Americans are of that race* (London, 1652), 未註明頁碼的部分 and p. 12（布雷雷伍德是 *Enquiries Touching the Diversities of Languages and Religions* [London, 1614] 的作者，該書也主張美洲原住民的韃靼起源說）; Hyamson, 'The Lost Tribes', pp. 665–8; and Richard Cogley, '"Some Other Kinde of Being and Condition": The Controversy in Mid-Seventeenth-Century England over the Peopling of Ancient America', *Journal of the History of Ideas*, LXVIII/1 (January 2007), pp. 35–56.

48 Scholem, *Sabbatai Sevi*, pp. 88–93.

49 同前，pp. 8–21 and 417–33.

50 同前，pp. 103–325 散見各處。欲知朔勒姆的雙極性疾患診斷，參見 pp. 126–34。

51 Brandon Marriot, 'Who Sacked Mecca? The Life of a Rumour (1665–1666)', chap. 3 of *Transnational Networks and Cross-Religious Exchange in the Seventeenth-Century Mediterranean and Atlantic Worlds: Sabbatai Sevi and the Lost Tribes of Israel*, and Scholem, *Sabbatai Sevi*, pp. 288–9, 332–54, 549, 555, 557–8,

649, 657.

52 Scholem, *Sabbatai Sevi*, pp. 433–60 and 668–86; Samuel Pepys, *The Concise Pepys* (Ware, 1997), p. 379; and 'Donmeh', in *Oxford Dictionary of the Jewish Religion*.

53 John Ogliby, *America: Being an Accurate Description of the New World* (London, 1670 [actually 1671], pp. 27–9 and 39–43; 'A Letter from William Penn . . . to the Committee of the Free Society of Traders . . . in London containing a general description of the said Province . . .' (1683), in William Penn, *The Selected Works of William Penn*, 3 vols, 4th edn (London, 1825), vol. III, pp. 232–3; Gabriel Thomas, *An Historical and Geographical Account of the Province and Country of Pensilvania; and of West-New-Jersey in America* (London, 1698), pp. 1–2; and Daniel Gookin, *Historical Collections of the Indians in New England* (Boston, MA, 1792), pp. 4–7.

54 James Adair, *The History of the American Indians*, ed. and intro. Kathryn E. Holland Braund (Tuscaloosa, AL, 2005); Thomas Jefferson, *Writings* (New York, 1984), pp. 1261–2, 傑佛遜寫給亞當斯的信，11 June 1812; Charles Hudson, 'James Adair as Anthropologist', *Ethnohistory*, XXIV/4 (Autumn 1977), pp. 311–28; and Richard H. Popkin, 'The Rise and Fall of the Jewish Indian Theory', in *Menasseh Ben Israel and His World*, pp. 71–2.

55 Kathryn E. Holland Braund, 'James Adair: His Life and History', in Adair, *History of the American Indians*, pp. 38–9 and 51; Elias Boudinot, *Star in the West* (Trenton, NJ, 1816), pp. III, vi, 26–7 and 74; Popkin, 'Jewish Indian Theory', p. 73; and Ronald Fritze, 'Hebrews in Ancient America', in *Legend and Lore of the Americas before 1492* (Santa Barbara, CA, 1993), p. 116; Ethan Smith, *View of the Hebrews; or, The Tribes of Israel in America*, 2nd edn (Poultney, NJ, 1825), Dan Vogel, *Indian Origins and the Book of Mormon: Religious Solutions from Columbus to Joseph Smith* (Salt Lake City, UT, 1986), pp. 98–9, n. 90; Robert Silverberg, *The Mound Builders of Ancient America: The Archaeology of a Myth* (Greenwich, CT, 1968), p. 94; 'View of the Hebrews', Wikipedia, www.en.wikipedia.org, accessed 18 March 2021; and *Travels and Adventures of the Rev. Joseph Wolff, D.D., LL.D.* (London, 1861), p. 518.

56 Popkin, 'Jewish Indian Theory', pp. 73–6, and Silverberg, *The Mound Builders of Ancient America*, pp. 6–7 and 57–8.

57 Joseph Wolff, *Researches and Missionary Labours among the Jews, Mohammedans and Other Sects*, 2nd edn (London, 1835), pp. 2, 49, 159, 164, 168–9, 194–6, 423–5 and 529, and *Travels and Adventures of the Rev. Joseph Wolff* (1860), pp. 290, 295, 328–35, 355–8 and 364–5.

58 David and Charles Livingstone, *Narrative of an Expedition to the Zambesi and its Tributaries . . . 1858–1864* (New York, 1866), pp. 83–4, and J.P.R. Wallis, ed., *The Zambezi Expedition of David Livingstone, 1858–1863* (London, 1956), pp. 135–6.

59 Edgar Rice Burroughs, *Tarzan and the Lost Empire* [1929] (New York, n.d.), p. 8, and *Tarzan and the City of God* (New York, 1933), p. 12.

60 Godbey, *The Lost Tribes a Myth*, pp. 4 and 7.

61 John Sadler, *Rights of the Kingdom; or, Customs of our Ancestours* (London, 1649); Gerrard Winstanley, 'A Declaration to the Powers of England (The True Levellers Standard Advanced)', in *The Complete Works of Gerrard Winstanley*, ed. Thomas N. Corns, Ann Hughes and David Loewenstein, 2 vols (Oxford, 2009), vol. II, pp. 1–31; Claire Jowitt, 'Radical Identities? Native Americans, Jews and the English Commonwealth', *Seventeenth Century*, X/1 (Spring 1995), pp. 104–5; Amy H. Sturgis, 'Prophecies and Politics: Millenarians, Rabbis and the Jewish Indian Theory', *Seventeenth Century*, XIV/1 (Spring 1999), pp. 16–17; and Ronald H. Fritze, *Invented Knowledge: False History, Fake Science and Pseudo-Religions* (London, 2009), p. 11.

62 Fritze, *Invented Knowledge*, pp. 111–13; 欲知布羅德斯更詳細的傳記研究，參見 Cecil Roth, *The Nephew of the Almighty: An Experimental Account of the Life and Aftermath of Richard Brothers, R.N.* (London, 1933), and Deborah Madden, *The Paddington Prophet: Richard Brothers's Journey to Jerusalem* (Manchester, 2010).

63 本段和接下來討論英國以色列主義和基督徒身分認同的內容是弗里茨所做的濃縮，*Invented Knowledge*, pp. 113–34.

64 Neubauer, 'Where are the Ten Tribes?: IV.', p. 423; Elliott Horowitz, '"A Jew of the Old Type: Neubauer as Cataloguer, Critic and Necrologist', *Jewish Quarterly Review*, C/4 (Autumn 2010), pp. 649–56; and F. W. Phillips, *Proofs for the Welsh that the British are the Lost Tribes of Israel: The Abrahamic Covenant* (Bangor, 1880).

65 除了 Fritze, *Invented Knowledge*, pp. 113–34 中的資料，亦參見 Nicholas Goodrick-Clarke, *Black Sun: Aryan Cults, Esoteric Nazism and the Politics of Identity* (New York, 2002), pp. 235–6.

66 Parfitt, *Lost Tribes*, pp. 123–31, 168–73, 176–92, 207–12 and 222–5; Tudor Parfitt, *Black Jews in Africa and the Americas* (Cambridge, MA, 2013), pp. 53–5, 129–32 and 149–69; and Edith Bruder, *The Black Jews of Africa: History, Religion, Identity* (Oxford, 2008), pp. 118–23, 130–32 and 153–8.

4 聖殿騎士、秘密社團與陰謀論

1 Umberto Eco, 'Foreword', in Barbara Frale, *The Templars: The Secret History Revealed* (New York, 2004), pp. xii–xiii.

2 Nesta H. Webster, *Secret Societies and Subversive Movements* [1924] (Escondido, CA, 2000), p. xi.

3 Malcolm Barber, *The New Knighthood: A History of the Order of the Temple* (Cambridge, 1995), p. 314; Malcolm Barber, *The Trial of the Templars* (London, 2003), pp. 283–5; Frale, *The Templars*, pp. 196–8; and Michael Haag, *The Templars: The History and the Myth* (New York, 2009), pp. 236–7.

4 Barber, *New Knighthood*, pp. 314–20, and Haag, *The Templars*, pp. 260–67。欲知更多聳人聽聞的觀點，參見 S. J. Hodge, *Secrets of the Knights Templar: The Hidden History of the World's Most Powerful Order* (New York, 2013), pp. 175–6，特別是 Graeme Davis, *Knights Templar: A Secret History* (Oxford, 2013), pp. 34–6。這兩本書都配有大量插圖，戴維斯（Davis）書

中的一些插圖極富想像力。加西庫爾的書有英譯本，*The Tomb of James Molai; or, the Secret of the Conspirators* (Boston, MA, 1797)。其翻譯者是匿名的「波士頓紳士」。

5 John V. Fleming, *The Dark Side of the Enlightenment: Wizards, Alchemists and Spiritual Seekers in the Age of Reason* (New York, 2013), pp. 108–9; Theodore Ziolkowski, *Lure of the Arcane: The Literature of Cult and Conspiracy* (Baltimore, MD, 2013), pp. 5–6; and Paul Kleber, *Solomon's Secret Art: The Occult in the Age of Enlightenment* (New Haven, CT, and London, 2013), p. 227.

6 R. E. Witt, *Isis in the Ancient World* (Baltimore, 1971), 散見各處；Apuleius, *The Golden Ass* (Bloomington, IN, 1962), 'Book the Eleventh' 摘句在 pp. 238 and 242; Ivor J. Davidson, *A Public Faith: From Constantine to the Medieval World, A.D. 312–600* (Grand Rapids, MI, 2005), pp. 250 and 262; Eric Hornung, *Secret Lore of Egypt: Its Impact on the West* (Ithaca, NY, 2001), p. 14.

7 Ronald H. Fritze, *Egyptomania: A History of Fascination, Obsession and Fantasy* (London, 2016), pp. 102 and 104–6.

8 Ziolkowski, *Lure of the Arcane*, p. 6.

9 同前，pp. 5–6, and David V. Barrett, *A Brief History of Secret Societies* (London, 2007), pp. xxi, 1 and 71.

10 Ziolkowski, *Lure of the Arcane*, p. 8.

11 David Underdown, *Royalist Conspiracy in England, 1649–1660* [1960] (Hamden, CT, 1971).

12 Caroline Hibbard, *Charles I and the Popish Plot* (Chapel Hill, NC, 1983), and John Kenyon, *The Popish Plot* [1972] (Harmondsworth, 1974).

13 Christopher McIntosh, *Rosicrucians: The History, Mythology, and Rituals of an Esoteric Order* (San Francisco, CA, 1997), p. 7, and Fritze, *Egyptomania*, p. 13。欲知神秘科學在文藝復興時期和近代學術中的地位，參見 Wayne Shumaker, *The Occult Sciences in the Renaissance: A Study of Intellectual Patterns* (Berkeley, CA, 1972); Allen G. Debus, *Man and Nature in the Renaissance* (New York, 2004); and Anthony Aveni, *Behind the Crystal Ball: Magic, Science and the Occult from Antiquity through the New Age* (Boulder, CO, 2002).

14 Frances A. Yates, *The Rosicrucian Enlightenment* [1972] (New York, 1996), pp. 41 and 235.

15 本段及以下內容均根據同前。欲知十七世紀初期後的玫瑰十字會歷史，參見 Arthur Edward Waite, *The Brotherhood of the Rosy Cross* [1924] (New York, 1993).

16 Allen G. Debus, *Man and Nature in the Renaissance* (Cambridge, 1978), pp. 11–12.

17 Ziolkowski, *Lure of the Arcane*, p. 61.

18 McIntosh, *Rosicrucians*, pp. 17–18.

19 Yates, *Rosicrucian Enlightenment*，欲知她的《兄弟會傳說》譯本，參見 pp. 242 and 250。

20 Barrett, *Secret Societies*, pp. 91 and 93–4; Fleming, *Dark Side of the Enlightenment*, pp. 117–18 and 129–30; McIntosh, *Rosicrucians*, pp. xix, 21, 27, 29 and 31; and Ziolkowski, *Lure of the Arcane*, pp. 47, 49–52, 55 and 60.

21 Barrett, *Secret Societies*, p. 94.

22 McIntosh, *Rosicrucians*, pp. 32–4 and 51.

23 Barrett, *Secret Societies*, p. 95; Fleming, *Dark Side of the Enlightenment*, p. 62; Monod, *Solomon's Secret Arts*, pp. 38–9; McIntosh, *Rosicrucians*, pp. 40–42 and 44; and Yates, *Rosicrucian Enlightenment*, pp. 179–80.

24 Jasper Ridley, *The Freemasons: A History of the World's Most Powerful Secret Society* (New York, 2001), pp. 17–18 and 22–3; Jay Kinney, *The Masonic Myth: Unlocking the Truth About the Symbols, the Secret Rites and the History of Freemasonry* (New York, 2009), pp. 18–25; McIntosh, *Rosicrucians*, p. 64; Barrett, *Secret Societies*, p. 109; and Ziolkowski, *Lure of the Arcane*, p. 66. 欲知共濟會起源的詳細記述，參見 David Stevenson, *The Origins of Freemasonry: Scotland's Century, 1590–1710* (Cambridge, 2015)。

25 Fleming, *Dark Side of the Enlightenment*, pp. 144 and 163–4; Monod, *Solomon's Secret Arts*, p. 180; Ziolkowski, *Lure of the Arcane*, pp. 65–6; Peter Partner, *The Knights Templar and their Myth* [1981] (Rochester, VT, 1990), pp. 101–2; Kinney, *The Masonic Myth*; and Ridley, *The Freemasons*.

26 Albert Gallatin Mackey, *The History of Freemasonry: Its Legendary Origins* [1898] (Mineola, NY, 2008) 概述了大多數共濟會起源的傳說。欲知共濟會的傳奇起源更現代的說法，參見 Laurence Gardner, *The Shadow of Solomon: The Lost Secret of the Freemasons Revealed* (San Francisco, CA, 2007).

27 Fleming, *Dark Side of the Enlightenment*, pp. 116–17; Haag, *Templars*, pp. 270–72; Hodge, *Secrets of the Knights Templar*, pp. 192–3; Davis, *Knights Templar*, pp. 48–53，書中包含一幅華麗的彩色插圖，描繪在聖殿圓形教堂的建造過程中，印第安人攻擊了聖殿騎士的定居處。有許多書籍在探討所謂的聖殿騎士探索和定居美洲，例如 Andrew Sinclair 的 *The Sword and the Grail: Of the Grail and the Templars and a True Discovery of America* (New York, 1992)，這是近來關於美洲首批聖殿騎士的書籍之一。其他還有 Robert Lomas, *Turning the Templar Key: The Secret Legacy of the Knights Templar and the Origins of Freemasonry* (Beverly, MA, 2007); Ruggero Marino, *Christopher Columbus, the Last Templar* (Rochester, vt, 2005); and Tim Wallace-Murphy and Marilyn Hopkins, *Templars in America: From the Crusades to the New World* (New York, 2006).

28 Partner, *Knights Templar Myth*, pp. 98, 103–6 and 108; Barrett, *Secret Societies*, pp. 112 and 116; and J. M. Roberts, *The Mythology of the Secret Societies* [1972] (London, 2008), pp. 109–10.

29 Partner, *Knights Templar Myth*, pp. 110 and 112–13, and Roberts, *Mythology of the Secret Societies*, pp. 15 and 114.

30 Barrett, *Secret Societies*, pp. 113–15; Partner, *Knights Templar Myth*, pp. 116–17, 121 and 130; Roberts, *Mythology of the Secret Societies*, pp. 53 and 121; and McIntosh, *Rosicrucians*, pp. 63 and 65.

31 Barrett, *Secret Societies*, p. xviii; Monod, *Solomon's Secret Arts*, pp. 303–4; and Roberts, *Mythology of the Secret Societies*, pp. 100–104, 131, 159 and 179.

32 Jonathan I. Israel, *Democratic Enlightenment: Philosophy, Revolution and Human Rights, 1750–1790* (Oxford, 2012), pp. 702, 748, 750–51 and 828–41; John Michael Greer, *The Element Encyclopedia of Secret Societies* (New York, 2006), pp. 96–102; Barrett, *Secret Societies*, p. 100; Fleming, *Dark Side of the Enlightenment*, p. 62; Partner, *Knights Templar Myth*, p. 125; and Roberts, *Mythology of the Secret Societies*, p. 133.

33 Monod, *Solomon's Secret Arts*, p. 321; Robert, *Mythology of the Secret Societies*, pp. 131, 136, 145–7, 149 and 188; Partner, *Knights Templar Myth*, pp. 126–7; and Israel, *Democratic Enlightenment*, pp. 702 and 828–41.

34 Darren M. McMahon, *Enemies of the Enlightenment: The French CounterEnlightenment and the Making of Modernity* (Oxford, 2012), pp. 68–9 and 113; Graeme Garrard, *Counter-Enlightenment from the Eighteenth Century to the Present* (London, 2006), pp. 36–42; and Edmund Burke to Abbé Barruel, 1 May 1797, in *The Correspondence of Edmund Burke*, ed. R. B. McDowell (Cambridge and Chicago, IL, 1970), vol. IX, pp. 319–20.

35 Roberts, *Mythology of the Secret Societies*, pp. 182–92.

36 Jean Flahaut, *Charles-Louis Cadet de Gassicourt, 1769–1821: Bâtard royal, pharmacien de l'Empereur* (Paris, 2001).

37 Charles-Louis Cadet de Gassicourt, *Tomb of James Molai* (Boston, MA, 1797), pp. 5, 7, 11–14 and 17（*Tomb* 的英譯本是一本二十二頁的小書）, and Partner, *Knights Templar Myth*, pp. 130–32.

38 Roberts, *Mythology of the Secret Societies*, pp. 199–201; McMahon, *Enemies of the Enlightenment*, pp. 27–8 and 41–2; Garrard, 'Counter-Enlightenment and Counter Revolution', in *Counter-Enlightenment*, pp. 42–8; and Amos Hofman, 'The Origins of the Theory of the Philosophe Conspiracy', *French History*, II (June 1998), pp. 152–72.

39 欲知巴魯埃爾神父全冊八百四十六頁的完整現代版，參見 A. Barruel, *Illustrating the History of Jacobinism*, intro. Stanley L. Jaki (Fraser, MI, 1995)。該書由美國經濟與社會學會（American Society on Economics and Society）的 Rear-View Books 出版。這兩個單位都未設立網站。賈基（Jaki）的前言採取非常保守的羅馬天主教觀點，並認真看待巴魯埃爾的論文。

40 Roberts, *Mythology of the Secret Societies*, p. 199, and Partner, *Knights Templar Myth*, p. 131.

41 'John Robison', in *Oxford Dictionary of National Biography*, 60 vols (Oxford, 2004).

42 John Robison, *Proofs of a Conspiracy against All the Religions and Governments of Europe, carried on in the Secret Meetings of Free Masons, Illuminati, and Reading Societies* (1797), pp. 157–96。該書最後一頁的資訊顯示這個版本是由 CreateSpace（提供自費出版服務的公司）於二〇一九年出版。此外還有 CreateSpace 再版的其他幾個版本。約翰・伯奇協會買下一九六七年再版的《陰謀的證據》（*Proofs of Conspiracy*），至今仍在它的網站 www.jbs.org. 上銷售。

43 Stanley Jaki, 'Introduction', in Barruel, *Memoirs*, pp. xvii–xviii,

and Roberts, *Mythology of the Secret Societies*, pp. 203–4.

44 Partner, *Knights Templar Myth*, pp. 131 and 133; Roberts, *Mythology of the Secret Societies*, pp. 203–4 and 217; and Amos Hofman, 'Opinions, Illusion and the Illusion of Opinion: Barruel's Theory of Conspiracy', *Eighteenth-Century Studies*, XXVII (Fall 1993), pp. 27–60, esp. 59–60。欲知對共濟會的批評，參見 W. K. Firminger, 'The Romances of Robison and Barruel', *Ars Quatour Coronatum*, I (1940), pp. 31–69.

45 Una Birch, *Secret Societies: Illuminati, Freemasons, and the French Revolution* [1911] (Lake Worth, FL, 2007); Webster, *Secret Societies and Subversive Movements*; 'Nesta Helen Webster', in *Oxford Dictionary of National Biography*. 再版的尤娜・伯奇的書中包含一些簡短的傳記資訊。關於內斯塔・韋伯斯特更詳細的記述見於 Richard Griffiths, *Fellow Travellers of the Right: British Enthusiasts for Nazi Germany 1933–1939* [1980] (London, 2010); Richard M. Gilman, *Behind World Revolution: The Strange Career of Nesta H. Webster* (Ann Arbor, MI, 1982); Markku Ruotsila, 'Mrs. Webster's Religion: Conspiracist Extremism on the Christian Far Right', *Patterns of Prejudice*, XXXIX/2 (2004), pp. 109–26; and Martha F. Lee, 'Nesta Webster: The Voice of Conspiracy', *Journal of Women's History*, XVII/3 (2005), pp. 81–104.

46 [Jakob Levi Bartholdy], *Memoirs of the Secret Societies of the South of Italy, particularly the Carbonari* (London, 1821).

47 Roberts, *Mythology of the Secret Societies*, pp. 18–23, 262 and 314–60; Ziolkowski, *Lure of the Arcane*, pp. 99–101; Richard Evans, *The Pursuit of Power: Europe 1815–1914* (New York, 2016), pp. 27, 32, 37–9, 44–5, 75, 81–3, 173, 213, 266 and 271–2; and Elizabeth L. Eisenstein, *The First Professional Revolutionist: Filippo Michele Buonarroti, 1761–1837* (Cambridge, MA, 1959).

48 Evans, *Pursuit of Power*, p. 78; 'Wilhelm Marr (1819–1904)', https://jewishvirtuallibrary.org, accessed 19 March 2021。馬爾的書的英譯本在 www.kevinmcdonald.net; and Moshe Zimmermann, *Wilhelm Marr: The Patriarch of Anti-Semitism* (Oxford, 1986).

49 Norman Cohn, *Warrant for Genocide: The Myth of the Jewish World Conspiracy and the Protocols of the Elders of Zion* [1967] (London, 1996), pp. 26–8, 46 and 48, and Norman Cohn, *The Pursuit of the Millennium: Revolutionary Millenarians and Mystical Anarchists of the Middle Ages* [1957] (New York, 1970), pp. 78–9 and 285.

50 Cohn, *Warrant*, pp. 44–9, and Umberto Eco, *Serendipities* (New York, 1998), pp. 13–16.

51 Cohn, *Warrant*, pp. 113 and 116–18, and Walter Laqueur, 'The Many Lives of "The Protocols of the Elders of Zion"', *Mosiac: Advancing Jewish Thought* (4 December 2017), 未註明頁碼，https://mosaicmagazine.com。這篇文章為《錫安長老議定書》的學術研究狀況做了很好的總結。

52 Laqueur, 'Many Lives', 散見各處；Cesare G. De Michelis, *The Non-Existent Manuscript: A Study of the Protocols of the Sages of Zion* (1998, 修訂與擴充過的英譯本，Lincoln,

NE, 2004); Michael Hagemeister, '*The Protocols of the Elders of Zion*: Between History and Fiction', *New German Critique*, XXXV/103 (Winter 2008), pp. 83–95; Michael Hagemeister, 'Sergei Nilus and the Apocalyptical Reading of *The Protocols of the Elders of Zion*', in *The Paranoid Apocalypse: A Hundred Year Retrospective on the Protocols of the Elders of Zion*, ed. Richard Landers and Steven T. Katz (New York, 2012), pp. 79–91; and Richard S. Levy, 'Setting the Record Straight regarding *The Protocols of the Elders of Zion*: A Fool's Errand?', *Nexus 2: Essays in German Jewish Studies* (Martlesham, 2013), pp. 43–62.

53 Cohn, *Warrant*, pp. 126, 132–4 and 139.

54 同前，pp. 139–42.

55 同前，pp. 139, 174 and 177–8; George L. Mosse, *The Crisis of German Ideology: Intellectual Origins of the Protocols of the Elders of Zion* (Lincoln, NE, 1995), pp. 25–7. Binjamin W. Segel, *A Lie and a Libel: The History of the Protocols of the Elders of Zion*, trans. and ed. Richard S. Levy (Lincoln, NE, 1996), pp. 24–7。本書是塞加爾於一九二五年在德國出版的節譯本，附有《錫安長老議定書》的詳細歷史年表，並由理查德．利維（Richard S. Levy）提供大量介紹。

56 Lucien Wolf, *The Myth of the Jewish Menace in World Affairs* (New York, 1921), p. 9; Ziolkowski, *Lure of the Arcane*, p. 165; and Webster, *Secret Societies*, pp. 408–14.

57 Herman Bernstein, *The History of a Lie: 'The Protocols of the Wise Men of Zion'* (New York, 1921).

58 Cohn, *Warrant*, pp. 190–98, and Segel, *A Lie and a Libel*, pp. 12–14 and 20–29.

59 Cohn, *Warrant*, pp. 152–3, 155–62 and 187, and Ziolkowski, *Lure of the Arcane*, p. 164.

60 Adolf Hitler, *Mein Kampf* (New York, 1941), pp. 307–8.

61 Cohn, *Warrant*, pp. xiv, 197–8, 212, 214 and 268; Hannah Arendt, *The Origins of Totalitarianism* [1951] (London, 2017); and Ziolkowski, *Lure of the Arcane*, p. 164.

62 Bernstein, *The History of a Lie*, p. 83.

63 Robert J. McMahon, *The Cold War: A Very Short Introduction* (Oxford, 2003), p. 118; Alan Brinkley, 'The Illusion of Unity in Cold War Culture', in *Rethinking Cold War*, ed. Peter J. Kuznick and James Gilbert (Washington, DC, 2001), pp. 62–3; and Stephen J. Whitfield, *The Culture of the Cold War*, 2nd edn (Baltimore, MD, 1996), 特別是第一與第二章。

64 Thomas Milan Konda, *Conspiracies of Conspiracies: How Delusions Have Overrun America* (Chicago, IL, 2019), p. 231; Tom Jensen, 'Democrats and Republicans Differ on Conspiracy Theory Beliefs', www.publicpolicypolling.com, 2 April 2013; 'The Conspiratorial Mindset in an Age of Transition' (executive summary), Political Capitol Research Consulting Institute, www.deconspirator.com, 20 December 2013; and Steven Rosenfeld, 'Study: How Breitbart Media's Disinformation Created the Paranoid Fact-Averse Nation that Elected Trump', www.alternet.org, 20 July 2017.

65 Jonathan Houghton, 'Welch, Robert Henry Winborne, Jr.', in *Dictionary of North Carolina Biography*, ed. William S. Powell,

6 vols (Chapel Hill, NC, 1979–96)，亦見於 www.ncpedia.org; Sharon D. Rudy, 'Welch, Robert', in *American National Biography*, ed. John A. Garraty and Mark C. Carnes, 24 vols (Oxford, 1999); and Terry Lautz, *John Birch: A Life* (New York, 2016), pp. 219–20.

66 Lautz, *John Birch*, pp. 255–7, and James H. 'Jimmy' Doolittle with Carroll V. Glines, *I Could Never Be So Lucky: An Autobiography* (New York, 1991), p. 279.

67 Christopher Towler, 'The John Birch Society Is Still Influencing American Politics, 60 Years after its Founding', www.theconversation.com, 6 December 2018.

68 Lautz, *John Birch*, pp. 234–48。儘管勞茨（Lautz）的書是一本傳記，但全書十六章中的最後五章探討了約翰·伯奇死後的聲譽與他名字的使用。它也提供了約翰·伯奇協會直到一九八五年羅伯特·韋爾奇去世為止的簡明歷史。亦參見 Sean Wilentz 'Confounding Fathers: The Tea Party's Cold War Roots', www.newyorker.com, 11 October 2010. 這篇文章包含了約翰·伯奇協會歷史的簡短概述。

69 Konda, *Conspiracies of Conspiracies*, pp. 157, 278 and 281.

70 Wilentz, 'Confounding Fathers'，清楚地說明約翰·伯奇協會在格倫·貝克的協助下，在美國右翼政治中重新居於主導地位。

71 Mark Jacobson, *Pale Horse Rider: William Cooper and the Fall of Trust in America* (New York, 2019), pp. 44–9; William Cooper, *Behold a Pale Horse* (Flagstaff, AZ, 1991), pp. 315–30，提供了記錄庫珀在海軍而非在空軍服役的軍方紀錄複製本。《見有一匹灰色馬》的前言是庫珀的簡短自傳。

72 Jacobson, *Pale Horse Rider*, pp. 50–61, and Michael Barkun, *A Culture of Conspiracy: Apocalyptic Visions in Contemporary America*, 2nd edn (Berkeley, CA, 2013), p. 60, 於二〇一三年也做出了同樣的觀察。

73 Cooper, *Behold a Pale Horse*, 散見各處。修訂版刪去刊載《錫安長老議定書》那一章，由庫珀原本的出版商Light Technology（現今位於亞利桑那州弗拉格斯塔夫〔Flagstaff〕）於二〇一九年出版。庫珀用威廉·庫珀這個筆名寫作，沒有使用他的名字米爾頓。在社交場合中他以比爾為名。亦參見 Barkun, *Culture of Conspiracy*, p. 60, and Konda, *Conspiracies of Conspiracies*, p. 209.

74 Curtis Peebles, *Watch the Skies! A Chronicle of the Flying Saucer Myth* (Washington, DC, 1994), 散見各處，但特別是 pp. 256–82; Barkun, *Culture of Conspiracy*, pp. 62–3, 85 and 90–92; and Cooper, *Behold a Pale Horse*, p. 382，他在書中提供約翰·羅比遜的陰謀論經典作品《陰謀的證據》第一個美國版書名的摹本。

75 Barkun, *Culture of Conspiracy*, pp. 30, 143, 220; Peebles, *Watch the Skies!*, p. 276; and Jerome Clark, 'Conspiracy Theories', in *UFOs and Popular Culture: An Encyclopedia of Contemporary Myth* (Santa Barbara, CA, 2000), pp. 84–5.

76 Peebles, *Watch the Skies!*, p. 279; Barkun, *Culture of Conspiracy*, pp. 36, 61, 96 and 226. 根據 Jacobson's *Pale Horse Rider*, pp. 103–5，早在《見有一匹灰色馬》出版之前，庫珀就認為外星人和幽浮是政府的騙局。考慮到庫珀似乎能同時保

有相互矛盾的信念，因此我們往往難以確認他的真實想法。

77 Barkun, *Culture of Conspiracy*, pp. xi and 70, and Jacobson, *Pale Horse Rider*, pp. 248–62.

78 Jacobson, *Pale Horse Rider*, pp. 310–13, 317–19 and 328–32.

79 'Alex Jones', www.en.wikipedia.org, accessed 19 March 2021. 這篇文章有豐富的訊息來源。

80 Elizabeth Williamson and Emily Steel, 'Conspiracy Theories Made Alex Jones Rich. They May Bring Him Down', www.nytimes.com, 7 September 2018, and Veit Medick, 'Donald Trump's Propagandist', www.spiegel.de, 28 February 2017.

81 參見約翰·伯奇協會的網站：wwww.jbs.org.

82 InfoWars 網址：www.infowars.com、PrisonPlanet 網址：www.prisonplanet.com、NewsWars 網址：www.newswars.com。

83 Konda, *Conspiracies of Conspiracies*, pp. 294–5, 307, 310 and 329, and www. infowars.com.

84 Konda, *Conspiracies of Conspiracies*, p. 330.

5 萬劫不復之路：德國人、納粹分子與超自然文化

1 Quoted by Irving Hexham, 'Inventing "Paganists": A Close Reading of Richard Steigmann-Gall's *The Holy Reich*', *Journal of Contemporary History*, XlII (January 2007), pp. 76–7.

2 Hermann Rauschning, *Gespräche mit Hitler* [1940] (Zurich, 2005), p. 208, 裡面寫著：'Jeder Deutsche steht mit einem Fuss in jenem bekannten Lande Atlantis, in dem er middestens einen recht stattlichen Erbhof sein eigen nennt.' 我使用 Eric Kurlander 在 'The Nazi Magicians' Controversy: Enlightenment, "Border Science,"and Occultism in the Third Reich', *Central European History*, XLVIII (2015), p. 500 中的譯文。這段內容沒有出現在他的書的英譯本中。

3 Peter Longerich, *Heinrich Himmler* (Oxford, 2012), pp. 272–3.

4 欲知簡短的歷史概述，參見 Chris Wickham, *The Inheritance of Rome: A History of Europe from 400 to 1000* (New York, 2009), pp. 430–35, 以及 Madelyn Bergen Dick, 'Henry I of Saxony', in *Who's Who in the Middle Ages*, ed. Richard K. Emmerson (London, 2006), pp. 454–5.

5 Peter Padfield, *Himmler* (New York, 1990), p. 249, and Christopher Hale, *Himmler's Crusade: The Nazi Expedition to Find the Origins of the Aryan Race* (Edison, NJ, 2003), p. 85.

6 Monica Black and Eric Kurlander, eds, *Revisiting the 'Nazi Occult': Histories, Realities, Legacies* (Rochester, NY, 2015), 其中參見 Black and Kurlander, 'Introduction', pp. 2 and 8, and Peter Staudenmaier, 'Esoteric Alternatives in Imperial Germany: Science, Spirit and the Modern Occult Revival', pp. 24, 31 and 34–5; Eric Kurlander, *Hitler's Monsters: A Supernatural History of the Third Reich* (New Haven, CT, and London, 2017), pp. xv–xvi, 14–22 and 298–300; Corinna Treitel, *A Science for the Soul: Occultism and the Genesis of the German Modern* (Baltimore, MD, 2004), pp. 18, 27 and 66; and Nicholas Goodrick-Clarke, *The Occult Roots of Nazism: Secret Aryan Cults and their Influence on Nazi Ideology; The Ariosophists of Austria and Germany, 1890–*

1935 [1985] (New York, 1992), pp. 1 and 204. Goodrick-Clarke's Appendix, 'The Modern Mythology of Nazi Occultism', pp. 217–25，調查和揭穿了直到一九九二年之前的納粹神秘學聳人聽聞的文獻。

7 欲知十九世紀和二十世紀德國神秘主義的歷史，參見 Treitel, *Science for the Soul*。欲知紅色猶太人、玫瑰十字會和德國共濟會，參見 Andrew Gow, *The Red Jews: Anti-Semitism in an Apocalyptic Age, 1200–1600* (Leiden, 1994); Christopher McIntosh, *The Rosicrucians: The History, Mythology and Rituals of an Esoteric Order*, 3rd edn (San Francisco, 1997); and David V. Barrett, *A Brief History of Secret Societies* (London, 2007).

8 Theodore Ziolkowski, *Lure of the Arcane: The Literature of Cult and Conspiracy* (Baltimore, MD, 2013), p. 133, and Paul Kléber Monod, *Solomon's Secret Arts: The Occult in the Age of Enlightenment* (New Haven, CT, and London, 2013), pp. 227 and 263。欲知神秘學研究在英國和德國的復興，參見 Alex Owen, *The Place of Enchantment: British Occultism and the Culture of the Modern* (Chicago, IL, 2004), and Treitel, *Science for the Soul*.

9 Richard J. Evans, *The Coming of the Third Reich* (New York, 2003), pp. xxiv–xxviii, 2, 17, 20–21, 102, 111, 118 and 120–25; Kurlander, *Hitler's Monsters*, pp. xviii and 63; and Ian Kershaw, *To Hell and Back: Europe, 1914–1949* (New York, 2015), pp. 241–6.

10 Evans, *Coming*, pp. 27–31, and Norman Cohn, *Warrant for Genocide: The Myth of the Jewish World Conspiracy and the Protocols of the Elders of Zion* [1967] (London, 1996).

11 Evans, *Coming*, pp. 37–9; Goodrick-Clarke, *Occult Roots*, p. 13; Hale, *Himmler's Crusade*, p. 102; Frank Spencer, 'Rassenhygiene and Rassenkunde' [Racial Hygiene and Race Lore], and John V. Day, 'Aryanism', in *History of Physical Anthropology: An Encyclopedia*, ed. Frank Spencer, 2 vols (New York, 1997); and Leon Poliakov, *The Aryan Myth: A History of Racist and Nationalist Ideas in Europe* (New York, 1974)，他將這個主題從史前歷史帶進十九世紀。欲知美國的科學種族主義和社會達爾文主義經驗，參見 Richard Hofstadter, *Social Darwinism in American Thought* [1944] (Boston, MA, 1992), and Susan Jacoby, *The Age of American Unreason* (New York, 2008), pp. 61–81.

12 Poliakov, *Ayran Myth*, pp. 183–214, and Heather Pringle, *The Master Plan: Himmler's Scholars and the Holocaust* (New York, 2006), pp. 28–34.

13 George L. Mosse, *The Nationalization of the Masses: Political Symbolism and Mass Movements in Germany from the Napoleonic Wars through the Third Reich* (New York, 1975)，調查了用於創建和強化日耳曼民族主義的各種策略和技術。

14 George L. Mosse, 'The Mystical Origins of National Socialism', *Journal of the History of Ideas*, XXII/1 (January–March 1961), pp. 87 and 96; George L. Mosse, *The Crisis of German Ideology: Intellectual Origins of the Third Reich* (New York, 1964), pp. 4–5; Kurlander, *Hitler's Monsters*, pp. 11 and 32; and Goodrick-

Clarke, *Occult Roots*, p. 5.

15 Richard J. Evans, *Coming*, p. 48; Kurlander, *Hitler's Monsters*, pp. 11 and 32; Goodrick-Clarke, *Occult Roots*, pp. 98–9; Mosse, 'Mystical Origins', pp. 87, 94 and 96; 欲知對民族主義運動歷史的詳細分析，參見 Mosse, *Crisis of German Ideology*.

16 Goodrick-Clarke, *Occult Roots*, pp. 2–3 and 5.

17 同前，pp. 33, 49 and 56–7; Mosse, 'Mystical Origins', p. 89; and Treitel, *Science for the Soul*, p. 104.

18 Goodrick-Clarke, *Occult Roots*, pp. 50, 63, 66–70 and 77.

19 Mosse, 'Mystical Origins', pp. 81 and 84–5; Treitel, *Science for the Soul*, pp. 83–4 and 102; Goodrick-Clarke, *Occult Roots*, pp. 15, 18, 22–3, 29–31, 55, 65 and 79–80; Hale, *Himmler's Crusade*, pp. 26 and 30。英文版的李斯特著作的例子有 *The Secret of the Runes*, ed., intro. and trans. Stephen E. Flowers [1908] (Rochester, VT, 1988)。福勞爾斯（Flowers）的廣泛介紹提供了傳記資料，並將李斯特的作品置於更廣闊的背景中。

20 Goodrick-Clarke, *Occult Roots*, pp. 63–4, 77–9, 81–3 and 88–9.

21 同前，pp. 90–92; Treitel, *Science for the Soul*, p. 104; and David Luhrssen, *Hammer of the Gods: The Thule Society and the Birth of Nazism* (Washington, DC, 2012), p. 37.

22 Goodrick-Clark, *Occult Roots*, pp. 55, 95, 98 and 101–2.

23 同前，pp. 90, 92, 106–14 and 122.

24 同前，pp. 45–6, 51, 62, 64 and 126–7, and Luhrssen, *Hammer of the Gods*, pp. 65–6. 弗里施於一九二一年出版了亨利．福特的《國際猶太人》的德文譯本，在一九二一至一九二二年間共印了二十一刷。

25 Goodrick-Clarke, *Occult Roots*, pp. 127–8, 130 and 132–3.

26 Luhrssen, *Hammer of the Gods*, pp. 43 and 69, and Goodrick-Clarke, *Occult Roots*, pp. 133–5, 138 and 140–42.

27 Evans, *Coming*, pp. 159–60; Kurlander, *Hitler's Monsters*, pp. 34–41; Goodrick-Clarke, *Occult Origins*, pp. 133–4, 144–5 and 149; Luhrssen, *Hammer of the Gods*, pp. 61–2 and 74–5.

28 Evans, *Coming*, pp. 159–60; Luhrssen, *Hammer of the Gods*, pp. 76–7, 107–8, 113, 120, 133–8 and 147; Goodrick-Clarke, *Occult Roots*, pp. 144–7 and 149; and Kurlander, *Hitler's Monsters*, pp. 42–6.

29 Luhrssen, *Hammer of the Gods*, pp. 189–90.

30 同前，pp. 76–8.

31 Goodrick-Clarke, *Occult Roots*, pp. 133–4; Kurlander, *Hitler's Monsters*, pp. 34–41 and 50–56; and Luhrssen, *Hammer of the Gods*, pp. 155–6, 173–4 and 191–2.

32 欲知這些事件的精彩細節描述，參見 Evans, *Coming*, pp. 232–308.

33 除了 Evans, *Coming*，亦可參見 Mosse, *Crisis of German Ideology*; and Kurlander, *Hitler's Monsters*。這兩本書都詳細討論了許多德國人、特別是納粹分子所相信的偽科學和偽歷史思想類型。

34 Treitel, *Science for the Soul*，精彩闡述威廉帝國和威瑪德國時期的神秘學歷史。

35 Walter Isaacson, *Einstein: His Life and Universe* (New York, 2007), pp. 384–5.

36 Kurlander, *Hitler's Monsters*, pp. 384–5.

37 Ian Kershaw, *Hitler, 1889–1936: Hubris* (New York, 1999), pp. 138 and 154–5; Volker Ullrich, *Hitler: Ascent, 1889–1939* (New York, 2016), pp. 86, 105–7 and 126; Luhrssen, *Hammer of the Gods*, pp. 78, 155–6 and 173–4; Kurlander, *Hitler's Monsters*, pp. 50–56; and Evans, *Coming*, pp. 178–9.

38 Kurlander, *Hitler's Monsters*, pp. 46–9 and 56–7.

39 Goodrick-Clarke, *Occult Roots*, pp. 197–98, and Luhrssen, *Hammer of the Gods*, pp. 36 and 152–3.

40 Kurlander, *Hitler's Monsters*, p. 138; Luhrssen, *Hammer of the Gods*, pp. 42 and 152–3; Goodrick-Clarke, *Occult Roots*, pp. 97 and 197–8; Kershaw, *Hitler: Hubris*, pp. 49–52, 63 and 621, nn. 199, 201 and 203; and Ullrich, *Hitler: Ascent*, p. 44.

41 Willy Ley, 'Pseudoscience in Naziland', *Astounding Science Fiction*, XXXIX/3 (1947), pp. 90–98, and www.alpenfestung.com, accessed 20 March 2021.

42 引述自 Luhrssen, *Hammer of the Gods*, p. 149.

43 Goodrick-Clarke, *Occult Roots*, pp. 146 and 151–2, and Luhrssen, *Hammer of the Gods*, pp. xxi and 149–50.

44 Kershaw, *Hitler: Hubris*, pp. 155, 158 and 183, and Ullrich, *Hitler: Ascent*, pp. 105–7 and 126.

45 Goodrick-Clarke, *Occult Roots*, pp. 29, 194–5 and 198. 利本費爾斯在一九五一年向歷史學家維爾弗里德·戴姆（Wilfried Daim）講述了這個故事。關於懷疑利本費爾斯對希特勒的影響力，參見 Kershaw, *Hitler: Hubris*, pp. 50–52, 與 Ullrich, *Hitler: Ascent*, p. 44.

46 Goodrick-Clarke, *Occult Roots*, pp. 150–51, 196–9 and 201–3; Adolf Hitler, *Mein Kampf* (New York, 1941), p. 498. 比較容易取得的希特勒《我的奮鬥》譯本 Ralph Manheim (Boston, MA, 1973), p. 360, 寫著：'those deutschvolkisch wandering scholars'。欲知希特勒對民族意識形態的投入，在一九四一年版的《我的奮鬥》中，尤其參見 vol. I, ch. 12, 'The First Period of Development of the National Socialist German Workers' Party', and vol. II, ch. 4, 'Personality and the Concept of the Folkish State'.

47 Pringle, *Master Plan*, pp. 91–2. 摘句在 p. 92.

48 Max Domarus, *Hitler's Speeches and Proclamations, 1932–1945*, vol. II: *The Years 1935 to 1938* (Wauconda, IL, 1992), pp. 1145–7; *Hitler's Secret Conversations, 1941–1944*, trans. N. Cameron and R. H Stevens, intro. H. R. Trevor-Roper (New York, 1972), p. 342（羅森貝格偶爾會出席這些晚宴，但這次沒有）; Kurlander, *Hitler's Monsters*, pp. 58–9, 168 and 182; Luhrssen, *Hammer*, pp. 164–5.

49 Kurlander, *Hitler's Monsters*, pp. 64–74, and Timothy W. Ryback, *Hitler's Private Library: The Books that Shaped his Life* (London, 2009), pp. 114n, 146, 147, 157 and 158–61.

50 Kurlander, *Hitler's Monsters*, pp. 89–94, 100, 105 and 133。亦參見 Mel Gordon, *Hanussen: Hitler's Jewish Clairvoyant* (Los Angeles, CA, 2001), and Arthur J. Magida, *The Nazi Séance: The Strange Story of the Jewish Psychic in Hitler's Circle* (New York, 2011).

51 Kurlander, *Hitler's Monsters*, pp. 118–30. Richard J. Evans, *The Hitler Conspiracies* (New York, 2020), ch. 4, "Why did Rudolf

Hess fly to Britain?" 討論關於赫斯逃往英國的各種理論。

52 同前，pp. 100–106 and 110–20, and Kurlander, 'The Nazi Magicians' Controversy', pp. 503, 505–7, 512–15 and 519–21. Treitel, *Science for the Soul*, pp. 211 and 223–5，斷言納粹對神秘學懷有敵意，但庫蘭德提供的證據反駁她的說法。

53 Kurlander, *Hitler's Monsters*, pp. xi, 30–31, 150–61 and 228; Eric Kurlander, 'Hitler's Supernatural Sciences: Astrology, Anthroposophy and World Ice Theory in the Third Reich', in *Revisiting the 'Nazi Occult'*, p. 145; *Hitler's Secret Conversations*, pp. 324–5 and 249–50。欲知簡明有趣的世界冰理論描述，參見 Ley, 'Pseudoscience in Naziland'。這篇文章起初於一九四七年發表在《令人驚嘆的科幻小說》（*Astounding Science Fiction*）雜誌。欲查閱長篇的出色研究，參見 Robert Bowen, *Universal Ice: Science and Ideology in the Nazi State* (London, 1993).

54 Evans, *Coming*, pp. 176–7 and 196, and Kurlander, *Hitler's Monsters*, pp. 12, 28, 53, 37, 138–9, 152 and 267.

55 兩本絕佳的希姆萊傳記：Peter Padfield, *Himmler* (New York, 1990), and Peter Longerich, *Heinrich Himmler* (Oxford, 2012)，尤其是他的第十章，'Ideology and Religious Cult'. 摘句取自 Wisliceny in Cohn, *Warrant for Genocide*, p. 209.

56 Goodrick-Clarke, *Occult Roots*, pp. 177 and 179–91, and Pringle, *Master Plan*, pp. 46–9.

57 Evans, *Coming*, pp. 226–30, and Richard H. Evans, *The Third Reich in Power* (New York, 2005), pp. 50–55。欲知有關希姆萊的介入的更多細節，參見 Longerich, *Heinrich Himmler*, and Padfield, *Himmler*。維斯利策尼的摘句取自 Cohn, *Warrant for Genocide*, p. 199。

58 Pringle, *Master Plan*, 散見各處，是本段大部分內容的來源。Hale, *Himmler's Crusade*, 雖然重點是舍費爾的遠征西藏，但也包含關於希姆萊和祖先遺產學會的大量背景。欲知對祖先遺產學會的簡明評估，參見 Kurlander, *Hitler's Monsters*, pp. 154–5. Arthur Posnansky, *Tihuanacu: The Cradle of American Man* (New York, 1945–57) 是一本英譯本。

59 Longerich, *Heinrich Himmler*, p. 138, Padfield, *Himmler*, p. 93, and Hale, *Himmler's Crusade*, p. 85.

60 Evans, *Third Reich in Power*, p. 421; Kurlander, *Hitler's Monsters*, p. 233; Pringle, *Master Plan*, pp. 39, 41 and 137–44; Hale, *Himmler's Crusade*, pp. 82 and 91; and Treitel, *Science for the Soul*, p. 213.

61 Pringle, *Master Plan*, pp. 333–6; Hale, *Himmler's Crusade*, pp. 103–6; Ryback, *Hitler's Private Library*, pp. 69, 110 and 111; and Christopher M. Hutton, *Race and the Third Reich: Linguistics, Racial Anthropology and Genetics in the Dialectic of the Volk* (Cambridge, 2005), pp. 35–63 散見各處，pp. 105, 108, 110, 113 and 221。岡瑟的《歐洲歷史的種族因素》自一九二七年起已有英文譯本。過去二十年裡再版了幾次。

62 Martin Gardner, *Fads and Fallacies in the Name of Science* (New York, 1957), p. 153.

63 Kurlander, *Hitler's Monsters*, p. 190; Luhrssen, *Hammer of the Gods*, p. 164; and Gardner, *Fads and Fallacies*, p. 155. *The Myth*

of the Twentieth Century英譯本可從Ostara Publications取得，這是一個白人至上主義的出版社，翻印各種支持其意識形態的書籍。我建議嘗試跨館借書或購買二手書。

64 Evans, *Third Reich in Power*, pp. 249–52 and 256–8; *Hitler's Secret Conversations*, p. 342; Manfred Gailus, 'A Strange Obsession with Nazi Christianity: A Critical Comment on Richard Steigmann-Gall's *The Holy Reich*', *Journal of Contemporary History*, XLII (January 2007), pp. 166–72, 183, 186 and 194; Hexham, 'Inventing "Paganists"', pp. 65–8 and 75.

65 Kurlander, *Hitler's Monsters*, pp. 200–201; Luhrssen, *Hammer of the Gods*, pp. 162–3 and 166–7; and Hexham, 'Inventing Paganists', pp. 72–3, 摘句在 p. 72.

66 Lewis Spence, *Occult Causes of the War* (London, 1940); Mosse, *Crisis of German Ideology*; and Alan Bullock, *Hitler: A Study in Tyranny* (New York, 1962).

67 Louis Pauwels and Jacques Bergier, *The Morning of the Magicians* (New York, 1964); Trevor Ravenscroft, *The Spear of Destiny: The Occult Power Behind the Spear Which Pierced the Side of Christ* (San Francisco, CA, 1973); Peter Levenda, *Unholy Alliance: A History of Nazi Involvement with the Occult* (New York, 1995, 2nd edn 2002); William Henry, *One Foot in Atlantis: The Secret Occult History of World War II and its Impact on New Age Politics* (Anchorage, al, 1998); and Paul Roland, *The Nazis and the Occult: The Dark Forces Unleashed by the Third Reich* (Edison, NJ, 2007)，這些只是關於希特勒、納粹和神秘學的駭人聽聞和稀奇古怪的著作和紀錄片類型的樣本。Jason Colavito, *The Cult of the Alien Gods: H. P. Lovecraft and Extraterrestrial Pop Culture* (Amherst, NY, 2005), 絕佳地展現了保維爾和貝吉耶使偽歷史普及於流行文化中的貢獻。

68 Ken Anderson, *Hitler and the Occult* (Amherst, NY, 1995), 徹底揭穿拉文斯克羅夫特的「命運之矛」以及納粹如何試圖利用其神秘力量的說法。亦參見 Keith Fitzpatrick-Matthews, '"The Spear of Destiny": Hitler, the Hapsburgs and the Holy Grail', at the Bad Archaeology website, https://badarchaeology.wordpress.com, accessed 6 October 2020.

69 Treitel, *Science for the Soul*, pp. 216 and 240.

70 Kurlander, *Hitler's Monsters*, pp. xi, xiv and xv.

71 同前，pp. 22–32.

72 同前，p. xi.

73 Philip Gibbs, *European Journey* (New York, 1934), pp. 243–6, 摘句在 p. 245, and Julia Boyd, *Travellers in the Third Reich: The Rise of Fascism through the Eyes of Everyday People* (London, 2018), pp. 138–9.

74 Philipp Stelzel, *History after Hitler: A Transatlantic Enterprise* (Philadelphia, PA, 2019), 描述一九四五年之後德國歷史學家試圖理解和處理納粹時代的掙扎。

75 Hale, *Himmler's Crusade*, p. 31.

6 羅斯威爾迷思與幽浮運動

1 Martin Gardner, *In the Name of Science: An Entertaining Survey of the High Priests and Cultists of Science, Past and Present* (New

York, 1952), and Martin Gardner, *Fads and Fallacies in the Name of Science* (New York, 1957), p. 60。這兩本書的頁碼相同，只是一九五七年版增加了 pp. 325–55 的〈附錄與註釋〉部分。

2 'Roswell Secrets Unveiled', History Channel, *History's Mysteries*, season 2, episode 12, 1999.

3 參見 www.cinematreasures.org, accessed 21 March.

4 David Noack, 'Unidentified Flying Newspaper', *Editor and Publisher* (8 August 1997), p. 29.

5 Joyce Ogle, 'Organizers Expect Possible Record Crowds for UFO Festival', *Roswell Daily Record* (26 June 2021), at www.rdrnews.com, and communication from Jim Hill。本段的其他部分是根據 William P. Barrett, 'Unidentified Flying Dollars', *Forbes* (18 July 1996), pp. 49–53; Toby Smith, *Little Grey Men: Roswell and the Rise of Popular Culture* (Albuquerque, NM, 2000); Thomas W. Paradis, 'The Political Economy of Theme Development in Small Urban Places: The Case of Roswell, New Mexico', *Tourism Geographies*, IV/1 (2002), pp. 22–43; 'Aliens Must Have Come from NYC', *Forbes* (23 July 2007), p. 34; Eileen R. Meehan, 'Tourism, Development, and Media', *Society* (2008), pp. 338–41; and Andrew Stuttaford, 'Letter from Roswell: Among the Ufologists', *New Criterion* (March 2018), pp. 28–32.

6 Paradis, 'The Political Economy of Theme Development', pp. 31–2.

7 Leon Jaroff and James Willwerth, 'Did Aliens Really Land?', *Time*, CXLIX/25 (23 June 1997), and Lily Rothman, 'How the Roswell UFO Theory Got Started', www.time.com, 7 July 2015.

8 Jaroff and Willwerth, 'Did Aliens Really Land?'; Paradis, 'The Political Economy of Theme Development', p. 38; and Smith, *Little Grey Men*, p. 56.

9 本段是根據以下的記述：David Michael Jacobs, *The UFO Controversy in America* (Bloomington, IN, 1975)，這是一本經過充分研究、支持幽浮運動的書；Curtis Peebles, *Watch the Skies!: A Chronicle of the Flying Saucer Myth* (Washington, DC, 1994); Benton Saler, Charles A. Ziegler and Charles B. Moore, *UFO Crash at Roswell: The Genesis of a Modern Myth* (Washington, DC, 1997); B. D. 'Duke' Gildenberg, 'A Roswell Requiem', *Skeptic*, X/1 (2003), pp. 60–73; and Donald R. Prothero and Timothy D. Callahan, *UFOs, Chemtrails and Aliens: What Science Says* (Bloomington, IN, 2017).

10 The *Roswell Daily Record* 有出售一九四七年七月八日與九日的頭版複製本。

11 Gardner, *Fads and Fallacies*, pp. 55–68 and 329–31; Ted Bloecher, *Report on the UFO Wave of 1947* [1967] (2005), section 1, p. 13; Philip J. Klass, *The Real Roswell Crashed-Saucer Coverup* (Amherst, NY, 1997), p. 22; United States Air Force, *The Roswell Report: Fact versus Fiction in the New Mexico Desert* (Washington, DC, 1995); Jacobs, *UFO Controversy in America*, 散見各處；and James McAndrews, *The Roswell Report: Case Closed* [1997] (New York, 2013), 散見各處。

12 Smith, *Little Grey Men*, pp. 7–8.

13 Bloetcher, *UFO Wave of 1947*, 散見各處，and Peebles, *Watch the Skies!*, p. 286.

14 Saler, Ziegler and Moore, *UFO Crash at Roswell*, pp. ix and 6–7.

15 根據歷史學家羅傑・勞尼烏斯（Roger Launius）的說法，美國空軍認為幽浮現象的重要性足以從一九四七年十二月開始啟動一個計畫來調查其發生的事，尤其是為了了解是否「外國擁有某種超乎我們所認識的可能的核動力推進形式」。(Lt. Gen. Nathan F. Twining, Commander Air Material Command, to Commanding General, Army Air Forces, 'Flying Discs', 23 September 1947, 重印於 Edward U. Condon, *Final Report of the Scientific Study of Unidentified Flying Objects* [New York, 1969], p. 895; 安排這個研究的信件是 Maj. Gen. L. C. Craigie to Commanding General Wright Field, 'Flying Discs', 30 December 1947, in Condon, *Final Report*, pp. 896–7)。儘管研究人員認識到幽浮來自外星的可能性，但極少有人認為這是可能的，因此他們更著重地球上的解釋。舉例來說，中情局科學諮詢小組（Scientific Advisory Panel）於一九五三年一月認真考慮美國的幽浮問題。經過長時間的討論，小組成員「總結認為大多數目擊事件都有合理的解釋」。再者，關於幽浮的核心問題之一，該機構「得出無異議的結論：沒有證據證明被目擊的物體會對國家安全直接造成威脅」。('Report of Meetings of Scientific Advisory Panel on Unidentified Flying Objects Convened by Office of Scientific Intelligence, cia, January 14–18, 1953', 複製於 'NACA-UFO, 1948–1958', NASA Historical Reference Collection) 一九五七年美國空軍發布的一份報告得出類似的結論：「首先，沒有證據證明『未知事物』有害或懷有敵意；其次，沒有證據證明這些『未知事物』是星際太空船；第三，沒有證據證明這些『未知事物』表現出超乎我們當今科學範疇的技術發展或原理；第四，沒有證據證明這些『未知事物』對國家安全構成威脅；以及最後，沒有發現所謂『飛碟』的具體證據或物證，甚至連一丁點殘骸都沒發現。」('Air Force's 10 Year Study of Unidentified Flying Objects', Department of Defense, Office of Public Information, News Release No. 1083-58, 5 November 1957, 複製於 'NACA-UFO, 1948–1958', NASA Historical Reference Collection)。感謝勞尼烏斯博士慷慨提供這些資料。

16 《X 檔案》影集中，在第一季的 'Fallen Angel' 和第四季的 'Tempus Fugit' 和 'Max' 那幾集，古怪的幽浮學家角色 Max Fenig 戴著空中現象國家調查委員會（NICAP）的帽子。它們分別在一九九三年十一月十九日、一九九七年三月十六日和一九九七年三月二十三日首播，那時空中現象國家調查委員會早已解散。

17 Daniel Cohen, *The Great Airship Mystery: A UFO of the 1890s* (New York, 1981), p. xi。任何參加過外星人大會或其他涉及邊緣知識的集會的人都會注意到，當攝影機沒開機時，各種偽歷史或偽科學思想擁護者之間的職業競爭就會出現，然而一旦攝影機開機，他們就會攜手合作，一起對抗主流學者。

18 Peebles, *Watch the Skies!*, pp. 93–9, and Ryan T. O'Leary, 'George Adamski', in *UFOs and Popular Culture: An Encyclopedia of*

Contemporary Myth, ed. James R. Lewis (Santa Barbara, CA, 2000).

19 Peebles, *Watch the Skies!*, p. 99; Jacobs, *UFO Controversy*, pp. 111–12; and 'Bethurum Contact Claims', in *The UFO Encyclopedia*, 3rd edn, ed. Jerome Clark (Detroit, MI, 2018).

20 Prothero and Callahan, *UFOs*, pp. 287–8; 'Martin Contact Claims', in *The UFO Encyclopedia*; Leon Festinger, Henry W. Rieken and Stanley Schachter, *When Prophecy Fails: A Social and Psychological Study of a Modern Group that Predicted the Destruction of the World* [1956] (Mansfield Center, CT, 2009); Whet Moser, 'Apocalypse Oak Park: Dorothy Martin, the Chicagoan Who Predicted the End of the World and Inspired the Theory of Cognitive Dissonance', *Chicago Magazine*, www.chicagomag.com, 20 May 2011; and Julie Beck, 'The Christmas the Aliens Didn't Come: What a Failed Doomsday Prophecy Taught Psychologists about the Nature of Belief ', Atlantic, 18 December 2015, www.theatlantic.com. Timothy Jenkins, *Of Flying Saucers and Social Scientists: A Re-Reading of 'When Prophecy Fails' and of Cognitive Dissonance* (New York, 2013), 提出關於費斯廷格的神話和結論的一些問題，但未能削弱其結果。

21 接觸者運動縱或已經逐漸式微，但並沒有消失。安東尼．布魯克（Anthony Brooke）於二〇一一年去世，享年九十八歲，他是詹姆士．布魯克爵士（Sir James Brooke，他成為砂拉越拉惹〔Rajah of Sarawak〕以及白拉惹譜系的法定繼承人）的後裔，他相信外星人乘坐飛碟來訪會帶來和平和地球的繁榮。參見 Philip Eade, *Sylvia, Queen of the Headhunters: An Eccentric Englishwoman and her Lost Kingdom* (New York, 2007), pp. 305–6.

22 此段落是根據 Peebles, *Watch the Skies!*, pp. 225–41, and Prothero and Callahan, *UFOs*, pp. 170–206.

23 Peebles, *Watch the Skies!*, pp. 215–24, and Prothero and Callahan, *UFOs*, pp. 95–9。欲知相信外星人－人類混血種正在滲透人類社會的人的例子，參見 David Michael Jacobs, *The Threat* (New York, 1998). 另一個學者失心瘋的例子？

24 Jason Colavito, *The Cult of the Alien Gods: H. P. Lovecraft and Extraterrestrial Pop Culture* (Amherst, NY, 2005)。欲概覽丹尼肯現象，參見 Ronald Fritze, *Invented Knowledge: False History, Fake Science and Pseudo-Religions* (London, 2009), pp. 201–10. 257

25 'W. Raymond Drake', in *The Encyclopedia of Extraterrestrial Encounters: A Definitive A–Z Guide to All Things Alien* (New York, 2001), 欲知西琴，請參見 Fritze, *Invented Knowledge*, pp. 210–14.

26 Pebbles, *Watch the Skies!*, pp. 196–213; Charles A. Ziegler, 'Analysis of the Roswell Myth', in Saler, Ziegler and Moore, *UFO Crash at Roswell*, pp. 66–7.

27 Klass, *Real Roswell*, pp. 24–5.

28 同前，pp. 25–7. *UFOs are Real* 可在 Amazon Prime 影片標題 *Flying Saucers are Real* 下購得。

29 Stanton T. Friedman and William L. Moore, 'The Roswell Incident: Beginning of the Cosmic Watergate', in *The Hidden*

Evidence: 1981 MUFON UFO Symposium Proceedings (Seguin, TX, 1981), pp. 136–7, and Charles A. Ziegler, 'Analysis of the Roswell Myth', in Saler, Ziegler and Moore, *UFO Crash at Roswell*, p. 63; Robert Alan Goldberg, *Enemies Within: The Culture of Conspiracy in Modern America* (New Haven, CT, and London, 2001), pp. 195–6 and 283 n. 14; and Charles Berlitz and William L. Moore, *The Roswell Incident* (New York, 1980), pp. 42, 62, 73, 98 and 154.

30 'UFO Cover-ups', *In Search of . . .*, season 5, episode 1.

31 Berlitz and Moore, *Roswell Incident*, pp. 53–103.

32 Charles Ziegler, 'Mythogenesis', in Saler, Ziegler and Moore, *UFO Crash at Roswell*, pp. 18–19.

33 Kevin D. Randle and Donald R. Schmitt, *UFO Crash at Roswell* (New York, 1991), and Ziegler, 'Mythogenesis', pp. 19–21.

34 Randle and Schmitt, *UFO Crash at Roswell*, pp. 272–81, and Karl T. Pflock, *Roswell in Perspective* (Washington, DC, 1994), pp. 175–7.

35 'Roswell', *Unsolved Mysteries: The UFO Files*, season 2, episode 1, www.imdb.org.

36 參見 *Roswell*(1994) at www.imdb.com。這一段和下一段的情節描述是我自己的文字。

37 'Mysteries of Alien Beings', *Unsolved Mysteries*, season 6, episode 32. See www.imdb.com.

38 Stanton T. Friedman and Don Berliner, *Crash at Corona: The United States Military Retrieval and Cover-Up of a UFO* (New York, 1992), and Ziegler, 'Mythogenesis', pp. 21–4.

39 Kevin D. Randle and Donald R. Schmitt, *The Truth about the UFO Crash at Roswell* (New York, 1994), and Ziegler, 'Mythogenesis', pp. 24–6.

40 Pflock, *Roswell in Perspective*, 散見各處，但特別是 pp. 113–17, and Ziegler, 'Mythogenesis', p. 26–9.

41 Philip J. Corso and William J. Birnes, *The Day after Roswell* (New York, 1997), pp. 31–6.

42 同前，pp. 60–69 and 79–82。威利・萊於一九三五年一月逃離德國，此時仍處於納粹當政的極早期階段。

43 Corso and Birnes, *Day after Roswell*, pp. 125–6, 144, 173, 以及第十三、十五與十六章。

44 同前，p. 288.

45 同前，pp. 40, 51–2 and 70.

46 同前，第九至十一章，十四章，十六章與十七章。特別參見 pp. 134–5, 157, 284–5 and 291–5。如同許多支持幽浮的書籍，《羅斯威爾之後那天》沒有一般書籍中常見的項目。它沒有索引，甚至沒有目錄，因此得仔細做筆記。當然，也沒有註釋或參考書目。

47 Prothero and Callahan, *UFOs*, p. 71; John B. Alexander, *UFOs: Myths, Conspiracies and Realities* (New York, 2011), pp. 40–50 and 289–98。後面幾頁是亞歷山大在一九九四年九月九日寫給科索的詢問信的抄本；Karl T. Pflock, *Roswell: Inconvenient Facts and the Will to Believe* (Amherst, NY, 2001), pp. 203–8, 胡佛的摘句在 p. 208; Goldberg, *Enemies Within*, pp. 226–7.

48 Jacobs, *UFO Controversy*, pp. 38, 58–9 and 108–31; Peebles,

Watch the Skies!, pp. 12–15, 47–50, 67–71 and 93–108; and Mikael Rothstein, 'Contactees', in *UFOS and Popular Culture*, pp. 86–91.

49 這四篇文章是 'Crash of the Crashed Saucer Claim' (1986); 'The MJ-12 Crashed Saucer Documents' (1987–8); 'The MJ-12 Papers: Part 2' (1989); and the 'New Evidence of MJ-12 Hoax' (1990); 它們可見於 Skeptical Inquirer 的網站，並且全部重刊於 Kendrick Frazier, ed., *The Hundredth Monkey and Other Paradigms of the Paranormal: A Skeptical Inquirer Collection* (Buffalo, NY, 1991), pp. 327–52。第六季的《X 檔案》有一集 'Dreamland' 是由兩部分構成，劇中穆德（Mulder）和史卡利（Scully）在五十一區遇見一位 Majestic 組織的特工、懶鬼和風流男子莫里斯・弗萊徹（Morris Fletcher），該集於一九九八年十一月二十九日和十二月六日播出。它諷刺 Majestic 及其組織的黑衣男只是另一個效能不彰的聯邦官僚機構。

50 Peebles, *Watch the Skies!*, 參見各處，但特別是 pp. 245–54, and Prothero and Callahan, *UFOs*, pp. 138, 171 and 180–81.

51 Pflock, *Roswell in Perspective*, and Air Force, *Roswell Report*.

52 Saler, Ziegler and Moore, *UFO Crash at Roswell*, pp. 1, 34 and 62.

53 同前，第二、四與五章，特別是 pp. 32–44, 52–7 and 60.

54 Klass, *Real Roswell*; and Kal K. Korff, *The Roswell UFO Crash: What They Don't Want You to Know* (Amherst, NY, 1997).

55 Karl T. Pflock, *Roswell: Inconvenient Facts and the Will to Believe* (Amherst, NY, 2001), and Karl T. Pflock and James W. Moseley, *Shockingly Close to the Truth! Confessions of a Grave-Robbing Ufologist* (Amherst, NY, 2002).

56 參見 www.kalisanidiot.blogspot.com, accessed 21 March 2021.

57 Klass, *Real Roswell*, pp. 71–82; Korff, *Roswell UFO Crash*, pp. 78–81; and Pflock, *Roswell: Inconvenient Facts*, pp. 118–20.

58 Paul McCarthy, 'The Missing Nurses of Roswell', *Omni* (Autumn 1995), 見於 Roswell Files website, www.roswellfiles.com.

59 Klass, *Real Roswell*, pp. 151–9 and 187–96; Korff, *Roswell UFO Crash*, pp. 86–91; and Pflock, *Roswell: Inconvenient Facts*, pp. 127–42.

60 Klass, *Real Roswell*, pp. 105–9 and 197–203; Korff, *Roswell UFO Crash*, pp. 95–8; and Pflock, *Roswell: Inconvenient Facts*, pp. 67–84.

61 Klass, *Real Roswell*, pp. 97–101, and Randle and Schmitt, *Truth about UFO Crash at Roswell*, pp. 3–4, 8–10, 13, 173 and 196–7.

62 Klass, *Real Roswell*, pp. 144–50; Korff, *Roswell UFO Crash*, pp. 99–100; Pflock, *Roswell: Inconvenient Facts*, pp. 51–7, 59–60 and 171–2, pp. 272–4 附帶轉載的兩份拉格斯代爾書面證詞，時間分別是一九九三年一月二十七日和一九九三年四月十五日。亦參見 Kevin D. Randle, *The Randle Report: UFOs in the '90s* (New York, 1997), pp. 163–77 and 207–8.

63 一九八六年海尼克去世後，幽浮研究中心更名為約瑟夫・艾倫・海尼克幽浮研究中心。

64 Mark O. Connell, *The Close Encounters Man: How One Man Made the World Believe in UFOs* (New York, 2017).

65 'Kevin Randle and Donald Schmitt', www.roswellfiles.com,

accessed 21 March 2021, and Kevin D. Randle, *The Roswell Encyclopedia* (New York, 2000), pp. 307–8 and 346–7.
66 Klass, *Real Roswell*, pp. 151–4; Pflock, *Roswell*, pp. 179–80; 'Kevin Randle and Donald Schmitt'; and Randle, *Roswell Encyclopedia*, pp. 309–10 and 347–50.
67 Klass, *Real Roswell*, pp. 154–9; Pflock, *Roswell*, pp. 131–2 and 181; Randle, *Roswell Encyclopedia*, pp. 350–51; McCarthy, 'Missing Nurses of Roswell', and Robert G. Todd, 'Randle Dumps – And Dumps – on – Schmitt', *Cowflop Alert* (22 September 1995), at www.roswellfiles.com.
68 'Roswell: Secrets Unveiled' , *History's Mysteries* (1999).
69 Gildenberg, 'Roswell Requiem', pp. 60–73, and Pflock, *Roswell: Inconvenient Facts*, p. 179.
70 Prothero and Callahan, *UFOs*, pp. 311.
71 Peter Biskind, *Seeing is Believing: How Hollywood Taught Us to Stop Worrying and Love the Fifties* (New York, 1983), and Patrick Luanio, *Them or Us: Archetypal Interpretations of Fifties Alien Invasion Films* (Bloomington, IN, 1987), 替幽浮電影提供歷史和文化背景。另一方面，Bruce Rux, *Hollywood vs. the Aliens: The Motion Picture Industry's Participation in UFO Disinformation* (Berkeley, CA, 1997), 認為電影產業一直在協助政府隱瞞幽浮的存在。
72 參見 Goldberg, *Enemies Within*, p. 215, 查閱弗里德曼。
73 這一段和接下來幾段是根據 Annie Jacobsen, *Area 51: An Uncensored History of America's Top Secret Military Base* (New York, 2011), pp. 15–18, 36–7, 39–44, 268, 370–74 and 380.
74 Dave Gilson, 'Area 51 and Roswell: The Craziest Theory Yet', *Mother Jones*, www.motherjones.com, 10 May 2011; Lee Speigel, 'Area 51 Personnel Feel "Betrayed" by Annie Jacobsen's Soviet–Nazi UFO Connection', *Weird News* (6 July 2011, updated 6 December 2017), www.huffpost.com; Alexander, *UFOs*, p. 276; and Prothero and Callahan, *UFOs*, pp. 58–9.
75 Kevin D. Randle, *Roswell in the 21st Century* (Naples, FL, 2016), pp. 228–47, 摘句出自 p. 247。這本書幾乎沒有任何經過編輯或校對的證據。蘭德爾思想的演變可以追溯到他一九九七年的 *Randle Report, Alien Mysteries: Conspiracies and Cover-Ups* (Detroit, MI, 2013), and *The Government UFO Files: The Conspiracy of Cover-Up* (Detroit, MI, 2014), to *Roswell in the 21st Century*.
76 Donald R. Schmitt and Thomas Carey, *Cover-Up at Roswell: Exposing the 70-Year Conspiracy to Suppress the Truth* (Wayne, NJ, 2017), pp. 133–47, and Pflock, *Roswell: Inconvenient Facts*, pp. 208–10.
77 Steven M. Greer, *Unacknowledged: An Expose of the World's Greatest Secret* (Afton, VA, 2017)。該紀錄片可在 Amazon Prime 購得。
78 D. W. Pasulka, *American Cosmic: UFOs, Religions, Technology* (New York, 2019), pp. 18–21, 47–50 and 73–7, and James Gallant, 'The Humiliating UFOs', *Raritan*, XXX/4 (Spring 2011), pp. 66–91.
79 Thomas Milan Konda, *Conspiracies of Conspiracies: How Delusions Have Overrun America* (Chicago, IL, 2019), pp. 202

and 207.

80 Michael Barkun, *A Culture of Conspiracy: Apocalyptic Visions in Contemporary America*, 2nd edn (Berkeley, CA, 2013), p. 82.

81 Lydia Saad, 'Americans Sceptical of UFOs, but Say Government Knows More', https://news.gallup.com (6 September 2019), and Anne Merlan, 'Here's Why Gallup Polled Americans about UFOs for the First Time in Decades', www.vice.com, 25 February 2020。當然，那些以宣傳邊緣知識和陰謀為生的人會對民調結果進行特定傾向的解讀，例如參見 Tim Binnall, 'New Gallup Poll Finds 68% of Americans Believe There Is a UFO Cover-Up', www.coasttocoastam.com, 6 September 2019, and Jazz Shaw, 'Why Did Gallup Poll Americans about their Beliefs about UFOs?', https://hotair.com, 25 September 2020.

82 關於對大衛・麥可・雅各布斯的外星人綁架理論的精彩批評，參見 David Brewer, 'The Bizarre World of Doctor David Jacobs: An Interview and Review', *UFO Trail*, at https://ufotrail.blogspot.com, 26 and 29 April and 3 May 2013。這三篇貼文包括其他學者對雅各布斯研究的批評和讀者的評論。在我還不知道雅各布斯的存在時，我正與天普大學（Temple University）的歷史學家朋友通信，討論偽歷史和偽歷史學家的問題。他是雅各布斯的同事，並提及綁架理論：「他（雅各布斯）在宣布這些觀點之前就已經獲得終身職。這些觀點毀掉他的學術生涯。他從未成為正教授。」(personal communication, 17 June 2013)。

83 Barkun, *Culture of Conspiracy*, pp. xii–xiii, 81 and 83–4，針對這一段和接下來兩段。

84 Max Fisher, 'Why Coronavirus Conspiracy Theories Flourish and Why It Matters', *New York Times*, 9 April 2020, Section A, p. 10, www.nytimes.com, and E. J. Dickson, 'Coronavirus is Spreading – And So Are the Hoaxes and Conspiracy Theories around It', www.rollingstone.com, 18 March 2020.

結語

1 H. L. Mencken, *A Mencken Chrestomathy* [1949] (New York, 1982), p. 616.

2 Adrienne LaFrance, 'The Prophecies of Q', www.theatlantic.com, June 2020; Mike McIntire and Kevin Roose, 'What Happens When QAnon Seeps from the Web to the Offline World', www.nytimes.com, 14 July 2020; Kevin Roose, 'Think QAnon is on the Fringe? So Was the Tea Party', www.nytimes.com, 13 August 2020; and Jane Coaston, 'QAnon, the Scarily Popular Pro-Trump Conspiracy Theory, Explained', www.vox.com, 20 August 2020.

3 Rick Wilson, 'Blame Fox News for the Rise of QAnon', www.thedailybeast.com, 14 August 2020, and Ben Collins and Brandy Zadrozny, 'QAnon Groups Hit by Facebook Crack Down', www.nbcnews.com, 19 August 2020.

4 James Emery White, 'What is QAnon?', www.crosswalk.com, 27 August 2020, and Katelyn Beaty, 'QAnon: The Alternative Religion That's Coming to your Church', www.religionnews.com, 17 August 2020.

5 Joshua Ceballos, 'Here's a List of All the Horrible Shit Laura Loomer Has Said and Done', www.miaminewtimes.com, 24 August 2020; 'Laura Loomer loses it on the Alex Jones Show after Getting Banned from Facebook', www.youtube.com; and Sara Sidner, 'The U.S. Senate Candidate Who Took a QAnon Pledge', www.cnn.com, 22 August 2020.

6 Luke O'Brien, 'Most QAnon Candidates Lost Their Races But 2 Are Heading to Congress', www.huffpost.com, 5 November 2020; Esther Wang, 'Meet the Republican New Guard – The Far Right, QAnon-Fueled Answer to the Squad', www.theslot.jezebel.com, 30 October 2020; Esther Wang, 'The QAnon Congresswomen Who've Threatened the Squad with Physical Violence, Want to Carry Guns at the Capitol', www.msn.com, 24 November 2020; and Justin Wingerter, 'Congressional Candidate Lauren Boebert Has a History of Minor Arrests, Court No-Shows', www.denverpost.com, 13 October 2020.

7 James Anderson and Nicholas Riccardi, 'A Fluke or the Future? Boebert Shakes Up Colorado', Associated Press, www.apnews.com, 6 February 2021; Roger Sollenberger, 'Biker Group gave Rep. Lauren Boebert a Glock with Congressioanal Seal – Likely an Illegal Gift', www.salon.com, 25 January 2021; and Andrea Salcedo, 'gop Rep. Lauren Boebert Gave a Tour to "Large" Group Before the Riots, Democratic Lawmaker Says', www.washingtonpost.com, 19 January 2021.

8 Rachel E. Greenspan, 'Rep. Marjorie Taylor Greene's History of Spreading Bizarre Conspiracy Theories from Space Lasers to Frazzledrip', Business Insider, www.businessinsider.com.au, 5 February 2021; Reed Richardson, 'QAnon gop Rep. Marjorie Taylor Greene Supported Calls to Assassinate Dems, Proposed Executing Pelosi for Treason', Mediaite, www.mediaite.com, 26 January 2021; 'Marjorie Taylor Greene', www.wikipedia.org 有助於取得最新的傳記資料，用於本段和以下幾段。她的官網見於 www.greene.house.gov。亦參見 'Marjorie Taylor Greene: 5 Fast Facts You Need to Know', www.heavycom。該網站是在葛林當選國會議員之前發布的。如果它被更新，裡面無疑有更多人們想要知道的「實情概況」。

9 Amanda Terkel, 'At least 9 gop Lawmakers Refused to Wear Masks During Capitol Lockdown', HuffPost, www.huffpost.com, 12 January 2021.

10 John Kenneth White, 'In Marjorie Taylor Greene, A Glimpse of the Future', The Hill, www.msn.com, 5 February 2021.

11 Matthew Rosenberg, 'How Republican Voters Took QAnon Mainstream', www.nytimes.com, 10 November 2020; Will Somer, 'The gop's QAnon Faction Is Waging War on Republicans', www.thedailybeast.com, 5 December 2020; and Cade Metz, 'Study Considers a Link between QAnon and Polling Errors', www.nytimes.com, 6 November 2020.

12 Kevin Rose, 'QAnon Followers Are Hijacking the #SaveTheChildren Movement', www. nytimes.com, 12 August 2020.

13 '2021 Storming of the United States Capitol', www.wikipedia.com, accessed May 2021, and George Petras, Janet Loehrke,

14 Ramon Padilla, Javier Zarracina and Jennifer Borresen, 'Timeline: How the Storming of the U.S. Capitol Unfolded on Jan. 6', *USA Today*, www.usatoday.com, 9 February 2021. Reality Check team, 'Capitol Riots: Who Broke Into the Building?', Reality Check Team, BBC, www.bbc.com/news, 7 January 2021, and Kathryn Kranhold, 'Social Media in 2020: A Year of Misinformation and Disinformation', *Wall Street Journal*, www.wsj.com, 11 December 2020.

15 Tammy Beer, 'FBI: No Evidence Antifa Involved in Capitol Chaos', *Forbes*, www.forbes.com, 8 January 2021; 'No, FBI Didn't Confirm Antifa Activists Breached Capitol', *PolitiFact* (8 June 2021), www.politifact.com, 有一份來源清單：Aleszu Bajak and Javier Zarracina, 'How the Antifa Conspiracy Theory Traveled from the Fringe to the Floor of Congress', *USA Today*, www.usatoday.com, 13 January 2021; Mike Adams, 'Breaking: After the Staged "Storming" False Flag Event, Congress to Reconvene Tonight and Finish Its Final Act of Betrayal Against America, Under the Cloak of Darkness', www.falseflag.news, 6 January 2021; and 'No, the Storming of the Capitol Wasn't a False Flag', *PolitiFact*, www.politifact.com, 7 January 2021.

16 Jim Vorel, 'An Epic Timeline of QAnon Delusions from Election Day to Inauguration Day', *Paste*, www.pastemagazine.com, 20 January 2021, 為二〇二〇年十一月三日至二〇二一年一月二十日期間所出現的，匿名者Q變來變去的預言和貼文提供了有用的指南。一月十五日晚上，我和妻子親身體驗了匿名者Q的想法。住在我們樓下的鄰居是一名護士，也是我們的朋友和好鄰居，看起來很正常。某次心血來潮，我在地下室的書房和活動室之間來回走動。上樓時我發現我的妻子正在用手機擴音與她通話。我們的鄰居警告她，隔天週六要給汽車加滿油並囤積雜貨和瓶裝水，因為之後可能就太遲了。顯然會停電一段時間，電話和網路也會中斷。商店會關閉。這個事件將於一月二十日星期三預定舉行的總統就職典禮之前的星期日、星期一或星期二發生。幾天之內便會塵埃落定，最終結果會是川普繼續擔任總統。她雖然沒有稱之為襲擊國會行動，但她實際上就是在描述這件事。我不清楚她的消息來源是什麼，但她聲稱她的兒子在阿拉巴馬州亨茨維爾（Huntsville）的某家公司工作，他已經證實了此事，他的老闆還在他們的辦公室設置避難所。這段對話持續了大約一個小時，我真希望我的妻子有將它錄下來。我們的鄰居還聲稱，街坊裡所有的人也全都相信這件事。其中有些人可能一向就是信徒，但我懷疑大多數人只是不置可否，卻被認為是表示贊同。每天早上，我和妻子起床時都會說現在還在供電。眾所周知，到了一月二十日，Q的預言落空的紀錄還沒被打破過。

17 David Klepper, 'Checked By Reality, Some Qanon Supporters Seek a Way Out', Associated Press, www.ap.org, 29 January 2021. 有一些匿名者Q的前支持者接受採訪，他們公開宣布棄絕匿名者Q，並解釋他們最初為何相信他，以及之後為何不再相信。艾希莉・范德比（Ashley Vanderbilt）的貼文和訪談提供特別豐富的訊息。匿名者Q也造成家庭破裂，參見 Jane Lytvynenko, 'Friends and Family Members

of QAnon Believers Are Going Through A "Surreal Goddamn Nightmare"', BuzzFeed News, www.buzzfeednews.com, 18 September 2020; www.buzzreednews.com; Leon Festinger, Henry W. Riecken and Stanley Schachter, *When Prophecy Fails: A Social and Psychological Study of a Modern Group that Predicted the Destruction of the World* [1956] (Mansfield Center, CT, 2009) and Ewan Palmer, 'Why QAnon Followers Think Donald Trump Will Be Sworn Back in as President on March 4', *Newsweek*, www.newsweek.com, 8 February 2021.

18 Will Sommer, 'QAnon Lost and Confused After Trump's Election Showing', www.thedailybeast.com, 7 November 2020; Tom Porter, 'An Attorney Leading Trump's Attempt to Subvert the Election is a Longtime QAnon Supporter', www.businessinsider.com.au, 20 November 2020; Manu Raju and Sam Fossum, 'Trump Praised QAnon During Meeting About Keeping the Senate', www.msn.com, 3 December 2020; Ben Collins and Brandy Zadrozny, 'QAnon Group Hit by Facebook Crack Down', www.nbcnews.com, 19 August 2020; Shayan Sardarizadeh, 'What's Behind the Rise of QAnon in the UK?' www.bbc.com, 19 October 2020; and Katrin Bennhold, 'QAnon is Thriving in Germany: The Extreme Right is Delighted', *New York Times*, www.nytimes. com, 11 October 2020.

19 Norman Cohn, *The Pursuit of the Millennium: Revolutionary Millenarians and Mystical Anarchists of the Middle Ages* [1957] (New York, 1970), pp. 281–6.

參考書目選錄

Adair, James, *The History of the American Indians*, ed. and intro. Kathryn E. Holland Braund (Tuscaloosa, AL, 2005)

Barber, Malcolm, *The New Knighthood: A History of the Order of the Temple*(Cambridge, 1994)

Barkun, Michael, *A Culture of Conspiracy: Apocalyptic Visions in Contemporary America*, 2nd edn (Berkeley, CA, 2013)

Barruel, Augustin, *Memoirs Illustrating the History of Jacobinism*, intro. Stanley L. Jaki [1798] (Fraser, MI, 1995)

Ben-Dor Benite, Zvi, *The Ten Lost Tribes: A World History* (Oxford, 2009)

Ben Israel, Menasseh, *The Hope of Israel*, ed. and intro. Henry Méchoulan and Gérard Nahon [1987] (Liverpool, 2004)

Clark, Jerome, *The UFO Encyclopedia: The Phenomenon from the Beginning*, 3rd edn (Detroit, MI, 2018)

Cohn, Norman, *Warrant for Genocide: The Myth of the Jewish World Conspiracy and the 'Protocols of the Elders of Zion'* [1967] (London, 1996)

Colavito, Jason, *The Cult of the Alien Gods: H. P. Lovecraft and Extraterrestrial Pop Culture* (Amherst, NY, 2005)

Denzler, Brenda, *The Lure of the Edge: Scientific Passions, Religious Beliefs, and the Pursuit of UFOs* (Los Angeles, CA, 2001)

Festinger, Leon, Henry W. Riecken and Stanley Schachter, *When Prophecy Fails: A Social and Psychological Study of a Modern Group that Predicted the Destruction of the World* [1956] (Mansfield Center, CT, 2009)

Frale, Barbara, *The Templars: The Secret History Revealed* (New York, 2009) Gardner, Martin, *Fads and Fallacies in the Name of Science* (New York, 1957) Godbey, Allen H., *The Lost Tribes a Myth – Suggestions towards Rewriting Hebrew History* (Durham, NC, 1930)

Goodrick-Clarke, Nicholas, *The Occult Roots of Nazism: Secret Aryan Cults and their Influence on Nazi Ideology; The Ariosophists of Austria and Germany, 1890–1933* [1985] (New York, 1992)

Haag, Michael, *The Templars: The History and the Myth* (New York, 2009)

Hale, Christopher, *Himmler's Crusade: The Nazi Expeditions to Find the Origins of the Aryan Race* [2003] (Edison, NJ, 2006)

Jacobs, David Michael, *The UFO Controversy in America* (Bloomington, IN, 1975)

Jacoby, Susan, *The Age of American Unreason* (New York, 2008)

Konda, Thomas Milan, *Conspiracies of Conspiracies: How Delusions Have Overrun America* (Chicago, IL, 2019)
Kurlander, Eric, *Hitler's Monsters: A Supernatural History of the Third Reich*(New Haven, CT, and London, 2017)
McIntosh, Christopher, *The Rosicrucians: The History, Mythology, and Rituals of an Esoteric Order* (San Francisco, CA, 1998)
Mosse, George L., *The Crisis of German Ideology: Intellectual Origins of the Third Reich* (New York, 1964)
Nichols, Tom, *The Death of Expertise: The Campaign against Established Knowledge and Why It Matters* (New York, 2017)
Olmsted, Kathryn S., *Real Enemies: Conspiracy Theories and American Democracy, World War I to 9/11* (Oxford, 2009)
Parfitt, Tudor, *The Lost Tribes of Israel: The History of a Myth* (London, 2003)
Partner, Peter, *The Knights Templar and Their Myth* [1987] (Rochester, NY, 1990)
Peebles, Curtis, *Watch the Skies! A Chronicle of the Flying Saucer Myth* (Washington, DC, 1994)
Pigliucci, Massimo, *Nonsense on Stilts: How to Tell Science from Bunk*, 2nd edn (Chicago, IL, 2018)
Pringle, Heather, *The Master Plan: Himmler's Scholars and the Holocaust* (New York, 2006)
Prothero, Donald R., and Timothy D. Callahan, *UFOs, Chemtrails, and Aliens: What Science Says* (Bloomington, IN, 2017)
Roberts, J. M., *The Mythology of the Secret Societies* [1972] (London, 2008)
Robertson, David G., *UFOs, Conspiracy Theories and the New Age: Millennial Conspiracism* (London, 2017)
Saler, Benson, Charles A. Ziegler and Charles B. Moore, *UFO Crash at Roswell: The Genesis of a Modern Myth* (Washington, DC, 1997)
Scholem, Gershom, *Sabbatai Sevi: The Mystical Messiah, 1626–1676* (Princeton, NJ, 1973)
Shermer, Michael, *The Believing Brain: From Ghosts and Gods to Politics and Conspiracies – How We Construct Beliefs and Reinforce Them as Truths* (New York, 2011)
Treital, Corinna, *A Science for the Soul: Occultism and the Genesis of the German Modern* (Baltimore, MD, 2004)
Webb, James, *The Occult Establishment* [1976] (LaSalle, IL, 1988)——, *The Occult Underground* [1974] (LaSalle, IL, 1990)
Yates, Frances A., *The Rosicrucian Enlightenment* [1972] (New York, 1996)
Ziolkowski, Theodore, *Lure of the Arcane: The Literature of Cult and Conspiracy* (Baltimore, MD, 2013)

什麼！英國女王是蜥蜴人？！
陰謀論、偽歷史與偽科學為什麼吸引我們，
透過人性的希望與恐懼，影響我們的決定和行動
Hope and Fear: Modern Myths, Conspiracy Theories and Pseudo-History

---

作　　者　羅納德・弗里茨 Ronald H. Fritze
譯　　者　林金源
封面設計　萬勝安
內頁排版　高巧怡
行銷企劃　蕭浩仰、江紫涓
行銷統籌　駱漢琦
業務發行　邱紹溢
營運顧問　郭其彬
責任編輯　林慈敏
總 編 輯　李亞南
出　　版　漫遊者文化事業股份有限公司
地　　址　台北市103大同區重慶北路二段88號2樓之6
電　　話　(02) 2715-2022
傳　　真　(02) 2715-2021
服務信箱　service@azothbooks.com
網路書店　www.azothbooks.com
臉　　書　www.facebook.com/azothbooks.read

發　　行　大雁出版基地
地　　址　新北市231新店區北新路三段207-3號5樓
電　　話　(02) 8913-1005
訂單傳真　(02) 8913-1056
初版一刷　2025年3月
定　　價　台幣550元

國家圖書館出版品預行編目 (CIP) 資料

什麼! 英國女王是蜥蜴人!? : 陰謀論、偽歷史與偽科學為什麼吸引我們, 透過人性的希望與恐懼, 影響我們的決定和行動/ 羅納德. 弗里茨(Ronald H. Fritze) 著 ; 林金源譯. -- 初版. -- 臺北市 : 漫遊者文化事業股份有限公司出版 ; 新北市 : 大雁出版基地發行, 2025.03
336 面 ; 14.8×21 公分
譯自 : Hope and fear : modern myths, conspiracy theories and pseudo-history
ISBN 978-626-409-068-1(平裝)
1.CST: 世界史 2.CST: 欺騙 3.CST: 謠言 4.CST: 科學方法論
711　　114000541

ISBN　978-626-409-068-1